JN226023

地域研究
ライブラリ
5

# 外国人移住者と「地方的世界」

東アジアにみる国際結婚の構造と機能

藤井　勝
平井晶子
編

昭和堂

# はじめに

　著者と国際結婚との出会いは、2000年9月から2001年3月まで国際協力基金のフェローシップ事業によって東北タイ（タイでは、通称名「イサーン」が広く使用される）のコーンケーン大学に滞在し、研究教育に携わる機会を得たときにまでさかのぼる。

　現地に行くまで十分な知識がなかったことだが、東北タイにはベトナム戦争時代に米軍基地が幾つか置かれ、基地からベトナムへ向けて爆撃機が発進した。こうした歴史的背景のためか、コーンケーンの町などでは、戦後もタイに留まった元米兵と思しき男性をみかけることが幾度かあった。当時、彼らはすでに高齢化しつつあり、同年代の現地女性を同伴していることもあった。同時に、彼らよりは世代が若い欧米人男性が、中年以下の現地女性と共にいる姿に接することも多かった。コーンケーンの空港、バンコクのドンムアン空港（スワンナプーム空港が開港する前の主要国際空港）の東北タイ方面行き待合ではこうしたカップル、そして子供たちを数多くみることができた。そのタイ人女性たちの相当部分がパンラヤー・ファラン（あるいはミア・ファラン）、つまり「欧米人の妻」や「西洋人の妻」と呼ばれる人々であった（なお、当時は職業として、外国人男性のタイ観光に同伴する現地女性もみられた）。

　一方、コーンケーンの町、さらにより農村部でも日本語を話すタイ人に出会うことがたびたびあった。著者が日本人だとわかると、懐かしそうに流暢な日本語で話しかけてくることもあった。大学の売店でご飯を調理するお兄さん、雑貨店の店主、ソーンテオ（小トラックの荷台を改造した簡易バス）の運転手、バイクタクシーの運転手などである。これらの多くは、1980年代に来日して長期の出稼ぎ労働をした人々である。10年以上日本で働いたという人も少なくなかった。そして、これら出稼ぎと密接に絡み合いながら、日本人と結婚した東北タイの女性たちが存在することを知り、こうした女性に話を聞く機会もあった。タイのなかで最も貧しい地方であると言われる東北タイが、戦争、出稼

ぎ、結婚を通じて早くより海外と繋がってきたことは本当に意外であった。

半年間の滞在経験によって、筆者の関心は次第に日本から東北タイへシフトし、この地方の社会構造や変動に関する研究へと向かうとともに、その一環として国際結婚もテーマとしたいという希望をもつに至った。

幸い、2007年より3年間小規模の科研費を得ることができたので、家族社会学が専門の平井氏にも加わっていただき、東北タイ女性を中心としたタイ人女性と、日本人男性の結婚の研究を開始した。研究仲間であるマニーマイ・トーンユー先生（コーンケーン大学）の指導生だったイェンジット・ティンカムさんの協力を得て、日本人と結婚したタイ人女性やその家族の聞き取り調査を東北タイや日本（神戸や長野県）で行った。また、タイの国際結婚についてご教示くださったシリラット・エートサクン先生（チュラーロンコーン大学）との共同で、バンコクのスクムビット地区（日本人が数多く住む地域）にある日系幼稚園で日本人－タイ人の国際結婚カップルの質問紙調査を行うなどした。

その成果に基づき、平井氏にはさらに深く関与いただき、2011年から2年間の科研費（挑戦的萌芽研究）を得て、東アジア（東南アジアを含む、広義の「東アジア」）全体を視野に入れた国際結婚の研究へと舵を切った。タイ－日本という枠組みを超えるとともに、韓国や台湾での状況にも積極的に目を向けるようになった。続いて2013年より4年間は、その研究を展開すべく「現代東アジアにおける国際結婚と『地方的世界』の再構築」（科研・基盤B）を実施した。本書は、主にその成果を著したものである。国際結婚のなかでも「南北型」と呼ぶべきもの、そして「地方」に焦点を当てている。最初に著者が日本人男性－タイ人女性の国際結婚をいわば個人研究として始めたときには、研究がこのように長期に、また多くの人を巻き込みながら展開・伸張すること、さらに学術書として研究成果が結実することをまったく想像しなかった。関係者の奮闘の賜物である。

思い返すと、この約10年間に聞き取り調査などでお目にかかった、数々の国際結婚女性、その関係者の方々の顔や言葉が浮かび上がってくる。本書を通じて、彼女たち、そしてその家族に対する理解が深まることを願ってやまない。

2018年5月

藤井　勝

# 目　次

# 第 II 部　受け入れ側の「地方的世界」(2)
### 手厚い公的支援のある韓国・台湾

# 第Ⅲ部　送り出し側の「地方的世界」
## 歴史的文脈と現代的展開

# 東アジアの国際結婚研究に向けて

藤井　勝

## 1　国際結婚の増大と研究の展開

　東アジア（本書では、東南アジアを含めた「広義」の意味で使用）における国際結婚は21世紀に入って急速に拡大し、その受け入れの社会においても、女性を送り出す社会にとっても重要な社会現象になってきた。すこし資料は古くなるが、表0-1は、21世紀初めの各社会における国際結婚の割合を示したものである。

　つまり、東北アジアの台湾、韓国、日本といった相対的に経済発展した社会において国際結婚の比重が高くなっている。そのなかには、韓国であれば中国朝鮮族との結婚、台湾であれば中国大陸部出身者との結婚（これを国際結婚とみなすかどうかは、中国・台湾間の政治的問題もあるために様々な意見がある）のように言語・文化的には同じ特質をもつ者との結婚も含まれているが、それらを除いても、2010年頃で全結婚の10〜5％の比重を占めている。同一年に国内で発生する結婚において、10ケースに1〜0.5ケースは国際結婚であることを意味している。また、台湾や韓国では、同じ言語・文化をもつ配偶者（中国朝鮮族、中国大陸部出身者）との結婚は2000年代初頭に比べて低下しているが、それ以外の出身の配偶者との結婚はおおむね維持されている（ただし、台湾では政府の規制もあって大幅に減少）。一方、東南アジアでは、経済発展国であるとともに、もともと多民族の都市国家のシンガポールを除けば、国内の国際結婚は低調であるようにみえるが、このことは東南アジアで国際結婚が顕著な現象でないことを意味するのではない。実際には、東南アジアは国際結婚により

表 0-1　東アジア諸国の国際結婚の割合

| | おおよその年次 | 全国際結婚 | 異なるエスニックグループ間の国際結婚[3] |
|---|---|---|---|
| シンガポール[1] | 2008 | 39 | 13[4] |
| 台湾 | 2003<br>2010 | 32<br>13 | 10<br>4 |
| 韓国 | 2005<br>2010 | 14<br>11 | 7<br>9 |
| 日本 | 2005<br>2010 | 5<br>5 | 5<br>5 |
| フィリピン | 2009 | 4[2] | 4[2] |
| ベトナム[4] | | 3 | 3 |
| インドネシア[4] | 2005 | 1 | 1 |
| 中国[4] | 2005 | 0.7 | 0.4 |

出所）Jones 2012: Table 1. なおインドの数字は省略。
注＊1）数値は、シンガポールでの永住資格をもつ者を含む外国人との結婚である。
　＊2）フィリピン海外移住委員会に登録されていないフィリピン人海外移住者の結婚を考慮して、数値は30％高く設定されている。
　＊3）同じエスニックグループの配偶者とは、台湾では中国系、シンガポールでは中国系、マレー系、あるいはインド系、そして韓国では朝鮮系である。
　＊4）非常に荒い推計値である。

海外に居住する女性の主要な供給源となっているが、これら女性は海外で結婚するために国内の統計には十分に反映されにくい面があると考えられる。

　したがって、国際結婚の増加がより顕著に進んだ韓国や台湾では、それぞれの社会内の国際結婚の研究が伸長した。相対的に研究が遅れているといわれた日本でも次第に注目を集め、もともと研究のスタイルに教養的あるいはジャーナリステックな傾向があったものの、次第に研究の専門化が進行し、とくに若手研究者である院生など（日本人だけではなく、留学生の院生）が博士論文等においてこのテーマを探究することを通じて研究が量的質的に発展し、そのなかから本格的な研究書も出版されるに至った（武田里子『ムラの国際結婚再考——結婚移住女性と農村の社会変容』めこん、2011、賽漢卓娜『国際移動時代の国際結婚——日本の農村に嫁いだ中国人女性』勁草書房、2011など）。さらに山田昌弘・開内文乃『絶食系男子となでしこ姫——国際結婚の現在・過去・未来』東

洋経済新報社、2012のように、日本の家族社会学のリーダー的な研究者さえも
この分野へ参入してきた。

　そして近年になると、国内だけではなく東アジアにまで目を向けた研究が現
れている。たとえば、尹靖水・近藤理恵・中嶋和夫『グローバル時代における
結婚移住女性とその家族の国際比較研究』（学術出版会、2013）のように、日
本・韓国・台湾、そして欧米を視野にいれて国際結婚の政策的側面にアプロー
チする研究、また最近では、佐竹眞明・金愛慶編『国際結婚と多文化共生——
多文化家族の支援にむけて』（明石書店、2017）のように、日中・日韓・日比の
国際結婚研究をこれまで個別に担ってきた研究者などの共同による研究成果が
現れている。ただし、研究の新しい展開は確実に図られつつあるが、日本での
国際結婚研究では、佐竹・金らの研究を含めて、さらに東アジア全体を視野に
入れた方向への展開が求められているように思われる。

　一方、海外に目を向けると、東アジアあるいはアジア全体を視野に入れた研
究は着実に進んでいる。そのなかから、近年では Wen-Shan Yang and Melody
Chia-Wen Lu eds., *Asian Cross-border Marriage Migration*, Amsterdam Uni-
versity Press, 2010や、Sari K. Ishii ed., *Marriage Migration in Asia: Emerging
Minorities at the Frontiers of Nation-Sates*, NUS Press and Kyoto University
Pres, 2016（京都大学東南アジア研究所のシリーズの一部として刊行されているの
で、日本国内の研究という側面をもつ）、とくに東南アジア女性の結婚移住に焦点
を置いた Asuncion Fresnoza-Flot and Gwénola Ricordeau eds., *International
Marriages and Marital Citizenship: Southeast Asian Women on the Move*
(*Studies in Migration and Diaspora*), Routledge, 2017などの注目されるべき研究
書が著されている。その結果、東アジアに展開する多様な国際結婚を異なった
視点やテーマから把握したり、個別の社会に生じる結婚移住や国際結婚を東ア
ジアの構造のなかに位置づけて理解したりすることが次第に可能になってい
る。もっとも、これらの研究書では、個々の研究者による実証研究によって
テーマの掘り下げは相当になされているものの、全体が共同研究を基盤にした
ものではないこともあり、研究全体の統一性や統合性という点ではさらに発展
させるべき面があるように思われる。

## 2 東アジアと「地方的世界」を導きとして

このような研究の現状にあって、本書の母体となる国際結婚研究は、共同研究という枠組みを維持しながら、フィールドワークに基づき個々の実証的研究を推進することを通じて、東アジアにおける国際結婚の全体を把握するとともに、それぞれの社会の現象を関連づけて捉えることを目指すという特徴をもっている。

出発となった研究は、JSPS 科研費補助金・基盤研究Cによる「国際結婚と『東アジア共同体』：日本人－タイ人の結婚を中心として」（2007〜2009年度、代表・藤井勝、JP19530439）である。国際結婚女性の受け入れ社会である日本と、その送り出し社会であるタイの間の結婚に特化した分析を行うことによって、とくに「受け入れ」側－「送り出し」側の双方がどのような状況に置かれているか、さらに両者がどのように関係づけられているかを、タイや日本での現地調査などを通じて解明した。第二段階では、タイ－日本という範囲を超え、東アジアのなかで展開する国際結婚の全体について、「受け入れ」－「送り出し」関係を軸としながら認識を深めるとともに、その研究の方法論等を開発することを目指した。このために、JSPS 科研費補助金・挑戦的萌芽研究による「21世紀『東アジア国際結婚』論の創造：『東アジア共同体』構築の視点から」（2011〜2012年度、代表・藤井勝、JP23651255）を獲得して共同研究を実施し、準備的な調査や理論的な検討を行った。

また、この間には国内だけではなく、コーンケーン大学（タイ）、忠清南道女性政策開発院（韓国）、高雄市社会局（台湾）などとの共催によって海外で国際会議も積極的に実施し、海外における国際結婚の状況、研究の進展などに関する情報の共有に努めると同時に、海外の研究者とのネットワークも拡大してきた。

一方、著者は国際結婚研究と並行して、多数の研究者と共同しながら東アジアにおける農村―都市関係を軸にした地方社会の研究を行ってきた。具体的には、JSPS 科研費補助金「21世紀東アジアにおける農村－都市関係の再編に関する研究」（基盤研究B〔海外学術調査〕、2003〜2006年度、代表・藤井勝〔途中よ

り、竹内隆夫に変更〕、JP15402008）を獲得し、東アジア内の幾つかの社会（韓国、中国、タイ、インドネシア）における農村−都市関係を現地調査に基づいて比較・検討することによって、農村社会では農村−大都市関係だけではなく、農村−地方都市（町）関係が重要な意味をもつことを明らかにした。そのなかで獲得した地方社会に対する認識をキー概念として表現するために「地方的世界」という用語を提示し、この地方的世界を東アジアのなかで多面的に分析するために、JSPS 科研費補助金によって「東アジアにおける『地方的世界』の基層・動態・持続可能な発展に関する研究」（基盤研究A〔海外学術調査〕、2007〜2010年度、代表・藤井勝、JP19252002）を実施し、東アジアの９つの地方社会（日本を含む）で、地方的世界の構造や動態を実証的に解明した。成果の一部は、藤井勝・高井康弘・小林和美編『東アジア「地方的世界」の社会学』（晃洋書房、2013）として上梓している。

この研究を通じて、国際結婚と地方的世界の関係性に対する認識も深まった。とくに、「南」（＝発展途上社会）の女性側が「北」（＝より経済的に発展した社会）に結婚移住する「南北型」国際結婚では、女性を生み出す地域社会とは構造的に「南」の地方社会であるとともに、女性たちを妻として迎える男性が居住し、国際結婚家庭が築かれる場も、「北」のなかの地方社会だからである。「南」の社会は人口的資源の基盤を農村や地方に置き、そこから外部に、現金収入や豊かな生活を求めて出る若年人口が様々な国際移動（労働、結婚など）の源泉となる。一方、「北」の社会では、日本の「むらの国際結婚」に示されるように、産業化・都市化、それに伴う若年人口の都市・大都市への移動のなかで、地方とりわけ農村部に居住する男性（跡継ぎ層）が結婚難に陥るという社会現象が生じたことへの対応として、国際結婚は始まっている（佐藤隆夫編著『農村（むら）と国際結婚』日本評論社、1989など）。つまり、「南北型」の国際結婚は、第一義的には、「南」「北」双方における地方的世界の問題として存在する。見方をかえれば、女性の国際的な結婚移住を媒介にしながら「南」「北」双方の地方的世界が接合されるともいうことができる。もちろん、本書でも示されるように、現代では女性たちが「北」の大都市部の男性と結婚する傾向が強くなっており、構造的にみるなら、この新たな傾向は、グローバル経済の進展のなかで進む〈中心−周辺〉関係の国内的展開のなかで、〈周辺〉化

が地方を出発としながら次第に都市の中下層へと伸張してきたことに起因している。

　こうして、東アジアにおける国際結婚の全体を解明するためには、地方的世界を場として生成する「南北型」の国際結婚を中心に据え、東アジアの各社会においてこの結婚がどのようなかたちで存在するかを実証的に分析することが必要であるとの認識を得るに至った。そして、その実践のために、本書の主要な母体となる共同研究「現代東アジアの国際結婚と『地方的世界』の再構築」（JSPS 科研費補助金・基盤研究 B〔海外学術調査〕、2013〜2016年度、代表・藤井勝、JP25301010）を企画・実施することとなった。

## 3　「南北型」国際結婚の構造と機能

　まず、研究の中心となる「南北型」国際結婚とは何か。東アジアの国際結婚には、「南北型」とともに、「文化交流型」がある。すでに述べたように、前者は「南」出身、とくにその地方社会出身の女性がより豊かな生活などを求めて「北」、とくにその地方社会の男性と結婚する形態であるが、後者は、グローバル化のもとで、主にビジネス・留学・旅行などを通じて出会った異なる国・地域出身の男女、とくに中間層の男女が結婚するものである。結婚後の居住地も主には都市・大都市である（藤井 2013：38-39）。両タイプとも東アジアにとってそれぞれ重要な存在であるが、「南北型」は東アジアの構造や、その諸矛盾をもっとも鋭敏に反映し、しかも社会に対する量的かつ質的なインパクトも大きい。また夫婦関係、子育て、経済生活など、結婚や家庭に内在する問題もより多様かつ深刻である。

　この国際結婚は、図 0 - 1 のような機能的構図をとると考えられる（藤井 2013：41-52）。個別的な説明は省略するが、これは、伊藤るり・足立真理子編『国際移動と〈連鎖するジェンダー〉──再生産領域のグローバル化』（作品社、2008）から多くのヒントを得るとともに、そこでの議論から影響を受けたものである。同書の対象は主に労働力としての女性の国際移動にあるが、そこに示された論点や概念は国際的に結婚移住する「南」の女性、そしてその女性たちが生み出す家族や家族関係の分析にも有効なものである。

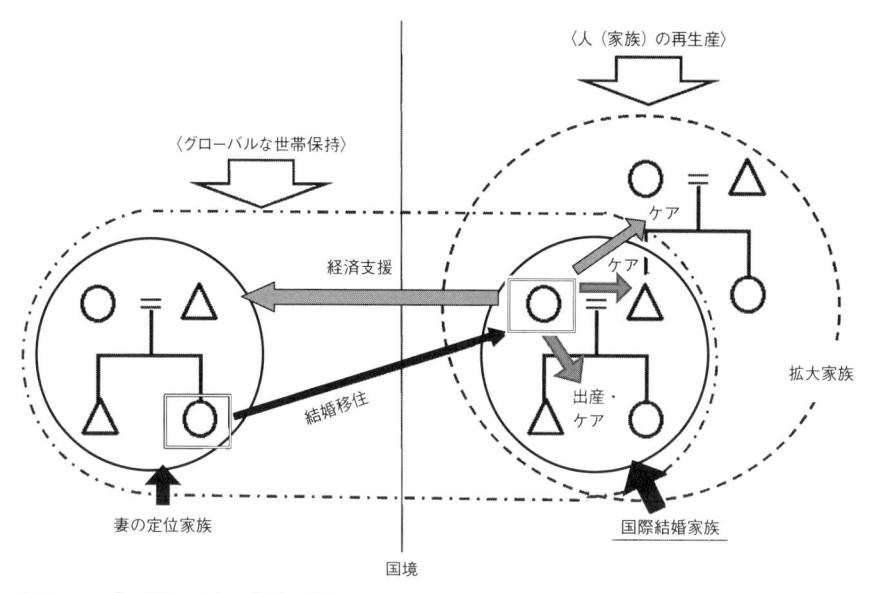

図 0-1 「南北型」国際結婚の構図

　この国際結婚は、女性労働力（とくに家事・介護労働力）の国際移動によって生じる「再生産領域のグローバル化」の一環として、あるいは類比として捉えうるものである。つまり、国際結婚した女性は賃金労働者ではなく配偶者として家族のなかに出現し、「家族の再生産」を可能にしている。外国人妻となった女性が果たすべき役割の領域は包括的であり、ａ）子供を出産し、生殖家族を核にして子供の育児や社会化を行うというレベル、ｂ）夫自身に対するさまざまなケアをするというレベル、さらにｃ）夫の親との同居・近居を通じて、拡大家族（夫の定位家族が中心）のなかで夫の親の老後の世話や介助をするというレベルに及んでいる。とくにｃ）は、東北アジアの伝統的な家族規範（それによって「拡大家族」を形成）に基づいて必要になる役割であるので、東アジアに固有であるといってよかろう。欧米人との国際結婚ではこの役割はあまり意味をもたない。

　同時に、「グローバルな世帯保持 global householding」の機能も、この国際結婚には求められている。「世帯保持」論はもともと E. ウォーラーステインによって論じられたが、女性の国際労働力移動論のなかに組み込まれることに

よって「グローバルな世帯保持」論へと展開してきた。つまり海外出稼ぎに出た女性が母国の出身家族へ行う経済的支援、とくに送金（remittance）への注目である（もちろん男子の海外出稼ぎ者もこうした支援を行う）。国際結婚女性による出身家族（妻の定位家族）への送金も、海外出稼ぎ女性が行う送金と決して劣るものではない。とくに国際結婚女性の送金は長期間継続的になされるので（10年、20年単位で継続）、長期的な視点でみるならば、一般的な国際労働力移動以上に「グローバルな世帯保持」へ関与・貢献するといえよう。しかも、図のように、「グローバルな世帯」は、原理的には、国境を越えて存在する2つの家族（世帯）を繋いで存在している。濃淡はあるにしても、国際結婚した女性だけではなく、女性の生殖家族（夫と子供を含む）全体が、女性の出身家族（定位家族）と「グローバルな世帯保持」の単位を形成するという構造がある。

　次に、この国際結婚を地方的世界という広がりのなかに位置づけるなら、2つの地方的世界への影響や貢献が存在する。まず国際結婚家族が居住する地方的世界との関係で生じるものである。「北」の地方的世界は過疎化・高齢化の中で存続が不安定になっているが、「南」出身女性との国際結婚の存在・増加は、子供の出産、移住女性の地域社会内での就業や社会実践を通じて、この地方的世界の維持・再生産や活性化に貢献することが可能である。本書でも明らかにされるように、結婚当初は女性の移住先となる地方的世界への適応という大きな壁があるが、それを乗り越えると、個人差はあるものの、女性たちは地方的世界のなかに進み出て、それぞれの方法で社会と繋がってゆく。自身の文化的資源を生かしたエスニック・ビジネスなどもそのひとつである。

　もうひとつの地方世界は、移住女性を送り出す「南」の地方的世界である。国際結婚女性と出身家族の間に実現する「グローバルな世帯保持」は、女性の出身の地方的世界における地域経済、とくに生存維持経済を核とする「地域的再生産体」（伊豫谷 2001）にも影響を与える。具体的には、女性たちが行う送金を使って出身家族がさまざまな消費活動を地方的世界のなかで営むことにより、地方の市場構造や経済構造が変化することである。また、女性による経済的支援が家族を越えて地域社会にも拡大して、地方的世界への影響が生じることもある。例えば、本書でも示されるように、南方上座部仏教を信奉する東南

アジア大陸部の社会では、地域の寺院への喜捨は重要なので、移住女性による
こうした寄付行為が与える影響もある。さらに国際結婚女性が、出身地域社会
の女性たちに国際結婚を宣伝したり、実際に外国人男性との結婚を仲介したり
するなどして、出身の地域社会の女性による連鎖的結婚移住が生み出され、そ
の結果として海外からの送金や経済的支援の大幅な増大が出身の家族や地域社
会にもたらされるという循環が生ずることもある。

　したがって、「南北型」国際結婚の解明のために、「家族の再生産」、「グロー
バルな世帯保持」、居住する地方社会や妻の出身の地方的世界との関係などを
考察・分析することをまず基本におく必要がある。そして、これらと密接に関
連しながら存在する諸側面、例えば、国際結婚に至るプロセス、夫婦生活の実
態や問題点、子供の育児、移住先の地域社会での人間関係やネットワークなど
の分析も重要となる。さらに国際結婚のあり方に影響を及ぼす政策や制度にも
注目する必要があるであろう。本研究はこれらの課題を積極的に受けとめて国
際結婚にアプローチすることを追求するとともに、より効果的な成果を得るた
めに、以下のように調査研究を実施した。

## 4　2つの「地方的世界」における現地調査

　第一に、日本・韓国・台湾の地方社会を、「国際結婚女性を受け入れる『地
方的世界』」(以下、「受け入れ側の『地方的世界』」)の調査地に選定して、国際
結婚の研究を進めた。「南北型」の国際結婚によって家庭生活が実際に営まれ
る「北」の社会は、現代の東アジアでは、主にはこれら3つの社会、とくにそ
の地方社会だからである。ただし、最新の状況では、中国の地方社会のなかに
も「南」、とくに東南アジアからの国際結婚女性の流入が進みつつある。中国
はその意味で、「南」と「北」の両面を内包した社会へと移行しつつある。こ
の点は、本書のなかでも取り上げられているところである。

　これら3つの社会では国際結婚の研究が質量ともに充実しつつあるが、いま
だドメスティックな視点からの研究にとどまる傾向があり、3つの社会の国際
結婚を相互に比較して共通認識を形成したり、あるいはお互いの特質や問題点
に関する認識を深めたりという作業は十分にはなされていない。いいかえれ

ば、東北アジアそして東アジアという広がりのなかで各社会の国際結婚の特質や問題が十分に捉えられてこなかったとも言えよう。そこで本研究は、この比較検討をも重視する立場から、聞き取り調査にとどまらず、共通の質問項目による質問紙調査を実施した。ただし、調査地となった地域には国際結婚名簿のようなものは存在しないため悉皆調査は実施できないので、現地の共同研究者や行政・NPO が有するネットワーク上で把握されている国際結婚事例を調査対象にするという方式を採用した。各調査地とも100事例程度の調査票を回収することを目標とした。また、調査票は、国際結婚女性つまり結婚移住してきた女性を調査対象者とする形式に設計した。夫からは回答しにくい内容が少なくないことによるが、方法論的には、本研究が女性＝妻側に分析の焦点を置いていることの反映である。「再生産領域」、「グローバルな世帯保持」、そして「地方的世界」との関係のいずれをとってみても、外国人妻を中心にして捉えざるをえないものである。そのため、調査地によってすこし違いはあるが、調査票を 7 ヶ国語程度に翻訳して使用した。日本語以外には、英語、韓国語、中国語、ベトナム語、フィリピン語、インドネシア語、タイ語である。

この質問紙調査の結果は本書で積極的に活用されているほか、『社会学雑誌』（神戸大学社会学研究会発行）に基本集計結果の一覧が今後掲載される予定である。

第二に、「受け入れ側の『地方的世界』」の対極にある「国際結婚女性を送り出す『地方的世界』」（以下、「送り出し側の『地方的世界』」）でも現地調査を行った。どのような国際結婚にせよ、夫方居住をとるならば、女性は出身社会から離れて夫側の社会に結婚移住することになる。とくに「南北型」の国際結婚では、女性は「南」の地方社会から「北」の地方社会に結婚移住して夫婦生活・家族生活を営むことが原型となる。しかしながら、女性は出身社会から空間的には離脱するものの、社会的には結婚移住後も出身の家族や社会との関係を維持し続ける。「南北型」の国際結婚は、その生活が営まれる場のなかで捉えるだけでは不十分である。現代のネット社会化は東アジアの「南」の地方社会にも浸透し、その結果として、国際結婚をして「北」に住む女性と、その出身の地方社会に住む近親者や友人はインターネット、とりわけ SNS や skype などのシステムを使って、簡単に日常的なコミュニケーションを行うことが可能と

なっている。彼女らの国際結婚は、「送り出し側の『地方的世界』」にとって常に身近でリアルなものとして存在する。

「南北型」の国際結婚をする女性を輩出する社会は、東アジアの「南」のなかに広範囲に拡大しているが、本研究は中国東北部、フィリピン、そしてタイを取り上げた。近年ではベトナムが国際結婚女性の供給源として重要になりつつあるが、ベトナムでの現地調査は現実的に困難な面があるなどの理由から、今回の研究では本格的な現地調査は実施せず、限定した予備調査や現地研究者の招聘にとどめた。なおベトナムについては、ダニエル・ベランなどによる研究成果があるので参照されたい（Danièle Bélanger and Tran Giang Linh, "The impact of transnational migration on gender and marriage in sending communities of Vietnam", Current Sociology, no. 59 (1), 2011など）。

「送り出し側の『地方的世界』」には国際結婚女性は不在なので、彼女たち自身を調査対象にはできないが、その出身家族が生活を送っているので、とくに親や兄弟姉妹を調査対象として、「南」の地方社会のなかで「南北型」国際結婚がみせる姿を描くことは可能である。そこには、「受け入れ側の『地方的世界』」の調査だけではみえてこない外国人妻や国際結婚の実像が浮かび上がってくる。したがって、「受け入れ側の『地方的世界』」の研究成果と総合することにより、国際結婚の全体像をより深く掘り下げて捉えることが可能である。日韓台での調査と同じく質問紙調査を行うのが本来は適当と思われるが、諸般の事情から本研究では聞き取り調査にとどめた。

本研究で調査対象となった地方社会は、表0-2と図0-2のとおりである。調査地の選定にあたっては、地方的世界となる地方社会をどの範囲で設定する

表0-2　調査地一覧

| | 社会 | 調査地 | 大都市地域 |
|---|---|---|---|
| 受け入れ側の「地方的世界」 | 日本<br>韓国<br>台湾 | 兵庫県豊岡市および、その周辺地域<br>大田市の近隣地域（論山市・礼山郡）<br>金門県 | 阪神<br>大田市<br>台北市 |
| 送り出し側の「地方的世界」 | 中国東北部<br>フィリピン<br>タイ | 黒龍江省哈爾浜（ハルピン）市方正県<br>イロコス・ノルテ州ラワッグ市および隣町<br>マハーサーラカーム県内の郡 | |

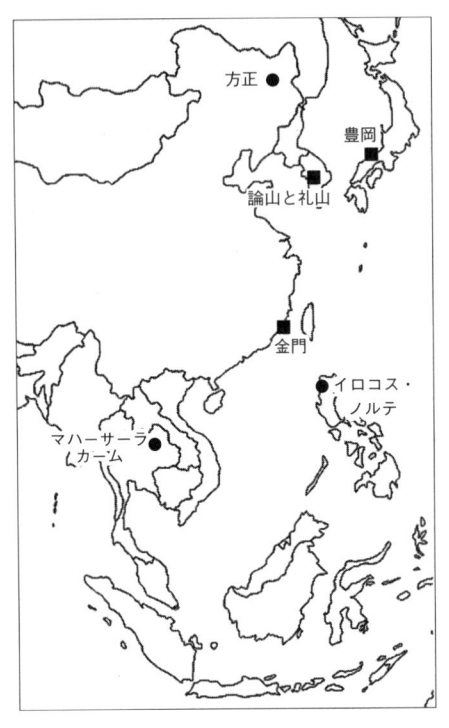

図0-2　調査地

かについての画一的な基準は設けなかったものの、地方の小都市（あるいは田舎町）を中心に成り立つ行政的な範囲（人口はおおむね10万人程度以下）を想定した。ただし調査地の実情に合わせて、以下のように、ある程度柔軟な対応をとった。

「受け入れ側の『地方的世界』」に関しては、韓国や台湾の調査地は基本的に行政区を単位にしているが、韓国については、質問紙調査票の回収数を一定確保するために2地区を選定している。また日本で調査対象となった豊岡市およびその周辺地域は必ずしも行政区の範囲を意味しない。というのは、豊岡市に活動の拠点を置く NPO 法人「にほんご豊岡あいうえお」という外国人支援の民間団体に質問紙調査の実施の大部分を委託したので、この NPO と繋がりをもっている国際結婚女性が調査対象になっているからである。これら女性の多くは豊岡市内に居住しているが、近隣市町村に散在して住む者も相当数ある。

また現地調査は地方社会を対象とするものだが、表に示されるように、同時に、大都市部の国際結婚の調査も、程度の差はあるものの、日韓台においてそれぞれ実施した。地方社会における国際結婚の特質を把握するのに役立てるなどのためである。とくに韓国については、大都市部である大田市でも同じ調査票を使用して質問紙調査を実施することによって、全体としては、大田市と、その近隣地域（忠清南道の縮図となる）における国際結婚の調査という性格をもつことになった。本書における韓国の分析でも、このような調査の特徴が活かされている。

「送り出し側の『地方的世界』」に関しても、中国東北部やタイの調査地選定

は上記の基準にほぼ準拠しているが、フィリピンに関しては、調査実施の便宜もあり、中心となるラワッグ市のほか近隣2町も加えて聞き取り調査などを実施した。またタイに関しては、調査地として設定したのは、県の下位単位である郡（タイ語では「アムプー」）レベルであるが、その郡全体ではなく、さらに下位の行政単位であるタムボンのひとつを選び出し、その範囲内で聞き取り調査を集中的に行うという手法をとっている。

## 5　本書の構成

　以上のプロセスを経て研究は実施され、その成果はすでに個別の論文や学会発表を通じて公表してきたほか、研究の全体像を公表することを主な目的として、2016年7月23日・24日に神戸大学人文学研究科で国際研究集会（ワークショップ）「東アジアの国際結婚と『地方的世界』（Transnational Marriage and "Local World" in East Asia）」を開催した。本書を構成する章の多くも、そのときの発表報告がベースになっている。

　本書は、序章と終章を除いても、全部で12の章より構成され、研究の枠組みに基づいて、各章は「受け入れ側の『地方的世界』」と「送り出し側の『地方的世界』」に大別されている。

　「受け入れ側の『地方的世界』」に関する部分は第I部と第II部である。第I部は日本、第II部は韓国・台湾を取り上げている。各調査地で行った質問紙調査と聞き取り調査の成果をもとに、それぞれの地方的世界において国際結婚がどのようなかたちで存在するかについて考察をしている。日本と韓国・台湾を別の部とした理由は、日本の国際結婚を研究の出発に置くという視点を示すためとともに、日本と韓国・台湾の間には国際結婚の特質に明確な違いがあることを重視するためでもある。つまり、日韓台のなかでは、日本でいち早く「南北型」国際結婚は発生したのであるが、その後の展開では、国際結婚の増加率、そして国・社会からの政策的対応は韓国・台湾の方がより積極的かつ顕著であるという経緯がある。このため、日本と韓国・台湾を分けて扱うことには意味があると思われる。それぞれの部は幾つかの章から構成され、日韓台の調査地に即して、「南北型」の国際結婚を多面的に考察・分析している。加え

て、第Ⅰ部の最後には、質問紙調査結果の一部を使って、日本の国際結婚を韓国・台湾と比較した章が用意されている。

　すでに述べたように、「受け入れ側の『地方的世界』」の調査は主に国際結婚女性を対象にしてなされたので、第Ⅰ部・第Ⅱ部の分析は、女性の目からみえる国際結婚の姿という面が強いことには留意すべきである。外国人妻を受け入れた夫・家族、さらに地域社会の側から国際結婚についての量的質的データを収集した場合には、本書とは違った特質や問題がみえてくることも十分に想定できる。また両方の側のデータを突き合わせることによって、国際結婚像がより十全に立ち現れてくるかもしれない。その意味では、本書の考察や分析にはある種の限界があることになるが、それを限界としてではなく、本書の特徴として捉えて、今後の国際結婚研究の発展に資するところを引き出していただきたい。

　第Ⅲ部は、「送り出し側の『地方的世界』」である。すでに言及したように、国際結婚は、女性＝妻を受け入れる側と、送り出す側があって初めて成立する。「受け入れ側」だけでは国際結婚の半面しか分からない。しかも、同じ「送り出し側」であっても、「送り出し」のプロセスや環境、さらに外国にくらす女性と出身の家族や地域社会の繋がりは一様ではない。また、「受け入れ側の『地方的世界』」からは外国人妻はいわばひとつのカテゴリーとして捉えられようが、出身社会によって外国人妻の特質は大きく異なる。「送り出し側の『地方的世界』」から国際結婚にアプローチすることによって、これらはより鮮明になる。

　実際、本書で取り上げたフィリピンとタイの間では、同じ東南アジアにもかかわらず、国際結婚女性を送り出す環境は「受け入れ側」からは想像できないほどに異なっている。このため、フィリピン人配偶者とタイ人配偶者は、もちろん多くの共通点もあるが、それぞれに個性をもった存在なのである。また中国東北部に関しては、この間「送り出し側の『地方的世界』」として広く認知されてきた農村部で、近年、ベトナム人女性を妻とする国際結婚が広がることによって、この地域が「受け入れ側の『地方的世界』」という性格をも有するようになっている。「送り出し側」と「受け入れ側」の両面が複雑に入り組みながら国際結婚が展開している。

また、「南北型」の国際結婚の理解を促進するため、本書には12の章以外に「コラム」を各部に設けた。第Ⅰ部では国際結婚を支える地方のNPOの活動の姿を、第Ⅱ部では近代日本の植民地制度と結びついて生じた日本−台湾の間の結婚を、第Ⅲ部では「送り出し側の『地方的世界』」として近年急成長してきたベトナムの状況を取り上げている。これらの「コラム」によって国際結婚の姿がより豊かに読者に発信されるものと期待している。

**参考文献**

伊藤るり・足立真理子編　2008　『国際移動と〈連鎖するジェンダー〉──再生産領域のグローバル化』作品社。

伊豫谷登士翁　2001　『グローバリゼーションと移民』有信堂。

藤井勝　2013　「現代の東アジアと国際結婚──『南北型』を中心にして（佐々木衞教授退職記念号）」『社会学雑誌』30：37-60。

藤井勝・高井康弘・小林和美編　2013　『東アジア「地方的世界」の社会学』晃洋書房。

Gavin W. Jones, 2012, "International Marriage in Asia: What Do We Know, and What We need to Know" Asia Research Institute Working Paper Series No. 174, NSU, January 2012.

# 受け入れ側の「地方的世界」(1)

## 公的制度の外におかれた日本

# 第1章

# 「北」の「地方」における国際結婚
## 地域ならびに質問紙調査の概要

白鳥義彦

## 1 「南北型」国際結婚による家族と地域の再生産

　本章は、兵庫県但馬地方において実施した質問紙調査から得られた結果を中心として、地方社会における国際結婚についての考察を行う。この質問紙調査は、韓国、台湾という東アジアでの国際結婚に関する国際比較調査の一環として行われたものである。

　序章で示されたように、東アジアの国際結婚をみた場合、「南北型」と「文化交流型」という類型で考えることができる。前者は「南」（途上国＝周辺）の女性が、より豊かな生活を求めて「北」（経済発展国＝中心・準中心）の男性と結婚する形態であり、後者は主にビジネス・留学・旅行などを通じて出会った異なる国の出身の男女、とくに中間層の男女が恋愛結婚するものである。「南北型」は東アジアの構造転換やその諸矛盾を鋭敏に反映し、しかも量的・質的なインパクトが大きい。本章では、「南北型」の類型に注目する。

　こうした「南北型」の国際結婚には、「家族の再生産」という機能が見出される。すなわち、国際結婚した移住女性は、ａ）子供を出産し、生殖家族を核にして子供の育児や社会化を行うという役割と、ｂ）夫の親と同居・近居して、拡大家族（夫の定位家族が中心）のなかで夫の親の老後の世話をするという役割が期待されるのである。

　さらに、こうした国際結婚には、地方社会の観点からの意味づけも見出される。「北」の地方社会は過疎化・高齢化のなかで存続が不安定になるが、「南」出身女性との国際結婚の存在・増加はこの地方社会の活性化や再生産に貢献し

うる。他方、女性を送り出す「南」の地方社会にとって、国際結婚を通じた「グローバルな世帯保持」は、地方社会における生存維持経済を核とする「地域的再生産体」に影響を与え、地方社会の存続・発展を左右する。

　この質問紙調査の基礎をなす問題関心としては、以上のような諸点が挙げられる。

## 2　地域の特徴と調査の概要

　まず、調査対象地である兵庫県但馬地方（図1-1を参照）について簡単にみておきたい。この地方は、東京都の総面積に匹敵する広大な地域を占め、その一方で総人口は約18万人である。1950年をピークに人口が減少し続けており、

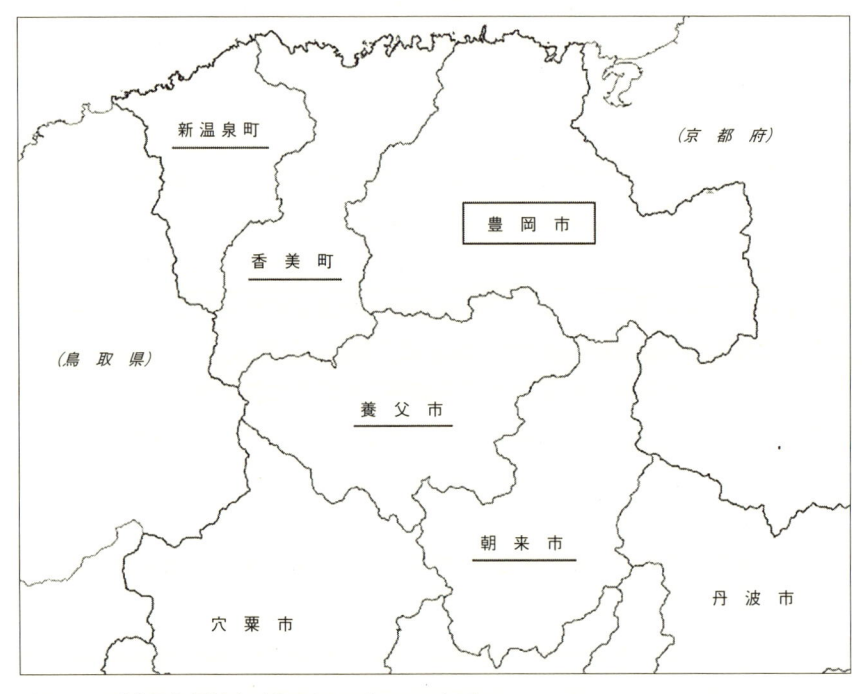

図1-1　兵庫県但馬地方（豊岡市と下線のある市町）
出所）https://technocco.jp/n_map/dl/0280/hyogo2_cm.pdf を編集。

過疎化が進んでいる。少子化、若者の流出などによって高齢化も進んでおり、中心となる豊岡市の2015年2月1日現在の高齢化率（65歳以上の人口の比率）は31.5%と、県平均の26.3%を上回っている（2014年10月1日現在の全国での高齢化率は26.0%）。また、いわゆる「平成の大合併」の大規模な市町合併によって、この対象地域に1市18町あった市町が、3市2町となっており[2]、行政区域が拡大している。地形的には全般に山地が多く（83%）、1000m級の山々が連なり、平地は一部に限られている。気候的には豪雪地帯であり、冬場には外出することが難しくなる。中心となる豊岡市では、総人口約8万人に占める外国人の数は約500名程度で、全体の約0.6%に相当する（日本全国では約1.6%）。産業としては、豊岡市の第三次産業は、1980年度には全体の63%を占めていたが、2008年度には全体の80%を占め、17ポイント上昇した。一方、兵庫県の第三次産業の比率は、1980年度の56%から2008年度には71%に上昇するが、豊岡市の方が9ポイント大きい。第二次産業は比較的小さく、2008年度には500億円であり、全体の18%である。一方兵庫県は28%であり、豊岡市の方が10ポイント小さい。第一次産業は最も小さく、2008年度には62億円であり、全体の2%にすぎない。一方、兵庫県は0.5%であり、豊岡市の方が1.5ポイント大きい。豊岡市の業種別市内総生産は、サービス業、不動産業、製造業が大きく、2008年度ではこの3業種で全体の61%を占めており、市内生産額を支えている。第三次産業の比率が高いが、それをもって通常イメージされるように経済活動が活発であるわけでは必ずしもない[3]。

　今回の調査では、179名に質問紙調査用紙を配布し、111名からの回答を得た。調査の実施に際しては、国際結婚で配偶者として来日した人々を中心に外国人への幅広い支援活動を行っている「NPO法人にほんご豊岡あいうえお」の協力を得た。回答者は主にこのNPO法人による日本語教室に生徒として来ている方であり、用紙の配布も教室での手渡しおよび郵送の方法によっている。こうした調査・回収方法によるデータであるため、今回の調査結果については、例えば「回答できる」状態にある人からのものや、あるいは日常的なコンタクトの機会が多い人からのものがより多く含まれていることが考えられるなど、一定の偏りが含まれうるということに留意する必要がある。例として出身国・地域をみるならば、この地域の在住外国人全体では、中国人（「帰国者」

表1-1　妻の出身国

| | | |
|---|---|---|
| 中国 | 36 | (32.4) |
| 韓国 | 2 | (1.8) |
| フィリピン | 50 | (45.0) |
| タイ | 4 | (3.6) |
| ベトナム | 13 | (11.7) |
| その他 | 6 | (5.4) |
| 合計 | 111 | (100.0) |

注）数字は実数、括弧内は％。以下同じ。

を含む）が約半数、韓国人（「在日韓国・朝鮮人」を含む）、フィリピン人がそれぞれ約6分の1であるのに対して、今回の調査回答者は多い順にフィリピン人が45.0％（50名）、中国人が32.4％（36名）、ベトナム人が11.7％（13名）であった（表1-1）。本調査では、多岐にわたる出身国・地域からの国際結婚女性を対象とするため、調査票は7ヶ国語（日本語、英語、中国語、韓国語、ベトナム語、タガログ語、タイ語）で作成し、調査を実施した。

## 3　妻はどのような人々か──調査の結果と考察

　次に、結果のいくつかについて検討していくことを通じて、調査対象者の妻たちはどのような人々であるのか明らかにしていくことを試みよう。

　来日する以前の出身地の特徴は、「地方都市」が41.4％、「田舎町」が24.3％、「大都市」が19.8％である（表1-2）。地方都市を含め、都市部からの出身者が6割強と多いことが分かる。

　本人の年齢層は20歳代が16.2％、30歳代が45.0％、40歳代が28.8％、50歳代が6.3％であった（表1-3）。本人と夫との年齢のクロス集計をみれば、10歳ごとの区分で20年以上（したがって実際の年齢では少なくとも10歳以上）の開きがある人数をみると、妻20歳代、夫40歳代が5名、夫50歳代が8名、妻30歳代、夫50歳代が19名、夫60歳代が5名、夫70歳代が2名、妻40歳代、夫60歳代が11

表1-2　妻の出身地の特徴

| | | |
|---|---|---|
| 大都市 | 22 | (19.8) |
| 地方都市 | 46 | (41.4) |
| 田舎町 | 27 | (24.3) |
| 農村や漁村 | 13 | (11.7) |
| その他 | 1 | (0.9) |
| 無回答 | 2 | (1.8) |
| 合計 | 111 | (100.0) |

表1-3　妻の年齢

| | | |
|---|---|---|
| 20代 | 18 | (16.2) |
| 30代 | 50 | (45.0) |
| 40代 | 32 | (28.8) |
| 50代 | 7 | (6.3) |
| 無回答 | 4 | (3.6) |
| 合計 | 111 | (100.0) |

表1-4　妻の年齢と夫の年齢

| | | 夫の年齢 | | | | | | 合計 |
|---|---|---|---|---|---|---|---|---|
| | | 30代 | 40代 | 50代 | 60代 | 70代 | 無回答 | 合計 |
| 妻の年齢 | 20代 | 1 (5.6) | 5 (27.8) | 8 (44.4) | 0 (0.0) | 0 (0.0) | 4 (22.2) | 18 (16.2) (100.0) |
| | 30代 | 4 (8.0) | 12 (24.0) | 19 (38.0) | 5 (10.0) | 2 (4.0) | 8 (16.0) | 50 (45.0) (100.0) |
| | 40代 | 0 (0.0) | 4 (12.5) | 14 (43.8) | 11 (34.4) | 0 (0.0) | 3 (9.4) | 32 (28.8) (100.0) |
| | 50代 | 0 (0.0) | 1 (14.3) | 2 (28.6) | 3 (42.9) | 1 (14.3) | 0 (0.0) | 7 (6.3) (100.0) |
| | 無回答 | 0 (0.0) | 0 (0.0) | 0 (0.0) | 1 (25.0) | 0 (0.0) | 3 (75.0) | 4 (3.6) (100.0) |
| 合計 | | 5 (4.5) | 22 (19.8) | 43 (38.7) | 20 (18.0) | 3 (2.7) | 18 (16.2) | 111 (100.0) |

名、妻50歳代、夫70歳代が1名となっている（表1-4）。これらの人数の合計は51名（全体の45.9％）となり、夫婦間の年齢が一定程度開いている事例が多いといえる。なお、妻の年齢は、最若年が22歳、最高年が54歳、平均が37.4歳、夫の年齢は最若年が31歳、最高年が78歳、平均が53.6歳であった。

　最終学歴は、小学校が3.6％、中学校が13.5％、高等学校が42.3％、短期大学・専門学校が23.4％、大学が13.5％、大学院が2.7％であった（表1-5）。これについては、相応の学歴を有している人々が一定数を占めていると評価したい。

　職業の状況については、国際結婚の前では、商店や食堂で働いていた人々が28.8％と最も多く、次いで「工場で働く」が19.8％、「会社や団体の事務や営

表1-5　妻の学歴

| | | |
|---|---|---|
| 小学校 | 4 | (3.6) |
| 中学校 | 15 | (13.5) |
| 高等学校 | 47 | (42.3) |
| 短期大学や専門学校 | 26 | (23.4) |
| 大学 | 15 | (13.5) |
| 大学院 | 3 | (2.7) |
| 無回答 | 1 | (0.9) |
| 合計 | 111 | (100.0) |

表1-6　国際結婚前の妻の職業

| | | |
|---|---|---|
| 工場で働く | 22 | (19.8) |
| 商店や食堂で働く | 32 | (28.8) |
| 会社や団体の事務や営業 | 18 | (16.2) |
| 農業や漁業 | 6 | (5.4) |
| 専門職（教員・エンジニアなど） | 9 | (8.1) |
| 無職（家事手伝いを含む） | 7 | (6.3) |
| 学生 | 5 | (4.5) |
| その他 | 9 | (8.1) |
| 無回答 | 3 | (2.7) |
| 合計 | 111 | (100.0) |

業」が16.2％、「専門職」が8.1％、そして無職が6.3％、学生が4.5％、その他が8.1％であった（表1-6）。現在については、「工場で働く」が49.5％と最も多く、「無職（家事手伝いを含む）」が20.7％であった（表1-7）。国際結婚前よりは比率は下がるが、現在も何らかの職業に就いている者が多いといえる。

　日本語の修得については、会話が「十分できる」「ある程度できる」の合計が95.5％、読み書きが「十分できる」「ある程度できる」の合計が67.5％であった（表1-8）。読み書きについては、「無回答」が24.3％あり、状況がやや不明のところもある。なお、会話が「ほとんどできない」というのは、生活していく上で厳しい状況に置かれていることを示していると推察される。

　出身家族のもとに帰る頻度は、「毎年」が28.8％、「2～3年に一度」が50.5％で、この両者の回答で約8割となっている（表1-9）。また滞在の期間は、「1週間未満」が17.1％、「1週間～1ヶ月」が68.5％で、両者を合わせると85％強となっており、ある程度定期的に出身家族のもとに帰る者の比率は高いものの、帰国した際にはそれほど長く滞在するわけではないという傾向を読み取ることができる（表1-10）。

表1-7　現在の妻の職業

| 工場で働く | 55 | (49.5) |
|---|---|---|
| 商店や食堂で働く | 1 | (0.9) |
| 会社や団体の事務や営業 | 4 | (3.6) |
| 農業や漁業 | 2 | (1.8) |
| 専門職（教員・エンジニアなど） | 8 | (7.2) |
| 無職（家事手伝いを含む） | 23 | (20.7) |
| その他 | 15 | (13.5) |
| 無回答 | 3 | (2.7) |
| 合計 | 111 | (100.0) |

表1-8　妻の日本語の理解度

| | 会話 | | 読み書き | |
|---|---|---|---|---|
| 十分できる | 45 | (40.5) | 26 | (23.4) |
| ある程度できる | 61 | (55.0) | 49 | (44.1) |
| ほとんどできない | 2 | (1.8) | 9 | (8.1) |
| 無回答 | 3 | (2.7) | 27 | (24.3) |
| 合計 | 111 | (100.0) | 111 | (100.0) |

表1-9　出身家族への帰国の頻度

| 毎年 | 32 | (28.8) |
|---|---|---|
| 2～3年に一度 | 56 | (50.5) |
| 4～5年に一度 | 11 | (9.9) |
| ほとんど帰らない | 7 | (6.3) |
| 無回答 | 5 | (4.5) |
| 合計 | 111 | (100.0) |

表1-10　出身家族への帰国時の滞在期間

| 1週間未満 | 19 | (17.1) |
|---|---|---|
| 1週間～1ヶ月 | 76 | (68.5) |
| 1ヶ月～半年 | 7 | (6.3) |
| 半年以上 | 1 | (0.9) |
| ほとんど帰らない | 3 | (2.7) |
| 無回答 | 5 | (4.5) |
| 合計 | 111 | (100.0) |

出身家族への支援は3分の2の者が、また出身の地域社会への寄付は約半数の者が行っており、こうした面での出身家族や地元との結びつきは強いと評価できる（表1-11、表1-12）。同時に、前者では3分の1強が、また後者でも半数強が「支援をしていない」と回答していることにも留意しておきたい。「南」から「北」に嫁いだ者の全員が「仕送り」等を行っているわけでは必ずしもないことがわかる。

　自身の結婚については、出身地域において「よく話す」「ある程度話す」という回答の比率がそれぞれ3割を超えており、国際結婚について、普通に話題にしている様子が窺える（表1-13）。また、出身の地域社会での国際結婚については、20.7％が「大変増加」、24.3％が「ある程度増加」と回答していて、ここからは、同じ地域の出身者が国際結婚に至っている傾向を読み取ることが可能であろう（表1-14）。

表1-11　出身家族への支援
　　　　　（多重回答）

| | | |
|---|---|---|
| お金を定期的に送る | 31 | (29.0)* |
| 家の新築や改築の資金を出す | 18 | (16.8) |
| 兄弟や親族の学資を出す | 11 | (10.3) |
| 土地や農地を買う | 1 | (0.9) |
| 自動車や機械の購入の資金を出す | 1 | (0.9) |
| その他 | 12 | (11.2) |
| 支援をしていない | 39 | (36.4) |
| 合計 | 113 | (105.6) |

注）＊パーセントは有効回答者数107名に対する値。

表1-12　出身の地域社会への寄付
　　　　　（多重回答）

| | | |
|---|---|---|
| 宗教施設に寄付 | 14 | (13.1)* |
| 学校に寄付 | 10 | (9.3) |
| 一族に寄付 | 12 | (11.2) |
| 行事や祭礼に寄付 | 7 | (6.5) |
| 行政機関に寄付 | 2 | (1.9) |
| その他 | 7 | (6.3) |
| 寄付していない | 60 | (56.1) |
| 合計 | 112 | (104.7) |

注）＊パーセントは有効回答者数107名に対する値。

表1-13　出身地域で自身の結婚の話を
　　　　　するか

| | | |
|---|---|---|
| よく話す | 36 | (32.4) |
| ある程度話す | 39 | (35.1) |
| あまり話さない | 22 | (19.8) |
| 話さない | 8 | (7.2) |
| 無回答 | 6 | (5.4) |
| 合計 | 111 | (100.0) |

表1-14　出身地域では国際結婚は増加
　　　　　していると思うか

| | | |
|---|---|---|
| 大変増加 | 23 | (20.7) |
| ある程度増加 | 27 | (24.3) |
| あまり増加せず | 31 | (27.9) |
| むしろ減少 | 6 | (5.4) |
| 大いに減少 | 6 | (5.4) |
| 無回答 | 18 | (16.2) |
| 合計 | 111 | (100.0) |

結婚歴については、夫、妻ともに、6割程度が初婚であり、一方で夫の3割弱、妻の2割強は、「結婚経験があり、子供もいる」と回答している（表1-15）。初婚同士の結婚は、全体の4割程度である。

　国籍については、母国の国籍を維持している者が9割と、多数を占めている（表1-16）。

　夫と知り合った契機は「友人や親族の紹介」という回答が最も多くて4割弱を占め、次いで「学校や職場での出会い」が3割強である一方で、「斡旋会社（その HP）の仲介」は約14％であった（表1-17）。ステレオタイプ的に持たれうるイメージとは異なり、いわゆる業者による紹介はそれほど多くはないとい

**表1-15　夫妻の結婚歴**

| | | 夫 | | | | | |
| --- | --- | --- | --- | --- | --- | --- | --- |
| | | 初婚 | 結婚経験あり | 結婚経験があり、子供もいる | その他 | 無回答 | 合計 |
| 妻 | 初婚 | 45 (65.2) | 4 (5.8) | 19 (27.5) | 0 (0.0) | 1 (1.4) | 69 (62.2) (100.0) |
| | 結婚経験あり | 5 (41.7) | 1 (8.3) | 6 (50.0) | 0 (0.0) | 0 (0.0) | 12 (10.8) (100.0) |
| | 結婚経験があり、子供もいる | 15 (62.5) | 3 (12.5) | 6 (25.0) | 0 (0.0) | 0 (0.0) | 24 (21.6) (100.0) |
| | その他 | 0 (0.0) | 0 (0.0) | 0 (0.0) | 0 (0.0) | 1 (100.0) | 1 (0.9) (100.0) |
| | 無回答 | 2 (40.0) | 0 (0.0) | 0 (0.0) | 0 (0.0) | 3 (60.0) | 5 (4.5) (100.0) |
| 合計 | | 67 (60.4) | 8 (7.2) | 31 (27.9) | 0 (0.0) | 5 (4.5) | 111 (100.0) |

**表1-16　現時点での妻の国籍**

| | | |
| --- | --- | --- |
| 母国の国籍 | 100 | (90.1) |
| 夫の国（日本）の国籍 | 8 | (7.2) |
| その他 | 1 | (0.9) |
| 無回答 | 2 | (1.8) |
| 合計 | 111 | (100.0) |

**表1-17　夫との出会いのきっかけ**

| | | |
| --- | --- | --- |
| 旅行や行楽での出会い | 6 | (5.4) |
| 学校や職場での出会い | 36 | (32.4) |
| 友人や親族の紹介 | 43 | (38.7) |
| 斡旋会社（その HP）の仲介 | 16 | (14.4) |
| その他 | 5 | (4.5) |
| 無回答 | 5 | (4.5) |
| 合計 | 111 | (100.0) |

える。

　子供に、自分の母国語をどの程度教えたいかについては、回答のあった者のうち約４割が「あいさつ程度」、２割強が「日常会話程度」、３割程度が「読み書きができるまで」と答えている（表1-18）。ほとんどの者が自分の母国語を子供に教えたいと考えてはいるものの、いわゆるバイリンガルとして活用できるほどのレベルまでを目指すわけではないものが多いと捉えることができる。

　交流活動への参加については、「子供の学校などの交流会への参加」を「よくする」「ある程度する」と回答した者の合計が、「子供がいない」「無回答」を除いた人数に対する比率で８割となっている（表1-19）。「地域の祭りや行事への参加」の場合にはこの比率は約３分の２である（表1-20）。どちらの場合にも、参加度は高いとみることができるが、とくに子供がいる場合には、学校を通じたつながりは重要であるとみることができる。そのことは、友達を作

表1-18　子供に自分の母国語の習得への期待（N＝57）

| | | |
|---|---|---|
| あいさつ程度 | 22 | (38.6) |
| 日常会話程度 | 13 | (22.8) |
| 読み書きができるまで | 17 | (29.8) |
| なにも教える気はない | 1 | (1.8) |
| その他 | 2 | (3.5) |
| 無回答 | 2 | (3.5) |
| 合計 | 57 | (100.0) |

表1-19　子供の学校などの交流会への参加

| | | |
|---|---|---|
| よくする | 31 | (27.9) |
| ある程度する | 25 | (22.5) |
| あまりしない | 12 | (10.8) |
| しない | 2 | (1.8) |
| 子供がいない | 32 | (28.8) |
| 無回答 | 9 | (8.1) |
| 合計 | 111 | (100.0) |

表1-20　地域の祭りや行事への参加

| | | |
|---|---|---|
| よくする | 28 | (25.2) |
| ある程度する | 32 | (28.8) |
| あまりしない | 29 | (26.1) |
| しない | 3 | (2.7) |
| 祭りや行事がない | 9 | (8.1) |
| 無回答 | 10 | (9.0) |
| 合計 | 111 | (100.0) |

表1-21　友達を一番作りやすい場（２つまで選択可）

| | | |
|---|---|---|
| 子供の学校 | 25 | (23.6)* |
| 地域 | 34 | (32.1) |
| 支援団体 | 12 | (11.3) |
| 職場 | 49 | (46.2) |
| 同国人のつながり | 32 | (30.2) |
| 国際結婚カップルのつながり | 4 | (3.8) |
| 教会・寺院などでのつながり | 3 | (2.8) |
| その他 | 3 | (2.8) |
| 合計 | 162 | (152.8) |

注）*パーセントは有効回答者数106名に対する値。

表1-22　家族以外で悩みを相談する相手
（2つまで選択可）

| | | |
|---|---|---|
| 職場の日本人 | 24 | (24.7)* |
| 職場の同国人 | 26 | (26.8) |
| 国際結婚の同国人 | 31 | (32.0) |
| その他の国際結婚カップルのつながり | 2 | (2.1) |
| 近所の日本人 | 11 | (11.3) |
| 子供の学校等の親仲間 | 7 | (7.2) |
| 支援団体の関係者 | 9 | (9.3) |
| その他 | 27 | (27.8) |
| 合計 | 137 | (141.2) |

注）*パーセントは有効回答者数97名に対する値。

りやすい場として「子供の学校」が一定数挙げられていることからも読み取ることができる。「友達を一番作りやすい場」のなかで、「子供の学校」（23.6％）は、「職場」（46.2％）、「地域」（32.1％）、「同国人のつながり」（30.2%）に続くものとなっている（表1-21）。

　悩みがあるときの相談相手としては、「国際結婚の同国人」（32.0%）、「職場の同国人」（26.8%）が、2つまで選択可ではあるが合わせて5割を超えており、同国人を挙げる者が多いが、「職場の日本人」（24.7%）をはじめとして、日本人も相談相手となっている（表1-22）。先にみたように、友達を作りやすい場としても「職場」が多く挙げられていたが、職場は人間関係を得る場としても重要な意味を有している様子が分かる。

表1-23　現在の国籍と将来計画

| | | 将来の計画 | | | | | | | |
|---|---|---|---|---|---|---|---|---|---|
| | | このまま一生、この地域で生活し続ける | この地域とは限らないが、一生、日本で生活し続ける | 子供の独立後や老後には、ひとりで母国に帰る | 子供の独立後には、夫と共に母国に帰る | 夫に先立たれたときには、母国に帰る | その他 | 無回答 | 合計 |
| 現在の国籍 | 母国の国籍 | 34 (34.0) | 21 (21.0) | 5 (5.0) | 12 (12.0) | 7 (7.0) | 12 (12.0) | 9 (9.0) | 100 (100.0) |
| | 夫の国（日本）の国籍 | 5 (62.5) | 1 (12.5) | 0 (0.0) | 0 (0.0) | 0 (0.0) | 2 (25.0) | 0 (0.0) | 8 (100.0) |
| | その他 | 0 (0.0) | 0 (0.0) | 0 (0.0) | 0 (0.0) | 0 (0.0) | 0 (0.0) | 1 (100.0) | 1 (100.0) |
| | 無回答 | 1 (50.0) | 0 (0.0) | 0 (0.0) | 0 (0.0) | 0 (0.0) | 0 (0.0) | 1 (50.0) | 2 (100.0) |
| 合計 | | 40 (36.0) | 22 (19.8) | 5 (4.5) | 12 (10.8) | 7 (6.3) | 14 (12.6) | 11 (9.9) | 111 (100.0) |

現在の国籍と将来計画との関係をみると、日本国籍を取得している者の多くは、日本で生活し続けると回答している。それに較べると、もとの国籍のままの者は、いずれは母国に帰ると考えている者が多いが、しかし比率としては、日本で生活し続けると考えている者が半数以上を占めている（表1-23）。

## 4　まとめ——「日常性」のなかの国際結婚

　以上、本質問紙調査の結果のいくつかについて検討してきた。こうした結果からは、国際結婚女性は一定の都会的な環境からの出身者で、結婚に至るきっかけは何らかの知り合いからの紹介によるものが多いということが読み取れる。また、回答者が、日本での生活の基盤となる人間関係を一定程度構築している様子もみてとることができる。このように、調査の分析と考察を通じて、地方社会における国際結婚の実態の一端が明らかにされたが、「現象」としての国際結婚は今日もはや「日常化」の段階にあり、学術的な側面を含めてより着実な生活実態の把握や、それに基づく多面的な支援や関係性の構築が求められているといえよう。

注
1　https://web.pref.hyogo.lg.jp/hw07/hw07_000000012.html。
2　2004年4月に、養父郡八鹿町、養父町、大屋町、関宮町が合併して養父市となり、2005年4月に、旧豊岡市に城崎郡城崎町、竹野町、日高町、出石郡出石町、但東町が合併して改めて豊岡市が発足し、また朝来郡生野町、和田山町、山東町、朝来町が合併して朝来市が発足、さらに美方郡美方町、村岡町、城崎郡香住町が合併して香美町が誕生、そして2005年10月に、美方郡浜坂町、温泉町が合併して新温泉町となった。
3　「豊岡市経済・産業白書（平成22年度版）」平成23年3月、豊岡市（http://www.city.toyooka.lg.jp/www/contents/1307518204068/files/hakusyo.pdf）。
4　武田（2011：69-75）でも、当該調査地域である南魚沼市の結婚移住女性の主要な出身国として、韓国・朝鮮、中国、フィリピンが挙げられており、それぞれの国の状況について論じられている。
5　武田（2011：61）は、「ムラの国際結婚」を、第一に行政の結婚仲介によるもの、第二に結婚紹介業者によるもの、第三に先に来日した結婚移住女性が仲介するものの3パターンに大きく分けている。なお、第一については、自治体が直接的に仲介

をしたのは、事業開始当初のみで、社会的批判を受けて多くが国際結婚支援金など
の間接的関与に切り替えていったこと、第二については、日本の結婚斡旋業者が女
性の出身国側のブローカーと連携して結婚仲介を行うが、国際結婚に特化している
業者は少なく、日本人同士の結婚仲介をメインにしながら、男性側の状況に応じて
国際結婚を勧めるなど、その実態は多様であること、第三については、先に来日し
た女性が同郷の友人知人、自身の姉妹などを紹介するだけでなく、結婚移住女性が
日本側のエージェントとなり、母国のブローカーと連携してビジネスとして結婚斡
旋を行うケースもみられるなどの指摘もなされている。

**参考文献**
武田里子　2011　『ムラの国際結婚再考——結婚移住女性と農村の社会変容』めこん。

# 現在のくらし、これからのくらし
## 外国出身妻からみる結婚生活と家族関係

梅村麦生

　本章では兵庫県但馬地方で国際結婚をしている外国人妻を対象に行った質問紙調査の結果から、①出会いから結婚までの過程、②結婚生活、③子育て、④日本人夫の両親や家族との関わり、⑤母国の出身家族との関わり、⑥移住先での社会関係、そして⑦これからのくらしの展望の項目ごとに、詳細をみていくこととする。その上で、この地方に国際結婚移住をしている女性たちとその周囲の人々の現在とこれからのくらしについて考えていきたい。

## 1　出会いから結婚まで

　外国人妻たちはまずどこで、何をきっかけにして夫となる日本人と出会ったのか。夫妻の出会いに関して（表2-1）、外国人妻全体では夫の出身国である日本で現在の夫と出会っている人が多く、半数以上（54.1％）が日本で出会っている。妻の出身国別にみると、とくにフィリピン人妻の場合は、日本で現在の夫と出会っている割合が8割近く（78.0％）に上っている。しかしフィリピン人妻以外では、妻の出身国で現在の夫と出会っている割合の方が高い（55.0％）。とくに中国人妻の場合は、6割以上（61.1％）が中国で現在の夫となる日本人と出会っている。ベトナム人妻の場合は両者が拮抗している。

　夫妻の出会いのきっかけは、全体では「友人や親族の紹介」（38.7％）が最も多く、それに「学校や職場での出会い」（32.4％）が続く。妻の出身国別にみると、フィリピン人妻は「学校や職場での出会い」（54.0％）が半数超を占め、「友人や親族の紹介」（28.0％）より多くなっている。しかし中国人妻は、「友人

表2-1　夫と知り合った国／夫との出会いのきっかけ（妻の出身国別）

| 知り合った国／きっかけ | フィリピン | 中国 | ベトナム | タイ | 韓国 | その他 | 合計 |
|---|---|---|---|---|---|---|---|
| 妻の出身国 | 9 (18.0) | 22 (61.1) | 7 (53.8) | 2 (50.0) | 1 (50.0) | 2 (33.3) | 43 (38.7) |
| 夫の出身国（日本） | 39 (78.0) | 12 (33.3) | 6 (46.2) | — | — | 3 (50.0) | 60 (54.1) |
| それ以外の国 | — | 1 (2.8) | — | 1 (25.0) | 1 (50.0) | — | 3 (2.7) |
| インターネット | 1 (2.0) | — | — | — | — | — | 1 (0.9) |
| その他 | — | — | — | 1 (25.0) | — | — | 1 (0.9) |
| 無回答 | 1 (2.0) | 1 (2.8) | — | — | — | 1 (16.7) | 3 (2.7) |
| 旅行や行楽での出会い | 2 (4.0) | 1 (2.8) | 1 (7.7) | — | 1 (50.0) | 1 (16.7) | 6 (5.4) |
| 学校や職場での出会い | 27 (54.0) | 2 (5.6) | — | 3 (75.0) | — | 4 (66.7) | 36 (32.4) |
| 友人や親族の紹介 | 14 (28.0) | 23 (63.9) | 6 (46.2) | — | — | — | 43 (38.7) |
| 斡旋会社の仲介 | 1 (2.0) | 9 (25.0) | 5 (38.5) | 1 (25.0) | — | — | 16 (14.4) |
| その他 | 3 (6.0) | — | — | — | 1 (50.0) | 1 (16.7) | 5 (4.5) |
| 無回答 | 3 (6.0) | 1 (2.8) | 1 (7.7) | — | — | — | 5 (4.5) |
| 合計 | 50(100.0) | 36(100.0) | 13(100.0) | 4(100.0) | 2(100.0) | 6(100.0) | 111(100.0) |

注）数字は実数、括弧内は％を指す。以下同じ。

や親族の紹介」（63.9％）が6割を超え、次に「斡旋会社の仲介」（25.0％）と回答した人が多い。ベトナム人妻も同様に、「友人や親族の紹介」（46.2％）が最も多く、その次が「斡旋会社の仲介」（38.5％）である。

　したがってフィリピン人妻の場合、まず日本に来て働くか就学し、そこで現在の夫となる日本人と出会う場合がより多かったものと思われる。そして中国人妻の場合は、友人や親族の紹介によって、妻の出身国である中国で現在の夫と出会っている人がより多い[1]。

　夫と知り合った国ごとに出会いのきっかけをみていくと、外国人妻の出身国で出会った場合は、「友人や親族の紹介」（55.8％）と「斡旋会社の仲介」（25.6％）の2つで8割を超えている（81.4％）。夫の出身国である日本で出会った場合は、「学校や職場での出会い」が半数を占めている（50.0％）。

　妻の来日時期については（表2-2）、「結婚前から日本に居住」（28.8％）している場合よりも、結婚と同時かそれ以降に来日している場合の方が約40ポイント高い（68％）。そのなかでも「結婚と同時または直後に来日」（40.5％）した場合がより多いのであるが、「結婚後、数年経ってから来日」（27.9％）した人もそれなりに多い。妻の出身国別にみると、中国人妻のなかでは「結婚と同時または直後に来日」（66.7％）が最も多く、フィリピン人妻のなかでは「結婚

表2-2　妻の来日時期／結婚式を行った場所（妻の出身国別）

| 結婚式 ＼ 来日時期 | フィリピン | 中国 | ベトナム | タイ | 韓国 | その他 | 合計 |
|---|---|---|---|---|---|---|---|
| 結婚前から日本に居住 | 14 (28.0) | 10 (27.8) | 4 (30.8) | — | — | 4 (66.7) | 32 (28.8) |
| 結婚と同時または直後に来日 | 10 (20.0) | 24 (66.7) | 5 (38.5) | 2 (50.0) | 2 (100.0) | 2 (33.3) | 45 (40.5) |
| 結婚後、数年経ってから来日 | 25 (50.0) | 1 (2.8) | 4 (30.8) | 1 (25.0) | — | — | 31 (27.9) |
| その他 | — | 1 (2.8) | — | — | — | — | 1 (0.9) |
| 無回答 | 1 (2.0) | — | — | 1 (25.0) | — | — | 2 (1.8) |
| 妻の出身国 | 40 (80.0) | 17 (47.2) | 3 (23.1) | 2 (50.0) | — | 2 (33.3) | 64 (57.7) |
| 夫の出身国（日本） | 4 (8.0) | 3 (8.3) | 6 (46.2) | — | 1 (50.0) | 3 (50.0) | 17 (15.3) |
| 両方の出身国 | 5 (10.0) | 8 (22.2) | 3 (23.1) | 2 (50.0) | — | — | 18 (16.2) |
| それ以外の国 | 1 (2.0) | — | — | — | — | — | 1 (0.9) |
| 式はしていない | — | 8 (22.2) | 1 (7.7) | — | 1 (50.0) | — | 10 (9.0) |
| その他 | — | — | — | — | — | 1 (16.7) | 1 (0.9) |
| 合計 | 50 (100.0) | 36 (100.0) | 13 (100.0) | 4 (100.0) | 2 (100.0) | 6 (100.0) | 111 (100.0) |

後、数年経ってから来日」（50.0%）が最も多い。

　そこで疑問が生じるのは、フィリピン人妻は現在の夫と日本で出会っている割合が高いにもかかわらず（78.0%）、「結婚前から日本に居住」（28.0%）している人よりも、結婚と同時かそれ以降に来日している人の方が多いことである（70.0%）。そうすると、少なからず日本で出会うと同時に結婚をしたか、日本で出会う前に結婚してから来日していることになる。すべての出身国の妻のなかで、夫と知り合った国が「夫の出身国（日本）」であると答えた人のうち（60人）、3割が「結婚後、数年経ってから来日」したと答えている（18人）。ただし、質問紙調査の「来日」を移住と受け取り、日本に来て出会った後、一度帰国し再度来日した可能性も考えられる。フィリピン人妻は多くが出身国のフィリピンで結婚式を挙げていることからも、その可能性が示唆される。

　その結婚式に関して（表2-2）、フィリピン人妻は自身の出身国フィリピンで現在の夫と結婚式を挙げている割合が高く、8割を占めている（80.0%）。外国人妻全体でも、妻の出身国だけで結婚式を挙げている場合が最も多く（57.7%）、夫の出身国の日本（15.3%）と、妻と夫の両方の出身国（16.2%）で挙げている場合は1割台にとどまる。また中国人妻の場合、結婚式を挙げていない人が2割強（22.2%）に上っている。

結婚歴についてもみておくと（表2-3）、外国人妻全体では6割強（62.2%）が「初婚」と回答しており、再婚（32.4%）よりも多くなっている。とくにフィリピン人妻は4分の3（76.0%）が初婚であり、ベトナム人妻（92.3%）、タイ人妻（100.0%）、韓国人妻（100.0%）もほとんどが初婚である。他方で中国人妻の場合、「初婚」（22.2%）の方が少なく、再婚の割合が高い（75.0%）。また結婚経験がある中国人妻のうち、以前の夫との間に子供がいる人が6割を占めており、中国人妻全体のなかでも半数近くに上っている（47.2%[2]）。

　夫の結婚歴に関しても、「初婚」と回答した人が6割を占めている（60.4%）。再婚の人は3分の1強であり（35.1%）、そのなかでは以前の妻との間に子供がいる人が8割近くを占めている（27.9%）。中国人妻の場合、夫が初婚の割合が4分の3を占め（75.0%）、ベトナム人妻（100.0%）、タイ人妻（100.0%）、韓国人妻（100.0%）の場合は夫全員が初婚である。しかしフィリピン人妻の場合、現在の夫が初婚である方が少なく（34.0%）、再婚である人が6割近くに上っている（58.0%）。そのなかでも、結婚経験があり以前の妻との間に子供がいる人が8割弱を占めている（46.0%）。

　夫妻の結婚歴を合わせると、「初婚」同士の結婚と回答している人が全体の4割を占めている（40.5%）。反対に、夫妻のどちらかが再婚であると回答した

表2-3　妻の結婚歴／夫の結婚歴（妻の出身国別）

| 妻（上）<br>夫（下） | フィリピン | 中国 | ベトナム | タイ | 韓国 | その他 | 合計 |
|---|---|---|---|---|---|---|---|
| 初婚 | 38　(76.0) | 8　(22.2) | 12　(92.3) | 4(100.0) | 2(100.0) | 5　(83.3) | 69　(62.2) |
| 結婚経験有、子供無 | 2　(4.0) | 10　(27.8) | — | — | — | — | 12　(10.8) |
| 結婚経験有、子供有 | 7　(14.0) | 17　(47.2) | — | — | — | — | 24　(21.6) |
| その他 | — | — | — | — | — | 1　(16.7) | 1　(0.9) |
| 無回答 | 3　(6.0) | 1　(2.8) | 1　(7.7) | — | — | — | 5　(4.5) |
| 初婚 | 17　(34.0) | 27　(75.0) | 13(100.0) | 4(100.0) | 2(100.0) | 4　(66.7) | 67　(60.4) |
| 結婚経験有、子供無 | 6　(12.0) | 2　(5.6) | — | — | — | — | 8　(7.2) |
| 結婚経験有、子供有 | 23　(46.0) | 7　(19.4) | — | — | — | 1　(16.7) | 31　(27.9) |
| 無回答 | 4　(8.0) | — | — | — | — | 1　(16.7) | 5　(4.5) |
| 合計 | 50(100.0) | 36(100.0) | 13(100.0) | 4(100.0) | 2(100.0) | 6(100.0) | 111(100.0) |

割合が半数を超えている（53.2％）。そのなかでは、夫側が再婚の場合が少しだけ多いが（20.1％）、妻側が再婚である場合もさほど変わらない（18.0％）。全体でみると、初婚同士に次ぐのが、妻が初婚で夫に「結婚経験有、子供有」（17.1％）の場合である。

夫妻の年齢層については（表2-4）、全体のなかで妻30代で夫50代という組み合わせが最も多く（17.1％）、それに妻40代で夫50代（12.6％）、夫40代で妻30代（10.8％）の組み合わせが続いている。

調査時点での妻の年齢は、最小が22歳で最大が54歳、平均は37.4歳であった（中央値で37歳）。6割強が30代以下である（61.2％）。他方で夫の年齢は、最小が31歳で最大が78歳、平均は53.6歳であった（中央値で54歳）。夫は40代以上が8割近く（79.2％）、とくに50代が最も多い（38.7％）。ただし、夫の年齢に関しては「無回答」（16.2％）が15％以上もおり、正確な年齢を知らない妻も少なくないと思われる。

その夫の現在の職業は（表2-5）、「工場や現場で働く」が3分の1弱で最も多かった（32.4％）。その次に多いのが「会社や団体の事務や営業」（17.1％）で、「工場や事務所の自営業」（12.6％）という人も1割以上いる。夫のきょうだい構成に関しては、「一人っ子」（10人、9.0％）と「姉妹のみ有」（44人、39.6％）で全体の5割弱を占め、一人っ子もしくは唯一の男子である場合がほぼ半数となっている（48.6％）。「兄弟のみ有」（20人、18.0％）と「兄弟姉妹有」（28人、25.2％）で約43％であり、4割以上は他に男兄弟がいることになる

表2-4　夫妻の年齢層

| | | 妻の年齢層 | | | | | 合計 |
|---|---|---|---|---|---|---|---|
| | | 20代 | 30代 | 40代 | 50代 | 無回答 | |
| 夫の年齢層 | 30代 | 1 (0.9) | 4 (3.6) | — | — | — | 5 (4.5) |
| | 40代 | 5 (4.5) | 12 (10.8) | 4 (3.6) | 1 (0.9) | — | 22 (19.8) |
| | 50代 | 8 (7.2) | 19 (17.1) | 14 (12.6) | 2 (1.8) | — | 43 (38.7) |
| | 60代 | — | 5 (4.5) | 11 (9.9) | 3 (2.7) | 1 (0.9) | 20 (18.0) |
| | 70代 | — | 2 (1.8) | — | 1 (0.9) | — | 3 (2.7) |
| | 無回答 | 4 (3.6) | 8 (7.2) | 3 (2.7) | — | 3 (2.7) | 18 (16.2) |
| 合計 | | 18 (16.2) | 50 (45.0) | 32 (28.8) | 7 (6.3) | 4 (3.6) | 111 (100.0) |

注）各項目括弧内の割合は全体から算出した。

表2-5　夫の職業

| | | |
|---|--:|--:|
| 工場や現場で働く | 36 | (32.4) |
| 商店や食堂で働く | 2 | (1.8) |
| 会社や団体の事務や営業 | 19 | (17.1) |
| 農業や漁業 | 9 | (8.1) |
| 工場や事業所の自営業 | 14 | (12.6) |
| 専門職（教員・エンジニアなど） | 7 | (6.3) |
| 定年退職 | 3 | (2.7) |
| 無職 | 2 | (1.8) |
| その他 | 10 | (9.0) |
| 　運転手（タクシー・バス・運送など） | 4 | (3.6) |
| 　上記以外 | 6 | (5.4) |
| 無回答 | 9 | (8.1) |
| 合計 | 111 | (100.0) |

（43.2％）。そして8割以上は兄弟または姉妹がいる（82.6％）。また夫の出生順位からみると、およそ半数が「第一子」（55人、49.5％）である。それに「第二子」（27人、24.3％）と「第三子」（16人、14.4％）が続く。一人っ子を除いても、兄弟姉妹がいるなかでの長男が最も多い（40.1％）。

# 2　結婚生活

次に結婚生活についてみていく。

まずは夫妻の結婚年数について（表2-6）、最も多い層が「5年以上10年未満」であり（45.9％）、4割以上を占めている。次に多いのが「5年未満」で、25％強（26.1％）に上っている。合わせて10年未満が7割（72.1％）を超えており、比較的結婚年数が短い夫妻が多い。その次が「10年以上15年未満」（13.5％）で1割強に上っている。結婚年数の平均は10.5年であり、中央値は7年である（無回答を除く）。他方で結婚して「20年以上」になる夫妻も、一定数見出された（7.2％）。

表2-6　結婚年数

| | | |
|---|--:|--:|
| ～5年未満 | 29 | (26.1) |
| ～10年未満 | 51 | (45.9) |
| ～15年未満 | 15 | (13.5) |
| ～20年未満 | 5 | (4.5) |
| ～25年未満 | 6 | (5.4) |
| 25年以上 | 2 | (1.8) |
| 無回答 | 3 | (2.7) |
| 合計 | 111 | (100.0) |

調査時点での家族構成に関して（表2-7）、夫妻以外で現在の家族に含まれる成員について聞いたところ、現在の夫妻の間に生まれた子供がいるとの回答が4割を超えていた（45.0％）。ただし、あとで紹介する「現在の夫との間の子供の人数」についての設問をみると、実際にはもう少し多く、ほぼ5割（49.5％）の夫妻の間に自分たちの子供がいると考えられる。また妻の連れ子がいると答えた家族は15％弱である

（14.7％）。反対に、夫の連れ子がいる家族は少なかった（1.8％）。また夫の母が含まれているところは全体の3分の1以上（36.7％）で、夫の父が含まれているところは15％弱（14.7％）である。この差や夫の平均年齢を考えてみても、夫の父母は高齢で、とくに夫の父が先に亡くなっている家族が多いと考えられる。夫の祖父母や他の親族が現在の家族に含まれるとの回答はほとんどみられなかった（夫の兄弟姉妹がいるところが1件、その他が1件のみ）。

表2-7　現在の家族構成

| | |
|---|---|
| 夫妻の子供 | 49 (45.0) |
| 妻の連れ子 | 16 (14.7) |
| 夫の連れ子 | 2 (1.8) |
| 夫の父 | 16 (14.7) |
| 夫の母 | 40 (36.7) |
| 夫の兄弟姉妹 | 1 (0.9) |
| 夫の兄弟姉妹の配偶者 | — |
| 夫の兄弟姉妹の子供 | — |
| 夫の祖父母 | — |
| その他 | 1 (0.9) |
| 合計 | 109 (100.0) |

注）実数と割合は無回答の2名を除く。

　こうした家族構成のもと、現在の家族の経済状況に関しては（表2-8）、「十分によい」（15.3％）と「ある程度よい」（70.3％）と評価している人が85％強であり、多数を占めている。妻の出身国別にみると、フィリピン人妻は「ある程度よい」と答えた人が8割以上（86.0％）であり、ベトナム人妻は8割以上が「十分によい」と答えている（84.6％）。中国人妻も、7割以上が「ある程度よい」と答えているが（72.2％）、「あまりよくない」との回答も4分の1を超え（27.8％）、他国出身の妻よりも高い数字となっている。出身地域や出身家族の経済状況との相対的な比較から、こうした差が生まれている面もあると考えられる[3]。夫の家事や育児への参加については、「ある程度する」（28.8％）が3割近くで最も多く、「よくする」（24.3％）と「ある程度する」合わせて5割を超える回答となっている（53.1％）。「あまりしない」（11.7％）と「しない」（5.4％）は合わせて2割未満であり、「子供がいない」（22.5％）と「無回答」（7.2％）を

表2-8　現在の家族の経済状況（妻の出身国別）

| | フィリピン | 中国 | ベトナム | タイ | 韓国 | その他 | 合計 |
|---|---|---|---|---|---|---|---|
| 十分によい | 1 (2.0) | — | 11 (84.6) | 1 (25.0) | — | 4 (66.7) | 17 (15.3) |
| ある程度よい | 43 (86.0) | 26 (72.2) | 2 (15.4) | 3 (75.0) | 2 (100.0) | 2 (33.3) | 78 (70.3) |
| あまりよくない | 4 (8.0) | 10 (27.8) | — | — | — | — | 14 (12.6) |
| 無回答 | 2 (4.0) | — | — | — | — | — | 2 (1.8) |
| 合計 | 50 (100.0) | 36 (100.0) | 13 (100.0) | 4 (100.0) | 2 (100.0) | 6 (100.0) | 111 (100.0) |

表2-9 妻の作る食事で夫が一番好きな料理／夫による母国の文化・習慣への理解
（妻の出身国別）

| 夫の好きな料理／母国文化・習慣理解 | フィリピン | 中国 | ベトナム | タイ | 韓国 | その他 | 合計 |
|---|---|---|---|---|---|---|---|
| 日本料理 | 34 (68.0) | 16 (44.4) | 10 (76.9) | 3 (75.0) | 2(100.0) | 3 (50.0) | 68 (61.3) |
| 妻の出身国の料理 | 7 (14.0) | 18 (50.0) | — | — | — | — | 25 (22.5) |
| 欧風料理 | 1 (2.0) | — | — | — | — | — | 1 (0.9) |
| その他 | 4 (8.0) | — | 1 (7.7) | 1 (25.0) | — | 1 (16.7) | 7 (6.3) |
| ほとんど作らない | 1 (2.0) | 1 (2.8) | 2 (15.4) | — | — | — | 4 (3.6) |
| 無回答 | 3 (6.0) | 1 (2.8) | — | — | — | 2 (33.3) | 6 (5.4) |
| よくする | 10 (20.0) | 5 (13.9) | 1 (7.7) | 2 (50.0) | — | 4 (66.7) | 22 (19.8) |
| ある程度する | 12 (24.0) | 19 (52.8) | 3 (23.1) | 1 (25.0) | 2(100.0) | 1 (16.7) | 38 (34.2) |
| あまりしない | 18 (36.0) | 7 (19.4) | 8 (61.5) | 1 (25.0) | — | — | 34 (30.6) |
| しない | 7 (14.0) | 4 (11.1) | 1 (7.7) | — | — | — | 12 (10.8) |
| 無回答 | 3 (6.0) | 1 (2.8) | — | — | — | 1 (16.7) | 5 (4.5) |
| 合計 | 50(100.0) | 36(100.0) | 13(100.0) | 4(100.0) | 2(100.0) | 6(100.0) | 111(100.0) |

除くと4分の3以上（75.6％）が肯定的な回答となっている。後述のように、夫の家事や育児への参加の度合いと、妻による夫の結婚生活への態度の評価には、一定の関わりが見出されている。

　また妻が作る食事で夫が一番好きな料理は何かと聞くと（表2-9）、6割以上の人が「日本料理」（61.3％）と答えている。多くの外国人妻が移住先で日本風の料理を覚えて作っているものと思われる。それと比べると、「妻の出身国の料理」（22.5％）の方が2割強と少ない割合になっている。しかし中国人妻に限ると、「妻の出身国の料理」（50.0％）が5割に及んでおり、むしろ「日本料理」（44.4％）よりも高い数字となっている。この点に関しては、妻の得意料理であるということに加え、日本人夫の側が他の国の料理に比べて中華料理に慣れているということも考えられる。

　夫による妻の母国の文化・習慣への理解については（表2-9）、「ある程度する」（34.2％）が最も多く、「よくする」（19.8％）と合わせて5割を超えている（54.1％）。しかし、「あまりしない」（30.6％）も3割を超えており、「しない」（10.8％）と合わせて否定的な評価が4割強となっている（41.4％）。とくに中国人妻は「よくする」「ある程度する」の肯定的な評価が3分の2を占めているが（66.7％）、フィリピン人妻は「あまりしない」「しない」の否定的な評

表2-10 夫による妻の実家への訪問／夫による妻の実家への経済支援（妻の出身国別）

| 実家訪問／経済支援 | フィリピン | 中国 | ベトナム | タイ | 韓国 | その他 | 合計 |
|---|---|---|---|---|---|---|---|
| よくする | 7 (14.0) | — | 1 (7.7) | 1 (25.0) | — | 1 (16.7) | 10 (9.0) |
| ある程度する | 2 (4.0) | 12 (33.3) | 4 (30.8) | 2 (50.0) | — | 3 (50.0) | 23 (20.7) |
| あまりしない | 16 (32.0) | 9 (25.0) | 5 (38.5) | 1 (25.0) | 1 (50.0) | 1 (16.7) | 33 (29.7) |
| しない | 6 (12.0) | 10 (27.8) | — | — | 1 (50.0) | — | 17 (15.3) |
| 実家がない | 11 (22.0) | 2 (5.6) | 2 (15.4) | — | — | — | 15 (13.5) |
| 無回答 | 8 (16.0) | 3 (8.3) | 1 (7.7) | — | — | 1 (16.7) | 13 (11.7) |
| よくする | 2 (4.0) | 3 (8.3) | 1 (7.7) | 1 (25.0) | — | 1 (16.7) | 8 (7.2) |
| ある程度する | 6 (12.0) | 11 (30.6) | 3 (23.1) | 1 (25.0) | — | — | 21 (18.9) |
| あまりしない | 17 (34.0) | 6 (16.7) | 5 (38.5) | 2 (50.0) | 1 (50.0) | — | 31 (27.9) |
| しない | 14 (28.0) | 11 (30.6) | 1 (7.7) | — | 1 (50.0) | 4 (66.7) | 31 (27.9) |
| 実家がない | 5 (10.0) | — | 2 (15.4) | — | — | — | 7 (6.3) |
| 無回答 | 6 (12.0) | 5 (13.9) | 1 (7.7) | — | — | 1 (16.7) | 13 (11.7) |
| 合計 | 50 (100.0) | 36 (100.0) | 13 (100.0) | 4 (100.0) | 2 (100.0) | 6 (100.0) | 111 (100.0) |

価が半数（50.0％）、さらにベトナム人妻も同様の否定的な評価が7割弱（69.2％）に上っている。異文化の理解に関しては、国ごとの差が小さくないと思われる。

　そして夫による妻の実家への訪問は（表2-10）、「よくする」「ある程度する」と答えた人が約3割であり（29.7％）、「あまりしない」「しない」と答えた人の方が多い（45.0％）。「実家がない」（13.5％）という人も1割以上おり、妻の実家との行き来がないか少ない人の方が多い。また「夫による妻の実家への経済支援」は、「夫による妻の実家への訪問」と強い相関をみせている。夫が妻の実家と行き来があるほど、同じように経済支援も行っていることが多いと考えられる。

　以上を踏まえて、妻は夫が結婚生活をどう思っていると感じているのかと聞くと（表2-11）、5割弱の人は夫が結婚生活を「十分に」大切にしていると答え（48.6％）、「ある程度」大切にしていると答えた人（32.4％）と合わせると8割強に上っている（81.1％）。ただし妻の出身国別では、フィリピン人妻の場合に「あまり」大切にしていないと「まったく」大切にしていないとの答えが3割に至っており（30.0％）、夫が結婚生活をあまり大切にしていないと表明している人が他国出身の妻よりも明らかに多くなっている。

表2-11　妻が思う夫の結婚生活への態度／妻による夫との離婚への考え（妻の出身国別）

| 夫の結婚生活への態度／妻の離婚願望 | フィリピン | 中国 | ベトナム | タイ | 韓国 | その他 | 合計 |
|---|---|---|---|---|---|---|---|
| 十分にしている | 22 (44.0) | 15 (41.7) | 9 (69.2) | 3 (75.0) | — | 5 (83.3) | 54 (48.6) |
| ある程度している | 10 (20.0) | 20 (55.6) | 4 (30.8) | 1 (25.0) | 1 (50.0) | — | 36 (32.4) |
| あまりしていない | 12 (24.0) | — | — | — | 1 (50.0) | — | 13 (11.7) |
| まったくしていない | 3 (6.0) | — | — | — | — | — | 3 (2.7) |
| 無回答 | 3 (6.0) | 1 (2.8) | — | — | — | 1 (16.7) | 5 (4.5) |
| しばしば考えている | 1 (2.0) | — | — | — | — | — | 1 (0.9) |
| 時々考えることがある | — | 6 (16.7) | 1 (7.7) | — | 2 (100.0) | — | 9 (8.1) |
| あまり考えたことがない | 18 (36.0) | 10 (27.8) | 5 (38.5) | 1 (25.0) | — | 1 (16.7) | 35 (31.5) |
| まったく考えたことがない | 27 (54.0) | 17 (47.2) | 7 (53.8) | 3 (75.0) | — | 5 (83.3) | 59 (53.2) |
| 無回答 | 4 (8.0) | 3 (8.3) | — | — | — | — | 7 (6.3) |
| 合計 | 50 (100.0) | 36 (100.0) | 13 (100.0) | 4 (100.0) | 2 (100.0) | 6 (100.0) | 111 (100.0) |

　そしてこの「夫の結婚生活への態度」と上記の項目との相関をみると、最も強い正の相関がみられたのは「家事や育児への参加」であった[5]。賽漢卓娜（2011：133-135）が中国人妻の複数の事例から示しているように、外国人妻への家事負担の集中は夫や同居する夫の両親との間に葛藤を生じさせうると考えられる。その次に正の相関がみられたのが「妻の母国の文化・習慣の理解」である[6]。「現在の家族の経済状況」と比べても[7]、これら2つの項目との関わりは強いものと思われる。

　また現在の夫との離婚について妻がどう考えているのかもみると（表2-11）、現時点で離婚を考えている人は、「しばしば考えている」（0.9%）と「時々考えることがある」（8.1%）を合わせても1割未満だった（9.0%）。離婚を「しばしば考えている」と「時々考えることがある」と答えた人の中では、その理由で最も多かったのが「夫の態度や考え方に不満がある」（6人）であった。

　そもそも回答者の8割以上（84.7%）が離婚を「あまり考えたことがない」「まったく考えたことがない」としているため、あくまで参考であるが、相関をみると「夫の結婚生活への態度」と同様に、「妻の母国の文化・習慣の理

解」に最も強い正の相関がみられた。[8]

したがって、「夫の結婚生活への態度」と「離婚への考え」を合わせて考えると、妻による結婚生活への評価は、現在の経済状況など他の要因もありうるが、夫の家事や育児への参加と、妻の出身国の文化・習慣に対する夫の理解が大きく関わっていると思われる。

## 3　子育て

次に夫妻の子供と子育てについてである。まず現在の夫妻の間に生まれた子供は、約半数が「いない」（48.6%）、そして1人以上の子供がいると答えた夫妻も約半数であった（49.5%）[9]。子供がいる夫妻のなかでは「1人」（27.0%）が最も多く、子供がいる夫妻の半数以上（54.5%）を占めている。「2人」（18.9%）がそれに続き、「3人」以上のところは少数であった（3.6%）。

現在の夫妻の間に生まれた子供のうち、第一子は最年長が21歳、最年少が1歳であり、平均で8.9歳（中央値7歳）となっている。また子供の国籍については、現在の夫妻の間に生まれたすべての子供のうち、9割近くが夫と同じ日本国籍になっている（87.2%）。それ以外に、妻が「二重国籍」と答えた子供も1割以上おり（12.8%）、最も多かったのがフィリピン人妻の子供（6人、そのうち第一子4人）であった。

妻が「現在の子育てに感じること」で最も近いものを聞いたところ（表2-12）、該当者のなかで「子育ては楽しい」（33.3%）と「子育ては大変だと思わない」（17.5%）が合わせて5割を超えており（50.9%）、半数の人が子育てを肯定的に評価していることが分かる。高畑（2015：246）のフィリピン人妻や、また武田（2011：200-204）の複数の出身国妻たちの事例と同様に、子供の存在が日本で生活を続けていく上で支えになったり、家族内での妻の地位の向上に寄与したりしている面も窺える。[10]しかし、「子育てはどこでやっても大

表2-12　現在の子育てに感じること

| | |
|---|---|
| 子育てはどこでやっても大変だ | 12 (21.1) |
| とくに日本での子育ては大変だ | 5 (8.8) |
| 国際結婚での子育ては大変だ | 6 (10.5) |
| 子育ては大変だと思わない | 10 (17.5) |
| 子育ては楽しい | 19 (33.3) |
| その他 | 1 (1.8) |
| 無回答 | 4 (7.0) |
| 合計 | 57 (100.0) |

注) 非該当は合計から除く。

変だ」（21.1%）が2割以上おり、さらに「とくに日本での子育て」（8.8%）や「国際結婚での子育て」（10.5%）が大変だと答えた人も合わせて2割弱に及んでおり（19.3%）、何らかの困難を感じている人も決して少なくない。

そこで「現在の子育てで最も困難に感じること」について聞いたところ（表2-13）、「困難がない」と答えた人も該当者の3割近くいるが（28.1%）、3分の2は何らかの困難があると答えている（66.7%）。そのなかで最も多かったのが「日本語を教えにくい」（21.1%）で、子供がいる家庭の2割以上に上っている。その次に「子供の養育の仕方について夫（またはその家族）と葛藤がある」という回答（14.0%）と、「子供の世話をする人や施設が少ない」という回答（14.0%）が多かった。

子供の教育で重視していることについては（表2-14）、「家庭外の人間関係を円滑にする」（37.0%）が最も多く、「家庭内の人間関係を円滑にする」（35.2%）も同様に多かった。以上から、人間関係が最も重視されているといえる。また「日本語能力を高める」（27.8%）や「学歴を高める」（27.8%）と同じくらい、「妻の母国の言葉や文化を身につけること」（27.8%）も重視されていることが分かった。妻の母国語に関しては（表2-15）、該当者のほとんどの人がある程度以上は教えたいと思っている。「あいさつ程度」（38.6%）と答えた人が最も多いものの、「日常会話程度」（22.8%）と答えた人が2割以上、さらに「読み書きができるまで」（29.8%）教えたいという人が約3割に及んでいる。

加えて、学校外での子供の学習について（表2-16）、最も多

表2-13　現在の子育てで最も困難に感じること

| | |
|---|---|
| 子供の養育の仕方について夫（またはその家族）と葛藤がある | 8 （14.0） |
| 日本語を教えにくい | 12 （21.1） |
| 子供の世話をする人や施設が少ない | 8 （14.0） |
| 養育費や教育費の支出が多い | 6 （10.5） |
| その他 | 4 （7.0） |
| 困難がない | 16 （28.1） |
| 無回答 | 3 （5.3） |
| 合計 | 57（100.0） |

注）非該当は合計から除く。

表2-14　教育で重視していること（2つ選択）

| | |
|---|---|
| 日本語能力を高める | 15 （27.8） |
| 学業の成績を高める | 11 （20.4） |
| 学歴を高める | 15 （27.8） |
| 家庭内の人間関係を円滑にする | 19 （35.2） |
| 家庭外の人間関係を円滑にする | 20 （37.0） |
| 妻の母国の言葉や文化を身につける | 15 （27.8） |
| 合計 | 57（100.0） |

注）非該当は合計から除く。

表2-15　子供に妻の母国語をどれくらい教えたいか（妻の出身国別）

| | フィリピン | 中国 | ベトナム | タイ | 韓国 | その他 | 合計 |
|---|---|---|---|---|---|---|---|
| あいさつ程度 | 13　(46.4) | 4　(28.6) | 5　(62.5) | — | — | — | 22　(38.6) |
| 日常会話程度 | 6　(21.4) | 4　(28.6) | 1　(12.5) | — | 1　(50.0) | 1　(33.3) | 13　(22.8) |
| 読み書きができるまで | 7　(25.0) | 5　(35.7) | 1　(12.5) | 1　(50.0) | 1　(50.0) | 2　(66.7) | 17　(29.8) |
| 何も教える気はない | — | — | — | 1　(50.0) | — | — | 1　(1.8) |
| その他 | — | 1　(7.1) | 1　(12.5) | — | — | — | 2　(3.5) |
| 無回答 | 2　(7.1) | — | — | — | — | — | 2　(3.5) |
| 合計 | 28(100.0) | 14(100.0) | 8(100.0) | 100.0%(2) | 2(100.0) | 3(100.0) | 57(100.0) |

注）非該当者は合計から除く。

いのが夫がみている場合であった（24.6％）。しかしながら、妻もさほど変わらないぐらい子供の学習をみている（19.3％）。すでに「塾や家庭教師」にみてもらっていると答えた人も1割近くいるが（8.8％）、小学校高学年や中等教育以降により困難があると予想される。

表2-16　学校外で主に子供の学習をみる人

| | |
|---|---|
| 妻 | 11　(19.3) |
| 夫 | 14　(24.6) |
| 夫妻以外の家族や親族 | 1　(1.8) |
| 塾や家庭教師 | 5　(8.8) |
| だれもみていない | 3　(5.3) |
| 学齢期の子供がいない | 19　(33.3) |
| 無回答 | 4　(7.0) |
| 合計 | 57(100.0) |

注）非該当は合計から除く。

## 4　夫の両親や親族との関わり

　子育てに続いて、現在の夫妻と、夫の両親や親族との関わりをみていく。まず夫の親と同居しているのは（表2-17）、全体の3分の1以上である（35.1％）。そのうち、家計も同じ家族が6割強に上る（61.5％）。また「同じ屋敷内で別居」（3.6％）と「隣家に別居」（6.3％）が合わせて約1割を占め（9.9％）、「同じ地域内に別居」（7.2％）と近居している家族も一定数いる。つまり夫の親と同居または近居の家族が半数を超えている（52.3％）。他方で、夫の平均年齢が高いことから想起されるように、夫の両親が他界しているところも3割近い（27.9％）。夫の親と会う頻度は（表2-18）、おおよそ同居と重なる形で「ほぼ毎

表 2-17　夫の親との居住関係

| | |
|---|---|
| 同居・家計も同じ | 24　(21.6) |
| 同居・家計は別 | 15　(13.5) |
| 同じ屋敷内で別居 | 4　(3.6) |
| 隣家に別居 | 7　(6.3) |
| 同じ地域内に別居 | 8　(7.2) |
| 他地域に別居 | 11　(9.9) |
| 親はすでに他界 | 31　(27.9) |
| 無回答 | 11　(9.9) |
| 合計 | 111 (100.0) |

表 2-18　夫の親に会う頻度

| | |
|---|---|
| ほぼ毎日 | 43　(38.7) |
| 週 1 回以上 | 10　(9.0) |
| 月 1 回以上 | 5　(4.5) |
| 半年に 1 回以上 | 7　(6.3) |
| ほとんど会わない | 6　(5.4) |
| すでに他界 | 31　(27.9) |
| 無回答 | 9　(8.1) |
| 合計 | 111 (100.0) |

表 2-19　夫の親以外の親族に会う頻度

| | |
|---|---|
| ほぼ毎日 | 7　(6.3) |
| 週1回以上 | 10　(9.0) |
| 月1回以上 | 19　(17.1) |
| 半年に1回以上 | 33　(29.7) |
| ほとんど会わない | 24　(21.6) |
| すでに他界 | 4　(3.6) |
| 無回答 | 14　(12.6) |
| 合計 | 111 (100.0) |

表 2-20　夫の親の健康状態

| | |
|---|---|
| だいたい自分のことはできる | 37　(53.6) |
| ときどき手助けが必要 | 11　(15.9) |
| 日常的に手助けが必要 | 2　(2.9) |
| 半ば寝たきりの状態 | 2　(2.9) |
| まったく寝たきりの状態 | 1　(1.4) |
| 病院や介護施設に入院中 | 5　(7.2) |
| その他 | 1　(1.4) |
| 無回答 | 10　(14.5) |
| 合計 | 69 (100.0) |

注）非該当者は合計から除く。

日」（38.7％）が最も多く、また「週 1 回以上」「月 1 回以上」と合わせると、全体で半数以上が月 1 回以上夫の親と会っている（52.3％）。夫の親以外の親族に関しては（表 2-19）、「ほぼ毎日」から「月 1 回以上」まで会っているのは 3 割強で（32.4％）、「半年に 1 回以上」または「ほとんど会わない」が 5 割を超えている（51.4％）。

　その夫の親の健康状態に関しては（表 2-20）、多くが「だいたい自分のことはできる」（53.6％）であるが、手助けや何らかの介助が必要という人も 2 割を超えている（23.2％）。また夫の親に対する生活支援は（表 2-21）、「料理」が最も多く（「度々」「時々」で66.7％）、「洗濯や掃除」もそれに次いで 6 割近く（「度々」「時々」で62.3％）、また「買い物」も半数以上の人が行っている（「度々」「時々」で52.2％）。それらに比べると少ないが、妻が夫の親の「入浴の手伝い」をしていると答えたところも 1 割近くに及んでいる（「度々」「時々」で8.7％）。

表2-21　夫の親に対する生活支援

| | 料理 | 洗濯や掃除 | 買い物 | 入浴の手伝い |
|---|---|---|---|---|
| 度々 | 31 (44.9) | 28 (40.6) | 27 (39.1) | 2 (2.9) |
| 時々 | 15 (21.7) | 15 (21.7) | 9 (13.0) | 4 (5.8) |
| ほとんどしない | 6 (8.7) | 9 (13.0) | 14 (20.3) | 38 (55.1) |
| 無回答 | 17 (24.6) | 17 (24.6) | 19 (27.5) | 25 (36.2) |
| 合計 | 69(100.0) | 69(100.0) | 69(100.0) | 69(100.0) |

注) 非該当者は合計から除く。

表2-22　夫の親との関係の認識

| | |
|---|---|
| 円満 | 29 (41.4) |
| ある程度円満 | 28 (40.0) |
| あまり円満でない | 1 (1.4) |
| 無回答 | 12 (17.1) |
| 合計 | 70(100.0) |

注) 非該当は合計から除く。

表2-23　夫の家族・親族の宗教的行事への参加

| | |
|---|---|
| いつも中心的役割を担う | 5 (4.5) |
| ときどきは中心的役割を担う | 5 (4.5) |
| 手伝いをする程度 | 29 (26.1) |
| ただ参加するだけで手伝いなどはしない | 8 (7.2) |
| 宗教的行事はあるが参加はしない | 5 (4.5) |
| 宗教的行事を行っていない | 47 (42.3) |
| 無回答 | 12 (10.8) |
| 合計 | 111(100.0) |

　以上の関わりを踏まえて、夫の親との関係について妻の認識は（表2-22）、「円満」（41.4%）と「ある程度円満」（40.0%）で合わせて8割超に上り（81.4%）、おおむね関係が良好であると考えられる。また夫の家族・親族の宗教的行事への参加に関しては（表2-23）、「いつも」または「ときどき中心的役割」を担う人が1割近くおり（9.0%）、「手伝いをする程度」（26.1%）と合わせると、3分の1強（35.1%）の人が何らかのかたちで関与していると答えている。

## 5　妻の両親や親族、出身地域との関わり

　ひるがえって妻の出身家族や出身地域との関わりについてはどうであろうか。まず妻の出身家族の現在の構成は（表2-24）、「親と既婚の兄弟姉妹」（53.2%）がいるところが最も多く5割超であった。それに次ぐ「親と未婚の兄弟姉妹」（20.7%）を合わせると7割以上になり（73.9%）、外国人妻の多くは出身家族に親と兄弟姉妹が残っている。ただし、親しか残っていないところも1割以上に

表2-24 妻の出身家族の現在の構成

| | | |
|---|---|---|
| 両親のみ | 11 | (9.9) |
| 片親のみ | 5 | (4.5) |
| 親と未婚の兄弟姉妹 | 23 | (20.7) |
| 親と既婚の兄弟姉妹 | 59 | (53.2) |
| 実家はない | 2 | (1.8) |
| その他 | 9 | (8.1) |
| 無回答 | 2 | (1.8) |
| 合計 | 111 | (100.0) |

及んでいる（14.4％）。

妻の出身家族への帰国訪問については（表2-25）、「2～3年に一度」（50.5％）が最も多く、約半数を占めている。「毎年」（28.8％）も3割近くに及び、以上を合わせて8割近くの人が少なくとも2～3年に一度は帰国していることになる（79.3％）。妻の出身国別にみると、フィリピン人妻は「2～3年に一度」（52.0％）が5割以上で最も多く、中国人妻は「毎年」（47.2％）が5割近くで最も多くなっている。帰国時の滞在期間については、「1週間～1ヶ月」（68.5％）が7割近くで最も多く、どの国出身の妻も同様の傾向である。

妻の出身家族への経済的支援に関しては（表2-26）、「支援をしていない」（36.4％）との回答が3分の1以上を占め最も多かったが、6割以上は何らかの支援をしていると答えている（63.6％）。そのなかでも、「定期的な送金」（29.0％）が最も多く、全体の3割近くの人が行っている。その次に「家の新築・改築の資金」（16.8％）を支援する人が多く、「兄弟や親族の学資」（10.3％）が約1割でそれに続いている。

定期的な送金に関しては（表2-27）、妻の出身国別にみるとフィリピン人妻

表2-25 妻の出身家族への帰国訪問頻度／帰国時の滞在期間（妻の出身国別）

| 頻度(上)／期間(下) | フィリピン | 中国 | ベトナム | タイ | 韓国 | その他 | 合計 |
|---|---|---|---|---|---|---|---|
| 毎年 | 9 (18.0) | 17 (47.2) | — | 3 (75.0) | 1 (50.0) | 2 (33.3) | 32 (28.8) |
| 2～3年に一度 | 26 (52.0) | 15 (41.7) | 12 (92.3) | — | — | 3 (50.0) | 56 (50.5) |
| 4～5年に一度 | 8 (16.0) | 1 (2.8) | — | — | 1 (50.0) | 1 (16.7) | 11 (9.9) |
| ほとんど帰らない | 4 (8.0) | 2 (5.6) | — | 1 (25.0) | — | — | 7 (6.3) |
| 無回答 | 3 (6.0) | 1 (2.8) | 1 (7.7) | — | — | — | 5 (4.5) |
| 1週間未満 | 12 (24.0) | 4 (11.1) | 1 (7.7) | — | — | 2 (33.3) | 19 (17.1) |
| 1週間～1ヶ月 | 32 (64.0) | 26 (72.2) | 10 (76.9) | 4(100.0) | 1 (50.0) | 3 (50.0) | 76 (68.5) |
| 1ヶ月～半年 | 1 (2.0) | 3 (8.3) | 1 (7.7) | — | 1 (50.0) | 1 (16.7) | 7 (6.3) |
| 半年以上 | 1 (2.0) | — | — | — | — | — | 1 (0.9) |
| ほとんど帰らない | 2 (4.0) | 1 (2.8) | — | — | — | — | 3 (2.7) |
| 無回答 | 2 (4.0) | 2 (5.6) | 1 (7.7) | — | — | — | 5 (4.5) |
| 合計 | 50(100.0) | 36(100.0) | 13(100.0) | 4(100.0) | 2(100.0) | 6(100.0) | 111(100.0) |

は4割以上が行っていると答えており（42.0％）、相対的に高い割合となっている。他方で、中国人妻（75.0％）とベトナム人妻（76.9％）は、どちらも4分の3以上が定期的な送金は行っていないと答えている。

送金に関して質問紙調査から正確な数字を窺うことは困難であるが、参考のために記しておくと、フィリピン人妻の回答のなかでは最大が月額3万円（年額36万円）、中国人妻の回答のなかでは年額2万5,000元（1元＝15円換算で年額37万5,000円）が最大であり、定期的な送金を行っていると答えた人全体で中央値は年額15万円であった[11]。加えて出身地域への支援に関しては、何らかの支援をしている人のなかでは「宗教施設に寄付」（12.6％）が最も多く、「一族に寄付」（10.8％）と「学校に寄付」（9.0％）が1割前後でそれに続いている。他に「行事や祭礼に寄付」（6.3％）も一定いるが、「寄付していない」（54.1％）が半数以上を占めている。

国際結婚をした後で、帰国したときに妻が自分の結婚についてどれぐらい話しているのかというと（表2-28）、「よく話す」（32.4％）と「ある程度話す」（35.1％）で合わせて3分の1強であり（67.6％）、比較的周囲に話をしているものと思われる。ただし妻の出身国別にみると、ベトナム人妻は「あまり話さない」（38.5％）と「話さない」（46.2％）という回答が合わせて8割以上を占めており（84.6％）、出身地域で自身の結婚話をしない傾向が際立っている。また出

表2-26　妻の出身家族への経済的支援

| | |
|---|---|
| 定期的な送金 | 31（29.0） |
| 家の新築・改築の資金 | 18（16.8） |
| 兄弟や親族の学資 | 11（10.3） |
| 土地や農地の購入 | 1（0.9） |
| 自動車や機械の購入 | 1（0.9） |
| その他 | 12（11.2） |
| 　誕生日やクリスマスのお祝い | 3（2.8） |
| 　医療費や薬代 | 3（2.8） |
| 　緊急時にのみ支援する | 3（2.8） |
| 　食費・生活費 | 2（1.9） |
| 　細目記入なし | 2（1.9） |
| 支援をしていない | 39（36.4） |
| 合計 | 107（100.0） |

注）複数回答可のため、括弧内の数値は各項目の値を有効回答の実数で割った値である。

表2-27　定期的な送金の有無（妻の出身国別）

| | フィリピン | 中国 | ベトナム | タイ | 韓国 | その他 | 合計 |
|---|---|---|---|---|---|---|---|
| 有 | 21（42.0） | 7（19.4） | 1（7.7） | 2（50.0） | — | — | 31（27.9） |
| 無 | 29（58.0） | 27（75.0） | 10（76.9） | 2（50.0） | 2（100.0） | 6（100.0） | 76（68.5） |
| 無回答 | — | 2（5.6） | 2（15.4） | — | — | — | 4（3.6） |
| 合計 | 50（100.0） | 36（100.0） | 13（100.0） | 4（100.0） | 2（100.0） | 6（100.0） | 111（100.0） |

表2-28　帰国時に自身の結婚について出身地域の人に話すか／出身地域で国際結婚が増加
　　　　　　していると思うか（妻の出身国別）

| 話題／印象 | フィリピン | 中国 | ベトナム | タイ | 韓国 | その他 | 合計 |
|---|---|---|---|---|---|---|---|
| よく話す | 18 (36.0) | 14 (38.9) | 1 (7.7) | 1 (25.0) | 1 (50.0) | 1 (16.7) | 36 (32.4) |
| ある程度話す | 18 (36.0) | 17 (47.2) | — | 1 (25.0) | — | 3 (50.0) | 39 (35.1) |
| あまり話さない | 8 (16.0) | 5 (13.9) | 5 (38.5) | 2 (50.0) | 1 (50.0) | 1 (16.7) | 22 (19.8) |
| 話さない | 1 (2.0) | — | 6 (46.2) | — | — | 1 (16.7) | 8 (7.2) |
| 無回答 | 5 (10.0) | — | 1 (7.7) | — | — | — | 6 (5.4) |
| 大いに増加 | 20 (40.0) | — | 1 (7.7) | — | — | 2 (33.3) | 23 (20.7) |
| ある程度増加 | 10 (20.0) | 12 (33.3) | 3 (23.1) | 1 (25.0) | — | 1 (16.7) | 27 (24.3) |
| あまり増加せず | 12 (24.0) | 10 (27.8) | 4 (30.8) | 3 (75.0) | 1 (50.0) | 1 (16.7) | 31 (27.9) |
| むしろ減少 | — | 5 (13.9) | 1 (7.7) | — | — | — | 6 (5.4) |
| 大いに減少 | 3 (6.0) | 3 (8.3) | — | — | — | — | 6 (5.4) |
| 無回答 | 5 (10.0) | 6 (16.7) | 4 (30.8) | — | 1 (50.0) | 2 (33.3) | 18 (16.2) |
| 合計 | 50 (100.0) | 36 (100.0) | 13 (100.0) | 4 (100.0) | 2 (100.0) | 6 (100.0) | 111 (100.0) |

身地域での国際結婚の動向についての印象は、「大いに増加」（20.7%）と「ある程度増加」（24.3%）で約45%を占めているものの、「あまり増加せず」（27.9%）も3割近く、また「むしろ減少」（5.4%）と「大いに減少」（5.4%）を合わせると、4割近くが増えていないか減っていると答えている（38.7%）。妻の出身国別にみると、中国人妻に「あまり増加せず」「むしろ減少」「大いに減少」の回答割合が高い（50.0%）。

## 6　国際結婚移住先での社会関係

　外国出身の妻たちは、移住先の日本で家族以外にどのような社会関係を結んでいるのか。

表2-29　地域の日本語教室などで日
　　　　　本語を勉強し始めた時期

| | | |
|---|---|---|
| 結婚後1年未満 | 40 | (36.0) |
| 結婚後1～3年 | 31 | (27.9) |
| 上記以上 | 10 | (9.0) |
| 勉強したことがない | 21 | (18.9) |
| 無回答 | 9 | (8.1) |
| 合計 | 111 | (100.0) |

　まず地域の日本語教室などで日本語を勉強し始めた時期については（表2-29）、「結婚後1年未満」（36.0%）との回答が3割強にとどまっており、「勉強したことがない」（18.9%）との回答も2割近くに及んでいる。

　地域での外国人移住者向けの日本語教育について研究している富谷玲子は、地域日本語

教育の問題として、ボランティアへの依存度が高く、彼・彼女らの希望が尊重され平日昼間に開催されることが多いなど、就労者が学ぶのに必ずしも適した状況ではなく、また移住者自身の学習意欲が低い場合も少なくない点を指摘している（富谷 2010：64-70）。本質問紙調査の対象者たちの中にも来日当初から

**表2-30 隣人（同国人以外）と付き合うようになった時期**

| | |
|---|---|
| 結婚後1年未満 | 72 (64.9) |
| 結婚後1～3年 | 19 (17.1) |
| 上記以上 | 5 (4.5) |
| 付き合わない | 7 (6.3) |
| 無回答 | 8 (7.2) |
| 合計 | 111 (100.0) |

の就労者が多いことから、同じような状況が生じていた可能性が考えられる[12]。

　次に同じ出身国以外の隣人との付き合いに関しては（表2-30）、6割以上が「結婚後1年未満」（64.9％）に始まったと答えている。

　同じ出身国の友人については（表2-31）、「10人以上」（36.9％）いると回答した人が3分の1以上で最も多い。「5人以上10人未満」（23.4％）と合わせて5人以上でまとめると、6割に及んでいる（60.4％）。しかしながら、「5人未満」（27.9％）か「いない」（1.8％）と答えた人も約3割となっている（29.7％）。妻の国籍別では、フィリピン人妻は「10人以上」（50.0％）が半数を占めて最も多く、中国人妻は「5人未満」（41.7％）が4割強で最も多い。

　同じ出身国の友人ができた時期については、「来日後1年未満」（38.7％）と答えた人が4割近くで最も多いが、「来日後1～3年」（21.6％）と「上記以上」

**表2-31 現在の同国人の友人／日本人の友人（妻の出身国別）**

| 同国人／日本人 | フィリピン | 中国 | ベトナム | タイ | 韓国 | その他 | 合計 |
|---|---|---|---|---|---|---|---|
| 10人以上 | 25 (50.0) | 9 (25.0) | 3 (23.1) | 1 (25.0) | 1 (50.0) | 2 (33.3) | 41 (36.9) |
| 5～9人 | 11 (22.0) | 9 (25.0) | 4 (30.8) | — | — | 2 (33.3) | 26 (23.4) |
| 5人未満 | 7 (14.0) | 15 (41.7) | 5 (38.5) | 1 (25.0) | 1 (50.0) | 2 (33.3) | 31 (27.9) |
| いない | — | — | 1 (7.7) | 1 (25.0) | — | — | 2 (1.8) |
| 無回答 | 7 (14.0) | 3 (8.3) | — | 1 (25.0) | — | — | 11 (9.9) |
| 10人以上 | 28 (56.0) | 10 (27.8) | 4 (30.8) | 2 (50.0) | | 3 (50.0) | 47 (42.3) |
| 5～9人 | 7 (14.0) | 6 (16.7) | 1 (7.7) | 1 (25.0) | 1 (50.0) | 1 (16.7) | 17 (15.3) |
| 5人未満 | 5 (10.0) | 17 (47.2) | 4 (30.8) | — | 1 (50.0) | 1 (16.7) | 28 (25.2) |
| いない | 2 (4.0) | 1 (2.8) | 2 (15.4) | — | | 1 (16.7) | 6 (5.4) |
| 無回答 | 8 (16.0) | 2 (5.6) | 2 (15.4) | 1 (25.0) | | — | 13 (11.7) |
| 合計 | 50 (100.0) | 36 (100.0) | 13 (100.0) | 4 (100.0) | 2 (100.0) | 6 (100.0) | 111 (100.0) |

（10.8%）と答えた人も合わせて3割を超えており（32.4%）、来日してから時間を経てようやく同じ出身国の友人ができたという場合も決して少なくない。出身国別の差はさほどみられなかった。

　他方で日本人の友人についても、「10人以上」（42.3%）と答えた人が4割以上で最も多い。しかしこちらも、「5人未満」（25.2%）か「いない」（5.4%）という人が3割に及んでいる（30.6%）。日本人の友人ができた時期については、やはり「来日後1年未満」（28.8%）が最も多いものの、同じ出身国の友人（38.7%）と比べれば約10ポイント少ない割合であり、「来日後1〜3年」（27.0%）と「上記以上」（15.3%）で合わせて4割を超えている（42.3%）。

　同じ出身国の友人と日本人の友人を合わせると（表2-32）、どちらも「10人以上」が最も多く（23.4%）、反対にどちらも「5人未満」という人がそれに次ぐ多さとなっている（13.5%）。また日本人の友人が「10人以上」で同じ出身国の友人が「10人未満」（17.1%）と、同じ出身国の友人が「10人以上」で日本人の友人が「10人未満」（11.7%）で比べると、前者の方が後者よりもやや多くなっている。

　また他国出身で国際結婚をしている女性の友人については（表2-33）、「5人未満」（36.0%）か「いない」（18.9%）という人が半数以上を占めているものの（55.0%）、5人以上という人も3割超に上っている（31.5%）。同じ出身国の友人や日本人の友人と同様に、フィリピン人妻は「10人以上」（20.0%）と答える割合が他国出身の妻たちに比べて相対的に高くなっている。そして国際結婚女性の友人ができた時期については、「来日後1年未満」（17.1%）の割合が日

表2-32　現在の同国人と日本人の友人

| | | 現在の同国人の友人 | | | | | 合計 |
| | | 10人以上 | 5〜9人 | 5人未満 | いない | 無回答 | |
|---|---|---|---|---|---|---|---|
| 現在の日本人の友人 | 10人以上 | 26 (23.4) | 9 (8.1) | 10 (9.0) | — | 2 (1.8) | 47 (42.3) |
| | 5〜9人 | 5 (4.5) | 6 (5.4) | 4 (3.6) | 1 (0.9) | 1 (0.9) | 17 (15.3) |
| | 5人未満 | 5 (4.5) | 8 (7.2) | 15 (13.5) | — | — | 28 (25.2) |
| | いない | 3 (2.7) | 1 (0.9) | 1 (0.9) | 1 (0.9) | — | 6 (5.4) |
| | 無回答 | 2 (1.8) | 2 (1.8) | 1 (0.9) | — | 8 (7.2) | 13 (11.7) |
| 合計 | | 41 (36.9) | 26 (23.4) | 31 (27.9) | 2 (1.8) | 11 (9.9) | 111 (100.0) |

注）各項目の括弧内の割合は全体から算出した。

表2-33　他国出身の国際結婚女性の友人（妻の出身国別）

| | フィリピン | 中国 | ベトナム | タイ | 韓国 | その他 | 合計 |
|---|---|---|---|---|---|---|---|
| 10人以上 | 10 (20.0) | 4 (11.1) | — | — | — | 1 (16.7) | 15 (13.5) |
| 5～9人 | 8 (16.0) | 7 (19.4) | 2 (15.4) | 1 (25.0) | 1 (50.0) | 1 (16.7) | 20 (18.0) |
| 5人未満 | 14 (28.0) | 14 (38.9) | 5 (38.5) | 2 (50.0) | 1 (50.0) | 4 (66.7) | 40 (36.0) |
| いない | 9 (18.0) | 8 (22.2) | 4 (30.8) | — | — | — | 21 (18.9) |
| 無回答 | 9 (18.0) | 3 (8.3) | 2 (15.4) | 1 (25.0) | — | — | 15 (13.5) |
| 合計 | 50 (100.0) | 36 (100.0) | 13 (100.0) | 4 (100.0) | 2 (100.0) | 6 (100.0) | 111 (100.0) |

本人の友人の場合と比べてもさらに10ポイント低くなっている。「いない」という回答が多かったことも含めて、他国出身の国際結婚女性との出会いはより難しく時間もかかるものと思われる。

　以上すべての友人関係に関して、友だちづくりが最もしやすい場所とされているのは「職場」であり（46.2%）、4割の人がそう答えている（表2-34）。それに次ぐのが一方での「地域」（32.1%）と、他方での「同国人のつながり」（30.2%）である。「子供の学校」（23.6%）と回答した人も2割を超えており、子供たちを介したつながりが小さくないものとなっている。また「支援団体」（11.3%）も1割を占めており、一定の役割を果たしていると考えられる[13]。

　次に妻の職業について、外国人妻たちは半数以上が来日後「1年未満」（57人、51.4%）に何らかの仕事に就いていると答えており、「3年未満」まで含めると7割を超える（79人、71.2%）。来日以来「未就業」と答えた人は、1割強（15人、13.5%）にとどまっている。来日後の最初の仕事としては（表2-35）、「工場で働く」（54.1%）が最も多く半数以上を占めている。現在の職業については、やはり「工場で働く」（49.5%）が約半数で最も多いが、「職業に就いていない」（20.7%）も10ポイント以上増えて2割を超えている。これは結婚後、出産や育児などを機に仕事を辞めている人が一定数いるものと思われる。

　さらにこの点に関して、武田（2011：

表2-34　友だちづくりが最もしやすい場所

| | |
|---|---|
| 職場 | 49 (46.2) |
| 地域 | 34 (32.1) |
| 同国人のつながり | 32 (30.2) |
| 子供の学校 | 25 (23.6) |
| 支援団体 | 12 (11.3) |
| 国際結婚カップルのつながり | 4 (3.8) |
| 教会・寺院などでのつながり | 3 (2.8) |
| その他 | 3 (2.8) |
| 合計 | 106 (100.0) |

注）複数回答可のため、括弧内の数値は各項目の値を有効回答の実数で割った値である。

表2-35 妻の来日後の初職／現在の職業

|  | 初職 | 現在 |
|---|---|---|
| 工場で働く | 60 (54.1) | 55 (49.5) |
| 商店や食堂で働く | 8 (7.2) | 1 (0.9) |
| 会社や団体の事務や営業 | 5 (4.5) | 4 (3.6) |
| 農業や漁業 | 5 (4.5) | 2 (1.8) |
| 専門職（教員・エンジニアなど） | 3 (2.7) | 8 (7.2) |
| 職業に就いたことがない／ていない | 15 (13.5) | 23 (20.7) |
| その他 | 8 (7.2) | 15 (13.5) |
| 　ホテルで働く | 2 (1.8) | 1 (0.9) |
| 　エンターテイナー | 2 (1.8) | — |
| 　自営業 | 1 (0.9) | 4 (3.6) |
| 　介護職 | — | 6 (5.4) |
| 　上記以外 | 3 (2.7) | 4 (3.6) |
| 無回答 | 7 (6.3) | 3 (2.7) |
| 合計 | 111 (100.0) | 111 (100.0) |

表2-36 家族以外で悩みを相談する相手

| 職場の日本人 | 24 (21.6) |
|---|---|
| 職場の同国人 | 26 (23.4) |
| 国際結婚の同国人 | 31 (27.9) |
| 他国出身の国際結婚カップルのつながり | 2 (1.8) |
| 近所の日本人 | 11 (9.9) |
| 子供の学校等の親仲間 | 7 (6.3) |
| 支援団体の関係者 | 9 (8.1) |
| その他 | 27 (24.3) |
| 　友人 | 14 (12.6) |
| 　　日本人の友人 | 2 (1.8) |
| 　　同国人の友人 | 5 (4.5) |
| 　　未特定 | 7 (6.3) |
| 　いない／家族だけ | 8 (7.2) |
| 　悩みはない | 2 (1.8) |
| 　上記以外 | 3 (2.7) |
| 無回答 | 13 (11.7) |
| 合計 | 111 (100.0) |

209）は南魚沼市での聞き取り調査から、外国人妻のなかには里帰りのために働いていると答える人たちがいるとしている。とくに同地域では結婚移住女性の就労形態に短期的なものが多く、なおかつ2～3週間以上の里帰りをするために退職をしているという。本質問紙調査の結果でも、出身家族へ帰国訪問するときは「1週間～1ヶ月」以上と答えた人が全体の3分の2を占めていた（75.7％）。帰国前後に離職している人も一定数いると思われる。

　また最初の職業にはなかったが、調査時点では「介護職」（5.4％）で働く人が少数ながらみられるようになっている。高畑（2015）は1980年代後半に来日したフィリピン人妻で勤め先の工場が閉鎖されてから介護施設に職場を移した事例や、2000年代に来日した日本人男性との間に子供をもつフィリピン人女性たちが、移住直後から介護施設で働いている事例を紹介している[14]。本質問紙調査の対象地域に関しても、転職や復職の人も含めて介護職で働く外国人妻が今後増えていく可能性が考えられる。

妻に何か悩みがあるとき、家族以外で誰に相談するかというと（表2-36）、同じ出身国で国際結婚をしている人と答えた人が最も多く、3割近くに及んでいる（27.9％）。近い境遇を共有している同じ出身国の外国人妻同士が最も相談をしやすいと考えられているものと思われる。それに続くのが、「職場の同国人」（23.4％）と「職場の日本人」（21.6％）であり、どちらも2割を超えている。職場での人間関係も、重視されていることが分かる。「友人」と答えている人は1割以上おり（12.6％）、そのなかでは日本人よりも同じ出身国の友人が多いものと思われる。「支援団体の関係者」（8.1％）に相談するという人も1割近くに及んでいる。しかしながら、相談する人が「いない」あるいは「家族だけ」と答えている人も、ほぼ同数みられた（7.2％）。

## 7　これからのくらしの展望

以上にみてきたような関係を移住先の社会で築いている妻たちは、今後の社会との関わりをどのように考えているのか。妻が今後の社会との関わりで重視していることについて聞いたところでは（表2-37）、「職場で働く」（有効回答中54.5％、以下同じ）という回答が最も多く、ほぼ半数の人がそう答えている。「自分で起業」（22.8％）したいと答えた人も2割を超えており、働く意欲の高い人が多いことが分かる。起業という選択肢に関しては、現在の職業でもすでに自営業の人たちがみられた。武田（2011：209-210）は複数の事例を踏まえて、国際結婚夫妻の年齢差が大きいため、夫が定年を迎えるような年齢になっており、妻が将来的に主な働き手となるよう期待されることに自営業を始める一因を想定している。また武田は別の要因として、地域社会にエスニック・ビジネスの需要が生まれていることも示唆している。

また、自らの境遇やルーツに関わる「国際結婚女性などを支援」（23.8％）

表2-37　今後の社会との関わりで重視すること

| | |
|---|---|
| 職場で働く | 55　(54.5) |
| 自分で起業 | 23　(22.8) |
| 国際結婚女性などを支援 | 24　(23.8) |
| 地域振興のために活動 | 24　(23.8) |
| 母国文化を紹介する活動 | 19　(18.8) |
| その他 | 5　(5.0) |
| とくに関わりたくない | 10　(9.9) |
| 合計 | 101 (100.0) |

注）複数回答可のため、括弧内の数値は各項目の値を有効回答の実数で割った値である。

や「母国文化を紹介する活動」（18.8％）に携わることも、それぞれ2割前後の人が希望している。他方、移住先で「地域振興のために活動」（23.8％）したい人も同じくらいみられる。1割弱の「とくに関わりたくない」（9.9％）と答えた人のなかでは、7割が現在何らかの職業に就いており（7人）、未就業は3割だけであった（3人）。現在未就業の人全体でも（23人）、今後社会と「とくに関わりたくない」と答えているのは1割強であり（13.0％）、多くの人は何らかのかたちで社会に関わりたいと考えている。全体からみれば少数とはいえ、むしろ現在働いている人のなかに、今後社会と「とくに関わりたくない」と考えている人が多いことが分かる[15]。

　そして妻が将来どこで暮らしたいと考えているのかというと（表2-38）、日本で暮らし続けたいという回答が半数以上であった（55.9％）。しかし、子供が独立した後や、夫が亡くなった後には、自分の出身国に帰りたいと答えた人も2割を超えている（21.6％）。妻の出身国別にみると、フィリピン人妻ではいずれ帰国したいと答えた人が3割近くに及んでいる（28.0％）。ただし、「その他」（12.6％）と「無回答」（9.9％）が合わせて2割以上を占めており、現時点では先のことが分からない、もしくは考えていないという人も少なくないと思われる。この点に関して武田（2011：211-212）は、南魚沼市で2008年に行った自営業を営むタイ人妻への聞き取りから、「〔そのタイ人妻と同じように、国際結婚

表2-38　将来の生活の場（妻の出身国別）

| | フィリピン | 中国 | ベトナム | タイ | 韓国 | その他 | 合計 |
|---|---|---|---|---|---|---|---|
| このまま一生、この地域で生活し続ける | 17　(34.0) | 12　(33.3) | 8　(61.5) | 2　(50.0) | — | 1　(16.7) | 40　(36.0) |
| この地域とは限らないが、一生、日本で生活し続ける | 6　(12.0) | 12　(33.3) | 3　(23.1) | — | — | 1　(16.7) | 22　(19.8) |
| 子供の独立後や老後には、ひとりで母国に帰る | 3　(6.0) | 1　(2.8) | — | — | — | 1　(16.7) | 5　(4.5) |
| 子供の独立後には、夫と共に母国に帰る | 9　(18.0) | 1　(2.8) | 1　(7.7) | 1　(25.0) | — | — | 12　(10.8) |
| 夫に先立たれたときには、母国に帰る | 2　(4.0) | 3　(8.3) | — | 1　(25.0) | 1　(50.0) | — | 7　(6.3) |
| その他 | 3　(6.0) | 7　(19.4) | — | — | 1　(50.0) | 3　(50.0) | 14　(12.6) |
| 無回答 | 10　(20.0) | — | 1　(7.7) | — | — | — | 11　(9.9) |
| 合計 | 50(100.0) | 36(100.0) | 13(100.0) | 4(100.0) | 2(100.0) | 6(100.0) | 111(100.0) |

移住の〕女性たちは『帰りたい』という気持ちと『ここでもう少し頑張ろう』という気持ちの揺れを多かれ少なかれ感じながら暮らしている。しかし、実際に帰れるかといえば、親の加齢や死去、きょうだいの状況などにより『どうなるかまだ分からない』というのが実情で、女性たちもそのように理解している」と記している。同じことは、本質問紙調査の対象者たちにも少なからず当てはまると思われる。

　以上、本章のまとめとして、兵庫県但馬地方で暮らす国際結婚移住女性たちへの質問紙調査の結果から示唆されることは、胡（2012：185-187）が同地域での中国人妻への聞き取り調査から、また藤井（2013：46-48）が武田（2011）や南（2010）の研究を踏まえてまとめているのと同様に、外国人妻たちの家庭内での積極的な姿や、かつての時代と比べての地位上昇である。例えば日本人夫の両親との同居傾向は強いものの、胡（2012：185）は日本人夫の両親が中国人妻に対して一方では歓迎、他方では遠慮や譲歩の姿勢をみせているとしていた。質問紙調査の結果からも、夫の両親との関係は円満であるとの答えが多かった。藤井（2013：56）が述べるように、国際結婚が各家族の持続や再生産のみならず「地方社会の持続を可能にしている」点も、国際結婚移住女性たちの地位上昇に繋がっていると考えられる。さらに、結婚生活への評価や離婚についての考えなどの結果をみると、双方の両親や出身地域との関係、経済状況の問題などが前提としてありつつも、とくに夫妻の間の関係が重視されるようになっているのではないかと思われる[16]。

　当然ながら、本調査の対象者たちも、また調査対象者以外の移住女性たちも含めて、抱えている困難は依然として小さくないであろう。さらに、国際結婚移住女性たちの地位上昇がみられるとするならば、その裏返しでこの地域の移住先としての魅力が下がっていることや、送り出し地域の側にさまざまな選択肢が増えていることも考えられる。いずれにせよ、国際結婚移住女性たち自身の高齢化や、その子供や孫への世代交代はこれから進むところである。地域社会全体の変化とも合わせて、引き続き注視が必要となっている。

1 ただし、「友人や親族の紹介」と「斡旋会社の仲介」は、境界部分では重なり合っていると思われる。武田（2011：177-187）が「業者仲介による国際結婚の実情」で紹介した中国人妻の事例にも、本人が結婚相談所に連絡している場合もあれば、自身の親や友人を経由して仲介業者から紹介を受けている例も複数みられる。

2 日本人男性と見合い結婚をする中国人女性に再婚者が増えている点は、近年よく指摘されている。例えば賽漢卓娜（2017：80-81）をみよ。

3 出身地域との比較で、他にも都市部出身者が国際結婚移住先の非都市部の地域に戸惑いを感じることがある。賽漢卓娜（2011：129-135）は、都市出身者をはじめとする農業未経験者の中国人妻が「農家の嫁」になる過程での葛藤を紹介している。

4 ピアソンの相関係数0.737、1％水準で有意。

5 同0.618、1％水準で有意。

6 同0.579、1％水準で有意。

7 同0.305、1％水準で有意。

8 同0.611、1％水準で有意。

9 前述の「現在の家族に含まれる人」の質問で無回答や、夫妻の間に子供がいるとしなかった人のなかでも7名ほどが、この箇所の設問で子供がいると答え、実際の年齢や国籍などを記している。こちらの方が実態に近いと思われる。

10 Tsai 他（2011：98-99）も台湾における東南アジア出身妻たちの調査から同様の主張を行っている。

11 月額と年額を間違っているとおぼしき回答や、単位が不明の回答もみられたため、あくまで参考程度の数字であり、平均額は算出していない。

12 調査対象地では現在、NPO法人にほんご豊岡あいうえお（2012年12月設立）が在住外国人向けの日本語学習支援と生活支援を行っている（本書所収の河本美代子によるコラム「日本語教室からはじまる多文化共生のまちづくり」を参照）。また武田（2011：236-240）は、南魚沼市で（国際移住女性の受け入れが始まってから「20年かかっ」てようやく）2006年に開設された日本語教室の事例を紹介している。

13 武田（2011：240-241）の南魚沼市での調査では、「日常生活で困ったときの相談先」として、「ボランティア団体」を挙げた結婚移住女性が一人もおらず、南魚沼市に約20年前から存在していた国際交流組織との関わりの薄さが指摘されている。

14 後者の事例は高畑（2015）がいう「新日系フィリピン人」つまり日本人男性との間に子供をもつフィリピン人女性（その日本人男性とは未婚か離婚）で、子供の日本国籍や、生後認知による母子の定住資格によって来日した人たちである（cf. 原2018：164-167）。支援団体や協力企業を介した移住の経緯から、行き先が特定の受け入れ企業や人材派遣会社に集中し、職場は食品会社や介護施設が多いという（高畑2015：247）。同論文では関西地方と東海地方の事例が紹介されている。在日フィ

リピン人が日本の介護労働に参入した経緯については、高畑（2010）も参照。

15　賽漢卓娜（2011：131-132）や武田（2011：207-208）の事例では当初からの希望に
　　あるように、日本の結婚生活のイメージや就労環境などの問題から、専業主婦にな
　　りたい、もしくは専業主婦を続けたい、という人も一定数いるものと考えられる。

16　中嶋他（2013）は韓国人男性と外国出身妻への質問紙調査から、双方の側の家族関
　　係存続意思に関して、責任感や損得勘定に関わる項目よりも、愛情に関わる項目が
　　強く結びついていると結論している。

**参考文献**

胡源源　2012　「日本の地方社会における中日国際結婚――兵庫県Ｔ市を事例として」
　　『社会学雑誌』29：167-188。

賽漢卓娜　2011　『国際移動時代の国際結婚――日本の農村に嫁いだ中国人女性』勁草
　　書房。

　――　2017　「『ナショナルな標準家族』としての日本の国際結婚」比較家族史学会監
　　修、平井晶子・床谷文雄・山田昌弘編『家族研究の最前線　2　出会いと結婚』日本
　　経済評論社、71-101。

高畑幸　2010　「在日フィリピン人の介護労働参入――資格取得の動機と職場での人間
　　関係を中心に」『現代社会フォーラム』9：20-30。

　――　2015　「人口減少地域におけるフィリピン人結婚移民と新日系人の定住」『国際
　　関係・比較文化研究』13(2)：235-253。

武田里子　2011　『ムラの国際結婚再考――結婚移住女性と農村の社会変容』めこん。

富谷玲子　2010　「地域日本語教育批判――ニューカマーの社会参加と言語保障のため
　　に」『神奈川大学言語研究』32：59-78。

中嶋和夫・鄭英祚・朴志先　2013　「東アジアの結婚移住女性と家族関係の継続」中嶋
　　和夫監修、尹靖水・近藤理恵編『グローバル時代における結婚移住女性とその家族
　　の国際比較研究』学術出版会、13-22。

南紅玉　2010　「外国人花嫁の定住と社会参加」『東北大学大学院教育学研究科研究年
　　報』59(1)：187-207。

　――　2014　「国際結婚女性の起業を通した社会参加」『東北大学大学院教育学研究科
　　研究年報』63(1)：53-70。

原めぐみ　2018　「親密性の労働を担う『JFC』」安里和晃編『国際移動と親密圏――ケ
　　ア・結婚・セックス』京都大学学術出版会、159-191。

藤井勝　2013　「現代の東アジアと国際結婚――『南北型』を中心にして」『社会学雑
　　誌』30：37-60。

Tsai, Tzu-I, I-Ju Chen and Song-Lih Huang, 2011, "Motherhood Journey through the
　　Eyes of Immigrant Women," *Women's Studies International Forum*, 34(2): 91-100.

# 第 3 章

# 中国人妻の社会的なネットワーク

## 世代別による多様なネットワーク

胡　源源

## 1　「ムラの国際結婚」をした外国人妻のネットワーク

### 1.1　ネットワーク分析の課題

　日本の国際結婚研究は、社会的なネットワーク（以下では、原則として「ネットワーク」と省略）の問題に当初より関心をもっていた。例えば、初期の「ムラの国際結婚」研究を代表する宿谷京子は、外国人妻のネットワークが形成されているかどうかについて考察し、農村では同国人のネットワークがなく、外国人妻たちは頼れる隣人を見出すことが困難であるため、ホスト社会と無縁で孤立しているとした（宿谷 1988：250-259）。その後の国際結婚研究のなかでもネットワークはさらに注目されてきたが、以下のような課題があろう。

　第一に、対象からみると、取り上げられる範囲が狭い。先行研究では外国人妻のネットワークといえば、ホスト社会＝日本人との関わり、あるいは同国人同士の社会的ネットワークに限定される傾向がある。そして、外国人妻と社会との関わりとは当然日本人社会との連結であるという先入観が強い。外国人妻の日本社会への適応度合いは、日本人住民との間にネットワークを構築できるかどうかが基準であるとする傾向もみられる。ネットワークに対するこのような狭い捉え方は、初期の研究から今日まで持続的にみられる。例えば、松本邦彦・秋武邦佳は1990年代以前に山形県で日本人住民を対象にした国際結婚の意識調査を実施したが（松本・秋武 1994）、日本人を対象として選定すること自体に、外国人妻の地域社会とのつながりとは日本人との関わりであるとの認識が示されている。

外国人移住者の受容をきわめて厳しく制限する日本ではあるが、グローバル化の進行とともに社会構成員が多様化していることは否定できない。現在では、外国からの産業研修生、世界各地の留学生、専門職の高度人材、ビジネス関係者、そして外国人配偶者などが日本に流入しながら、日本社会の構成を変えつつある。とくに、1980年代半ばから地方・農村社会に移住した韓国・中国・東南アジアなどの外国人妻たちは、現時点まで相当数が日本に定住している。彼女たちは日本の地方社会の多様な構成要素の一部であり、見過ごすことはできない。つまり外国人妻の地域社会との関わりを考察する際、日本人住民との連結、あるいは同国人とのつながりに限定して取り上げるのは十分ではなく、地元に在住する他国出身者との関わりも、その一部として扱うべきである。

　第二に、議論の論点が画一的で外国人妻のネットワークの実態が十分に描写されていない。例えば、山形県と福島県で調査を行った南紅玉は、以下のように分析している。山形県の外国人妻は、出身国や来日時期が多様であるため、地域内での外国人妻同士の強いネットワークの形成はみられなかったが、他地域も含めた「同胞同士」のネットワークが存在している。他方、福島県の外国人妻たちの地域内の「同胞同士」のネットワークは非常に強いとともに、近隣の付き合いや地域活動への参加に積極的な姿勢をみせている（南 2010：198-204）。つまり、そこには居住地域によって異なる特質の外国人妻のネットワークが形成されるという風景が描かれているものの、外国人妻の「同胞同士のネットワークが強い」とされるとき、その「同胞」の意味は十分に明示されていないし、ネットワークの特徴は「形成されなかった」「強い」といった単純な記述のみで、その実態についての深い考察はなされなかった。このような傾向は外国人妻と日本人の付き合いに関する先行研究のなかでもしばしばみられ、「付き合っている」「付き合っていない」というレベルの考察に止まる。

　第三に、動態をみる時系列の視点が欠如している。具体的には、日本での居住年数による外国人妻の生活の変容、さらに外国人妻自身の属性の変化である。

　台湾人男性と日本人妻の結婚を考察した竹下修子によれば、台湾での居住期間が長くなっても、日本人妻たちは親族や友人といった日本に居住する日本人

との関係を減少させなかった。また台湾での居住年数が長くなるにつれて、台湾人の友人とより密度の濃い関係を築いている一方で、日本に居住する日本人の友人から安らぎを得られなくなっている（竹下 2001：96）。つまり、竹下は居住年数によって外国人妻のネットワークの質が変容することを明らかにした。竹下が調査した国際結婚は「ムラの国際結婚」とは性質が異なるものの、居住期間によってネットワークが変容するという論点は、日本の外国人妻のネットワークの研究に大きな示唆を与えている。もちろん、外国人妻は来日後の年数によって適応状況が違うことを指摘した研究はあるが（桑山 1995；武田 2011）、居住年数をひとつの変数として取り入れながら、詳細な検討を行った研究はない。

　外国人妻は来日後の年数によって、外部環境の認知や生活適応程度が異なると想定できる。生活の各段階の適応程度は、構築される個人のネットワークに影響を与えると推測できる。ゆえに、個人単位の外国人妻のネットワーク、とくに日本での定住年数の長い外国人妻のネットワークを動態的に把握するために、居住年数を変数として考慮する必要がある。また、外国人妻の来日年数にはばらつきがあり、日本で20年以上定住した外国人妻と来日 1 年未満の外国人妻とでは、同様な生活環境に置かれても理解や対応がかなり異なる。ゆえに、出身国が同じでも、集団としての外国人妻内部にバリエーションがあることに注意が必要である。その意味で、外国人妻のネットワークの検討には、居住年数への注目が必要である。

　さらに、これまでは、外国人妻の属性の変化が動態的に把握されてこなかったという問題点もある。「むらの国際結婚」の発生から現時点まで30年近くが経過したが、この間に受け入れ社会＝日本の農村・地方の変容とともに、外国人妻というカテゴリーの属性も変化している。例えば、1980年代後半や90年代初期に来日した中国人妻の出身地や結婚歴などは、2000年以降来日した中国人妻とは異なると想定される。これらの外国人妻という集団内の属性の変容が日本社会における彼女たちのネットワークの構築にどのように影響を与えるかについて、これまでの先行研究では見過ごされてきた。つまり、そうした二重の意味で、外国人妻のネットワークの動態の時系列的な把握は十分ではなかった。

## 1.2　分析の対象と方法

　以上のような先行研究への認識に基づいて、本章は、日本に結婚移住した中国人妻たちのネットワークの特徴を、聞き取り調査・参与観察に基づいて検討することを目的とする。対象となるのは、兵庫県但馬地域、とくに質問紙調査を実施した豊岡市と、その周辺地域に居住する中国人妻である。調査相手のプロフィールは表3-1のようになっている。

　Cは結婚する前に、日本の工場で研修したことがある。研修終了後、一度中国に帰国した。親の紹介で地元の男性と見合いをした。しかし、紹介された男性の礼儀が悪かった。日本人はいつも礼儀正しいと研修生活をずっと思い出していた。そして、また日本に行きたいと思っていた。日本人男性と結婚してもよいと決心した。

　KM は中国人妻では珍しく中国の南部の出身である。来日する前に、地元の国有企業で働いていた。中国の前夫は自営業者である。前夫との息子はアメリ

表3-1　調査対象者の属性

| 事例 | | 年齢 | 職業 | 初婚 | 最終学歴 | 出身地 | 結婚年数 | 子供 | 連れ子 | 実家 | 夫の親と同居 |
|---|---|---|---|---|---|---|---|---|---|---|---|
| C | 夫 | 43 | 社員 | Y | 不明 | 陝西 | 6年 | 有 | 無 | 不明 | N |
| | 妻 | 29 | アルバイト | Y | 高卒 | | 6年 | 有 | | 専農 | N |
| KM | 夫 | 58 | 社員 | N | 不明 | 福建 | 11年 | 有 | 無 | 兼農 | N |
| | 妻 | 49 | アルバイト | N | 高卒 | | 11年 | 有 | | 定年 | N |
| LY | 夫 | 55 | アルバイト | N | 不明 | 遼寧 | 4年 | 無 | 有 | 兼農 | Y |
| | 妻 | 40 | アルバイト | N | 小卒 | | 4年 | 無 | | 専農 | Y |
| YK | 夫1 | 不明 | 不明 | N | 不明 | 陝西 | 1年 | 無 | 有 | 不明 | 不明 |
| | 夫2 | 49 | 社員 | Y | 不明 | | 8年 | 無 | | 専農 | Y |
| | 妻 | 43 | 自営業 | N | 中卒 | | 8年 | 無 | | 専農 | Y |
| IG | 夫 | 52 | 社員 | Y | 不明 | 上海 | 24年 | 有 | 無 | 兼農 | N |
| | 妻 | 46 | アルバイト | Y | 高卒 | | 24年 | 有 | | 定年 | N |
| LP | 夫 | 52 | 自営業 | N | 不明 | 遼寧 | 4年 | 無 | 無 | 兼農 | Y |
| | 妻 | 41 | アルバイト | N | 高卒 | | 4年 | 無 | | 専農 | Y |

注1）聞き取り調査より作成。
　2）Yは YES の意味であり、Nは NO の意味である。
　　　結婚年数は中国人妻と日本人夫とが結婚してからの年数である。YK は日本で2回目の夫と結婚してからの年数である。年齢と結婚年数は2016年時点の数字である。

カで就学している。前夫の商売が失敗して大きな負債を負った。夫婦関係も徐々に悪くなり、離婚した。離婚後、友達の紹介（個人の仲介）で日本人夫と結婚した。息子は卒業後、そのままアメリカで就職した。中国の前夫はいま、アメリカにいる息子のところに行っている。

IG は1990年代に結婚仲介業者の紹介で日本人夫と結婚して来日した。実家は上海の出身なので、日本人と接触するチャンスが多い。高校卒業後、地元で働いていたとき、日本は中国より豊かな国であると聞いた。日本へのあこがれが生まれた。日本人男性と結婚して来日できると知った後、その道に踏み込んだ。当時、日本語も分からなかったが、そのまま来日することを恐れず、将来のことを深く考えなかった。

YK は中国人前夫との婚姻が破綻する前に、日本で研修したことがある。研修終了後、中国に戻って離婚の手続きをした。結婚斡旋業者の紹介で日本人前夫と結婚したが、夫や姑との家族内葛藤が多く、離婚して家から出た。そして、但馬地域のスナックで働き始めた。そこで現在の夫と出会って結婚した。結婚後、中国人前夫との子供を日本に呼び寄せた。子供は今、専門学校に通っている。将来、子供に中国人男性と結婚してほしくない。日本人男性と結婚してずっと日本で生活してほしい願望をもっている。

LY の中国人前夫は交通事故で亡くなった。本来、日本人男性と結婚する気はまったくなかった。3番目の姉は日本人男性と結婚し、名古屋に在住している。姉の誘いで現在の日本人夫と結婚した。結婚後、夫の同意を得て中国人前夫との子供を日本に呼び寄せた。将来、子供と一緒に中国に帰るつもりである。

LP は中国の前夫と離婚した後、地元の仲介を通して日本人男性と結婚した。中国前夫と生まれた子供を中国の実家に預けている。子供を日本に呼び寄せようとするが、子供本人は日本に行きたくないという。日本人夫は地元の会社で働いていた。給料はそれほど高くないが、仕事の量はかなり多い。あまり豊かな生活にあこがれをもっておらず、夫に会社を辞めるよう勧めた。現在、夫は自営業をしている。

これらの事例の分析では、以下の点が留意されている。日本における国際結婚の段階の区分に基づき、1980年代半ばから1990年代末までを発生期、2000年

以降から2010年までを増加期、2010年以降を転換期とする。発生期から転換期まで長いスパンで日本の家族環境や社会環境が変容しているからである。また国際結婚の段階とも連動する国際結婚の世代に関して、来日5年未満を「新米世代」、5年以上10年未満を「適応世代」、10年以上を「ベテラン世代」として考察する。さらに、研究の対象となる外国人妻のネットワークの範囲をある程度限定している。森岡清美・望月嵩によれば、個人も集団はほかの個人や集団と様々な社会関係を直接・間接に取り結んで活動しており、特定の個人や集団を焦点として放射状に広がる社会関係の総体が社会的ネットワークである（森岡・望月 2004：148）。しかしながら、本章は中国人妻の地域社会との関わりの解明を目的とするため、日本人夫の家族・親族とのネットワークは考察の範囲外としている。

## 2　孤立していない中国人妻

### 2.1　質問紙調査からみえる中国人妻のネットワーク

　表3-2と表3-3は日本の兵庫県但馬地域で実施した質問紙調査の集計結果である。表3-2は但馬地域に在住する中国人妻の国籍別の友人数、表3-3は来日後に友人ができた時点に関するデータである。表3-2によれば、①36名

表3-2　中国人妻の友人数

|  | 10人以上 | 5〜9人 | 5人未満 | いない | 無回答 | 合計 |
|---|---|---|---|---|---|---|
| 中国人 | 9 (25.0) | 9 (25.0) | 15 (41.7) | 0 (0.0) | 3 (8.3) | 36(100.0) |
| 日本人 | 10 (27.8) | 6 (16.7) | 17 (47.2) | 1 (2.8) | 2 (5.6) | 36(100.0) |
| その他 | 4 (11.1) | 7 (19.4) | 14 (38.9) | 8 (22.2) | 3 (8.3) | 36(100.0) |

注）括弧内は％

表3-3　中国人妻の友人関係の形成時点

|  | 1年未満 | 1〜3年 | それ以上 | 非該当 | 無回答 | 合計 |
|---|---|---|---|---|---|---|
| 中国人 | 12 (33.3) | 10 (27.8) | 4 (11.1) | 0 (0.0) | 10 (27.8) | 36(100.0) |
| 日本人 | 13 (36.1) | 8 (22.2) | 8 (22.2) | 1 (2.8) | 6 (16.7) | 36(100.0) |
| その他 | 4 (11.1) | 9 (25.0) | 11 (30.6) | 8 (22.2) | 4 (11.1) | 36(100.0) |

注）括弧内は％

中、「無回答」以外の33名（91.7％）全員が中国人とのネットワークを保有し、同時にほとんどが日本人の友達をもつ。また、それ以外の出身国の友人をもっているのは25名（69.4％）である。単身で日本に移動した中国人妻たちは母国のネットワークを日本に持ち込めないが、移動後に孤立した存在ではないことが分かる。②友人の人数は、中国人の友人については、4割程度（41.7％）が「5人未満」、「5〜9人」と「10人以上」がそれぞれ2割程度である。また5割近くは「5人未満」、2割近くは「5〜9人」、3割近くは「10人以上」の日本人の友人をもっている。表3-3の友人関係を形成する時点からみると、来日3年以内に、半分以上は同国人、あるいは日本人との間にネットワークを構築できた。

　一方、第三国出身者に関しては、これらの友達をもつ者が7割弱、3年以内の友人関係形成は3割強であるから、中国人妻にとって、同国人や日本人と比べると、第三国出身者との友人づくりにおいて難しいところがあると推測できる。

## 2.2　同質性の高い中国人妻のネットワーク

　質問紙調査の質問項目では、ネットワークについて「友人」という言葉を使用したが、「友人」の捉え方、定義や図る基準について個人差が存在する。例えば、「友人」とは普段よく助け合い、悩みを相談できる人であると思う人がいる一方、あまり付き合わなくとも面識のある人が「友人」であると思う人もいる。量的調査は一定の傾向を示すことができるが、現実の付き合いではネットワークはバリエーションに富んでいる。ここでは中国人妻が構築したネットワークの実態を考察する。

　聞き取り調査によると、中国人妻の日本人の友人は地元の住民である場合がほとんどである。同国人同士では、同じく日本人男性と結婚した配偶者が多い。つまり、中国人妻のネットワークの特徴のひとつとして挙げられるのは同質性が高いことである。

　なぜこのような状況になっているのか。但馬地域に在住する外国人はおよそ1,000人いる（『県内在留外国人数一覧』兵庫県、2015による）。属性からいうと、主に地元企業が受け入れた実習・研修生、地元中学校・高校にいる英語圏出身

の英語教師、日本人と結婚した外国人配偶者、仕事関係で来日したビジネス関連者などである。但馬地域は兵庫県の北部にあり、地理的に都市部と離れた地方地域である。仕事関係で来日したビジネス関連者はいるが、都市部よりかなり少ない。そして、英語圏出身の英語教師は基本的に契約制で入れ替わりがあるので、長期には日本にいない。彼らは中国人妻との間に言語の壁が存在し、お互いに接触のチャンスがあっても友人になるのは難しいと想定できる。

　一方、外国人実習・研修生は東南アジアや中国出身者と日系人が多い。とくに、中国からの研修生が一定規模で存在している。しかし筆者の調査によると、中国人妻たちは中国人研修生との間に友人関係を形成していない。その要因は、①交流のチャンスが少ない、②出会うタイミングのすれ違い、③「身分の差異」という３点が考えられる。

　筆者は別稿で、中国人妻には、結婚をきっかけに日本で就労するチャンスを獲得したいという考えをもっている人が少なくないと論じた（胡 2015：156）。但馬地域の中国人妻たちのなかにも、来日後就労の意欲が高く、就労時間の長い工場で勤務する人が多くいる。このため、職場となる工場は中国人妻に研修生と出会う場を提供したが、日本企業では厳しい就業規則がつくられ、仕事中の雑談がいっさい禁じられている。職場は両者のただの出会いの場であり、コミュニケーションをとって友達をつくる場ではない。ゆえに、中国人妻と研修生とが出会う場所はあるが、交流のチャンスは少ない。

　両者の間の友人関係づくりを阻害する２つ目の要因は、お互いのタイミングがかみあわず出会えないことである。両者は同じ地域に住んでいても、出会う場が限られている。地元に在住する外国人を支援するNPOは職場以外で研修生と中国人妻たちが出会える数少ない場であるが、この数少ない場で両者が出会うタイミングはなかなか重ならない。研修生たちは平日に毎日フルタイムで就労し、週末だけ会社から解放され、NPOの日本語教室に通って勉強する。一方、中国人妻の日本語の勉強時間は平日の夜となる場合が多く、週末は家族と過ごすため日本語教室を休む。NPOは研修生の都合に合わせて授業時間を週末に入れているので、両者の出会うタイミングは少ない。勉強の場所が同じであるが、タイミング上すれ違うので顔を合わせるのも難しくなる。

　さらに、参与観察によると、両者は接触のチャンスが与えられても、「身分

の差異」により一緒に行動することはそれほど多くない。以下は来日して4年の、食品加工の工場でずっと働いてきたLYの語りである。

　　職場には中国からの研修生は数人いる。毎年中国から新しい研修生が数人来る。出勤日に毎日会うけど、付き合っていない。日本の職場は中国と違い、仕事中おしゃべりはできない。皆は精一杯に手元の仕事をしている。お互いに会話をすることはできない。退勤後、彼女たちはそのまま会社の寮に帰り、私は急いで帰宅する。仕事中、皆（研修生たち）ばらばらの部署に割り振られるが、彼女たちはいつも昼休みに一緒に座って飯を食べたり、退勤後も一緒に寮に帰ったりする。……彼女たちは日本で2～3年働いてから帰国する。私は彼女たちと違い、この間、子供も中国から日本に来た……彼女たちとあまり話せることはない（共通の話題がない）。(LY)

　研修生同士はひとつの仲間グループであり、内部にネットワークができていることが分かる。LYはそのグループの他者であり、わざわざグループに入る必要はない。そしてLY自らが自分と研修生の間に線を引いている。LYからみれば、同じ中国の出身であっても、研修生はわずか2～3年の短期的滞在者であり、一方、自分自身は子供を中国から日本に呼び寄せ、今後自分の生活の基盤は日本に移るので、研修生と立場の異なる存在である。LYの認識において自分は研修生と立場が違い、付き合う必要がないという考えが働いている。

　NPOは毎月第2週の日曜日の午後1時半から「お茶会」を開催する。この「お茶会」は在住の外国人と地元の住民との、あるいは外国人同士の交流の場をつくるために始められた。したがって、月に1回ここで中国人妻は研修生たちと出会えるチャンスが与えられているが、参与観察によれば、この場では中国人妻と研修生の間で相互のやりとりはそれほど多くない。むしろ、LYが語ったように、研修生同士はずっとひとつのグループとしてやりとりしている。総じて、同じ中国の出身であっても、職場の同僚であっても、中国人妻は中国からの研修生との間でパーソナル・ネットワークを形成するまでには進展しなかった。

## 2.3 なぜ中国人妻同士で互助組織にならなかったのか

　樋口直人は、移民のネットワークについて、「ネットワークが形成されている」と確認することは研究の出発点にすぎず、ネットワークがどのようにしてつくられ、それぞれどのような点で重要なのかについて議論する必要があると指摘している（樋口 2005：2-5）。上記では中国人妻がホスト社会で孤立せず、ネットワークを築いていることを確認したが、具体的にどのような特徴のネットワークを織り成しているのかを詳しく分析する。

　同じく外国人妻、あるいは同じくアジアの出身であっても、構築されたネットワークの様態や特徴はそれぞれである。例えば、日本人男性と結婚したフィリピン人女性を取り上げた高畑幸によれば、日比国際結婚家族の出産や子育ての問題を解決するために、出産介助、ベビーシッター、母子家庭の会などのフィリピン人同士の相互扶助が存在するという。また明確な統計はないが、日本全国で150から200のフィリピン人グループがあるとされる（高畑 2003：270-284）。一方、李善姫は、日本の地方で暮らす韓国人妻たちの間に自助組織は結成されなかったが、李はその理由について以下のように述べる。仲介型の国際結婚のプロセスは同じ立場の女性間の競争から始まるので、ステレオ化されたイメージから逃げるため、意識的に他の女性と「差異化」する。また日本人の中に自らを位置づけるために「戦略的不可視化」も行う。さらに、国際結婚女性が成功する道はエスニック・ビジネスしかないという社会的状況があるので。同じ文化資本で互いに競争し合う構造となっている（李 2012：34-37）。つまり、外国人妻に同国人同士の互助活動があるかどうかは出身国によって違うようだが、中国人妻の間の社会関係はどうなるのか。

　但馬地域の中国人妻の間には互助組織は結成されないので李の結論が支持されるが、韓国人妻のような、結婚プロセスのスタートからある競争関係は顕著にみられない。また中国人妻は賃金労働者が多く、エスニック・ビジネスを起業する人はきわめて少ない。中国人妻の間で互助組織が生まれない原因は別にある。但馬地域では一定規模の中国人妻が存在し、彼女らが互助組織やグループなどをつくろうと思えばつくれる環境にあるし、地域内に散在する日本語教室は中国人妻にネットワークを構築する「場」を提供しているので、互助活動

やグループを結成するための環境的チャンスに不備があるわけではない。では
なぜそうならないのかを、以下では3つの原因を挙げて解明する。

### 2.3.1　序列化されることへの拒否

　中国人妻たちはお互いが頻繁に接触することを意識的に忌避する傾向がある。その要因のひとつは、周りの中国人妻同士の世界で自分が序列化されることを拒否して避けることである。以下では、「ベテラン世代」のIG、「適応世代」のCと「新米世代」のLYの事例をみよう。IGは結婚して20年以上、Cは6年、LYは4年である。

　　実は知り合った中国人妻は多かったが、連絡をとりあっている人は少ない。誰が新規に結婚移住してきたのか、名前やどこらへんに住んでいるのか、だいたい知っている。でも、付き合っていない。……中国人女性と深く付き合ったらとても面倒くさいことになる。中国人女性が集まったらよく家族のことを話題とする。結局、お互いに比べることになる。私はお互いに家族のことをたくさん話すことが嫌である。いま住んでいる村には、私以外にもう2人の中国人妻がいるが、付き合っていない。近くに住んでいるから友達になれるわけではなく、友達づくりは居住距離と関係ない。たまに知り合いの中国人妻に食事会にでも誘われる場合にも、参加するメンバーを確認した上で行くかどうか決める。(C)

　　近年来た中国人妻は私たちの来日の当時よりだいぶましだろう。いま日本に来たら周りに中国人が多く、寂しくない。友達から新規の中国人妻が誰か来たという話を聞くけど、付き合いたくない。私は、近年来た中国人女性とまったく付き合っていない。たびたび近隣の日本人に中国人女性を紹介しようかと言われるが、私はすでに日本の生活に慣れたので……と婉曲に拒否する。

　　当初、私と一緒に日本に来た女性は5人いて、みな上海近辺の出身である。そのうち2人とはずっと連絡をとりあっているが、他の2人とはすでに連絡が切れた。性格が合わないし、その2人は裏で人の悪口ばかり言うし。でも、私たち3人は気が合う。裏で悪口を言わず、とがめだてはせず、嫉妬もせず、お

互いに傷つけることはしない。他の2人は個人の気質があまりよくない。(IG)

　私は日本に来てから日本語教室に通ったことがない。教室があることは中国人妻Nから聞いた。彼女は一時的に教室に通っていた。私は日本に来てすぐ働きたかったので、まもなく仕事をみつけて働き始めた。仕事を紹介してくれたのはMである。彼女もその工場で働いている。……この地域には日本人男性と結婚した中国人女性が多いと聞いた。Nを通して数人と知り合った。普段は子供や家族のことで精一杯で、N以外の中国人とほぼ付き合っていない。毎日働いているのでその余裕はない。正直にいえば付き合いたくない。中国人妻は集まったらよく勝手に他人のことに口を出し、人の悪口や噂話をする。誰の夫は毎月どれぐらいの小遣いを出すとか、誰のご主人の人柄がどうとか、誰と姑の関係がどうとか、そのような話ばかりである。私は話がうまい人ではないので中国人妻に近づきたくない。(LY)

　学歴が高くなく、離婚歴のある中国人妻にとって、日本人男性との結婚の目的はグローバルな生活上昇である。嫁ぎ先の生活レベルや夫の経済力は目的が達成されたかどうかを測る最も重要な基準である。中国人妻が意識的に周りの中国人女性と比べようと思わないとしても、まだ日本の事情に詳しくない中国人妻にとって自分が日本でどのような生活水準に置かれているのか、あるいは日本人夫の経済力は日本社会のなかでいったいどこに位置づけられるのか。周りの中国人女性と情報交換しないと自身にも分からない。そして、言語や文化の差異は来日数年以内において夫婦間の大きな壁となっているので、その壁を乗り越えるまでの期間は、中国人妻は、嫁ぎ先の家族、とくに日本人夫にどれぐらい大事にされているのかを、言語によるコミュニケーションやそれによって表現される情緒で測るのではなく、むしろ家族や夫からどの程度の生活費や小遣いをもらっているかによってより直接に感じ取る。中国人妻からみると、夫の金銭上の配慮は夫、ひいては夫の家族に自分がどのように扱われるのかを測る重要な基準でもある。したがって、中国人妻が集まる機会があれば、単純に情報を収集するためであれ、家族での位置づけを確認するためであれ、自然と来日後の各自の生活状況を話し合い、不可避的にその場で中国人妻同士の間

の序列化がなされる。

　中国人妻みなが標準的で均質な家族に嫁いでいるわけではない。自分の生活水準の位置づけを測るにはひとつの情報だけでなく様々な情報を出し合わなければならないが、そうなると比較されランキングが出るのが必然である。トップの人は永遠に1人だけであり、他の誰よりもよい生活をしている人がずっといることになる。中国人妻たちにとって、中国での生活はどうであろうが、それは来日前のステータスであって、日本での生活と関係なく、お互いに比べる意味はない。日本に来たら、ある意味で以前の人生が過去形となり、しかもみな日本人夫と恋愛結婚ではなく、同じように結婚斡旋業者にお金を払うというルートで結婚した。それは人生で再び同じスタートラインに立つことになる。この新しい生活では、なぜ自分はよい嫁ぎ先に行けなかったのかと、自分より条件のよいところで生活する女性に嫉妬心が生まれたり、それによって心のなかに葛藤が生じたりすることもある。例えば上記の事例で、Cの「結局、お互いに比べることになる」、IGの「嫉妬もせず」、LYの「誰の夫は毎月どれぐらいの小遣いを出すのか」などの語りから、中国人妻の間で常に相互に比較していることが分かる。そこから離脱するため、中国人妻は意識的にお互いに近づかないようになる。とくに嫁ぎ先の状況があまりよくない中国人妻は他の中国人妻の前で面子を立てられないので、他の中国人女性と集まることに消極的になり、意識的に避けることになる。

## 2.3.2　世代間の文化ギャップ

　中国人妻の間で互助組織ができないもうひとつの要因は、世代間のギャップである。来日後の年数によって日本の生活への適応の程度が異なるため、世代によって考え方や行動様式が異なる面が多くみられる。以下では「ベテラン世代」のIGの事例を通して考察する。

　　　八鹿や養父の周辺に住む中国人妻が多い。スーパーや店へ買い物に行くときに、よく外国人女性が大きな声で話をするのが聞こえる。聞いてみたら中国語である。中国人女性は日本に来ても依然として大きな声を出す。
　　　私は来日の年数が長く、普段中国人と付き合っていない。突然、中国人に率

直に話かけられると、相手のことを失礼だなと一瞬思うけど、すぐ中国人だから、中国人の行動様式がそうなっているとピンと意識する。私の考え方はもうすでに日本人っぽくなった。日本人のような考え方になるのは少なくとも10年が必要である。例えば、友達の家を訪問して帰るときに、日本人は「ごめんね。長くお邪魔して」と謝るように挨拶しながら外に出る。一方、中国人はただ「もう帰るよ、バイバイ」とだけ言って、あるいは何も言わずに出ていく。

いま自分は中国人だと思わない。他の２人の友達も日本人の友達が多い。近隣に中国人がいても付き合っていない。……日本人と近所付き合いは深くない。会ったら「今日、いい天気ですね。元気ですか」とか、それだけである。家族のこととか、「あなたの嫁さんはどうですか」とか言わない。お互いに挨拶だけ。中国人は近隣の人や友達の間で家族のことなどを細かく言うが、日本人は絶対しない。だから中国人からみると日本人は冷たい。私は慣れた。(IG)

「適応世代」と「新米世代」から助けを求められる立場であるIGは、助けてあげる能力や余裕ももっているが、大先輩である彼女が後輩の中国人妻の面倒をみる姿はそれほどみられなかった。IGは中国人女性との友人づくりに消極的である。その消極的な姿勢は中国人妻間のギャップから多く由来するようだ。ギャップとは、日本での生活年数の程度によって中国人妻間で生じる日本文化に対する認識・適応の差である。例えば、中国人妻が公の場で大きな声を出すことに対してIGが文句を言う事例である。中国では公の場で声が大きいことにそれほど注意が払われないが、日本ではそれは行儀が悪いとか、他人に迷惑であるとか、マナーや礼儀の問題としてしばしば注意される。中国ではこのような行為への許容度が大きい。長く日本に住み、自分はすでに日本人だと思っているIGは、公の場で声が大きいことに対して中国人の基準で考えるのではなく、日本のマナーやルールで考えることになる。このように、常に日本の文化や価値観を自分の行動の準拠枠とする「ベテラン世代」のIGと、「適応世代」や「新米世代」の間に、日本文化に適応する差という大きなギャップがある。それが友人づくりに影響する。

「ベテラン世代」は長年の日本での生活を通して中国で内面化した文化や習慣を流動化させ、日本で改めて習得した文化や習慣を自分の行動指針とする

が、「適応世代」と「新米世代」は適応途中で、とくに「新米世代」は日本の
マナーやルールに関してまだ十分に熟知していないため、考え方や行動につい
て中国で内面化した文化や価値観がメインに働いている。このため、日本の生
活習慣や規範への適応度合いによって中国人妻の間で衝突や葛藤が生じ、緊張
関係になってしまう。「ベテラン世代」と「新米世代」だけではなく、「適応世
代」と「新米世代」の間でも世代ギャップがある程度存在する。

### 2.3.3　再現された中国地域文化の対峙

　賽漢卓娜によれば、中国東北部の国際結婚件数の増加は、上海に比べ時期が
やや遅れている。2000年代は上海の「国際結婚の成熟期」であるが、東北部で
はその時期に「国際結婚の増加期」の段階に到達している（賽漢卓娜 2011：
81）。戴二彪によれば、中国移民の送り出し地について、対日移動の激増し始
めた1985年から1990年の間は北京と上海のシェアが全国でトップだったが、
1990年代に入ると北京や上海のシェアは縮小し、内陸地域、主に東北部の吉林
省や黒龍江省のシェアが上昇したという（戴 2004：56）。筆者の調査によると、
但馬地域に移住した中国人妻は世代によって出身地が異なり、来日20年以上の
「ベテラン世代」IG、および彼女と同時期に但馬地域に来た女性たちは全員上
海近辺の出身であるが、「適応世代」と「新米世代」のほとんどは中国の東北
部出身である。

　　　当初、（来日後）知っている中国人はわずか数人だけであった。2000年以前、
　　東北部の女性はあまりみられなかった。2000年以降急に増えた気がする。ハル
　　ピンや大連出身の女性が多い。私たちの来たときに、東北部の女性はまだこの
　　ように来日できる道（日本人男性と結婚すること）を知らなかっただろう。中
　　国では上海が情報流布の一番早い地域であろう。とくに、国際結婚を通じて外
　　国に行けるという情報に対して、上海が最も反応の早い地域である。（IG）

　IG は但馬地域の中国人妻の出身地の移行に気づいて、以上のように話した。
中国での出身地の差も中国人妻の友人づくりに影響を及ぼしている。

中国国内でも南部と北部の文化や習慣や人の性格が違う。南部出身の私は北部の人と付き合ったことはあまりない。北部の人は「よくない」とか「いらない」とかすぐ正直に言う。南部の人はこのような率直な断りの表現は使用せず、その代わりに「ありがとう」とか「これはちょっと」とかを使う。南部の人は北部の人の言葉遣いが好きではない。例えば、水を飲むときに、あまり美味しくない水であれば、南部の人は飲みたくないときに、その水に触らないが、北部の人は「美味しくないね。いらない」とすぐに言う。だから、日本でも北部出身の女性と付き合っていない。他の2人の友達も北部の女性と付き合っていない。(IG)

　中国では「一方水土一方人」という諺がある。地域によって人の性格が異なり、人は出身地なりの性質をもつという意味である。国土の広い中国は単一の民族や均質な文化ではなく、民族構成や文化規範が多様で、地域によって独自の文化や慣習を色濃くもっている。地理概念による国土の区切り方は多様だが、そのなかで「南部」と「北部」の区分がよく使われる。南部と北部の地理環境の違いによって文化も大きく異なると蔡国相は指摘した（蔡 1992：84-89）。例えば、飲食、住宅、交際などの文化である。孔維民は南部出身者と北部出者の性格差について、北部が率直で正直な性格であるのとは対照的に、南部は細かくて曖昧な性格であると論じた（孔 1992：56）。IGの語った「水」の事例は孔の議論と合致する。「ベテラン世代」のIGは、中国南北の人の性格差を理由に北部出身の中国人妻と付き合っていないと述べた。南部出身の彼女はハルピンや大連という北部地域の人とは文化の差があるので、友人になりにくいと距離を置いた。
　出身地における南北の差異とともに、都市・農村の差異という二項対立も特筆される。

　　日本に結婚移住した中国東北部の女性が著しく増加したのは、どうしてだろうね。東北はまだ貧しい田舎かな。私はもう日本で長いから中国国内の事情がよく分からない。中国に帰っても最大2週間しか滞在しない。私がまだ日本に来ていなかったときに、東北部の路上に多くの物乞いがいると聞いた。いま、

まだその状況かな。だから、あちらの女性はこんなにたくさん日本に来ている。(IG)

IGなど「ベテラン世代」の出身地の多くは南部であり、かつ上海やその周辺地域である。中国には戸籍制度があり、本来人口移動が制限されている。上海戸籍をもつ上海人は「都市人」としての誇りが強く、ほかの地域の人、あるいは上海に流入する外来人口と比べると、「上海人」「都市人」としてその優越感を相当もっている。この優越感は日本にも持ち込まれ、来日した中国人妻の友人づくりにも多少影響している。IGの話から、その意識において「上海」と「他地域＝東北」、イコール「都市」と「田舎」という二項対立の図が表れていると考えられる。つまり、南部と北部の文化的差異に加えて、「都市─農村」という構図によって、「ベテラン世代」と「適応世代」「新米世代」の間にダブルの隔たりが生じている。前節でみた世代間ギャップとはまた別の、世代間のギャップである。中国国内で形成された二重の文化対峙の構図は中国人妻の間で再現され、友人づくりに影響していることが分かる。

## 3　世代別にみるネットワークの特徴

それでは、実際の生活で中国人妻はどのような社会関係を築いているのか。以下の3点に留意しながら、そのネットワークを考察する。1点目は、世代という変数である。中国人妻は世代によって日本文化の受容差が表れ、世代間の交際に影響が生じるため、世代によってネットワークのつくり方や特徴は一様ではないと想定される。2点目は、時系列の視点の導入である。来日10年以上を「ベテラン世代」と設定しているが、調査によると、一番早い時期に但馬地域に結婚移住したのは1990年代初頭である。「ベテラン世代」は日本でのライフステージによって人生課題や生活の中心、そして日本生活への適応状況が一様ではなかろう。ゆえに、時系列の視点で動態的にネットワークを把握する必要がある。3点目は、ネットワークの構造範囲を新たに設定することである。「ムラの国際結婚」の先行研究では、外国人妻のネットワークを主に同国人や日本人との間に限定して考察してきたが、外国人の流入によって日本社会の人

口構成が多様化している。この傾向は都市部のみならず農村・地方にまで浸透し、但馬地域でも1,000人以上の外国人住民が居住する。そのため、以下では中国・日本以外の出身の地域住民を「第三国出身者」と捉え、中国人妻の同国人やホスト社会の住民だけでなく、これら第三国出身の地域住民とのつながりも視野に入れる。

### 3.1 「ベテラン世代」のネットワーク

「ベテラン世代」については3名にインタビューし、1990年初頭に来日したIG から一番詳しく話を聞いた。主にその事例を中心に「ベテラン世代」のネットワークを分析する。

> 日本に来た当初のことはあまり覚えていない。当時、私たちは何か問題があると、結婚仲介業者に連絡するしかなかった。でも仲介者は日本人で中国語がよく分からない。その仲介者は中国にいる仲介者に電話して、中国の仲介者はまた私たちに連絡して具体的に何か問題があるのか、どのように対応するかを話す。非常に面倒くさかった。
>
> 当初、友達は2人だけだった（一緒に来日して日本人男性と結婚した女性）。周りに多くの中国人はいなかった。私たち3人は毎週集まっていた。だいたい、姑や夫はどうか、どのように姑や家族に対応するのかについてばかり話した。何人の子供を生むかも相談した。
>
> 日本の家族習慣や性別役割分業の事情、とくに日本人男性はひたすら仕事に夢中で子供や家族のことをあまり考慮しないと分かってから、みんな絶対に2番目の子供は産まないと意見が一致した。実際、3人とも子供は1人しか生まなかった。離婚して一緒に中国に逃げることも話した。(IG)

以上の話から、IG は来日当初、知り合いの中国人女性と緊密なネットワークをつくったことが分かった。その緊密さは、毎週集まることや、出産計画まで同一の行動をとったことから窺える。しかも、「友達が2人だけだった」という言葉から、当初は友人数が少なかったことが分かる。ここでは、この人数の少ない緊密なネットワークを「小グループ型」と名づける。後述の「適応世

代」や「新米世代」も「小グループ型」ネットワークを形成しているが、強調したいのは、同じ「小グループ型」ではあるが、形成の背景が若干異なることである。「ベテラン世代」の「小グループ型」ネットワークは、IGが語ったように「周りに多くの中国人はいなかった」という背景がある。統計データによると、1990年代初頭から日本に嫁ぐ中国人女性は増加傾向を示しているが、人数からみると毎年4,000人以下にとどまり、それほど多くなかった。2000年以降のピーク値の3分の1にしか達していなかった。IGのような「ベテラン世代」はネットワークをつくろうとしても、母数としての中国人妻の数が少なかった。つまり、ネットワークづくりの外部環境的条件のため、当初は中国人妻の間で「小グループ型」しかできなかった。

「ベテラン世代」は日本での定住が長くなるにつれて、そのネットワークはどうなるのか。時系列の視点から、IGの在日20年のネットワークを検討する。

> 以前、中国人の友達と集まったら、お互いに夫の悪口ばかり話した。いまは久しぶりに会うので、そのようなことはしない。3人とも近くに住んでいない。車で1時間ぐらいの距離である。3人とも免許をもっている。会いたいならば実は車を出すだけでいつでも会えるが、でも頻繁には会っていない。今年2月、まだ雪が積もっていたときに1人の友達から電話がかかってきて、雪が溶けたら3人で一度会いましょうと言った。私は、4月の春の方がよいと返事した。いま、夏がもうそろそろ終わるが、まだ会っていない。現在、年に1〜2回だけメールや電話で連絡を取っている。(IG)

IGの語りから、定住生活のなかで中国人妻同士のネットワークが変容したことは一目瞭然である。20年前には毎週集まっていたという高い頻度から、現在は年に1〜2回だけ連絡するくらいまで減少した。連絡が途絶えぬ程度のつながりは保っているが、当初の緊密さは完全に消えた。画一な出産計画まで一緒に考えるような、最初の親密関係は現在みられない。時間の経過とともに「ベテラン世代」内部のネットワークが徐々に弛緩し弱化している。このような弱化したネットワークを、ここでは「ルーズな連盟」と名づける。

1990年代半ばから増加し続ける中国人妻は日本での定住に伴い、各地域で顕

著に認知されるようになった。IG は周りの中国人妻が増えてきたと語ったが、国際結婚の先輩である「ベテラン世代」は同じ地域に結婚移住した後輩の「適応世代」や「新米世代」とどのような社会関係を築いているのか。結論を先取りすれば、「ベテラン世代」は「適応世代」や「新米世代」と多く関わっていない。その理由は、すでに言及した世代ギャップや中国国内の文化対峙のほかに、「ベテラン世代」の生活の自立にあると考えられる。前節で IG は「たびたび近隣の日本人に中国人女性を紹介しようかと言われるが、私はすでに日本の生活に慣れたので……と婉曲に拒否する」と語った。中国人との付き合いを意識的に忌避すると同時に、「慣れた」という言葉から、ほかの中国人妻に頼ることはないので中国人妻と付き合う必要はないと、IG は思っていると読み取れる。つまり IG は 1 人で日本の生活のすべてに対応できる。繰り返し述べたように、「南北型」国際結婚の中国人妻の学歴は低いので、留学生や高度人材の専門職のようにキャリアアップを目指して来日するのではない。結婚を通じて来日することは、ある意味で自分の生活基盤を日本に移し、日本で最低限の生活の場をつくるということでしかない。生活の場とは単純にいえば、職場、子供がいる場合に子供の学校、病院、役場など、日常生活と密接に関わる数ヶ所である。とくに自然環境や社会環境が相対的に簡単な農村・地方では、生活と関わる頻度の高い場所はわずかである。これらの機関を熟知すると生活上に大きな支障はない。来日して 3 〜 4 年を経て言語の壁をある程度乗り越えると、1 人でこれらの機関に対応でき、生活の場をしっかりとつくることができる。まして来日10年以上、IG のように20年以上の「ベテラン世代」は、「適応世代」や「新米世代」と比較すると、生活適応の圧力がほとんどないぐらいである。すなわち、「ベテラン世代」は中国人妻間のネットワークに関して、互助という点での需要がない。その意味では、当然、後輩である「適応世代」や「新米世代」と濃密に関わりあう必要がない。

　次は、マジョリティである日本人とのつながりを分析する。

　　（日本に）来たばかりのとき、日本の経済レベルや生活レベルがとてもよいと実感した。でも人々の関係が冷たいことが理解できなかった。当時、家族以外の日本人とあまり接していなかった。しかし、いま、私は悩みがあったら、仲

のよい日本人友達に言う。昨日の夜もそうであった。30分ぐらい日本人の友達としゃべった。ちょっと話したらもう30分経った。私はすぐ「ごめんね、長い話をしました」と謝った。夜、子供さんやご主人が家におられるのできっと忙しい。……いまは、日本人と中国人の性格や行動様式が分かっているから、対応の仕方も把握できる。(IG)

　この事例から、「ベテラン世代」は来日初期、家族以外の日本人とは挨拶ぐらいの「その場限り」の交際であることが分かる。その理由は言語の壁や、前述した緊密な「小グループ型」の同国人ネットワークが存在するからだと思われる。その後、定住生活が長くなると、日本文化や習慣に対する理解が深まり、日本語能力も向上したので、「ベテラン世代」は徐々に日本人とのつながりをもつようになったと思われる。それは、IG の「悩みがあったら、仲のよい日本人の友達に言う」という語りから窺える。日本人とのネットワークも中国人妻間のネットワークと同じように長い年月で変容した。当初の「その場限り」の付き合いから、悩みが相談できるような紐帯の関係にまで発展した。ここでは、現在における「ベテラン世代」の中国人妻と日本人の間の関係を「一般紐帯」と名づける。この紐帯は日本人の交際文化に基づく、日本人間の友人関係と同様の社会関係であり、「ベテラン世代」が日本社会に溶け込み、日本の交際文化を熟知し受け入れた結果として成立した。
　最後に、「ベテラン世代」が第三国出身者と結ぶネットワークを検討したい。現在、但馬地域には中国人妻だけでなく、東南アジア、とくにフィリピンやベトナム出身の外国人妻も多数存在している。以下では、来日11年の KM の事例から、このネットワークを考察する。

　　職場（食品工場）にベトナム人妻数人とモンゴル人妻 1 人がいる。出勤・退勤するときに会うが、しかしお互いに挨拶すらもしない。仕事の時には職場は私語禁止なので、交流はいっさいない。職場以外に会えるきっかけはない。彼女たちに関しては日本人男性の奥さんであることだけ知っており、他の情報は何も知らない。
　　最初、日本に来たときに、周りの情報を何も知らなかった。家族以外のこと

に関心をもっていなかった。当時、私のような外国人妻がいるかどうか分からなかった。いま、村にはフィリピン人妻がいる。彼女たちの存在は知っている。家はうちと遠くないが、でも付き合っていない。（KM）

　小ヶ谷千穂は、香港に出稼ぎしたフィリピンやインドネシア出身の家事労働者はエスニシティを超える連帯を形成すると指摘している（小ヶ谷 2016：102）。しかし、3名の「ベテラン世代」は、同じ地域に在住する東南アジアの外国人妻たちとほとんど接触していないことが聞き取りから分かった。しかも、それは来日の早期から現時点まで一貫してきた状況である。同じく日本人男性の配偶者であっても、同じ地域に定住する移住者であっても、同じ職場の同僚であっても、中国人妻にとって第三国出身妻たちは顔見知りの他者にすぎず、身分上の類似点があっても、両者の間にエスニシティを超える連帯は形成されていない。したがって、ここでは中国人妻にとっての第三国出身妻を「同質の他者」と名づけたい。初期にはその数が少なく、地域に散在していてみえにくい、加えて、KM の語りのように、中国人妻自身の情報不足や、家族中心の生活により付き合う余裕もないという状況があった。しかし、現在では数の増加、職場などで出会える機会の増加があるにもかかわらず、友人づくりに消極的な態度を示している。

## 3.2　「適応世代」のネットワーク

　「適応世代」の中国人妻たちは、来日 5 年以上10年未満であるから、2006年以降に来日したことになる。1990年代初頭から日本に結婚移住する中国人女性は増加するので、2006年頃までには一定規模の中国人妻が日本に定住したことになる。ゆえに、2006年以降来日した「適応世代」は、来日時点から現在まで周りに多くの中国人妻がいると推測できる。また上記で述べたように、その出身地は1990年代の上海から東北部へ転移したことに加え、2006年頃に来日した女性は中国で同じ地域の出身者が多い。友達づくりの環境からいえば、「適応世代」は来日当初の「ベテラン世代」と異なり、同国人の間でネットワークをつくりやすい環境にある。しかし、「適応世代」の同国人ネットワークをみると、依然として「小グループ型」の関係しか構築できなかった。その原因は 2

つあると考えられる。

　まず、「ベテラン世代」との接触があまりない。すでに論じたように、「ベテラン世代」は基本的に「適応世代」と接していない。また、「適応世代」自身も、「ベテラン世代」ほどではないが、基本的に自立できているので、「ベテラン世代」に助けを求める立場にない。一方、「適応世代」は、最近来日した「新米世代」の先輩として「新米世代」と接点をもち、ネットワークを広げる可能性が大きいと推測できるが、現実には両世代のつながりは一定強度の安定的なネットワークにまで発展していない。その原因をCの経験からみてみる。

　　日本語教室で知り合った中国人妻とはあまり付き合っていない。この間、NPO の人に、日本に来たばかりの SM という中国人女性を助けることを頼まれた。そして、私は SM に連絡していろいろ事情を聞いた。それ以降、SM は用事があるたびに私に電話をかける。ビザの問題とか、帰国の際に、どこでチケットを購入するのかなどの日常の生活問題をすべて私に聞く。それ以外に、連絡はまったくない。来たばかりなので、分からないことがいっぱいあり、中国人に聞くしかないと分かっているが、でも、なんと言ったらいいかな。中国人女性はいつも用事があるときだけ一生懸命に電話していろいろ聞く。用事が済んだらまったく連絡がなくなる。助けてあげる立場にある私は、いつも自分がただ利用されていると思っている。彼女たちは困ったときだけ、これ助けてほしい、あれ助けてほしいと求める。私は彼女たちにとって、ただ溺れそうなときに掴んでいるわらのような存在である。

　　しかし、私と YK とはそのような関係ではなく、よく家庭訪問したり、一緒に食事をしたりする。ほかの中国人妻、とくに SM のような、手助けを求められる中国人妻とはそこまでの関係にならない。私はできる限り助けてあげるが、それ以外に関わっていない。しかも正直にいえば、関わりたくない。（C）

　事例から読み取れるように、「適応世代」は「新米世代」と安定的な友人関係ではなく、ただ人を助けるという道徳的立場から臨時的な支援関係を形成しているだけである。外国人を支援する地元 NPO は定期的に交流活動を行っているので、そこで世代別の中国人妻の知り合いのチャンスが生まれる。当然、

「新米世代」にとって助け手をみつけるチャンスでもある。次節で詳しく述べるが、「新米世代」は来日の時間が短く、生活上の問題を多く突きつけられている。言語や文化の壁のために彼女たちが助けを求めるのは、交流活動にまったく姿を現さない「ベテラン世代」ではなく、「適応世代」である。しかし、「新米世代」は就労に多くの時間を取られ、往々にして目の前の用事を済ませることに精一杯なので、助けてくれる「適応世代」と中国人式の付き合いをする余裕を十分にもっていない。ゆえに「適応世代」のなかにCが語るような気持ちが現れる。

一方、Cは「私とYKとはそのような関係ではなく、よく家族訪問したり、一緒に食事をしたりする」と語っているように、YKはSMとは違う存在であり、YKはCの「小グループ」のメンバーであることが分かる。YKのプロフィールからみると、彼女はCと同じ「適応世代」である。調査によると、「適応世代」の「小グループ型」の友人圏は同世代に大きく偏り、メンバーが固定化する傾向がある。これは「適応世代」のネットワークの特徴のひとつである。同世代の妻たちは、同じ時期に来日して、生活適応の程度や日本文化の受容度も同じレベルで進み、ギャップが少ないので、友達になりやすかったと考えられる。

次に、「適応世代」と日本人の関係についてYKの事例から考察する。

日本人で仲のよい人もいる。ここ（NPO）のAさん。私は日本語教室に通ったときに彼女にいろいろお世話になった。私が店を開いてから、彼女もよくお客さんを連れて飲みに来る。彼女は私の友達であるといえる。今回、インタビューの件も、彼女はLINEでメッセージを送ってきた。正直にいえば、メッセージをみても、どういうことかあまりよく分からなかった。でも彼女に頼まれたので、私はできるだけ協力してあげたい。私とAさんの関係は、今回のように用事があるときだけ、LINEメッセージでお互いに連絡を取る。

いま店のことですでに精一杯。日本語を勉強していないので、ここ（NPO）にあまり行かない。行くたびにAさんと話を交わす。でも、だいたい「最近どう？」とか、「○○ちゃん（YKの連れ子、以前ここで日本語を勉強した）元気？」とか。中国人の友達のようなおしゃべりをすることはない。私は今でも

日本人の考え方を理解できないところがある。私の話を相手（日本人）がどう受け止めるのか分からない。例えば、夫との喧嘩のことはＡさんに言わない。夫婦喧嘩が恥ずかしいので言わないのではなく、相手にこのようなことを言ってもよいかどうか私には自信がない。相手はこのようなことを聞きたくないかもしれない。言ったら嫌われるかもしれない。中国人同士だったら夫婦喧嘩のようなことをすぐ友達に言っちゃうけど……。また、日本人は中国の事情をよく知らない。話しても私たちの考えを理解してくれない。逆に誤解を招く恐れがあると心配する。中国人同士で話すと言語が通じるので容易に意思疎通できる。しかも、聞き手はいろんなアドバイスをくれる。（YK）

　YK は来日 8 年、日本語でのコミュニケーションに不自由はなく、地域で日本人とある程度つながっている。それは「ベテラン世代」の初期のような「その場限り」の関係でもなく、現在の日本人同士並みの「一般紐帯」でもない。YK が自ら言ったように「用事があるときだけお互いに連絡を取る」関係である。ここでは、この関係を「弱い紐帯」と名づける。「ベテラン世代」にみられる「一般紐帯」は日本の交際文化を熟知して日本式に従っているものだが、「弱い紐帯」は、「適応世代」が日本文化を十分に把握できず、適応生活の道半ばであることの結果である。YK は「今でも日本人の考え方を理解できないところがある。私の話を相手（日本人）がどう受け止めるのか分からない」と述べた。例えば、夫婦喧嘩の話を日本人に言えるかどうかで迷っている。迷うなかで、「適応世代」は意識的に日本人を避けて中国人妻に偏る結果となっている。とはいえ、調査によると、中国人妻は地元の日本人を肯定的に評価している。普段は実は頻繁に交流していないか、あるいは一時期だけ付き合ったことがある程度だが、ずっと「弱い紐帯」の状態でつながりを保っている。この「弱い紐帯」の誕生・維持を推し進めるひとつの要素は、中国人の恩返しの気持ちである。YK は、「私は日本語教室に通った時に彼女にいろいろお世話になった」「彼女に頼まれたので、私はできるだけ協力してあげたい」と語ったように、Ａに感謝し恩返しをする気持ちがある。弱く断続的な付き合いのなかで助けられることがあり、頼まれると、できる範囲で必ず応じて恩返しする意識をもつ。中国人の恩返しの気持ちで「弱い紐帯」が持続され、途絶えなかった。

最後に、「適応世代」と第三国出身妻の関係を検討する。「適応世代」が来日した当時、地域に定住する外国人を支援する行政や民間の活動はすでに始まっていた。例えば、地元の公民館で日本語教室や異文化交流のイベントが開催された。そこで中国人妻とほかのアジア出身の妻とが出会う場所がつくられた。「ベテラン世代」と比べると、「適応世代」は来日時点で第三国出身者と出会えるチャンスがすでに提供されていた。このような環境のもとで「適応世代」は、エスニシティを超えるネットワークを構築できたのか。

> 以前、仕事関係で知り合ったフィリピン人女性がたくさんいる。……一緒に仕事したときに、一人のフィリピン人女性と仲がよかった。私からみれば、彼女とよい関係を構築した。しかし、相手はそう思ってくれなかった。彼女は何か用事や悩みがあったらいつも同国人のところに相談しに行く。やはり同国人同士が親しいなあ。……店の手伝いを（以前知り合ったフィリピン人女性に）してもらっていない。安心できないから。中国人の方がよい。コミュニケーションが取りやすい。……ベトナム人女性の知り合いもいる。みんな日本人男性の妻である。ここ（NPOの日本語教室）で日本語を勉強したときに知り合った。会ったら挨拶するがそれだけで、この場を去ると連絡はしない。ベトナム人妻たちは中国人妻より若く、だいたい20代である。中国人妻のように彼女たちもよく2〜3人で一緒に動いている。（YK）

YKの「この場を去ると連絡はしない」という語りから、両者が同じ日本語学習者として出会えるチャンスはあるものの、必ずしも密なネットワークの形成がないことが窺える。調査によると、「適応世代」は「ベテラン世代」と同じように、第三国出身妻の間にエスニシティを超える連帯を形成せず、お互いに「同質の他者」のままである。もっとも、その原因は異なる。YKの「同国人同士が親しい」「よく2〜3人で一緒に動いている」などの語りから分かるように、但馬地域では各国出身の外国人妻がそれぞれ一定人数おり、しかも彼女らの間で同国人ネットワークが形成されている。つまり「適応世代」では、「ベテラン世代」の来日当初のように第三国出身妻の人数が少ないのではない。しかし、それぞれの同国人ネットワークが存在し、そのネットワークが多

大に機能しているので、わざわざ他国出身者とネットワークをつくる必要がない。同国人ネットワークの存在が、他国出身者の集団にアクセスする必要性を排除したと考えられる。

## 3.3 「新米世代」のネットワーク

「新米世代」は来日5年未満と設定しているので、彼女たちは2011年以降来日したことになる。まず中国人妻間のネットワークは、「ベテラン世代」の初期や「適応世代」と同じく「小グループ型」の特徴をもっているが、その特徴を形成する内実が異なる。母国で離婚歴があり、中年で来日する中国人妻たちには、来日後の家族関係の対応、子供の呼び寄せ、在留資格、そして就労など、日常生活と深く関わっている問題が目の前に突きつけられる。これらの問題解決について、一部は日本の行政や地元 NPO が相談を受けて対応している。しかし、中国では行政の相談や支援のシステムは日本ほど発達していないので、中国人妻は中国における欠如のイメージをそのまま日本に持ち込み、日本では行政の相談窓口や NPO が存在すること自体を知らないことが少なくない。とくに中国農村・地方出身の女性はこの傾向が強い。言語障壁により日本社会に関して得られる情報が依然として不十分なのが現実である。このため、目の前に現れる職探しや子供の呼び寄せの問題に関する相談や実際の援助などを、周囲の中国人妻に多大に依存している。「新米世代」は「ベテラン世代」や「適応世代」と比べてネットワークづくりにより積極的であるが、それは同国人ネットワークへの依存度が高いからである。にもかかわらず、ネットワークの規模が広がらず、小グループに限定される原因は、中国人妻の就労意欲が高く、来日後、素早く就労先をみつけて働き始めることと関係している。いったん職場に入ると個人の時間が仕事に取られ、同国人と一番出会える日本語教室から離脱することになり、友達づくりの場所を失うためである。たとえ職場で同国人に会えたとしても、工場での私語禁止などによって交流は制限される。就労はネットワークづくりにマイナスに働くことになる。

次に、「新米世代」が日本人と構築するネットワークについて、LP の事例を通して分析すると、再び「その場限り」というフレーズで表現される状況がある。

普段、村で何か費用を出す必要があるときに、夫は仕事をしているので払いに行く時間はない。代わりに私が払いに行く。行ったら、「あなたが○○の妻ですね」といつも挨拶してくれる。でも、何か悩みがあったら中国人妻と相談する。私の友人圏、生活圏には日本人より中国人が多い。これは間違いない。やはり、私は中国人で、日本語より中国語でいっそう意思疎通できる。……実は中国人との付き合いがしんどい。でも、中国人同士の間では中国にいたときのように何でもすぐ気軽に話したりすることができる。(LP)

　LP が語った「私は中国人で、日本語より中国語でいっそう意思疎通できる」から分かるように、「新米世代」では日本語習得レベルが日本人との付き合いを大きく制約する。但馬地域で来日半年未満の中国人妻 SM に出会ったことがある。夏休み中は普段 NPO の日本語教室に通う中国人妻もあまり教室に来ていないため、彼女は筆者に、体の不調でしばらく職場を休みたいと職場の担当者に伝えてほしいと頼んだ。夫や NPO スタッフに頼んでこの意思を職場の担当者に伝えたかったが、日本語で十分に意思疎通できないので、結局夫や NPO スタッフに伝えられなかった。友人の紹介で得た仕事は辞めたくないので、ずっと体の痛みを我慢しながら働いていた。

　言語以外に、中日の文化観の相違が「新米世代」と日本人のネットワーク構築を左右することもある。参与観察によると、中国人妻は地元 NPO に所属する日本語教室のボランティアやスタッフとかなりよい関係ができているが、相談や悩みは同じ中国人妻の方にもっていく。LP も述べているように、「何か悩みがあったら中国人妻と相談する。私の友人圏、生活圏には日本人より中国人が多い」。日本人とはよい関係を保っていても緊密な関係まで発展しない。「新米世代」の日常生活で一番多い問題、つまり夫や夫側親族との家族問題は、日本では「プライベート」のカテゴリーにあるので公開すべきではないとされる。支援する NPO は中国人妻たちを早くスムーズに定住させるために、日本語習得の支援、子供の入学前の説明会、多言語で行政情報を伝達する支援活動をしているが、いざ家族問題となると、日本の家の排他性や孤立性という価値観の影響を受けた支援スタッフは自覚的に深く踏み込まず、聞き手の役割だけにとどまる。中国人妻には実質的支援の限界がみえるようになる。「適応世

代」のＣは「新米世代」の状況を、以下のように語った。

　　　彼女たち（「新米世代」）はすべてのことを夫や家族、ここ（NPO）の人に話
　　せるわけではない。中国人に聞くしかない。いかに夫や家族と交渉して子供を
　　日本に呼び寄せるのか。あるいは、いかに夫に中国にいる子供の生活費を出し
　　てもらうのか。これらのことは、ほかの中国人妻に相談するしかない。また、
　　どこで安い航空券が取れるのか。いかにビザ延長の手続きをするのか。ここ
　　（NPO）のスタッフに聞いても彼女たちにも分からないから。ここのスタッフは
　　確かにいろいろと助けてあげているが、すべてできるわけではない。（Ｃ）

「新米世代」にとって、日本人とのネットワークは同国人のそれより機能性
の限界がみえやすい。同国人ネットワークは完全に日本人とのネットワークを
代替するわけではないが、後者には問題解決において機能的な限界があるの
で、中国人に頼るしかない。

　最後に、第三国出身妻とのネットワークに関しては、他の世代と同じく「同
質の他者」である。その原因は、「適応世代」で述べたように、中国人妻と第
三国出身妻がそれぞれのネットワークをもち、ネットワークの本数をさらに増
やす必要がないことにある。「新米世代」にとっては、さらに、第三国出身妻
との間で言語・文化の壁が大きいことも指摘したい。異国人より同国人同士の
方が言語上の便宜があるだけでなく、出身文化も共通している。意思疎通や感
情表現は、異国人と比べると同国人同士の方が容易である。双方がコミュニ
ケーションを取るとすれば日本語によるが、とくに中年になって来日した「新
米世代」にとって、日本語習得は簡単に乗り越えられないハードルである。日
本語能力が限られているので、お互いに信頼関係どころか、基本の意思疎通も
十分にできない。ゆえに深い付き合いが難しい。

## ４　多様なネットワーク

本章の分析による知見をまとめると、以下のようになる。
　まず、日本の農村・地方に結婚移住した中国人妻は地域社会で孤立して存在

するのではなく、社会的なネットワークを構築できている。そのネットワークは、同じく日本人男性と結婚した中国人女性との結びつきに集中しているため、同質性が高いという特徴をもつ。しかし、①序列化されることへの拒否、②世代間のギャップ、③中国国内の地域文化の対峙の再現などの原因で、中国人妻の間では互助的な組織や関係は形成されにくかった。

　つぎに、世代別で中国人妻のネットワークの特徴をまとめると、表3-4のようになる。「ベテラン世代」は初期には「小グループ型」の同国人ネットワークをつくっていた。当時は周囲に中国人妻の数が少なく、ネットワークを拡大するための環境的必要条件が備わっていなかったからである。家族中心の生活を送り、家族以外の日本人との付き合いは近隣ぐらいであった。日本語能力の限界、日本の交際文化への不慣れ、そして緊密な中国人同士のつながりの存在により、日本人との付き合いは「その場限り」にとどまっている。当初、行政や民間の支援機関がまだ発達しておらず、日本語教室のような集まる場所も存在しなかったため、第三国出身妻とは面識のチャンスすらなかった。したがって、「ベテラン世代」の初期ネットワークの特徴は「同国人単一型」であった。日本の生活に慣れるに伴い、各自の生活の自立性が高くなって、中国人妻ネットワークへの依存度は低くなる。当初の緊密な「小グループ型」の中国人妻ネットワークが時間とともに弱まり「ルーズな連盟」となる一方、日本文化を熟知するにつれて、日本人との付き合いは当初の「その場限り」の交際から、日本人同士並みの「一般紐帯」にまで発達した。しかし、日本語教室などの支援機関には通わないので、第三国出身妻と重なるきっかけはない。「ベテラン世代」の特徴は、当初の「同国人単一型」から始まって、現在は、中国人と日本人のどちらに力点を置いているのかはっきりとしない「バランス型」になっている。

表3-4　来日した中国人妻の社会的なネットワークの特徴

| | | 中国人妻同士 | 日本人 | 第三国出身妻 | 特徴 |
|---|---|---|---|---|---|
| ベテラン世代 | 初期 | 小グループ型 | その場限り | 同質の他者 | 同国人単一型 |
| | 現在 | ルーズな連盟 | 一般紐帯 | 同質の他者 | バランス型 |
| 適応世代 | | 小グループ型 | 弱い紐帯 | 同質の他者 | 同国人中心型 |
| 新米世代 | | 小グループ型 | その場限り | 同質の他者 | 同国人単一型 |

「適応世代」は、来日時点で周りにすでに中国人妻が多く、しかも中国の同じ地域の出身者である。それでも中国人妻ネットワークは広範囲に拡大せず、自分と親しい関係をもつ「小グループ」に限定されている。この「小グループ型」の特徴は、同じ時期に来日した中国人妻からなることである。「新米世代」との間では、必要があれば助けの手を出すが、とくに濃密な関係を構築してはいない。日本語能力をすでに身につけたので、日本人との付き合いに自由自在にアクセスしている。中国人と日本人の交際世界の両方にまたがっているが、「ベテラン世代」のように日本文化に完全に馴染んでいないので、恩返しの気持ちで日本人と「弱い紐帯」を保ち、深い付き合いには発展しない。第三国出身妻と出会う場所はあるが、それぞれの同国人ネットワークの存在により、親密な関係が構築されず、お互いに「同質の他者」である。ゆえに、「適応世代」のネットワークの特徴は「同国人中心型」である。

　「新米世代」は同国人への依存性が大きい。とくに「適応世代」に多大な助けを求める。しかし、就労に日常の私的時間が多大に取られることによって中国人妻と出会うチャンスが減り、友人圏の拡大にマイナスの影響をもたらす。言語の壁が確実に存在し、かつまた中国人妻は多くの喫緊の課題を優先するため、日本人との交際に限界があり、「その場限り」の関係にとどまっている。また、「適応世代」と同様に、第三国出身妻と出会う場所はあるが、それぞれ同国人ネットワークをもっており、つながる必要性は高くない。しかも、「新米世代」にとって、第三国出身妻との文化の壁、とくに共通言語としての日本語の習得のハードルが高い。したがって、「新米世代」のネットワークは「同国人単一型」である。

付記

　本稿は博士論文「現代の中日国際結婚に関する社会学的研究」の第3章を加筆・修正したものである。

謝辞

　但馬地域での調査の実施にあたって、NPO法人にほんご豊岡あいうえおの岸田尚子事務局長、河本美代子理事長、勝間良枝先生をはじめ、同NPOの皆様にご協力をいただいた。また、インフォーマントの中国人妻たちには多大な時間を割いてインタビュー

に応じていただいた。この場を借りて感謝の意を表したい。

注

1　厚生労働省、2017「人口動態統計（2015）」（http://www.mhlw.go.jp/toukei/saikin/hw/jinkou/suii09/marr2.html　2015年12月16日取得）。

**参考文献**

（日本語文献）

小ヶ谷千穂　2016　『移動を生きる──フィリピン移住女性と複数のモビリティ』有信堂高文社。

桑山紀彦　1995　『国際結婚とストレス──アジアからの花嫁と変容するニッポンの家族』明石書店。

胡源源　2015　「中日国際結婚とトランスナショナルな親族関係」『日中社会学研究』23：146-158。

賽漢卓娜　2011　『国際移動時代の国際結婚』勁草書房。

宿谷京子　1988　『アジアから来た花嫁』明石書店。

戴二彪　2004　「『中国新移民』の移出地構造の変動──経済発展の国際人口移動への影響」『経済地理学年報』50：46-62。

竹下修子　2001　「台湾における日本人妻の社会的ネットワーク──国際結婚による移住のためのネットワーク変容の視点から」『愛知学院大学教養部紀要』49(2)：87-99。

高畑幸　2003　「国際結婚と家族──在日フィリピン人によると出産と子育ての相互扶助」石井由香編『移民の居住と生活』明石書店、255-291。

武田里子　2011　『ムラの国際結婚再考──結婚移住女性と農村の社会変容』めこん。

樋口直人　2005　「国際移民と社会的ネットワークの再編成──滞日ブラジル人企業家を事例として」『徳島大学社会科学研究』18：1-22。

松本邦彦・秋武邦佳　1994　「国際結婚と地域社会（その１）」『山形大学法政論叢』創刊号、125-160。

南紅玉　2010　「外国人花嫁の定住と社会参加」『東北大学大学院教育学研究科研究年報』59(1)：187-207。

森岡清美・望月嵩　2004　『新しい家族社会学』培風館。

李善姫　2012　「ジェンダーと多文化の狭間で──東北農村の結婚移民女性をめぐる諸問題」『グローバル時代の男女共同参画と多文化共生』7：88-103。

（中国語文献）

蔡国相　1992　「南北文化差異及其形成的地理環境因素」『渤海大学学報』2：84-89。

孔維民　1992　「一方水土一方人──南方人与北方人性格差異及其成因初探」『淮北煤師院学報』2：55-61。

# 第4章

# 日本・韓国・台湾における育児・介護の比較

## 東アジア地方社会からみた国際結婚像の変容

連　興檳

## 1　日韓台における国際結婚に着目して

　これまで国際結婚に関する研究は、欧米のインターマリッジ研究と類似点が多く、どちらにおいても外国人妻を対象とした研究が主流である（嘉本1996）。例えば、日本におけるアジア系外国人妻の研究（桑山1995；賽漢卓娜2011など）、韓国における国際結婚女性移住者の研究（宋2009）、台湾における日本人妻の研究（竹下2004）などが挙げられる。しかしながら、それ以外の先行研究を含め、1ヶ国の外国人妻を対象とした事例研究の蓄積は多いものの、外国人妻の出身国別の比較研究、さらに数ヶ国間における外国人妻の比較研究は少ない。その結果、受け入れ側としての経済発展地域における国際結婚の全体像を把握することが依然として困難である。

　そこで本章では、東アジアの経済発展地域を代表する日本、韓国、台湾において国際結婚女性を対象に実施した質問紙調査のデータを比較しながら、再生産領域における育児・介護などを中心に、「南北型」国際結婚の受け入れ社会と送り出し社会における国際結婚の実相を把握する。

## 2　再生産領域のグローバル化

　現代のグローバリゼーションの複数性を把握するにあたり、足立眞理子は、「再生産領域のグローバル化」という視角から、グローバルな世帯保持が、現代のグローバル資本主義における中心／半周辺／周辺構造が維持・再形成され

る最も大きな動力であると述べる（足立 2008：250）。その背後には、再生産領域の市場化に伴う移民の女性化がみられ（伊豫谷 2001）、うち国際結婚を通じた移動は、従来の女性の国際移動、すなわち家事、介護、育児などの再生産領域の労働者としての出稼ぎ移動における選択肢のひとつであるといえる（藤井 2013：39）。

　こうした国際結婚の役割として、次世代の再生産が最も重要な位置を占めており、それ以外にも、国際結婚をした女性が夫側の親の面倒をみるということは、東アジアにおける「南北型」国際結婚の大きな特徴である（藤井 2013）。その背景には、東アジアの経済発展地域、例えば本研究で対象とする日本、韓国、台湾における少子高齢化などの問題がある。2015年の合計特殊出生率でみると、日本が1.46、韓国が1.24、台湾が1.18といずれも人口置換水準を大きく下回っており、少子化社会となっている[2]。同年の高齢化率（65歳以上人口の比率）は、日本が26.7％、韓国が13.2％、台湾が12.5％である[3]。それに伴い、労働力不足だけでなく、「嫁不足」と「外国人嫁入り」という現象も顕在化している。

　日本では、高度経済成長期以降の産業化と都市化によって農村社会が周辺化され、また日本人女性が農村部の跡継ぎ男性との結婚を敬遠しているため、農村男性は結婚難に陥っている（賽漢卓娜 2011：93-94）。その解決案として、アジア女性と日本人男性との国際結婚が導入され、これは男性のためでもあれば、農村の過疎化解消のためでもあるといわれる（同上：9,95）。その意味で、このような国際結婚は、もはや家族を単位とした再生産領域を超えて、地方社会の再生にも大きく関わっている。

　韓国の場合、国際結婚は、1980年代から社会問題となった農村男性の結婚難への対策として、1990年代から行政主導で推進され、さらに2000年代に入ってからは結婚斡旋業者によって急増している（金ほか 2016を参照）。しかし、韓国の農村地域における国際結婚女性は社会的地位が低く、また常に精神的・経済的不安定さを感じていることから、韓国社会に溶け込みにくいと指摘される（馬 2011）。このように、国際結婚から各種問題が生じたため、韓国政府は、2000年以降、とりわけ2006年度から外国人に対してさまざまな支援を行うなど、多文化社会への取り組みを本格的に始めた（宋 2009）。

父系主義の台湾では、出生性比の男児優位性による男性過剰化と、女性の高学歴化や社会進出による晩婚化・非婚化に伴い、社会経済的地位の低い男性は結婚難という問題に直面することになった。それに加え、国際移動の女性化を受けて、台湾人男性と「南」出身の外国人女性との国際結婚が増加している。しかし、台湾における外国人女性配偶者は、教育水準やその出自を理由に質的に劣っているとみなされる傾向があり、行政上では教育や指導の対象となっている（澤田 2008）。

　以上みてきたように、「南」出身の外国人女性による「嫁」としての国際移動は、「北」の農村地方に住む男性の結婚難問題を緩和させているが、外国人妻の社会的地位は決して高いとはいえない。そのため、彼女たちは、家族領域だけでなく、地域社会というコミュニティ領域においてもさまざまな問題に直面している。例えば、桑山紀彦は、日本の東北農村部に嫁いだ外国人女性が異文化社会で感じたストレスについて述べており、彼女たちが抱えている各種問題を浮き彫りにした（桑山 1995）。

　このような経済格差がある国同士の国際結婚において、外国人妻は移民労働者と同様に出身家族へ送金し、また年齢差のある国際結婚夫婦の場合、外国人妻は夫の両親の面倒をみるという無償の再生産労働が期待されることから、彼女たちと移民労働者との境界線は曖昧だと指摘される（小川ほか 2010）。とはいえ、グローバル化に伴い、「南北型」国際結婚をした外国人妻が、「南」の出身家族・出身地域と、「北」の夫の出身家族・出身地域とを取り結ぶ存在となっており、しかもどちらの再生産領域においても重要な役割を果たしていることは否定できない。

　以上をふまえて、本章では、日本・韓国・台湾の地方社会において実施した質問紙調査をもとに、国際結婚における再生産領域の実態について比較分析を行う。具体的には、育児や親の手伝いなどから次世代再生産および夫の親との関係、国際送金などの経済的な支援から外国人妻と出身家族や出身地域との関係について考察し、日本を中心に、韓国・台湾における国際結婚との共通点と相違点を明らかにする。

## 3 調査地と質問紙調査の概要

今回の質問紙調査は、日本の「豊岡市および周辺地域」、韓国の「大田市および周辺地域（論山市と礼山郡）」、台湾の「金門島（県）」に居住する国際結婚女性を対象に実施され、計393の有効サンプルを収集した（日本111サンプル、韓国170サンプル、台湾112サンプル）。多岐にわたる出身国・地域からの国際結婚女性を対象とするため、多言語（日本語、英語、中国語、韓国語、ベトナム語、タガログ語、タイ語、インドネシア語）の調査票を使用した。回答者のほとんどが現地のNPO法人などを通じて接触可能な外国人妻であるため、データに一定の偏りが含まれうることに留意する必要がある。

### 3.1 日本——豊岡市および周辺地域

日本厚生労働省の人口動態調査によると、婚姻総件数のうち、夫妻の一方が外国人の件数は1965年には4,156件で0.44％にすぎなかったが、1983年に初めて1万件（1.37％）を超えた。その後も増加を続け、2006年にはピークの44,701件（6.12％）を記録したが、2007年から減少傾向に転じ、2015年には20,976件で3.30％となっている。[5]

日本における調査地である豊岡市および周辺地域は、兵庫県但馬地方に該当する地域である。表4-1によると、但馬地方に住む外国人数は1,063人、うち豊岡市在住者が528人である。[6] 国籍別にみると、最も多いのが中国で、その次にフィリピン、ベトナム、韓国の順となっている。本調査の場合、調査対象者

表4-1 但馬地方内在留外国人市区町別人員数

|  | 総数 | 韓国 | 中国 | ベトナム | フィリピン | ブラジル | 米国 | 台湾 | ネパール | その他 |
|---|---|---|---|---|---|---|---|---|---|---|
| 但馬地方 | 1,063 | 116 | 376 | 135 | 167 | 33 | 28 | 13 | 15 | 180 |
| 豊岡市 | 528 | 76 | 184 | 81 | 80 | 3 | 12 | 11 | 9 | 72 |
| 養父市 | 104 | 7 | 33 | 20 | 27 | — | 3 | 1 | — | 13 |
| 朝来市 | 218 | 12 | 74 | 14 | 37 | 30 | 8 | 1 | 6 | 36 |
| 香美町 | 115 | 13 | 41 | 17 | 21 | — | 3 | — | — | 20 |
| 新温泉町 | 98 | 8 | 44 | 3 | 2 | — | 2 | — | — | 39 |

出所）「兵庫県内在留外国人数（平成27年12月末現在）」の表「県内在留外国人市区町別人員数」より抜粋。

表4-2　調査対象者の出身国と現住地（日本）

| | 中国 | 韓国 | フィリピン | タイ | ベトナム | その他 | 合計 |
|---|---|---|---|---|---|---|---|
| 豊岡市 | 17　(36.2) | 1　(2.1) | 16　(34.0) | 4　(8.5) | 4　(8.5) | 5　(10.6) | 47　(100.0) |
| 養父市 | 7　(41.2) | — | 9　(52.9) | — | — | 1　(5.9) | 17　(100.0) |
| 朝来市 | 7　(33.3) | — | 12　(57.1) | — | 2　(9.5) | — | 21　(100.0) |
| 香美町 | 4　(30.8) | — | 4　(30.8) | — | 5　(38.5) | — | 13　(100.0) |
| その他 | 1　(9.1) | 1　(9.1) | 8　(72.7) | — | 1　(9.1) | — | 11　(100.0) |
| 無回答 | — | — | 1　(50.0) | — | 1　(50.0) | — | 2　(100.0) |
| 合計 | 36　(32.4) | 2　(1.8) | 50　(45.0) | 4　(3.6) | 13　(11.7) | 6　(5.4) | 111　(100.0) |

注）括弧内は％。

の出身国は、表4-1が示した但馬地方の国籍別外国人の割合とは多少異なっており、うちフィリピンが最も多く45.0％を占め、次いで中国が32.4％、ベトナムが11.7％である（表4-2）。

### 3.2　韓国——大田市および周辺地域

　韓国では、1990年代半ばから国際結婚の増加が顕著である（馬 2011）。国際結婚件数は、1994年の6,616件（1.7％）から1995年の13,493件（3.4％）に急増し、2005年には42,356件（13.5％）とピークを迎え、2010年までは10.5％以上を維持していたが、それ以降は減少傾向にあり、2015年には約2.13万件で7.0％を占める[7]。

　韓国における国際結婚について、「中国朝鮮族[8]」という特殊な存在に注意する必要がある。現代における中国朝鮮族の韓国への移動は、1980年代からみられるようになり、とくに1992年に中国と韓国との国交が締結されて以降は急激な増加をみせている（権 2011；許 2015）。2015年の統計データでみると、韓国に住む中国人は70.5万人で外国人登録者数の51.6％を占めており、うち中国朝鮮族は50.1万人である[9]。

　韓国でのアンケート調査は、大都市の大田市と地方の論山市・礼山郡において実施したが、本章ではとくに地方社会の国際結婚に注目するため、都市部の大田市で収集したデータを除外して分析する。つまり、本章で使用する韓国データは、基本的には論山市と礼山郡で収集した調査票（100サンプル）に基づく。調査対象者の国籍については、表4-3に示すように、ベトナムが最も多

表 4 - 3　調査対象者の出身国と現住地（韓国）

|  | 中国 | フィリピン | タイ | ベトナム | カンボジア | その他 | 合計 |
|---|---|---|---|---|---|---|---|
| 論山市 | 13 (26.0) | 13 (26.0) | 1 (2.0) | 9 (18.0) | 14 (28.0) | — | 50 (100.0) |
| 礼山郡 | 15 (30.6) | 1 (2.0) | — | 30 (61.2) | — | 3 (6.1) | 49 (100.0) |
| その他 | 1 (100.0) | — | — | — | — | — | 1 (100.0) |
| 合計 | 29 (29.0) | 14 (14.0) | 1 (1.0) | 39 (39.0) | 14 (14.0) | 3 (3.0) | 100 (100.0) |

注）括弧内は％。

く39.0％を占め、その次に中国が29.0％、カンボジアとフィリピンが同じく14.0％である。

### 3.3　台湾——金門島（県）

　韓国の中国朝鮮族と同様に、台湾における中国大陸出身者についても注意を要する。中国では、中国人を一方とする結婚を広義的に「渉外婚姻」と呼び、大陸出身者同士の結婚と区別されている（賽漢卓娜 2011：78）。それに従い、本章では、台湾人と「中国大陸・香港・マカオ・外国籍」の出身者との結婚を「渉外婚姻」とし、うち台湾人と外国籍者との結婚を「国際結婚」と呼ぶ。[10]

　台湾内政部の統計データによると、台湾全体の渉外婚姻率は2004年の31.38％から2014年の13.34％まで減少し、同様に国際結婚率も2005年の15.73％から2014年の6.05％に下がった。[11]

　台湾における調査地である金門島に住む外来人口の数は、外国人が1,014人（インドネシア668人、ベトナム142人、マレーシア97人、タイ53人、アメリカ25人など）、中国大陸出身者が433人、香港・マカオ出身者が25人、無国籍者が15人である。[12] 本調査の場合、表4-4にみられるように、調査対象者の出身は、多い順に中国大陸55人、インドネシア27人、ベトナム20人であり、金門島全体の外来人口の内訳とある程度合致している。

## 4　調査結果からみる国際結婚夫婦の概要

### 4.1　調査対象者の属性

　まず、外国人妻の出身地の特徴について、表4-5が示すように、日本デー

表4-4　調査対象者の出身国と現住地（台湾）

| | 中国大陸 | 日本 | フィリピン | タイ | ベトナム | インドネシア | カンボジア | その他 | 合計 |
|---|---|---|---|---|---|---|---|---|---|
| 金城鎮 | 29 (64.4) | 2 (4.4) | — | 1 (2.2) | 8 (17.8) | 2 (4.4) | 1 (2.2) | 2 (4.4) | 45 (100.0) |
| 金湖鎮 | 15 (83.3) | — | 2 (11.1) | 1 (5.6) | | | | | 18 (100.0) |
| 金沙鎮 | 2 (10.0) | — | | | 6 (30.0) | 12 (60.0) | — | — | 20 (100.0) |
| 金寧郷 | 9 (32.1) | | 1 (3.6) | | 5 (17.9) | 13 (46.4) | | | 28 (100.0) |
| 烈嶼郷 | — | | | | 1 (100.0) | — | | | 1 (100.0) |
| 合計 | 55 (49.1) | 2 (1.8) | 3 (2.7) | 2 (1.8) | 20 (17.9) | 27 (24.1) | 1 (0.9) | 2 (1.8) | 112 (100.0) |

注）括弧内は％。

表4-5　調査対象者の属性

| | | 日本 (N=111) | 韓国 (N=100) | 台湾 | |
|---|---|---|---|---|---|
| | | | | 渉外婚姻 (N=112) | 国際結婚 (N=57) |
| 出身地の特徴 | 大都市 | 19.8 | 18.0 | 36.6 | 56.1 |
| | 地方都市 | 41.4 | 29.0 | 23.2 | 19.3 |
| | 田舎町 | 24.3 | 34.0 | 25.9 | 19.3 |
| | 農村や漁村 | 11.7 | 17.0 | 10.7 | 1.8 |
| 最終学歴 | 小学校 | 3.6 | 6.0 | 16.1 | 19.3 |
| | 中学校 | 13.5 | 32.0 | 33.9 | 28.1 |
| | 高等学校 | 42.3 | 38.0 | 37.5 | 36.8 |
| | 短期大学や専門学校 | 23.4 | 13.0 | 2.7 | 3.5 |
| | 大学 | 13.5 | 10.0 | 6.3 | 8.8 |
| | 大学院 | 2.7 | 0.0 | 0.9 | 1.8 |
| 年齢 | 20代 | 16.2 (0.0) | 34.0 (2.0) | 6.3 (0.9) | 3.5 (1.8) |
| | 30代 | 45.0 (4.5) | 41.0 (6.0) | 50.9 (14.3) | 49.1 (10.5) |
| | 40代 | 28.8 (19.8) | 16.0 (46.0) | 30.4 (38.4) | 33.3 (35.1) |
| | 50代 | 6.3 (38.7) | 6.0 (34.0) | 6.3 (25.9) | 5.3 (31.6) |
| | 60代 | 0.0 (18.0) | 0.0 (6.0) | 1.8 (4.5) | 1.8 (1.8) |
| | 70代 | 0.0 (2.7) | 0.0 (0.0) | 0.0 (1.8) | 0.0 (0.0) |

注1）「その他」「無回答」のデータは省略した。
　2）「年齢」欄の括弧内は夫のデータである。
　3）数字は％。

タ（以下「日本」と略す）と韓国データ（以下「韓国」と略す）では「地方都市」「田舎町」が比較的多く、台湾データ（以下「台湾」と略す）の場合は「大都市」となっている。全体的に、「農村や漁村」出身者は多くない。

次に、最終学歴は「高等学校」の割合が最も高く、「日本」「韓国」「台湾」それぞれが42.3%、38.0%、36.8%である。その次に多いのは、「日本」が「短期大学や専門学校」(23.4%)、「韓国」と「台湾」がいずれも「中学校」(32.0%、28.1%）である。「大学」と「大学院」を含めてみると、「日本」における外国人妻の学歴は比較的高い。

年齢については、3つの地域とも30代が中心であるが、日本・台湾は30〜40代にボリュームゾーンがあるのに対し、韓国は20〜30代と比較的若いことが特徴である。平均年齢をみれば、「韓国」が33.49歳で最も若く、「日本」と「台湾」は、それぞれが37.43歳、39.36歳である[13]。夫の場合は、「日本」の53.61歳が最も高く、「台湾」が47.72歳、「韓国」が47.82歳である。このように、「日本」では、「韓国」「台湾」より夫婦の年齢が相対的に高いことが分かる。

結婚平均年数（「日本」が8.08年、「韓国」が7.53年、「台湾」が15.04年）で換算すると、外国人妻の結婚当時の平均年齢は、「日本」が29.35歳、「韓国」が25.96歳、「台湾」が24.32歳であり、夫の場合は、「日本」が45.53歳、「韓国」が40.29歳、「台湾」が32.68歳となる。夫婦の平均年齢差は、「日本」が最も大きく16.18歳であり、それに次いで「韓国」が14.33歳、「台湾」が8.36歳である。

### 4.2　夫との出会い

夫との最初の出会いについて、表4-6にあるように、「韓国」と「台湾」では「自分の母国」と回答した者が最も多く、それぞれの割合が80.0%、66.7%であるが、「日本」では38.7%にとどまり、「夫の出身国」の54.1%より低くなっている。

知り合った契機は、「友人や親族の紹介」の割合が最も多く、うち「日本」が38.7%、「韓国」が54.0%、「台湾」が66.7%である。「日本」では、「学校や職場での出会い」と回答した者も少なくなく32.4%である。それに関連する「結婚前から夫の国に居住」という回答の割合をみると、「日本」が28.8%であり、「韓国」（12.0%）と「台湾」（17.5%）のそれよりも高くなっている。

表4-6 夫と知り合った場所とその契機

| | | 日本<br>(N = 111) | 韓国<br>(N = 100) | 台湾 | |
| | | | | 渉外婚姻<br>(N = 112) | 国際結婚<br>(N = 57) |
|---|---|---|---|---|---|
| 最初に出会った<br>場所 | 自分の母国 | 38.7 | 80.0 | 75.0 | 66.7 |
| | 夫の出身国 | 54.1 | 14.0 | 17.9 | 28.1 |
| | それ以外の国 | 2.7 | 2.0 | 2.7 | 3.5 |
| | インターネットのなか | 0.9 | 1.0 | 0.0 | 0.0 |
| | その他 | 0.9 | 1.0 | 0.9 | 1.8 |
| 知り合った契機 | 旅行や行楽での出会い | 5.4 | 8.0 | 7.1 | 1.8 |
| | 学校や職場での出会い | 32.4 | 9.0 | 9.8 | 10.5 |
| | 友人や親族の紹介 | 38.7 | 54.0 | 67.9 | 66.7 |
| | 斡旋会社の仲介 | 14.4 | 24.0 | 11.6 | 17.5 |
| | その他 | 4.5 | 4.0 | 0.9 | 1.8 |

注1）「無回答」のデータは省略した。
　2）数字は%。

　ここで注意すべきは、「斡旋会社の仲介」の割合が少ないことである。実際、これまでの先行研究（桑山 1995：賽漢卓娜 2011：金ほか 2016など）では、国際結婚における仲介業者の影響力は、日本・韓国・台湾のどちらにおいても強いと指摘されてきた。したがって、本調査の結果についてはさらに検証する必要があるだろう。

## 4.3　夫婦の結婚歴

　国際結婚したカップルの結婚歴について、表4-7によると、「韓国」と「台湾」では、初婚率が比較的高く、夫婦ともに80％以上である。なかでも、「台湾」における初婚率が91.2％に達しているのは、前述したように、夫婦ともに結婚当時の平均年齢が低かったことと関係していると考えられる。それに対して、「日本」では、国際結婚カップルの初婚率はいずれも約60％で、再婚率は30％以上である。この結果から、「地方・農村地域の未婚男性と外国人女性との国際結婚」（桑山 1995など）という従来の図式だけでは、日本の地方社会における国際結婚を解釈できなくなっているといえよう。実際、それが原因でもあり、後述するように、「日本」の国際結婚カップルは、結婚する前から双方とも子供がいる割合が相対的に高いことも窺える。

表4-7　夫婦の結婚歴

| | 日本<br>(N＝111) | 韓国<br>(N＝100) | 台湾 | |
| --- | --- | --- | --- | --- |
| | | | 渉外婚姻<br>(N＝112) | 国際結婚<br>(N＝57) |
| 初婚 | 62.2　(60.4) | 82.0　(80.0) | 84.8　(79.5) | 91.2　(91.2) |
| 結婚経験があるが、子供はいない | 10.8　(7.2) | 6.0　(10.0) | 2.7　(4.5) | 0.0　(3.5) |
| 結婚経験があり、子供もいる | 21.6　(27.9) | 11.0　(7.0) | 9.8　(13.4) | 3.5　(3.5) |
| その他 | 0.9　(0.0) | 0.0　(0.0) | 0.9　(1.8) | 1.8　(1.8) |
| 無回答 | 4.5　(4.5) | 1.0　(3.0) | 1.8　(0.9) | 3.5　(0.0) |
| 合計 | 100.0　(100.0) | 100.0　(100.0) | 100.0　(100.0) | 100.0　(100.0) |

注1）括弧内は夫のデータである。
　2）数字は％。

## 5　次世代再生産——育児

　先述したとおり、「南北型」国際結婚が増加する背景には、「北」の地方・農村地域における男性の結婚難という問題がある。少子高齢化が進むなかで、男性の結婚難問題は、地方社会の存続に関わってくる。それを背景として、国際結婚は、「北」側にとっては地方社会における家族の再生産、いわば次世代再生産のための方法として導入されたのである。

　以下、国際結婚における出産と育児について、本調査の結果を通じて分析する。

### 5.1　子供数

　まず、国際結婚によって生まれた子供について表4-8をみると、現在の夫との子供数は、「日本」では平均0.78人であり、「韓国」の1.27人と「台湾」の2.04人を下回っている。

　現在の夫との間に子供がいない者は、「日本」が最も多く48.6％を占める。これは、第4節で述べたように、「日本」における国際結婚カップルの平均年齢差と再婚率が高いことに関連していると考えられるが、実際、外国人妻が初婚である場合でも、子供を持たない者は全体の21.6％を占めており、日本人夫の場合は24.3％である。さらに詳しくみると、日本人夫が長男で、調査対象者

表 4 - 8　現在の夫との子供数

| | | 日本 (N = 111) | 韓国 (N = 100) | 台湾 | |
|---|---|---|---|---|---|
| | | | | 渉外婚姻 (N = 112) | 国際結婚 (N = 57) |
| 子供数 | 0 人 | 48.6 | 17.0 | 12.5 | 7.0 |
| | 1 人 | 27.0 | 38.0 | 21.4 | 19.3 |
| | 2 人 | 18.9 | 37.0 | 41.1 | 42.1 |
| | 3 人 | 2.7 | 3.0 | 19.6 | 24.6 |
| | 4 人 | 0.9 | 0.0 | 1.8 | 3.5 |
| | 5 人 | 0.0 | 0.0 | 0.9 | 1.8 |
| | 無回答 | 1.8 | 5.0 | 2.7 | 1.8 |
| 子供数の平均（人） | | 0.78 | 1.27 | 1.79 | 2.04 |

注1）子供数の平均は、「無回答」や該当しないケースを除き算出したものである。
　2）数字は％。

である外国人女性との結婚が「初婚」もしくは「結婚経験があるが、子供はいない」という場合においても、子供がいない割合が19.8％である。一方、初婚率が80％以上の「韓国」と「台湾」では、子供数が1人以上の割合も80％以上となっている。

　本調査の結果だけをみると、「日本」に比べ、「韓国」と「台湾」、とりわけ「台湾」における国際結婚の方が次世代の再生産に寄与している。これは、表4-7に示されたように、夫婦がともに「結婚経験があり、子供もいる」という割合は、「韓国」と「台湾」に比べ、「日本」の方が高いことと関係していると考えられる。その意味で、「日本」では、「南北型」国際結婚の大きな特徴とされてきた次世代再生産の意味合いが比較的薄いといえる。

## 5.2　子育て

　次に、子育てについてみてみよう。表4-9によると、子育てについて「大変だ」と回答した者は、「日本」が40.4％、「韓国」が66.2％、「台湾」が58.5％である。そのうち、「とくに夫の国での子育ては大変だ」については、「韓国」が25.3％で比較的高くなっている。一方、「子育ては大変だと思わない」と「子育ては楽しい」を合わせると、それぞれの割合は50.8％、31.3％、32.1％である。結果としては、日本に嫁いだ外国人妻よりも、韓国・台湾での外国人妻の

表 4-9　子育てについての感想

| | | 日本<br>(N = 57) | 韓国<br>(N = 83) | 台湾 | |
| --- | --- | --- | --- | --- | --- |
| | | | | 渉外婚姻<br>(N = 98) | 国際結婚<br>(N = 53) |
| 子育てをどの<br>ように感じて<br>いるか | 子育てはどこでやっても大変だ | 21.1 | 36.1 | 46.9 | 45.3 |
| | とくに夫の国での子育ては大変だ | 8.8 | 25.3 | 6.1 | 7.5 |
| | 国際結婚での子育ては大変だ | 10.5 | 4.8 | 6.1 | 5.7 |
| | 子育ては大変だと思わない | 17.5 | 10.8 | 12.2 | 11.3 |
| | 子育ては楽しい | 33.3 | 20.5 | 20.4 | 20.8 |
| | その他 | 1.8 | 0.0 | 2.0 | 1.9 |
| 子育てにおい<br>て最も困難に<br>感じることは<br>何か | 子供の養育の仕方について夫（また<br>はその家族）と葛藤がある | 14.0 | 8.4 | 15.3 | 18.9 |
| | 夫の国の言葉を教えにくい | 21.1 | 36.1 | 15.3 | 20.8 |
| | 子供の世話をする人や施設が少ない | 14.0 | 7.2 | 8.2 | 0.0 |
| | 養育費や教育費の支出が多い | 10.5 | 34.9 | 23.5 | 26.4 |
| | 子供の健康や行動に問題がある | 0.0 | 1.2 | 3.1 | 1.9 |
| | 子供が学校生活に適応できない | 0.0 | 2.4 | 3.1 | 1.9 |
| | その他 | 7.0 | 1.2 | 6.1 | 5.7 |
| | 困難がない | 28.1 | 6.0 | 18.4 | 15.1 |

注1)「無回答」のデータは省略した。
　2)数字は％。

方が子育てに大変さを感じている。

　そして、子育てにおいて最も困難に感じることについては、「養育費や教育費の支出が多い」と回答した者が比較的多くみられ、「韓国」では34.9％、「台湾」では26.4％を占める。これは韓国と台湾の教育熱の高さを反映している。それらに比べ、「日本」では「困難がない」と回答した者が最も多く28.1％を占める（表4-9）。

　「養育費や教育費の支出が多い」と同様に、「夫の国の言葉を教えにくい」の割合も少なくなく、とくに「韓国」では最も多く36.1％であり、中国朝鮮族を除いた場合、その割合は43.9％に上る。外国人妻自身の修得程度をみると、夫の国の会話と読み書きについて、「十分できる」という割合は、「日本」ではそれぞれが47.4％と33.3％、「韓国」（中国朝鮮族を除く）では28.9％と13.3％、「台湾」では32.1％と5.7％であり、全体的に、読み書きまで習得するのは難しいが、「ある程度できる」を合わせてみると、会話ができる者が大多数である。

## 5.3 子供の教育

　子供の教育について、表4-10が示すように、子供に自分の母国語を教える願望は、「韓国」に比べ、「日本」と「台湾」の方がやや強い。さらに、「韓国」の中国朝鮮族を除いた場合、「読み書きができるまで」の割合は大きく減少し、6.2％にまで下がる。一方、「韓国」では、「夫の国の言葉を高めることが重要だと思う」という割合が40.5％であり、「日本」と「台湾」のそれよりも高くなっている（表4-11）。

　小学生以上の子供を持つ場合、その子供の学校外での学習は、基本的には対象者夫婦と「塾や家庭教師」がみており、とくに「韓国」ではそれの傾向が顕著である（表4-10）。一方では、NGO支援センターや多文化家族支援センターに頼ることはきわめて少ない。むろん、支援センターが子供の教育指導を行っていないというわけではないが、優先順位としては選択される確率が比較的低いと本調査の結果から明らかになった。

表4-10　子供の教育について

| | | 日本<br>(N＝57) | 韓国<br>(N＝83) | 台湾 | |
| | | | | 渉外婚姻<br>(N＝98) | 国際結婚<br>(N＝53) |
|---|---|---|---|---|---|
| 子供に、あなたの母国語をどの程度教えたいか | あいさつ程度 | 38.6 | 48.2　(61.5) | 8.2 | 11.3 |
| | 日常会話程度 | 22.8 | 28.9　(29.2) | 23.5 | 35.8 |
| | 読み書きができるまで | 29.8 | 19.3　(6.2) | 45.9 | 24.5 |
| | なにも教える気はない | 1.8 | 1.2　(1.5) | 7.1 | 13.2 |
| | その他 | 3.5 | 0.0　(0.0) | 9.2 | 7.5 |

| | | 日本<br>(N＝38) | 韓国<br>(N＝55) | 台湾 | |
| | | | | 渉外婚姻<br>(N＝90) | 国際結婚<br>(N＝51) |
|---|---|---|---|---|---|
| 小学生以上の子供の学校外での学習は、主にだれがみているか | あなた自身 | 28.9 | 45.5 | 43.3 | 33.3 |
| | 子供の父親 | 36.8 | 27.3 | 24.4 | 33.3 |
| | 父母以外の家族や親戚 | 2.6 | 3.6 | 4.4 | 5.9 |
| | 塾や家庭教師 | 13.2 | 14.5 | 13.3 | 5.9 |
| | 支援センター | 0.0 | 3.6 | 4.4 | 7.8 |
| | だれもみていない | 7.9 | 0.0 | 2.2 | 2.0 |

注1）「無回答」のデータは省略した。
　2）括弧内の数値は、「韓国」での「中国朝鮮族」を除いて算出した結果で、有効サンプル数はN＝65である。
　3）数字は％。

表 4-11　教育の重要性について（2つまで回答）

| | | 日本<br>(N=54) | 韓国<br>(N=79) | 台湾 | |
| | | | | 渉外婚姻<br>(N=92) | 国際結婚<br>(N=48) |
|---|---|---|---|---|---|
| 教育につい<br>て重要だと<br>思うこと | 夫の国の言葉を高める | 27.8 | 40.5 | 10.9 | 14.6 |
| | 学業の成績を高める | 20.4 | 40.5 | 33.7 | 27.1 |
| | 学歴を高める | 27.8 | 12.7 | 21.7 | 29.2 |
| | 家庭内の人間関係を円滑にする | 35.2 | 19.0 | 37.0 | 43.8 |
| | 家庭外の人間関係を円滑にする | 37.0 | 21.5 | 25.0 | 18.8 |
| | 自分の母国の言葉や文化を身につける | 27.8 | 26.6 | 16.3 | 18.8 |
| | その他 | 0.0 | 0.0 | 8.7 | 8.3 |

注）数字は％。

「教育について重要だと思うこと」については、表 4-11によると、「韓国」では「言葉や学力」を示す回答の割合が高く、対して「日本」と「台湾」では「子供の人間関係力」を重視する傾向がみられる。

## 6　「北」地方社会にみる世代間関係

第2節で述べたように、東アジアにおける「南北型」国際結婚の特徴として、外国人妻が夫の親の面倒をみるということが挙げられる。本節では、外国人妻と夫の親との関係について分析する。

### 6.1　夫の親との居住関係

まず、夫の親との居住関係について、表 4-12によると、「同居」の割合は、「日本」が35.1％、「韓国」が28.0％、「台湾」が31.5％である。「近居」の場合は、それぞれが17.1％、36.0％、15.8％となっている。「日本」と「台湾」に比べ、「韓国」では同居するよりも近居しているケースが多い。

夫の親と会う頻度について、「同居」の中で「ほぼ毎日」と回答した者の割合は、「日本」が94.87％、「韓国」が67.86％、「台湾」が77.78％である。「韓国」から、夫の親と同居しながらも、お互いに会う頻度が比較的低いことがうかがえる。一方では、「近居」かつ「ほぼ毎日」と回答した場合は、「日本」が54.55％、「韓国」が91.67％、「台湾」が66.67％であり、こちらでは、逆に「韓

表 4-12　夫の親との居住関係

| | | 日本 (N = 111) | 韓国 (N = 100) | 台湾 | |
|---|---|---|---|---|---|
| | | | | 渉外婚姻 (N = 112) | 国際結婚 (N = 57) |
| 同居 | 同居して家計も同じ | 21.6 | 20.0 | 19.6 | 17.5 |
| | 同居しているが、家計は別 | 13.5 | 8.0 | 15.2 | 14.0 |
| 近居 | 同じ屋敷内で別居 | 3.6 | 5.0 | 3.6 | 1.8 |
| | 隣家に別居 | 6.3 | 7.0 | 2.7 | 3.5 |
| | 同じ地域内に別居 | 7.2 | 24.0 | 8.9 | 10.5 |
| 別居 | 別の地域に別居 | 9.9 | 17.0 | 20.5 | 29.8 |
| 他界 | 親はすでに他界 | 27.9 | 15.0 | 23.2 | 17.5 |
| 無回答 | | 9.9 | 4.0 | 6.3 | 5.3 |
| 合計 | | 100.0 | 100.0 | 100.0 | 100.0 |

注）数字は％。

国」の方が高い割合となっている。従来では、韓国の農村地域に嫁いだ外国人妻には外出や働きの制限がある（馬 2011）との論調が存在したが、本調査の結果には必ずしもそのような特徴が強く示されていないといえる。

## 6.2　夫の親の手伝い——同居・近居のみ

　第4節で述べたように、夫の平均年齢（「日本」が53.61歳、「韓国」が47.82歳、「台湾」が47.72歳）が比較的高いことから、大多数の夫の親が高齢者で、介護を必要とする可能性があると考えられる。以下、夫の親と同居・近居している調査対象者を中心にみてみよう。

　夫の親の健康状態についてみれば、「だいたい自分のことはできる」という割合は、「日本」が53.6％、「韓国」が54.4％、「台湾」が50.0％である。「ときどき手助けが必要」という回答は、それぞれが15.9％、13.2％、13.3％を占め、「日常的手助けが必要」という場合は2.9％、16.2％、6.7％である。また、「半ば寝たきりの状態」「まったく寝たきりの状態」および「病院や介護施設に入院中」を合わせた割合は、「日本」が最も高く11.5％（「韓国」が5.9％、「台湾」が3.3％）であるが、「ときどき手助けが必要」と「日常的手助けが必要」を合わせてみると、「日本」（18.8％）よりも「韓国」（29.4％）の方が高い割合を示している。これは、前述したように、「日本」の国際結婚夫婦は相対的に年齢

が高いことと関係していると考えられる。

　そして、夫の親の手伝いについては、表4-13が示すように、全体的に、「料理」と「洗濯」を手伝うことが多くみられ、いずれも65％以上を占めており、うち「台湾」では料理を手伝うという割合が最も高く76.7％である。「買い物」の場合は、「日本」「韓国」「台湾」がいずれも50％程度である。「病院への送迎」については、「台湾」が30％程度でやや低くなっており、対して「日本」と「韓国」が同じく40％台だが、「韓国」に比べ、「日本」では、「ほとんどしない」という割合が比較的少ない。全体的に、「入浴の手伝い」という割合が最も低く、「日本」と比較して、「韓国」と「台湾」が高いが、そもそも「日本」では「無回答」が多く、しかも夫の親が「病院や介護施設に入院中」（「日本」が7.2％、「韓国」が2.9％、「台湾」が0.0％）という割合が比較的高いことに留意が必要である。それは、日本では高齢者の施設福祉が韓国と台湾に比べて進んでいることが反映されているとも考えられる。

表4-13　夫の親の手伝い

| | | 日本<br>(N=69) | 韓国<br>(N=68) | 台湾 | |
| | | | | 渉外婚姻<br>(N=63) | 国際結婚<br>(N=30) |
| --- | --- | --- | --- | --- | --- |
| 料理 | たびたびする | 44.9 | 26.5 | 47.6 | 46.7 |
| | ときどきする | 21.7 | 38.2 | 34.9 | 30.0 |
| | ほとんどしない | 8.7 | 25.0 | 9.5 | 13.3 |
| 洗濯 | たびたびする | 40.6 | 27.9 | 39.7 | 43.3 |
| | ときどきする | 21.7 | 38.2 | 28.6 | 20.0 |
| | ほとんどしない | 13.0 | 23.5 | 23.8 | 26.7 |
| 買い物 | たびたびする | 39.1 | 13.2 | 27.0 | 26.7 |
| | ときどきする | 13.0 | 35.3 | 33.3 | 26.7 |
| | ほとんどしない | 20.3 | 41.2 | 31.7 | 36.7 |
| 病院への送迎 | たびたびする | 15.9 | 11.8 | 4.8 | 6.7 |
| | ときどきする | 30.4 | 33.8 | 36.5 | 26.7 |
| | ほとんどしない | 26.1 | 44.1 | 50.8 | 56.7 |
| 入浴の手伝い | たびたびする | 2.9 | 13.2 | 4.8 | 10.0 |
| | ときどきする | 5.8 | 8.8 | 22.2 | 26.7 |
| | ほとんどしない | 55.1 | 67.6 | 65.1 | 53.3 |

注1）それぞれのNは、表4-12にある「別居」「他界」のサンプルを除外して残った実数である。
　2）本表では、「無回答」のデータは省略した。
　3）数字は％。

表4-14　夫の親との関係

| | 日本<br>(N＝69) | 韓国<br>(N＝68) | 台湾 | |
| | | | 渉外婚姻<br>(N＝63) | 国際結婚<br>(N＝30) |
|---|---|---|---|---|
| 円満 | 42.0 | 38.2 | 34.9 | 23.3 |
| ある程度円満 | 40.6 | 47.1 | 52.4 | 56.7 |
| あまり円満でない | 1.4 | 4.4 | 3.2 | 6.7 |
| 無回答 | 15.9 | 10.3 | 9.5 | 13.3 |
| 合計 | 100.0 | 100.0 | 100.0 | 100.0 |

注）数字は％。

## 6.3　夫の親との関係

　前述したとおり、「韓国」では、夫の親と同居しながらもあまり会っていないという結果が出ているが、夫の親との関係については、表4-14によると、「韓国」では85.3％の者が円満（「円満」と「ある程度円満」）だと感じている。一方で、夫の親とは「ほぼ毎日」会っているという割合が最も高い「日本」では82.6％となっている。「台湾」の場合は80.0％である。全体的にみて、夫の親との関係が良好であることは、「日本」「韓国」「台湾」のどちらにおいても確認できる。

## 7　「南」地方社会との関係

　第2節で述べたように、労働力としての国際移動に多くみられる出身家族への送金は、国際結婚においても行われている。それは、グローバル化時代における世帯保持のひとつの手段であり、「南」の社会・経済を豊かにし、地方社会の活性化に貢献している。このように、「南北」双方の地域社会は、国際結婚によって結ばれている。
　本節では、「南北型」国際結婚による外国人妻の出身家族と出身地域への支援について分析する。

表 4 -15　出身家族の構成と帰る頻度

| | | 日本 (N = 109) | 韓国 (N = 84) | 台湾 | |
|---|---|---|---|---|---|
| | | | | 渉外婚姻 (N = 109) | 国際結婚 (N = 55) |
| 出身家族の現在の構成 | 両親のみ | 10.1 | 17.9 | 2.8 | 5.5 |
| | 片親のみ | 4.6 | 13.1 | 10.1 | 16.4 |
| | 親と未婚の兄弟姉妹 | 21.1 | 28.6 | 16.5 | 21.8 |
| | 親と既婚の兄弟姉妹 | 54.1 | 35.7 | 58.7 | 47.3 |
| | その他 | 8.3 | 4.8 | 4.6 | 1.8 |
| 出身家族のもとに帰る頻度 | 毎年 | 29.4 | 11.9 | 35.8 | 7.3 |
| | 2 〜 3 年に一度 | 50.5 | 48.8 | 33.9 | 36.4 |
| | 4 〜 5 年に一度 | 9.2 | 28.6 | 26.6 | 50.9 |
| | ほとんど帰らない | 6.4 | 9.5 | 1.8 | 3.6 |

注 1 )「実家はない」は除外し、「無回答」のデータは省略した。
　 2 )数字は％。

## 7.1　出身家族の構成

　出身国に住む家族とその出身地域への支援をみる前に、まずは対象者の出身家族の構成からみてみよう。表 4 -15が示すように、全体的に、「親と既婚の兄弟姉妹」の割合が高く、「日本」が54.1％、「韓国」が35.7％、「台湾」が47.3％であり、「親と未婚の兄弟姉妹」を加えると、それぞれが75.2％、64.3％、69.1％となる。

　出身家族のもとに帰る頻度については、表 4 -15にあるように、「毎年」という割合は、高い順に「日本」が29.4％、「韓国」が11.9％、「台湾」が7.3％である。「ほとんど帰らない」については、「韓国」が最も高く9.5％である。「 2 〜 3 年に一度」を含めてみると、「日本」の方が帰国頻度が高いことが分かる。

## 7.2　出身地域の国際結婚事情

　出身地域の国際結婚事情について、まず、「自身の結婚について出身地域社会の人々に話すか」に対する回答をみると、「よく話す」と「ある程度話す」を合わせた割合は、「日本」が最も高く67.9％であり、「韓国」と「台湾」がそれぞれ39.3％、20.0％である（表 4 -16）。

　次に、「出身地域社会での国際結婚は増加していると思うか」については、

表 4-16　出身地域の国際結婚について

| | | 日本<br>(N＝109) | 韓国<br>(N＝84) | 台湾 | |
| --- | --- | --- | --- | --- | --- |
| | | | | 渉外婚姻<br>(N＝109) | 国際結婚<br>(N＝55) |
| 自身の結婚につい<br>て出身地域社会の<br>人々に話すか | よく話す | 33.0 | 13.1 | 10.1 | 5.5 |
| | ある程度話す | 34.9 | 26.2 | 37.6 | 14.5 |
| | あまり話さない | 19.3 | 28.6 | 34.9 | 52.7 |
| | 話さない | 7.3 | 28.6 | 15.6 | 25.5 |
| 出身地域社会での<br>国際結婚は増加し<br>ていると思うか | 大変増加 | 20.2 | 26.2 | 9.2 | 5.5 |
| | ある程度増加 | 24.8 | 27.4 | 34.9 | 43.6 |
| | あまり増加せず | 28.4 | 31.0 | 19.3 | 20.0 |
| | むしろ減少 | 5.5 | 9.5 | 22.9 | 16.4 |
| | 大いに減少 | 5.5 | 4.8 | 9.2 | 9.1 |

注1）「実家はない」は除外し、「無回答」のデータは省略した。
　2）数字は％。

「増加」と回答した者の割合は、「韓国」が53.6％、「台湾」が49.1％、「日本」が45.0％であり、それほど大きな差はみられない。

## 7.3　出身家族・出身地域への支援

「南北型」国際結婚は、大多数の「南」出身の女性にとっては「上昇婚」で、その出身家族にとっても安定した収入を得るひとつの重要な手段である。その背後には、発展途上国・地域における生活水準や所得水準などの経済的要因がある。

しかし、表4-17によると、出身家族へ定期的に送金している割合は、「日本」が29.0％、「韓国」が30.2％、「台湾」（渉外婚姻）が25.5％で、いずれも30％程度にとどまっており、それほど多くないというのが現状である。

実際、表4-17にみられるように、「支援をしていない」と回答した者が多い点に注意したい。なかでも、「台湾」（渉外婚姻）では60.8％で半数以上を占めており、「日本」と「韓国」もそれぞれ36.4％、49.0％と少なくない。「支援をしていない」と回答した者を国籍別にみると、「日本」では、中国が61.8％、ベトナムが54.5％であるのに対して、フィリピンはわずか6.0％である。「韓国」の場合、中国が75.0％、カンボジアが50.0％、ベトナムが43.2％、フィリピンが15.4％で、「台湾」（渉外婚姻）では、中国大陸が80.4％、インドネシアが

表 4-17　出身家族・出身地域への支援（複数回答）

| | | 日本<br>（N=107） | 韓国<br>（N=96） | 台湾 | |
| --- | --- | --- | --- | --- | --- |
| | | | | 渉外婚姻<br>（N=102） | 国際結婚<br>（N=56） |
| 出身家族への支援 | お金を定期的に送る | 29.0 | 30.2 | 25.5 | 39.3 |
| | 家の新築や改築の資金を出す | 16.8 | 10.4 | 9.8 | 14.3 |
| | 兄弟や親族の学資を出す | 10.3 | 5.2 | 4.9 | 5.4 |
| | 土地や農地を買う | 0.9 | 2.1 | 1.0 | 1.8 |
| | 自動車や機械の購入の資金を出す | 0.9 | 2.1 | 0.0 | 0.0 |
| | その他 | 11.2 | 10.4 | 8.8 | 12.5 |
| | 支援をしていない | 36.4 | 49.0 | 60.8 | 44.6 |
| | | 日本<br>（N=107） | 韓国<br>（N=97） | 渉外婚姻<br>（N=104） | 国際結婚<br>（N=55） |
| 出身地域への寄付 | 宗教施設に寄付 | 13.1 | 9.3 | 4.8 | 7.3 |
| | 学校に寄付 | 9.3 | 4.1 | 11.5 | 18.2 |
| | 一族に寄付 | 11.2 | 15.5 | 2.9 | 5.5 |
| | 行事や祭礼に寄付 | 6.5 | 21.6 | 1.9 | 0.0 |
| | 行政機関に寄付 | 1.9 | 2.1 | 1.0 | 0.0 |
| | その他 | 6.5 | 2.1 | 3.8 | 7.3 |
| | 寄付していない | 56.1 | 51.5 | 76.0 | 63.6 |

注）数字は%。

59.3％、ベトナムが10.0％である[14]。

　次に、出身地域への寄付については、「寄付していない」の割合がいずれも半数以上を上回っており、「日本」が56.1％、「韓国」が51.5％、「台湾」（渉外婚姻）が76.0％である。国籍別にみれば、「日本」では、ベトナムが91.7％、中国が67.6％、フィリピンが32.7％で、「韓国」では、中国が73.3％、ベトナムが59.5％、フィリピンが28.6％である。そして「台湾」（渉外婚姻）では、中国大陸が89.8％、ベトナムが73.7％、インドネシアが55.6％の順になっている。

　全体的にいえば、大多数の中国大陸出身者は出身家族・出身地域への経済的な支援をあまりしておらず、対して大多数のフィリピン出身者は出身家族・出身地域になんらかの方法で支援をしていることが分かる[15]。

# 8　国際結婚の日本的特質

　本章では、東アジアの地方社会における国際結婚の再生産領域、とりわけ

「南北型」国際結婚受け入れ社会における次世代再生産および夫の親の手伝いと、「南北型」国際結婚送り出し社会に住む家族とその地域への経済的な支援を、日本・韓国・台湾で収集した調査票に基づいて分析した。本節では、以上の内容に考察を加えて、日本を中心に、韓国・台湾における国際結婚との共通点と相違点についてまとめ、結語とする。

　東アジアにおける国際結婚の急増は、日本では1980年代半ば以降、韓国と台湾では1990年代後半から顕著となっている。その時期の差についてひとつの要因としては、周辺国から日本へ女性が流出したことにより、周辺諸国の男性の結婚難が助長されたからと考えられる（嘉本 2008：102-103）。戦後日本の経済成長は1950年代後半より始まり「高度経済成長」時代に突入し、農村・地方からの人口流出が恒常的に進行したため、韓国や台湾よりも一段早い時期に農村・地方における人口減少や結婚難が発生した。このため、「むらの国際結婚」、つまり農家の跡取り（後継者）の結婚相手としてアジア出身女性を受け入れる現象が1980年代より進み、当時は相対的に工業化の進展が弱かった韓国などからも国際結婚女性を受け入れた。その影響として、韓国などでは農村の男性の結婚難が生じたということである。そもそも韓国や台湾では、伝統的な父系文化の下で男子の確保は子孫の維持・発展に不可欠であるという価値観が存在し、その結果として出生性比における男児優位性が生み出され、男性過剰化という問題が従来から存在してきた。このため、国際結婚による女性の海外流出、さらに1980年代からの国内の工業化の進展（この時期に、NICs や NIEs とよばれる国・地域に成長）は、農村・地方の男性の結婚難を急激に深刻化させ、海外からの花嫁の受け入れが進行した。そして最終的には、韓国と台湾における国際結婚率は日本よりも高い値に到達するまでになった。見方によっては、父系文化や男系継承の原理が相対的に弱い日本だからこそ、結婚相手不足にそれだけ柔軟に対応することができたと言えるかもしれない。

　また、日本では、韓国の朝鮮族妻、台湾の大陸出身妻のような同一民族間結婚（例えば、日系ブラジル人妻）が、日本総務省の統計データをみても非常に少ないことが特徴であり、それが、3つの経済発展地域における国際結婚（渉外婚姻）の差を生み出す要因のひとつともなっている。[16] 本質問紙調査においても、中南米出身の日系人妻はほとんどいない。周知のように、1990年代から、

日本政府は海外の日系人（とくに中南米の日系人）を労働者として受け入れるための法的な枠組みを作り、大量の日系人を受け入れてきた。このため、ここ二十数年間の日本に居住する外国人人口を総務省の「在留外国人統計（2015年12月）」から確認しても、国際結婚女性の占める割合が非常に高いフィリピン人の人数よりも中南米人（圧倒的にブラジル人が多い）の人口が増加しており、中国人、韓国・朝鮮人の次に位置していることが分かる。しかしながら、日本人と結婚する中南米国人（日系人を含む）は、主要な結婚相手国人と比べて数が一桁小さく、アジアの主要な国際結婚相手国の次に位置するに留まる。どうして日本社会、あるいは日本人男性が日系人女性を結婚相手として受け入れないのかは今後の解明が待たれるところだが、いずれにしても、その結果として、韓国や台湾とは異なった国際結婚文化が現代の日本社会のなかに構造化されていることは明白である。

　質問紙調査の「再生産領域」と直接に関係するところでも、「日本」と「韓国」「台湾」との間に相違点が顕著にみられた。まず、国際結婚による次世代再生産について、「日本」の地方社会における国際結婚は、夫婦ともに初婚率が６割程度にとどまり、従来の「未婚男性＋外国人妻」という図式だけではなくなった。それに加え、子供の数をみても、「日本」ではやや低くなっており、「韓国」「台湾」とは異なる展開をみせているといえる。「むらの国際結婚」として始まった日本の地方の国際結婚では、家や村の次世代を担う子孫を外国人妻が産み、育てることが期待されたはずであるが、結果的にその成果は大きくなかったことになる。すでに述べたように、日本では父系文化への執着があまり強くないことなども影響していようが、同時に、地方における国際結婚に対する意味づけがこの二十数年間で次第に変化、あるいは多様化してきたことの反映であるとも捉えることができる。日本では夫婦の初婚率が相対的に低くなっている原因をさらに究明することによって、国際結婚の役割の変化・多様化の意味が明らかになってくるのではなかろうか。

　また、東アジアにおける「南北型」国際結婚の特徴とされる夫の親の面倒をみることについて、夫の親との世代間関係を、「日本」「韓国」「台湾」ではいずれも80％以上の者が良好だと回答した。「日本」における「親はすでに他界」（27.9％）を除外して集計しても、親を介護する必要性が低下していること

がうかがえた。前述したように、日本では高齢者の施設福祉が進んでいること がひとつの要因であると考えられるが、このなかで夫婦の家庭生活は、嫁―姑 の緊張があまりみられない、より夫婦中心のものとして展開することが可能に なり、それだけ夫婦関係自体は安定化すると思われる。実際、質問紙調査で は、「日本」の外国人妻の離婚志向は、「韓国」や「台湾」の場合に比べて弱く 表れており、その背景には夫婦関係の安定化があると予想される。この点もま た、地方における国際結婚の意味が日本ではより大きく変化しつつあることを 示唆している。

　以上をふまえ、現在、日本・韓国・台湾のいずれにおいても国際結婚率が減 少しつつあるなか、今回の質問紙調査で「日本」にみられた「韓国」「台湾」 との相違点から考えると、日本の地方社会における国際結婚像の変容は東アジ アの国際結婚受け入れ社会のなかで一歩前を進む姿ともいえるのではなかろう か。韓国や台湾においても、早晩同様の変容が起こる可能性がある。その意味 で、日本の先駆的ともいえる事例の研究は、東アジアにおける国際結婚を把握 するひとつの手がかりとなりうる。

　最後に、少し観点が異なるが、「南北型」国際結婚送り出し社会との関係に ついて触れておきたい。出身家族や出身地域への経済的な支援からみると、出 身家族に対して「お金を定期的に送る」という回答の割合は、予想に反して3 割程度にとどまっており、そのなかでも中国大陸出身者の場合は相対的に低い 値を示している。加えて、出身地域への寄付についても、「日本」「韓国」「台 湾」の間に大きな違いはみられないが、国籍別にみれば、大多数の中国大陸出 身者が「支援をしていない」と回答している。その一方で、東南アジア、とく にフィリピン出身者の出身家族や出身地域への経済的支援が最も多いことがう かがえた。つまり、本章では、国際結婚女性を受け入れる地方社会の違いとい う点を重視し、調査地である日本、韓国、台湾の比較によって国際結婚のあり 方を考察したが、国際結婚の分析を、妻の送り出し社会との関係の面において 深めるためには、外国人妻の国籍や出身地の違いという観点からの考察も必要 であろう。それについては、今後の課題である。

付記

　本章の内容は、『社会学雑誌』33号に掲載された論文「東アジア地方社会における国際結婚の現状」を加筆・修正したものである。


注

1　台湾での調査対象には、後述する「渉外婚姻」をした中国大陸出身者が含まれる。

2　それぞれのデータは、日本総務省「平成27年人口動態統計月報年計（概数）の概況」、韓国統計庁「Final Results of Birth Statistics in 2015」、台湾内政部「育齢婦女生育率（1951〜2015）」を参照。

3　それぞれのデータは、日本総務省「平成28年版高齢社会白書」、韓国統計庁「Complete Enumeration Results of the 2015 Population and Housing Census」、台湾内政部「人口年齢分配（1974〜2015）」を参照。

4　嫁いでから5年目ぐらいまでの「第一ラウンドの移住者たち」は、ホームシック、異文化間摩擦、相互不理解、家族内葛藤などの問題、そして嫁いでから5年目以降、子供が就学するころの「第二ラウンドの移住者たち」は、社会での役割の増加、子供の教育・いじめ、祖国の両親の加齢・病気・死亡などの問題を抱えている（桑山 1995：195-196）。

5　「平成27年人口動態調査 上巻 婚姻 第9.18 表 夫妻の国籍別にみた年次別婚姻件数」より算出。http://www.e-stat.go.jp/SG1/estat/List.do?lid=000001157966（2016年12月10日閲覧）

6　「兵庫県内在留外国人数（平成27年12月末現在）」より。
　http://web.pref.hyogo.jp/ie12/documents/h2712hp.pdf（2016年12月10日閲覧）

7　1994年から2014年までのデータは、金ほか（2016）を参照。2015年のデータは、韓国統計庁の資料「Marriage and Divorce Statistics in 2015」を参照。

8　中国朝鮮族は、近代以降、朝鮮半島から中国への移住者によって形成された中国の少数民族のひとつである。詳細は、佐々木・方編（2001）を参照されたい。

9　韓国統計庁の資料「Complete Enumeration Results of the 2015: Population and Housing Census」を参照。

10　台湾データの分析については、基本的には、国際結婚（N＝57）のデータを使用するが、参考用に渉外婚姻全体（N＝112）のデータも各表に付け加える。

11　台湾行政院内政部統計處「結婚按国籍年齢教育程度」より。
　http://sowf.moi.gov.tw/stat/gender/list03.html（2016年12月10日閲覧）

12　台湾行政院内政部統計處「104年内政統計年報」の「07-01外来人口居留人数」および「07-03外僑居留人数」より。http://sowf.moi.gov.tw/stat/year/y07-01.xls（2016年12月10日閲覧）

13　「無回答」を除いて算出した結果である。

14 「台湾」では、フィリピンが50.0%となっているが、実質は2人中1人の回答であるため省略した。

15 しかし、台湾金門島で収集した調査票のなかで、中国大陸出身者の一部は、表4－17が示すような問いに対して回答を拒否していることから、送金などの経済的支援に関する質問には敏感だと考えられる。実際、先行研究（賽漢卓娜 2011）にみられるように、出身家族や出身地域への経済的支援を行っている中国人妻は、本調査の結果に反映された数よりも多いと推測できる。

16 嘉本伊都子も、日本のような異なるエスニシティによる国際結婚以上に、同一エスニシティの結婚による越境が、台湾、韓国に大きく影響を及ぼしていると述べている（嘉本 2009：28）。

## 参考文献

足立眞理子　2008　「再生産領域のグローバル化と世代保持（householding）」伊藤るり・足立眞理子編『国際移動と〈連鎖するジェンダー〉──再生産領域のグローバル化』作品社、224-262。

伊豫谷登士翁　2001　「経済のグローバリゼーションとジェンダー」伊豫谷登士翁編『経済のグローバリゼーションとジェンダー』明石書店、15-39。

小川玲子・王増勇・劉暁春　2010　「東南アジアから東アジアへの国際移動と再生産労働の変容」『アジア女性研究』19：18-38。

嘉本伊都子　1996　「国際結婚をめぐる諸問題──『境界線』上の家族」『家族社会学研究』8：53-66。

───　2008　『国際結婚論⁉（現代編）』法律文化社。

───　2009　「日本における国際結婚」アジア・太平洋人権情報センター編『アジア・太平洋人権レビュー2009　女性の人権の視点から見る国際結婚』現代人文社、19-30。

金愛慶・馬兪貞・李善姫・近藤敦・賽漢卓娜・佐竹眞明・メアリーアンジェリン ダアノイ・津田友理香　2016　「韓国の多文化家族に対する支援政策と実践の現況」『名古屋学院大学論集（社会科学篇）』52(4)：113-144。

許燕華　2015　「移動する中国朝鮮族──移動パターンの視点から」『21世紀東アジア社会学』7：100-106。

桑山紀彦　1995　『国際結婚とストレス──アジアからの花嫁と変容するニッポンの家族』明石書店。

権香淑　2011　「朝鮮族の移動と東北アジアの地域的ダイナミズム──エスニック・アイデンティティの逆説」『北東アジア研究』20：31-50。

佐々木衛・方鎮珠編　2001　『中国朝鮮族の移住・家族・エスニシティ』東方書店。

賽漢卓娜　2011　『国際移動時代の国際結婚──日本の農村に嫁いだ中国人女性』勁草

　　書房。

澤田佳世　2008　「超少子社会・台湾の『男性化』する出生力とジェンダー化された再
　　生産連鎖——国際結婚と人口政策をめぐって」伊藤るり・足立眞理子編『国際移動
　　と〈連鎖するジェンダー〉——再生産領域のグローバル化』作品社、68-92。

宋隱營　2009　「韓国における国際結婚女性移住者に対する政策の転換とその要因」『政
　　策科学』17(1)：77-90。

竹下修子　2004　『国際結婚の諸相』学文社。

馬兪貞　2011　「韓国の都市と農村における国際結婚の比較研究——全羅南道における
　　2つの地域を中心に」『立命館国際研究』23(3)：623-645。

藤井勝　2013　「現代の東アジアと国際結婚——『南北型』を中心として」『社会学雑
　　誌』30：37-60。

# 日本語教室からはじまる多文化共生のまちづくり
## 「あいうえお」の取り組みと課題

河本美代子

　「NPO法人にほんご豊岡あいうえお」は2012年12月に設立され、「日本語教室からはじまる多文化共生のまちづくり」をコンセプトに在住外国人の日本語学習支援や生活支援を行っている。活動拠点となる豊岡市は兵庫県の4分の1を占める但馬地域にあり、自然が豊かな地方都市である。コウノトリの野生復帰の取り組みや山陰海岸ジオパーク、城崎温泉などが有名で、近年はインバウンドにも力を入れ、海外からの観光客が増加している。一方、少子化、若者の流出などにより、過疎化が進んでおり、高齢化率は30%（2017年）と、兵庫県の平均26.3%を上回っている。

　豊岡市の外国人の割合は市民約8万人の0.7%、560人（2018年）ほどである。このなかには日本国籍をもっている人は含まれていないため、実際に日本語学習支援を必要としている「外国にルーツをもつ人・子供」と呼ばれる人はもう少し多い。具体的には、帰化した人や日本生まれの子供は560人のなかに入っていない。豊岡市の外国人はこれまで半数以上が中国からの帰国者や在日韓国・朝鮮人のオールドカマーと呼ばれる人たちで占められていた。しかし近年、高齢化が進み、その数は緩やかに減少してきている。それに対し、ここ数年の間にフィリピン人やベトナム人の占める割合が急激に増えている。とくにベトナム人は2013年時点で22人であったのが、2015年には80人を超えた。

あいうえお茶会（新年会）（岸田尚子撮影）

フィリピン人も同様に増えており、現在は多い順に、中国、ベトナム、フィリピンとなる。これは、「あいうえお」の学習者をみても分かるように、日本人の配偶者として来日する女性が増えたためだと考えられる。

「あいうえお」は豊岡市の補助金や多くの個人会員、地元企業の賛助によって、支えられており、地域住民が

あいうえお茶会（日本語発表会）（岸田尚子撮影）

ボランティアとして活動をしている。日本語学習支援、外国にルーツを持つ子供とその家族の支援、地域の人との交流、外国人が気軽に立ち寄ることができる居場所づくりが主な活動である。また、地域住民の理解や協力を得られるよう多文化共生に関するセミナーを開催している。地域の人との交流では毎月一度、「お茶会」を実施しており、花見や七夕など、四季折々の行事を楽しむとともに、日本文化や習慣を学んでいる。子供のためのお弁当づくりや食育教室を行った際には、大勢の参加があった。学習者による母国の紹介も行っており、地域住民との触れ合いの場となっている。常設している生活相談窓口には年間200件を超える相談が寄せられ、多文化共生マネージャーの資格を持つスタッフが対応にあたっている。数年前から、病院や市の保健師など、外国人と関わることの多い日本人側からの相談や通訳、翻訳などの依頼が寄せられるようになってきた。外国人側からも子育てに関する相談が増えていることから、2014年に「あいうえお子育てネット」を立ち上げ、当法人がコーディネーターとして、行政や病院、学校教育機関などと外国人の母親をつなぎ、それぞれに必要な情報を届けるネットワークづくりを行っている。さらに今後はそれを但馬全域に広げ、各市町や地域の日本語教室との連携のもと、外国人がどこに住んでいても安定した支援が受けられるネットワークづくりに取り組む予定である。

少子高齢化が進む豊岡市において、定住外国人の存在は貴重である。その人たちが、地域の住民であるにもかかわらず、外国人であるために、不利益を被

あいうえお茶会（防災セミナー）（岸田尚子撮影）

ることがあってはいけない。そのために、官民が一体となって、増え続ける外国人との共生を考える時期に差し掛かっているのではないだろうか。「あいうえお」での日本語学習支援はその共生への第一歩だと考えている。

「あいうえお」では、現在、未就学児から大人まで、約50人が勉強しており、学習者のなかには、豊岡市だけでなく、他地域に在住している人たちもいる。日本で安全安心に暮らすためには、日常会話だけでなく、防災や病気など、命に関わる言葉の習得も必要不可欠なことだ。日本語の習得が進めば、仕事の選択肢も広がる。地域や学校からの配布物が読めるようになり、今まで得られなかった情報が得られる。様々な資格を取得することも可能になる。外国人が地域の住民として、自立し、安心して暮らしていけるようになれば、さらなる定住促進も期待される。また、子供は地域の宝であり、大人以上に大きな可能性をもっている。未来を担う人材として、育っていってほしいと願っている。しかし、大人よりその教育は難しく、問題が多いといわれている。とくに日本生まれや低年齢で来日した子供は、抱えている問題に気づかれないまま、ダブルリミッテッド（母国語も日本語も十分に話せない）として成長することもある。子供の日本語学習や教科支援の重要性を認識してもらい、子供が日本社会で生きていく力を養うことができるよう、「あいうえお」では今後も関係機関に働きかけていくとともに、支援にも取り組み続けていくつもりである。

現在、豊岡市で暮らす外国人のなかで、日本語を学習する機会を得ているのは、ほんの一部にすぎない。学習したくても、様々な事情でできない人もいる。

あいうえお茶会（お弁当づくり）（岸田尚子撮影）

長く住んでいても、十分に日本語が話せない人も珍しくない。そこで、「あいうえお」では行政と連携し、防災や子育て、健康に関わる資料の多言語化に取り組んでいる。2014年には豊岡市と覚書を締結し、防災に関する情報をやさしい日本語や外国語で外国人住民に発信している。また、地域の日本人向けに、外国人にとって分かりやすい日本語の話し方のコツなどを学ぶ「やさしい日本語」のセミナーを開催し、その普及にも努めている。外国人と円滑にコミュニケーションをとることで、言葉の壁によるトラブルを軽減できる。日本人も外国人も多様性を認め合い、互いに尊重し合って暮らすことが、多文化共生社会に近づくことになるのではないかと思う。

　今後、豊岡市に暮らす「外国にルーツを持つ人」が平等に日本語学習支援を受けることができ、地域の住民として、安全安心に暮らしていけることを願ってやまない。そのためには、今まで以上に行政との連携の必要性を感じている。また、この豊岡での「あいうえお」の取り組みがさらに広がることで、地域における在住外国人への支援の充実につながれば、幸いである。

　今回、神戸大学大学院の国際結婚に関する研究に参加させていただき、大変感謝している。国際研究集会においては、普段なかなか知ることのできない「送り出し社会」側からの話を聞くことができた。配偶者として、女性が海外に移住する際に、送り出し側の国の施策として、移住先の情報提供や事前研修を行っている話などは大変興味深かった。それと同時に日本は「受け入れ社会」であることを認識し、私たちが果たさなければならない責任について、改めて考えさせられた。外国から夢や希望を持ってやってきた人たちがきちんと地域に受け入れられ、安心して暮らせるように、在住外国人に寄り添いながら、これからも課題解決に向け、活動を続けていきたいと思う。

# 受け入れ側の「地方的世界」(2)

## 手厚い公的支援のある韓国・台湾

# 第5章

# 韓国の移住女性の現況と忠南地域での生活

## 結婚移住女性の家族生活と社会的関係

キム　ヨンジュ
（多田哲久訳）

## 1　韓国にみる国際結婚の現況

### 1.1　夫婦の出身国・年齢・年齢差

韓国で国際結婚が増加し始めたのは1990年代後半からであり、毎年増加傾向が続いていたが、2008年以降、少しずつ減少する傾向をみせている。韓国で国際結婚の増加の契機になったのは、1992年の韓国と中国との修好であり、「朝鮮族」と呼ばれる韓国系中国人との交流が拡大し、1990年代後半以降、朝鮮族の女性が当時の農村の未婚男性のための結婚パートナーとして脚光を浴びるようになった。

2000年代以降、グローバルな世界経済構造の深化と、それによる国際的人口移動の増加は、多様な形態の国際結婚を増加させ、男性の結婚パートナーの出身国も韓国系中国人を超えて、東南アジアおよび中央アジア地域の国家へ多角化した。このような過程を経て、今や韓国で国際結婚は、社会構成員にとって、ある程度自然な結婚あるいは受容可能な現象になっている。[1]

それにもかかわらず、最近、国際結婚は持続的に減少する傾向をみせている。2015年の韓国の国際結婚件数は総22,462件で、全体の結婚の7.4％を占めているが、これは2008年の11.2％に比べ、3.8％減少した数値である（図5-1）。

国際結婚の減少傾向には様々な背景がありうるが、過去10年余りの間における国際結婚関連の規制の強化、結婚に対する認識の変化などが複合的に起因したと考えられる。まず、この間、斡旋業者を通した国際結婚の副作用が増え、政府の国際結婚の規制が次第に強化されてきたことが挙げられる。ここには、

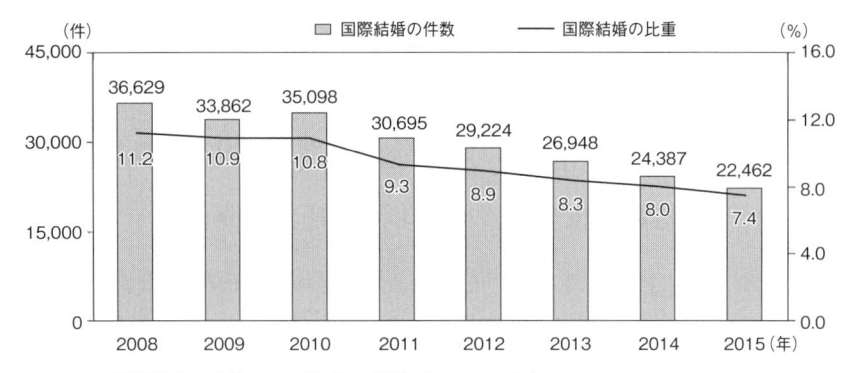

図5-1　国際結婚の件数および比重の推移（2008〜15年）

出所）統計庁 2016b。

結婚仲介業者への規制および管理の強化、国際結婚の移民ビザの発給審査強化などが該当し、このような規制政策の強化は、国際結婚の減少に実質的な影響を及ぼしたとみられる[2]。

　他方、結婚に対する認識の変化として、非婚を選択したり、結婚をしないことに負担を感じない人の比率が高くなったりしたことも、国際結婚を含む全般的な結婚件数の減少に影響を及ぼしているといえる。

　韓国の国際結婚の特性を把握するために、性別の国際結婚の現況、平均結婚年齢など、基本的な属性についてみてみる。まず、韓国人の性別による国際結婚の現況は、韓国男性と外国女性の結婚が62.6％、外国男性と韓国女性の結婚が22.9％、その他が14.6％を占めている。表5-1で「その他」は、男性または女性の一方が帰化者か、男女の両方が帰化者の場合である。

　次に、国際結婚の平均結婚年齢は2015年、初婚である場合、男性は35.4歳、女性は27.9歳、再婚である場合、男性は47.4歳、女性は39.3歳である。過去3年間に結婚した男女の年齢差は、初婚である場合は縮まったが、再婚の場合はむしろ拡がる様相を呈している（表5-2）。

　2015年の国際結婚で夫婦の年齢差は、男性年上が77.5％、同い年6.0％、女性年上が16.5％である。国際結婚が韓国人どうしの結婚と大きな差をみせるのは、男性年上のなかでも「10歳以上」という年齢差が大きい比率が高いことである。過去3年間に10歳以上の年齢差（男性＞女性）の比率は41.7％から37.7％

表5-1 国際結婚の類型別の件数および割合 （単位：件、%）

| | 2013 | | 2014 | | 2015 | |
|---|---|---|---|---|---|---|
| 全体 | 26,948 | 100.0 | 24,387 | 100.0 | 22,462 | 100.0 |
| 韓国人男性＋外国人女性 | 17,633 | 65.4 | 15,505 | 63.6 | 14,051 | 62.6 |
| 外国人男性＋韓国人女性 | 6,290 | 23.3 | 5,871 | 24.1 | 5,133 | 22.9 |
| その他* | 3,025 | 11.2 | 3,011 | 12.3 | 3,278 | 14.6 |

出所）統計庁 2016b。
注）*男女のどちらかが帰化者、もしくは男女とも帰化者の場合。

表5-2 平均結婚年齢 （単位：歳）

| | | 全体 | | | 国際結婚 | | | 韓国人（出生基準）どうしの結婚 | | |
|---|---|---|---|---|---|---|---|---|---|---|
| | | 2013 | 2014 | 2015 | 2013 | 2014 | 2015 | 2013 | 2014 | 2015 |
| 初婚年齢 | 男性 | 32.2 | 32.4 | 32.6 | 35.5 | 35.2 | 35.4 | 32.0 | 32.2 | 32.4 |
| | 女性 | 29.6 | 29.8 | 30.0 | 27.2 | 27.8 | 27.9 | 29.8 | 30.0 | 30.1 |
| 男女の年齢差 | | 2.6 | 2.6 | 2.6 | 8.3 | 7.4 | 7.5 | 2.2 | 2.2 | 2.3 |
| 再婚年齢 | 男性 | 46.8 | 47.1 | 47.6 | 47.3 | 47.4 | 47.4 | 46.6 | 47.1 | 47.7 |
| | 女性 | 42.5 | 43.0 | 43.5 | 40.0 | 39.8 | 39.3 | 42.9 | 43.5 | 44.0 |
| 男女の年齢差 | | 4.3 | 4.1 | 4.1 | 7.3 | 7.6 | 8.1 | 3.7 | 3.6 | 3.7 |

出所）統計庁 2016b。

表5-3 夫婦の年齢差 （単位：件数、%）

| | | 全体 | | | 国際結婚 | | | 韓国人（出生基準）どうしの結婚 | | |
|---|---|---|---|---|---|---|---|---|---|---|
| | | 2013 | 2014 | 2015 | 2013 | 2014 | 2015 | 2013 | 2014 | 2015 |
| 件数 | | 322,807 | 305,507 | 302,828 | 26,948 | 24,387 | 22,462 | 295,859 | 281,120 | 280,366 |
| 計 | | 100.0 | 100.0 | 100.0 | 100.0 | 100.0 | 100.0 | 100.0 | 100.0 | 100.0 |
| 男性が年上 | 小計 | 67.7 | 67.4 | 67.3 | 79.6 | 77.3 | 77.5 | 66.6 | 66.5 | 66.5 |
| | 1〜2歳 | 24.2 | 24.1 | 23.9 | 10.7 | 11.3 | 11.9 | 25.4 | 25.2 | 24.8 |
| | 3〜5歳 | 25.8 | 25.7 | 25.7 | 13.7 | 14.7 | 14.4 | 26.9 | 26.6 | 26.6 |
| | 6〜9歳 | 11.3 | 11.5 | 11.7 | 13.5 | 13.8 | 13.6 | 11.1 | 11.3 | 11.5 |
| | 10歳以上 | 6.4 | 6.1 | 6.0 | 41.7 | 37.5 | 37.7 | 3.2 | 3.3 | 3.5 |
| 同い年 | | 14.8 | 14.7 | 14.8 | 5.4 | 6.1 | 6.0 | 15.6 | 15.5 | 15.5 |
| 女性が年上 | 小計 | 17.6 | 17.9 | 17.9 | 15.0 | 16.6 | 16.5 | 17.8 | 18.0 | 18.1 |
| | 1〜2歳 | 11.4 | 11.4 | 11.4 | 6.9 | 8.0 | 7.8 | 11.8 | 11.7 | 11.7 |
| | 3〜5歳 | 4.5 | 4.6 | 4.6 | 5.0 | 5.0 | 5.4 | 4.4 | 4.5 | 4.6 |
| | 6〜9歳 | 1.3 | 1.5 | 1.5 | 2.2 | 2.5 | 2.3 | 1.3 | 1.4 | 1.4 |
| | 10歳以上 | 0.4 | 0.4 | 0.4 | 1.0 | 1.1 | 1.0 | 0.3 | 0.3 | 0.3 |

出所）統計庁 2016b。

に減少したが、韓国人どうしの結婚の場合3.5％にすぎず、夫婦の年齢差にお
いて異なるパターンを示している（表5-3）。

　次に、結婚の種類別の特性をみると、表5-4で2015年、国際結婚の男女と
も初婚である比率が60.7％、いずれか一方が再婚である比率が23.1％、男女と
も再婚である比率が16.2％で、韓国人どうしの結婚より男女とも初婚の比率が
低く、反対にいずれか一方が再婚であるか、男女とも再婚である比率が高い特
性をみせている。

　国際結婚の比重は、地域別で差をみせている。全体の結婚のうち国際結婚が
占める比率は全国平均7.4％であるが、質問紙調査の対象地域である忠南は7.4％
で全国平均水準、大田は5.8％で全国平均より低い水準をみせている（表5-
5）。おおむね、ソウルを除外して、人口密集地域である大都市地域（釜山、大
邱、仁川、光州、大田、蔚山）より都農複合地域（市街地と農村部を合わせ持つ地
域）で国際結婚比率が相対的に高い特性がある。

表5-4　結婚の種類別の現状　　　　　　　　　　　　　　　　　（単位：件数、％）

| | 全体 | | | 国際結婚 | | | 韓国人（出生基準）どうしの結婚 | | |
|---|---|---|---|---|---|---|---|---|---|
| | 2013 | 2014 | 2015 | 2013 | 2014 | 2015 | 2013 | 2014 | 2015 |
| 件数 | 322,674 | 305,342 | 302,663 | 26,817 | 24,250 | 22,300 | 295,857 | 281,092 | 280,363 |
| 計 | 100.0 | 100.0 | 100.0 | 100.0 | 100.0 | 100.0 | 100.0 | 100.0 | 100.0 |
| 男（初）＋女（初） | 79.2 | 78.4 | 78.7 | 57.7 | 59.2 | 60.7 | 81.1 | 80.1 | 80.2 |
| 男（初）＋女（再） | 5.6 | 6.0 | 6.0 | 10.4 | 11.2 | 11.5 | 5.2 | 5.6 | 5.5 |
| 男（再）＋女（初） | 4.0 | 3.9 | 3.9 | 13.4 | 12.2 | 11.6 | 3.1 | 3.2 | 3.2 |
| 男（再）＋女（再） | 11.2 | 11.6 | 11.5 | 18.5 | 17.4 | 16.2 | 10.5 | 11.1 | 11.1 |

出所）統計庁 2016b。

注）結婚の種類が未詳は除外。

表5-5　地域別の国際結婚の現状　　　　　　　　　　　　　　　（単位：件数、％）

| | 全体（A） | | | 国際結婚（B） | | | 国際結婚の割合（B/A） | | |
|---|---|---|---|---|---|---|---|---|---|
| | 2013 | 2014 | 2015 | 2013 | 2014 | 2015 | 2013 | 2014 | 2015 |
| 全国 | 322,807 | 305,507 | 302,828 | 26,948 | 24,387 | 22,462 | 8.3 | 8.0 | 7.4 |
| ソウル | 70,840 | 66,776 | 66,011 | 5,859 | 5,443 | 5,007 | 8.3 | 8.2 | 7.6 |
| 大田 | 9,717 | 9,214 | 8,917 | 554 | 535 | 513 | 5.7 | 5.8 | 5.8 |
| 忠南 | 12,648 | 12,172 | 12,474 | 1,098 | 992 | 921 | 8.7 | 8.1 | 7.4 |

出所）統計庁 2016b。

表 5-6　国際結婚における配偶者の出身国

表 5-6　国際結婚における配偶者の出身国　　　　　　　　　　　　　　　（単位：件数、%）

| | 2005 | 2006 | 2007 | 2008 | 2009 | 2010 | 2011 | 2012 | 2013 | 2014 | 2015 | 構成比 |
|---|---|---|---|---|---|---|---|---|---|---|---|---|
| 韓国男＋外国女 | 30,719 | 29,665 | 28,580 | 28,163 | 25,142 | 26,274 | 22,265 | 20,637 | 18,307 | 16,152 | 14,677 | 100.0 |
| ベトナム | 5,822 | 10,128 | 6,610 | 8,282 | 7,249 | 9,623 | 7,636 | 6,586 | 5,770 | 4,743 | 4,651 | 31.7 |
| 中国 | 20,582 | 14,566 | 14,484 | 13,203 | 11,364 | 9,623 | 7,549 | 7,036 | 6,058 | 5,485 | 4,545 | 31.0 |
| 日本 | 883 | 1,045 | 1,206 | 1,162 | 1,140 | 1,193 | 1,124 | 1,309 | 1,218 | 1,345 | 1,030 | 7.0 |
| フィリピン | 980 | 1,117 | 1,497 | 1,857 | 1,643 | 1,906 | 2,072 | 2,216 | 1,692 | 1,130 | 1,006 | 6.9 |
| アメリカ | 285 | 331 | 376 | 344 | 416 | 428 | 507 | 526 | 637 | 636 | 577 | 3.9 |
| タイ | 266 | 271 | 524 | 633 | 496 | 438 | 354 | 323 | 291 | 439 | 543 | 3.7 |
| カンボジア | 157 | 394 | 1,804 | 659 | 851 | 1,205 | 961 | 525 | 735 | 564 | 524 | 3.6 |
| その他 | 1,744 | 1,813 | 2,079 | 2,023 | 1,983 | 1,858 | 2,062 | 2,116 | 1,906 | 1,810 | 1,801 | 12.3 |
| 韓国女＋外国男 | 11,637 | 9,094 | 8,980 | 8,041 | 8,158 | 7,961 | 7,497 | 7,688 | 7,656 | 7,164 | 6,597 | 100.0 |
| アメリカ | 1,392 | 1,443 | 1,334 | 1,347 | 1,312 | 1,516 | 1,632 | 1,593 | 1,755 | 1,748 | 1,612 | 24.4 |
| 中国 | 5,037 | 2,589 | 2,486 | 2,101 | 2,617 | 2,293 | 1,869 | 1,997 | 1,727 | 1,579 | 1,434 | 21.7 |
| 日本 | 3,423 | 3,412 | 3,349 | 2,743 | 2,422 | 2,090 | 1,709 | 1,582 | 1,366 | 1,176 | 808 | 12.2 |
| カナダ | 283 | 307 | 374 | 371 | 332 | 403 | 448 | 505 | 475 | 481 | 465 | 7.0 |
| ベトナム | 28 | 47 | 61 | 61 | 49 | 67 | 93 | 180 | 279 | 283 | 432 | 6.5 |
| オーストラリア | 101 | 137 | 158 | 164 | 159 | 194 | 216 | 220 | 308 | 249 | 254 | 3.9 |
| その他 | 1,373 | 1,159 | 1,218 | 1,254 | 1,267 | 1,398 | 1,530 | 1,611 | 1,746 | 1,648 | 1,592 | 24.1 |

出所）統計庁 2016a。

　次に、国際結婚の配偶者の出身国をみると、まず2015年、韓国男性と外国女性の結婚では、ベトナムが31.7％で最も高く、中国31.0％、日本7.0％、フィリピン6.9％の順で国際結婚がなされていることが分かる。他方、韓国女性と外国男性の結婚では、アメリカが24.4％で最も高く、中国21.7％、日本12.2％、カナダ7.0％の順で国際結婚がなされており、性別で配偶者の出身国が異なる様相を呈している（表5-6）。

## 1.2　国際結婚夫婦の離婚

　韓国の国際結婚夫婦の離婚は2015年に総11,287件で、過去3年間、減少する傾向をみせており、全体の離婚に占める比率も10.3％と、同じように若干減少する傾向をみせている（表5-7）。

　類型別にみると、2015年の離婚のうち、韓国男性と外国女性の夫婦が48.8％、外国男性と韓国女性の離婚が17.8％、その他が33.5％の比重となっている（表5-8）。

　次に、国際結婚夫婦の離婚までの平均生活期間は6.9年、韓国人どうしの離婚の場合15.5年で、国際結婚夫婦の平均生活期間が非常に短い特性をみせている。国際結婚夫婦は、平均生活期間が5年未満が40.0％で最も比重が高いのに

表 5 - 7　国際結婚夫婦の離婚　　　　　　　　　　　　　　　　　　　　（単位：件、%）

| | 全体 | | | 国際結婚夫婦の離婚 | | | 韓国人（出生基準）どうしの離婚 | | |
|---|---|---|---|---|---|---|---|---|---|
| | 2013 | 2014 | 2015 | 2013 | 2014 | 2015 | 2013 | 2014 | 2015 |
| 離婚件数<br>（割合） | 115,292<br>(100.0) | 115,510<br>(100.0) | 109,153<br>(100.0) | 13,482<br>(11.7) | 12,902<br>(11.2) | 11,287<br>(10.3) | 101,810<br>(88.3) | 102,608<br>(88.8) | 97,866<br>(89.7) |

出所）統計庁 2016b。

表 5 - 8　類型別の離婚　　　　　　　　　　　　　　　　　　　　　　（単位：件、%）

| | 2013 | | 2014 | | 2015 | |
|---|---|---|---|---|---|---|
| 全体 | 13,482 | 100.0 | 12,902 | 100.0 | 11,287 | 100.0 |
| 韓国人男性と外国人女性 | 7,338 | 54.4 | 6,740 | 52.2 | 5,505 | 48.8 |
| 外国人男性と韓国人女性 | 2,500 | 18.5 | 2,316 | 18.0 | 2,004 | 17.8 |
| その他* | 3,644 | 27.0 | 3,846 | 29.8 | 3,778 | 33.5 |

出所）統計庁 2016b。
注）*男女のどちらかが帰化者、もしくは男女とも帰化者の場合。

表 5 - 9　離婚までの結婚生活の期間　　　　　　　　　　　　　　（単位：件、%、年）

| | 全体 | | | 国際結婚夫婦の離婚 | | | 韓国人（出生基準）どうしの離婚 | | |
|---|---|---|---|---|---|---|---|---|---|
| | 2013 | 2014 | 2015 | 2013 | 2014 | 2015 | 2013 | 2014 | 2015 |
| 件数 | 115,292 | 115,510 | 109,153 | 13,482 | 12,902 | 11,287 | 101,810 | 102,608 | 97,866 |
| 計 | 100.0 | 100.0 | 100.0 | 100.0 | 100.0 | 100.0 | 100.0 | 100.0 | 100.0 |
| 5 年未満 | 23.7 | 23.5 | 22.5 | 50.1 | 45.2 | 40.0 | 20.2 | 20.8 | 20.6 |
| 5 年以上〜10年未満 | 18.7 | 19.0 | 19.1 | 36.8 | 38.6 | 39.2 | 16.3 | 16.6 | 16.7 |
| 10年以上〜15年未満 | 14.6 | 14.1 | 13.6 | 7.7 | 10.5 | 13.9 | 15.5 | 14.5 | 13.6 |
| 15年以上〜20年未満 | 14.9 | 14.7 | 14.8 | 2.7 | 2.9 | 4.1 | 16.5 | 16.2 | 16.1 |
| 20年以上 | 28.1 | 28.7 | 29.9 | 2.6 | 2.8 | 2.9 | 31.5 | 31.9 | 33.0 |
| 平均結婚生活期間 | 14.1 | 14.3 | 14.6 | 5.8 | 6.4 | 6.9 | 15.2 | 15.3 | 15.5 |

出所）統計庁 2016b。

　対し、韓国人どうしの離婚は20年以上の比重が33.0％で最も高く、離婚の様相が異なっていることを示している（表 5 - 9 ）。

　ただし、図 5 - 2 をみると、 5 年未満の離婚比率の推移で、韓国人どうしの離婚の場合、2008年から2015年まで大きな変化をみせていないのに対し、国際結婚夫婦の場合、2008年78.2％から2015年40.0％へ、毎年減少傾向を明確にみ

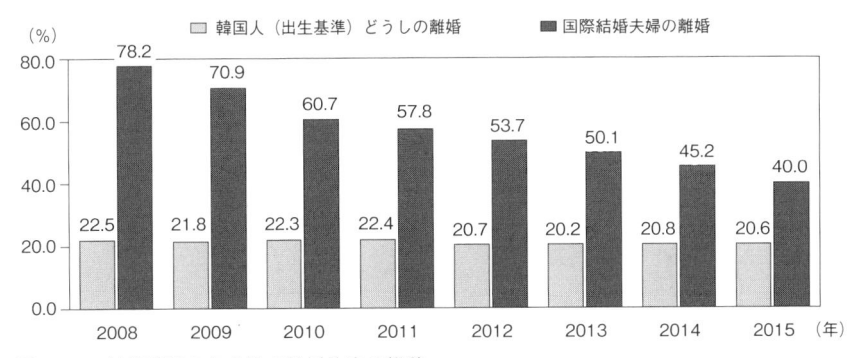

図 5-2　結婚期間 5 年未満の離婚比率の推移

出所）統計庁 2016b。

せている。これは斡旋による国際結婚への規制強化を伴う政府の介入政策強化と、それによる国際結婚の減少、国際結婚夫婦および家族への各種支援策の拡大と関連すると考えられる。

## 2　忠南地域の移住女性と韓国人の夫の属性

### 2.1　調査地域

調査地域は、韓国の大田広域市（Daejon metropolitan city）、忠清南道論山市（Nonsan-city）、忠清南道礼山郡（Yesan-gun）の 3 地域で、3 地域とも韓国の中部地域に位置している（図 5-3）。大田広域市は2016年12月現在、総人口1,514,370人の大都市地域であり、忠清南道論山市は総人口123,213人、礼山郡は総人口81,339人で農村地域である（統計庁 2016e）。

### 2.2　調査概要

調査対象者は 3 地域に居住する国際結婚した外国出身女性で、総170人を対象に調査がなされた。質問紙は180部を配布、170部が回収され、回収率は94.4％であった[3]。

調査期間は2015年 9 月から10月までの約 2 ヶ月間実施し、調査方法は国際結婚女性を支援する NPO である多文化家族支援センター（大田市多文化家族支援

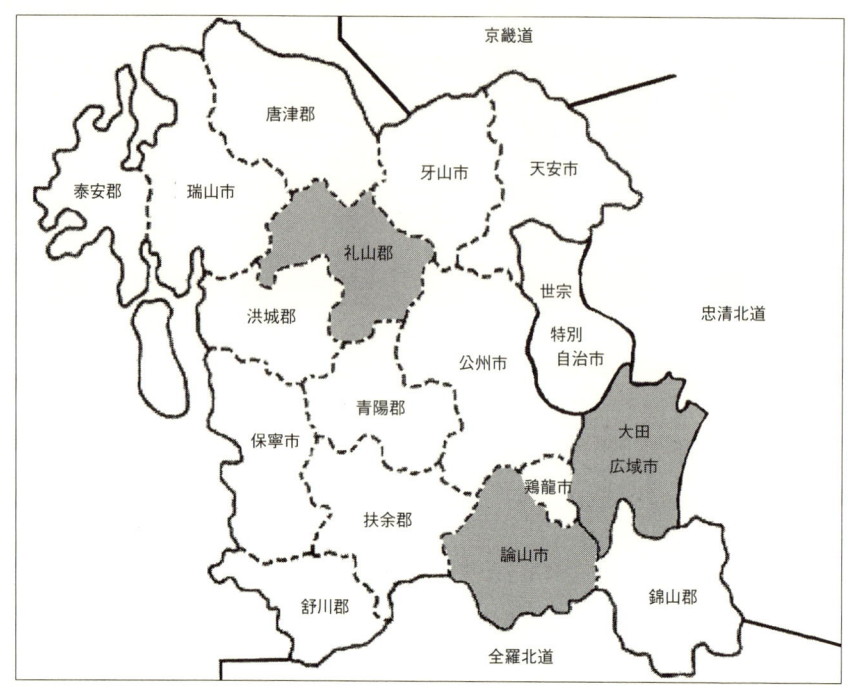

図5-3　忠清南道の地図

センター、礼山郡多文化家族支援センター）、極東多文化センター（大田市所在）の協力を得て[4]、センターの韓国語教育プログラムの参加者、移住女性自助会の参加者に質問紙を配布し調査した。

　回答者の出身国構成は、ベトナム46.5％、フィリピン17.1％、中国（朝鮮族）11.8％、中国（漢族など）10.6％、カンボジア9.4％、その他4.7％である。

## 2.3　移住女性の属性

　調査対象である移住女性の属性として、年齢、出身地、学歴、職業、韓国語理解能力、結婚歴を中心にみてみる。まず、調査結果、回答者本人である移住女性の年齢は、20代41.3％、30代40.7％、40代12.6％、50代5.4％の順であった（表5-10）。出身国別の平均年齢は、ベトナムが28.51歳で最も低く、中国（朝

鮮族）が41.95歳で最も高い特性をみせた（表5-11）。

　次に、移住女性の出身地の特性は、田舎町が31.5％、地方都市28.0％、大都市22.0％、農村や漁村17.3％の順であった（表5-12）。また、移住女性の学歴は、高等学校が41.2％と最も多く、中学校26.5％、短期大学や専門学校が12.4％を占めていた（表5-13）。

　移住女性の結婚前の職業は、工場労働者が31.5％で最も多く、その次が会社や団体の事務職の20.2％で多くなっている。移住女性の多数が韓国へ移住して来る前に、職業を持っていたことが分かる（表5-14）。一方で、現在の職業は、未就業状態が40.5％で最も多く、その次が工場労働者で21.5％を占めている（表5-15）。未就業比率が高い理由は、韓国語理解能力、子供の出産および養育など、様々な要因が働いていると考えられる。

　次に、移住女性の韓国語理解能力は、「会話をある程度できる」が64.2％、「読み書きをある程度できる」が72.4％で、おおむね日常生活をするのに困難がない水準であった（表5-16）。

表5-10　移住女性の年齢構成

| 20代未満 | 0 | (0.0) |
|---|---|---|
| 20代 | 69 | (41.3) |
| 30代 | 68 | (40.7) |
| 40代 | 21 | (12.6) |
| 50代 | 9 | (5.4) |
| 60代以上 | 0 | (0.0) |
| 合計 | 167 | (100.0) |

注）数字は実数、括弧内は％。以下同じ。

表5-12　移住女性の出身地

| 大都市 | 37 | (22.0) |
|---|---|---|
| 地方都市 | 47 | (28.0) |
| 田舎町 | 53 | (31.5) |
| 農村や漁村 | 29 | (17.3) |
| その他 | 2 | (1.2) |
| 合計 | 168 | (100.0) |

表5-11　移住女性の平均年齢

|  | 人数 | 平均年齢 |
|---|---|---|
| 中国（漢族など） | 20 | 35.95 |
| 中国（朝鮮族） | 20 | 41.95 |
| フィリピン | 27 | 34.37 |
| ベトナム | 78 | 28.51 |
| その他 | 22 | 32.45 |

表5-13　移住女性の学歴

| 初等学校 | 10 | (5.9) |
|---|---|---|
| 中学校 | 45 | (26.5) |
| 高等学校 | 70 | (41.2) |
| 短期大学や専門学校 | 21 | (12.4) |
| 大学 | 20 | (11.8) |
| 大学院 | 1 | (0.6) |
| その他 | 3 | (1.8) |
| 合計 | 170 | (100.0) |

表5-14 移住女性の結婚前の職業

| | | |
|---|---|---|
| 工場で働く | 53 | (31.5) |
| 商店や食堂で働く | 21 | (12.5) |
| 会社や団体の事務や営業 | 34 | (20.2) |
| 農業や漁業 | 13 | (7.7) |
| 専門職（教員・エンジニアなど） | 8 | (4.8) |
| 無職（家事手伝いを含む） | 10 | (6.0) |
| 学生 | 18 | (10.7) |
| その他 | 11 | (6.5) |
| 合計 | 168 | (100.0) |

表5-15 移住女性の現在の職業

| | | |
|---|---|---|
| 工場で働く | 35 | (21.5) |
| 商店や食堂で働く | 9 | (5.5) |
| 会社や団体の事務や営業 | 16 | (9.8) |
| 農業や漁業 | 10 | (6.1) |
| 専門職（教員・エンジニアなど） | 8 | (4.9) |
| 職業に就いたことがない | 66 | (40.5) |
| その他 | 19 | (11.7) |
| 合計 | 163 | (100.0) |

表5-16 移住女性の韓国語理解能力

| | 会話 | 読み書き |
|---|---|---|
| 十分できる | 55 (33.3) | 32 (25.2) |
| ある程度できる | 106 (64.2) | 92 (72.4) |
| ほとんどできない | 4 (2.4) | 3 (2.4) |
| 合計 | 165 (100.0) | 127 (100.0) |

表5-17 移住女性の結婚歴

| | | |
|---|---|---|
| 初婚 | 146 | (86.9) |
| 結婚経験あり | 11 | (6.5) |
| 結婚経験があり、子供もいる | 10 | (6.0) |
| その他 | 1 | (0.6) |
| 合計 | 168 | (100.0) |

　移住女性の結婚歴は、初婚が86.9％で絶対多数を占めており、再婚が12.5％、再婚のうち以前の配偶者との間に子供がいる比率は6.0％であった（表5-17）。

## 2.4　韓国人の夫の属性

　韓国人の夫の属性について、年齢、出生順位、職業、結婚歴をみてみる。まず、夫の年齢は40代が49.7％で最も多く、その次が50代30％、30代12.9％の順であった（表5-18）。

　韓国人の夫と外国人の妻である移住女性の年齢差をみると、夫が年上である場合が96.9％で絶対多数を占めている。移住女性の出身国別にみると、とくにベトナムとフィリピンの東南アジア出身の移住女性と夫の間の年齢差が、10歳以上である比率が高いという特性をみせている（表5-19）。

　韓国人の夫の出生順位は、第一子

表5-18　韓国人の夫の年齢層

| | | |
|---|---|---|
| 20代未満 | 0 | (0.0) |
| 20代 | 3 | (1.8) |
| 30代 | 21 | (12.9) |
| 40代 | 81 | (49.7) |
| 50代 | 49 | (30.1) |
| 60代以上 | 9 | (5.5) |
| 合計 | 163 | (100.0) |

表5-19　夫と妻の年齢差

| | 妻＞夫 | 妻＝夫 | 妻＜夫 | 3歳以下 | 4～6歳 | 7～9歳 | 10歳以上 | 合計 |
|---|---|---|---|---|---|---|---|---|
| 中国（漢族など） | 1 (5) | 1 (5) | 18 (90) | 2 (11.1) | 6 (33.3) | 5 (27.8) | 5 (27.8) | 20(100.0) |
| 中国（朝鮮族） | 1 (5) | 1 (5) | 18 (90) | 0 (0.0) | 5 (27.8) | 5 (27.8) | 8 (44.4) | 20(100.0) |
| フィリピン | 0 (0) | 0 (0) | 25 (100) | 1 (4.0) | 6 (24.0) | 2 (8.0) | 16 (64.0) | 25(100.0) |
| ベトナム | 0 (0) | 1 (1.4) | 73 (98.6) | 0 (0.0) | 3 (4.1) | 4 (5.5) | 66 (90.4) | 74(100.0) |
| その他 | 0 (0) | 0 (0) | 22 (100) | 3 (13.6) | 0 (0.0) | 4 (18.2) | 15 (68.2) | 22(100.0) |
| 合計 | 2 (1.2) | 3 (1.9) | 156 (96.9) | 6 (3.8) | 20 (12.8) | 20 (12.8) | 110 (70.5) | 161(100.0) |

表5-20　韓国人の夫の出生順位

| | |
|---|---|
| 第一子 | 40 (26.1) |
| 第二子 | 34 (22.2) |
| 第三子 | 36 (23.5) |
| 第四子 | 18 (11.8) |
| 第五子 | 13 (8.5) |
| 第六子以上 | 12 (7.8) |
| 合計 | 153(100.0) |

表5-21　韓国人の夫の職業

| | |
|---|---|
| 工場で働く | 67 (40.9) |
| 商店や食堂で働く | 12 (7.3) |
| 会社や団体の事務や営業 | 26 (15.9) |
| 農業や漁業 | 20 (12.2) |
| 工場や事業所の自営 | 11 (6.7) |
| 専門職（教員・エンジニアなど） | 6 (3.7) |
| 停年退職 | 1 (0.6) |
| 無職 | 6 (3.7) |
| その他 | 15 (9.1) |
| 合計 | 164(100.0) |

表5-22　韓国人の夫の結婚歴

| | |
|---|---|
| 初婚 | 137 (83.0) |
| 結婚経験あり | 13 (7.9) |
| 結婚経験があり、子供もいる | 14 (8.5) |
| その他 | 1 (0.6) |
| 合計 | 165(100.0) |

26.1％、第三子23.5％、第二子22.2％の順で、出生順位の間で大きな差はない（表5-20）。職業は、工場労働者が40.9％で最も多く、その次が会社や団体での事務職が15.9％、農業や漁業の従事者が12.2％の順であった（表5-21）。また、結婚歴は初婚が83.0％で多数を占めており、再婚は16.4％で、移住女性の再婚比率よりは若干高かった（表5-22）。

## 3　移住女性と母国の連携

### 3.1　母国訪問の実態

　移住女性と母国との連携程度を、母国訪問と母国の家族および地域社会への支援を中心にみてみる。まず、移住女性の母国訪問頻度は、回答者の43.7％が「2～3年に一度」するとし、「4～5年に一度」訪問が26.3％であった（表5-23）。母国訪問時の滞在期間は、「1週間～1ヶ月」が67.9％で多数を占めていた（表5-24）。

　他方、移住女性は母国訪問だけではなく、母国家族を韓国に招いたりもする。関連研究によれば、忠清南道の結婚移住女性への調査で、回答者の39.6％が母親を、回答者の26.2％が父親を韓国に招いた経験があり、姉や妹（9.7％）、兄や弟（7.3％）を招いた経験も一部にあった（ウ 2016a: 59）。

### 3.2　母国への支援

　母国家族への支援の現況をみると、支援をしない場合が40.0％で最も多く、お金を定期的に送る場合が22.9％、その他の類型の支援が15.4％、家の新築や改築の支援が13.1％であった。

　移住女性の出身国別にみると、中国（漢族など）と中国（朝鮮族）の女性は、支援しない比率がそれぞれ68.4％、65.2％であるのに対し、ベトナム女性とフィリピン女性は、支援しない比率がそれぞれ35.1％、16.2％で、東南アジア出身女性が母国家族との経済的支援や連携の程度が高くなっていた（表5-25）。

表5-23　移住女性の母国訪問頻度

| 毎年 | 27 （16.2） |
| 2～3年に一度 | 73 （43.7） |
| 4～5年に一度 | 44 （26.3） |
| ほとんど帰らない | 23 （13.8） |
| 全然帰らない | 0 （0.0） |
| 合計 | 167（100.0） |

表5-24　移住女性の母国訪問時の滞在期間

| 1週間未満 | 18 （10.9） |
| 1週間～1ヶ月 | 112 （67.9） |
| 1ヶ月～半年 | 19 （11.5） |
| 半年以上 | 2 （1.2） |
| ほとんど帰らない | 14 （8.5） |
| 合計 | 165（100.0） |

表5-25 移住女性の母国家族への支援

| | お金を定期的に送る | 家の新築や改築の資金を出す | 兄弟や親族の学資を出す | 土地や農地を買う | 自動車や機械の購入の資金を出す | その他 | 支援をしていない | 合計 |
|---|---|---|---|---|---|---|---|---|
| 中国（漢族など） | 3 (15.8) | 0 (0.0) | 0 (0.0) | 0 (0.0) | 0 (0.0) | 3 (15.8) | 13 (68.4) | 19(100.0) |
| 中国（朝鮮族） | 5 (21.7) | 2 (8.7) | 1 (4.3) | 0 (0.0) | 0 (0.0) | 0 (0.0) | 15 (65.2) | 23(100.0) |
| フィリピン | 9 (24.3) | 8 (21.6) | 4 (10.8) | 3 (8.1) | 0 (0.0) | 7 (18.9) | 6 (16.2) | 37(100.0) |
| ベトナム | 15 (20.3) | 12 (16.2) | 3 (4.1) | 2 (2.7) | 0 (0.0) | 16 (21.6) | 26 (35.1) | 74(100.0) |
| その他 | 8 (36.4) | 1 (4.5) | 1 (4.5) | 0 (0.0) | 1 (4.5) | 1 (4.5) | 10 (45.5) | 22(100.0) |
| 合計 | 40 (22.9) | 23 (13.1) | 9 (5.1) | 5 (2.9) | 1 (0.6) | 27 (15.4) | 70 (40.0) | 175(100.0) |

注）多重回答。

母国の地域社会への支援は、寄付をしていない場合が56.3％で半数を超え、その次に行事や祭礼に寄付14.4％、一族に寄付が13.8％の順になった（表5-26）。

表5-26 移住女性の母国の地域社会への支援

| | | |
|---|---|---|
| 宗教施設に寄付 | 10 | (6.0) |
| 学校に寄付 | 8 | (4.8) |
| 一族に寄付 | 23 | (13.8) |
| 行事や祭礼に寄付 | 24 | (14.4) |
| 行政機関に寄付 | 2 | (1.2) |
| その他 | 6 | (3.6) |
| 寄付をしていない | 94 | (56.3) |
| 合計 | 167 | (100.0) |

注）多重回答。

このような母国との連携は、相互的でもある。関連研究では、移住女性が母国家族との助力関係について、お互い助け合っている場合が41.7％、一方的に助けている場合が23.4％であった（ウ 2016a: 60）。移住女性と母国家族との相互性を基礎にした連携は、移住女性にとっては韓国生活の安定と便宜を高め、母国家族にとっては生活費支援など経済的利得を得る結果を生む。

しかしながら、他方で、一方的に母国家族を助ける移住女性の場合、母国家族との連携が必ずしも肯定的でないこともありうることを示唆する。すなわち、母国家族の扶養者としての役割に縛られている場合、韓国生活での自己開発など、他の機会の選択を制限されたり、夫婦葛藤の要因になったりすることもある。

# 4 出会いと家族生活

## 4.1 出会い

移住女性が韓国人の夫に会った契機、あるいは結婚に至った方式をみると、「友人や親戚の紹介」が54.8%で最も多く、その次が斡旋会社を通した出会い25.6%であった。

出身国別に分析してみた結果、中国（漢族など）、中国（朝鮮族）、フィリピン、ベトナムの女性のすべてで「友人や親戚の紹介」が最も多い比重を占めたが、中国（漢族など）女性は「学校や職場での出会い」が35.0%、ベトナム女性は斡旋会社が31.2%で、相対的に高い比重を占める特性をみせた（表5-27）。

結婚後の結婚期間は、「5〜9年」が39.3%、「1〜4年」が33.7%の順であり（表5-28）、外国人の妻の出身国別の平均結婚期間を算出してみた結果、中国（朝鮮族）が12.16年で最も長く、その次にフィリピン、中国（漢族など）、ベトナムの順に結婚期間が長い特性をみせた（表5-29）。

表5-27　夫と出会った契機

| | 旅行や行楽での出会い | 学校や職場での出会い | 友人や親戚の紹介 | 斡旋会社 | その他 | 合計 |
|---|---|---|---|---|---|---|
| 中国（漢族など） | 1　(5.0) | 7　(35.0) | 11　(55.0) | 1　(5.0) | 0　(0.0) | 20(100.0) |
| 中国（朝鮮族） | 1　(5.0) | 3　(15.0) | 13　(65.0) | 3　(15.0) | 0　(0.0) | 20(100.0) |
| フィリピン | 2　(6.9) | 5　(17.2) | 15　(51.7) | 4　(13.8) | 3　(10.3) | 29(100.0) |
| ベトナム | 5　(6.5) | 2　(2.6) | 45　(58.4) | 24　(31.2) | 1　(1.3) | 77(100.0) |
| その他 | 2　(9.1) | 0　(0.0) | 8　(36.4) | 11　(50.0) | 1　(4.5) | 22(100.0) |
| 合計 | 11　(6.5) | 17　(10.1) | 92　(54.8) | 43　(25.6) | 5　(3.0) | 168(100.0) |

表5-28　結婚期間

| | |
|---|---|
| 1年以内 | 5　(3.1) |
| 1〜4年 | 55　(33.7) |
| 5〜9年 | 64　(39.3) |
| 10年以上 | 39　(23.9) |
| 合計 | 163(100.0) |

表5-29　平均結婚期間と出身国

| | 人数 | 平均結婚期間 |
|---|---|---|
| 中国（漢族など） | 19 | 6.21 |
| 中国（朝鮮族） | 19 | 12.16 |
| フィリピン | 28 | 7.39 |
| ベトナム | 75 | 4.83 |
| その他 | 22 | 8.27 |

## 4.2 家族構成

　現在一緒に住んでいる家族の構成は、子供と同居が53.1％で最も多く、次が姑と同居が22.7％を占めている（表5-30）。舅や姑と同居する家族構成が30.8％を占めるのは、韓国の一般的な家族構成と比較してみるとき、非常に高い数値である[5]。他方、移住女性と韓国人の夫が、前の配偶者との間に生まれた子供を連れてくる比率が5.7％で、比率は大きくないが、注目に値する。これから再婚家庭が増加し、前の配偶者との間に生まれた子供と同居する家族構成も、次第に増えていくと展望される。

　次に、夫の支援と協力に対する移住女性の主観的認識は、「家事や育児への参加」をある程度、あるいはよくしている比率が62.6％、「実家の訪問」をある程度、あるいはよくしている比率が45.5％、「実家への経済的な支援」をある程度、あるいはよくしている比率が43.6％、「母国の文化・習慣の理解」をある程度、あるいはよくしている比率が55.8％であった（表5-31）。

表5-30　家族構成

| | |
|---|---|
| 自分たちの子供 | 112　(53.1) |
| 自分の連れ子 | 4　(1.9) |
| 夫の連れ子 | 8　(3.8) |
| 夫の父 | 17　(8.1) |
| 夫の母 | 48　(22.7) |
| 夫の兄弟姉妹 | 2　(0.9) |
| 夫の兄弟姉妹の配偶者 | 0　(0.0) |
| 夫の兄弟姉妹の子供 | 1　(0.5) |
| 夫の祖父母 | 2　(0.9) |
| その他 | 17　(8.1) |
| 合計 | 211(100.0) |

注）多重回答。

表5-31　夫の支援と協力の程度

| | 家事や育児への参加（A） | あなたの実家の訪問（B） | あなたの実家への経済的な支援（C） | あなたの母国の文化・習慣の理解（D） |
|---|---|---|---|---|
| よくする | 39　(26.5) | 15　(10.5) | 20　(12.8) | 33　(20.2) |
| ある程度する | 53　(36.1) | 50　(35.0) | 48　(30.8) | 58　(35.6) |
| あまりしない | 43　(29.3) | 67　(46.9) | 48　(30.8) | 52　(31.9) |
| しない | 12　(8.2) | 11　(7.7) | 40　(25.6) | 20　(12.3) |
| 合計 | 147(100.0) | 143(100.0) | 156(100.0) | 163(100.0) |

**表5-32 夫が結婚生活を忠実にしている程度**

| | |
|---|---|
| 十分にしている | 78 (47.0) |
| ある程度している | 66 (39.8) |
| あまりしていない | 15 (9.0) |
| まったくしていない | 7 (4.2) |
| 合計 | 166(100.0) |

**表5-33 離婚についての考え**

| | |
|---|---|
| しばしば考えている | 4 (2.4) |
| 時々考えることがある | 28 (17.0) |
| あまり考えたことがない | 51 (30.9) |
| まったく考えたことがない | 82 (49.7) |
| 合計 | 165(100.0) |

**表5-34 離婚を考える理由**

| | |
|---|---|
| 夫と性格が合わない | 8 (27.6) |
| 夫の態度や考え方に不満がある | 7 (24.1) |
| 夫に経済的能力がない | 3 (10.3) |
| 夫の家族・親族に不満がある | 3 (10.3) |
| 今住んでいる地域に不満がある | 4 (13.8) |
| この国（韓国）が嫌いである | 0 (0.0) |
| 夫などが自分の実家のことを理解してくれない | 0 (0.0) |
| その他 | 4 (13.8) |
| 合計 | 29(100.0) |

## 4.3 夫婦関係

次に、夫婦関係についてであるが、移住女性は夫との結婚生活についておおむね満足していた（表5-32）。離婚についての考えは、まったく考えたことがないや、あまり考えたことがない比率が80.6％で、多数を占めていた（表5-33）。

離婚を考える理由は、夫と性格が合わないが27.6％、夫の態度や考え方に不満があるが24.1％で、半分程度の比重を占めていた（表5-34）。関連研究によれば、実際、別居をしたり、離婚をしたりする国際結婚夫婦の場合は、主な原因として、飲酒、暴力、浮気、経済的無能力などの要因が複合的に働いており、配偶者への偏見や信頼喪失が夫婦関係の悪化に重畳的に働いていると指摘している（ウ 2016b: 75-85）。

## 4.4 夫の父母および親戚との関係

夫の父母や親戚と会う頻度をみると、舅姑の場合ほぼ毎日が35.6％、週1回以上が27.4％で、頻繁に会っていた。これは舅姑と一緒に住むか、近い所に住んでいて、日常生活を共有する場合が多いことを示唆する。次に、夫の親戚と会う頻度は、月1回以上28.1％、週1回以上21.2％で、比較的頻度が高かった（表5-35）。

移住女性が遂行する夫の家族や親戚の宗教行事の役割をみると、「宗教行事を行っていない」場合が32.5％で最も多いが、「手伝いをする程度」20.2％、

「時々は中心的役割を担う」14.1％、「いつも中心的役割を担う」が13.5％で、祭礼などの行事準備に相当な役割を担っていた（表5-36）。

移住女性の舅姑への家事労働、ケアの程度をみると、料理と洗濯や掃除の場合、頻繁にしているが、買い物と病院の送迎は、時々していた（表5-37）。

舅姑との同居有無は、別の地域に別居の比率が25.6％、同じ地域内に別居23.2％、近隣に別居が4.9％で、別居形

表5-35　夫の父母や親戚と会う頻度

| | 夫の親に会う頻度（A） | 夫の親以外の親戚に会う頻度（B） |
|---|---|---|
| ほぼ毎日 | 52　(35.6) | 20　(13.7) |
| 週1回以上 | 40　(27.4) | 31　(21.2) |
| 月1回以上 | 30　(20.5) | 41　(28.1) |
| 半年に1回以上 | 13　(8.9) | 30　(20.5) |
| ほとんど会うことはない | 11　(7.5) | 24　(16.4) |
| 合計 | 146(100.0) | 146(100.0) |

表5-36　夫の家族・親戚の宗教行事への参加程度

| | |
|---|---|
| いつも中心的役割を担う | 22　(13.5) |
| 時々中心的役割を担う | 23　(14.1) |
| 手伝いをする程度 | 33　(20.2) |
| ただ参加するだけで手伝いなどはしない | 6　(3.7) |
| 宗教的行事はあるが参加はしない | 20　(12.3) |
| 宗教的行事を行っていない | 53　(32.5) |
| その他 | 6　(3.7) |
| 合計 | 163(100.0) |

表5-37　舅姑への家事およびケアの程度

| | 料理（A） | 洗濯や掃除（B） | 買い物（C） | 病院への送迎（D） | 入浴の手伝い（E） |
|---|---|---|---|---|---|
| 度々 | 35　(43.2) | 38　(49.4) | 19　(27.5) | 8　(11.8) | 10　(15.6) |
| 時々 | 33　(40.7) | 32　(41.6) | 35　(50.7) | 38　(55.9) | 11　(17.2) |
| ほとんどしない | 13　(16.0) | 7　(9.1) | 15　(21.7) | 22　(32.4) | 43　(67.2) |
| 合計 | 81(100.0) | 77(100.0) | 69(100.0) | 68(100.0) | 64(100.0) |

表5-38　舅姑との同居有無

| | |
|---|---|
| 同居して家計も同じ | 37　(22.6) |
| 同居しているが、家計は別 | 12　(7.3) |
| 同じ屋敷内で別居 | 5　(3.0) |
| 近隣に別居 | 8　(4.9) |
| 同じ地域内に別居 | 38　(23.2) |
| 別の地域に別居 | 42　(25.6) |
| 親はすでに他界している | 22　(13.4) |
| 合計 | 164(100.0) |

表5-39　舅姑との関係についての認識

| | |
|---|---|
| 円満 | 46　(45.1) |
| ある程度円満 | 44　(43.1) |
| あまり円満でない | 11　(10.8) |
| 不和 | 1　(1.0) |
| 合計 | 102(100.0) |

表5-40　現在の夫との間に
生まれた子供数

| | |
|---|---|
| なし | 32　(19.9) |
| 1 人 | 66　(41.0) |
| 2 人 | 55　(34.2) |
| 3 人 | 6　(3.7) |
| 4 人以上 | 2　(1.2) |
| 合計 | 161(100.0) |

表5-41　第一子の年齢

| | |
|---|---|
| 1 歳未満 | 2　(1.7) |
| 1 〜 3 歳 | 17　(14.2) |
| 4 〜 7 歳 | 48　(40.0) |
| 8 〜11歳 | 35　(29.2) |
| 12〜15歳 | 7　(5.8) |
| 16〜19歳 | 9　(7.5) |
| 20歳以上 | 2　(1.7) |
| 合計 | 120(100.0) |

態が多いが、他方で、同居比率も29.9％で、相当な比重を占めている（表5-38）。移住女性の舅姑との関係についての認識は、円満と思う比率が45.1％、ある程度円満と思う比率が43.1％で、絶対多数である88.2％が肯定的に認識している（表5-39）。

## 4.5　子供の養育

移住女性が現在の韓国人の夫との間に産んだ子供数は、1 人が41.0％で最も多く、その次が2 人34.2％、なしが19.9％の順であった（表5-40）。第一子の年齢は、「4 〜 7 歳」が40.0％で最も多く、「8 〜11歳」29.2％、「1 〜 3 歳」14.2％の順に多い。大部分が初等学校低学年に該当するか、未就学の年齢層で、子供の世話に多くの時間を費やさなければならない時期に該当する（表5-41）。

子供の養育への思いは、大変だと認識する比率が65.2％、大変だと認識しない比率が33.3％で、大変だと認識する比率がはるかに多い。しかしながら、とくに国際結婚で子供の養育が大変だというよりは、子供の養育自体が大変だ（36.3％）や、韓国での子供の養育が大変だ（20.0％）と認識する傾向をみせて

表5-42　子供の養育への思い

| | 子育てはどこでしても大変だ | とくに韓国での子育ては大変だ | 国際結婚での子育ては大変だ | 子育ては大変だとは思わない | 子育ては楽しい | その他 | 合計 |
|---|---|---|---|---|---|---|---|
| 中国<br>（漢族など） | 8　(53.3) | 1　(6.7) | 4　(26.7) | 0　(0.0) | 2　(13.3) | 0　(0.0) | 15(100.0) |
| 中国<br>（朝鮮族） | 5　(26.3) | 12　(63.2) | 0　(0.0) | 1　(5.3) | 1　(5.3) | 0　(0.0) | 19(100.0) |
| フィリピン | 6　(25.0) | 3　(12.5) | 3　(12.5) | 8　(33.3) | 4　(16.7) | 0　(0.0) | 24(100.0) |
| ベトナム | 25　(43.1) | 5　(8.6) | 5　(8.6) | 2　(3.4) | 19　(32.8) | 2　(3.4) | 58(100.0) |
| その他 | 5　(26.3) | 6　(31.6) | 0　(0.0) | 4　(21.1) | 4　(21.1) | 0　(0.0) | 19(100.0) |
| 合計 | 49　(36.3) | 27　(20.0) | 12　(8.9) | 15　(11.1) | 30　(22.2) | 2　(1.5) | 135(100.0) |

いる。出身国別では、ベトナム女性の場合、子供の養育を肯定的に思う比率が相対的に高いのに対し、中国（朝鮮族）女性は、とくに韓国での子供の養育を大変だと思う傾向が高く、中国（漢族など）は、子供の養育はどこでしても大変だと思う比率が相対的に高かった（表5-42）。

移住女性が子供の養育で最も困難な点としては、韓国語を教えるのが難しいが41.5％で最も多く、その次が養育費や教育費の支出が多いが24.4％、子供の養育方式についての夫との葛藤が14.1％の順で多かった（表5-43）。移住女性が子供の教育で重要だと思うこととしては、韓国語能力を高めることが24.0％で最も多く、学業成績を高めること20.7％、家庭外の人間関係を円滑にすること18.4％の順で多かった（表5-44）。

移住女性が子供に母国語を教えたい程度は、あいさつ程度が45.9％で最も多く、その次が日常会話33.3％、読み書き可能が18.5％の順であった（表5-45）。また、初等学校に在学している子供の学習の主たる世話人は、外国人の妻自身が46.7％で最も多かっ

**表5-43　子供の養育で最も難しい点**

| | |
|---|---|
| 子供の養育の仕方について夫（またはその家族）と葛藤がある | 19 （14.1） |
| 韓国語を教えるのが難しい | 56 （41.5） |
| 子供の世話をする人や施設が少ない | 10 （7.4） |
| 養育費や教育費の支出が多い | 33 （24.4） |
| 子供の健康や行動に問題がある | 2 （1.5） |
| 子供が学校生活に適応できない | 3 （2.2） |
| その他 | 2 （1.5） |
| 困難がない | 10 （7.4） |
| 合計 | 135（100.0） |

**表5-44　子供の教育で重要だと思うこと**

| | |
|---|---|
| 韓国語能力を高める | 52 （24.0） |
| 学業の成績を高める | 45 （20.7） |
| 学歴を高める | 19 （8.8） |
| 家庭内の人間関係を円滑にする | 24 （11.1） |
| 家庭外の人間関係を円滑にする | 40 （18.4） |
| 自分（母親）の母国の言葉や文化を身につけること | 32 （14.7） |
| その他 | 5 （2.3） |
| 合計 | 217（100.0） |

注）多重回答。

**表5-45　子供に母国語を教えたい程度**

| | |
|---|---|
| あいさつ程度 | 62 （45.9） |
| 日常会話程度 | 45 （33.3） |
| 読み書きができるまで | 25 （18.5） |
| 何も教える気はない | 2 （1.5） |
| その他 | 1 （0.7） |
| 合計 | 135（100.0） |

**表5-46　初等学校在学の子供の学習の世話人**

| | |
|---|---|
| あなた自身 | 57 （46.7） |
| 子供の父親 | 24 （19.7） |
| 父母以外の家族や親族 | 4 （3.3） |
| 塾や家庭教師 | 17 （13.9） |
| NGOなどの支援センター | 4 （3.3） |
| その他 | 7 （5.7） |
| 該当する子供がいない | 9 （7.4） |
| 合計 | 122（100.0） |

た。その次が父親19.7％、塾や家庭教師が13.9％の順であった（表5-46）。

## 5　移住女性の社会的関係

### 5.1　友人関係

移住女性の友人関係をみると、母国出身の友人は10人以上が66.4％で最も多かった。友人がいない比率は2.6％にすぎず、事実上大部分の外国人の妻は、韓国で母国出身の友人とコミュニケーションをしていると考えられる。次に、韓国人の友人や他国出身の友人は、10人以上いる比率が35％程度になるが、他方では、まったくいない比率も20％台で、移住女性の人的ネットワークの規模や様相に偏りがあることが分かる（表5-47）。

出身国別に差があるか、韓国人の友人の友人関係をみると、中国（朝鮮族）の女性は10人以上韓国人の友人がいる比率が78.9％に達するのに対し、ベトナム女性は韓国人の友人がいない比率が36.8％を占めるなど、差がみられる（表5-48）。これは、朝鮮族の女性の場合、韓国語のコミュニケーションに難しさがなく、平均結婚期間と韓国居住期間が他の出身国の女性に比べて長いことに

表5-47　移住女性の友人関係

| | 同国人の友人（A） | 韓国人の友人（B） | 他国出身の友人（C） |
|---|---|---|---|
| 10人以上 | 101　(66.4) | 53　(35.8) | 50　(35.5) |
| 5〜9人 | 29　(19.1) | 18　(12.2) | 18　(12.8) |
| 5人未満 | 18　(11.8) | 42　(28.4) | 43　(30.5) |
| いない | 4　(2.6) | 35　(23.6) | 30　(21.3) |
| 合計 | 152(100.0) | 148(100.0) | 141(100.0) |

表5-48　移住女性の友人関係（韓国人の友人）

| | 10人以上 | 5〜9人 | 5人未満 | いない | 合計 |
|---|---|---|---|---|---|
| 中国（漢族など） | 9　(47.4) | 4　(21.1) | 2　(10.5) | 4　(21.1) | 19(100.0) |
| 中国（朝鮮族） | 15　(78.9) | 0　(0.0) | 3　(15.8) | 1　(5.3) | 19(100.0) |
| フィリピン | 6　(25.0) | 5　(20.8) | 8　(33.3) | 5　(20.8) | 24(100.0) |
| ベトナム | 14　(20.6) | 7　(10.3) | 22　(32.4) | 25　(36.8) | 68(100.0) |
| その他 | 9　(50.0) | 2　(11.1) | 7　(38.9) | 0　(0.0) | 18(100.0) |
| 合計 | 53　(35.8) | 18　(12.2) | 42　(28.4) | 35　(23.6) | 148(100.0) |

起因すると解釈できる。

悩みがあるとき家族以外で主に相談をする相手は、国際結婚の母国出身の友人が35.5%で最も多く、その次が職場の母国出身の同僚17.5%で、母国出身の人が悩みの相談者になる比率が半数を超えた（表5-49）。

表5-49　悩みがあるとき家族以外で主に相談をする相手

| | |
|---|---|
| 職場の韓国人 | 22　(10.4) |
| 職場の同国人 | 37　(17.5) |
| 国際結婚の同国人 | 75　(35.5) |
| その他の国際結婚カップルのつながり | 13　(6.2) |
| 近所の韓国人 | 12　(5.7) |
| 子供の学校等の親仲間 | 12　(5.7) |
| 支援団体の関係者 | 21　(10.0) |
| その他 | 19　(9.0) |
| 合計 | 211 (100.0) |

注）多重回答。

## 5.2　交流活動

移住女性が各種の集まりに参加活動をしている比率は、子供の学校関連の集まりの場合53.6%、地域の祭りや行事の参加が57.0%、支援団体との交流が51.1%、職場の集まりが46.4%で、地域の祭りや行事に参加する比率が最も高かった。おおむね保護者、地域社会、支援団体、職場など、周辺の人たちとの社会的交流を維持している傾向がみられた（表5-50）。

表5-50　各種の集まりに参加する程度

| | 子供の学校などの交流会 (A) | 地域の祭りや行事 (B) | 支援団体などの交流会 (C) | 職場の交流会 (D) |
|---|---|---|---|---|
| よくする | 19　(15.2) | 24　(16.7) | 24　(18.3) | 24　(21.4) |
| ある程度する | 48　(38.4) | 58　(40.3) | 43　(32.8) | 28　(25.0) |
| あまりしない | 40　(32.0) | 43　(29.9) | 36　(27.5) | 29　(25.9) |
| しない | 18　(14.4) | 19　(13.2) | 28　(21.4) | 31　(27.7) |
| 合計 | 125 (100.0) | 144 (100.0) | 131 (100.0) | 112 (100.0) |

## 5.3　将来への思い

移住女性が将来希望する社会活動としては、職場の就業が38.3%で最も多かった。その次が母国の文化を紹介する活動23.0%、国際結婚女性の支援活動15.3%の順で多かった（表5-51）。次に、将来の生活計画については、半数程度である51.2%の女性が、この地域で引き続き生活することを望んでおり、そ

表5-51　希望する社会参加活動

| | | |
|---|---|---|
| 職場で働く | 90 | (38.3) |
| 自分で起業 | 20 | (8.5) |
| 国際結婚女性などを支援 | 36 | (15.3) |
| 地域振興のために活動 | 14 | (6.0) |
| 母国文化を紹介する活動 | 54 | (23.0) |
| その他 | 1 | (0.4) |
| とくにかかわりたくない | 20 | (8.5) |
| 合計 | 235 | (100.0) |

注）多重回答。

表5-52　将来への思い

| | | |
|---|---|---|
| このまま一生、この地域で生活し続ける | 83 | (51.2) |
| この地域とは限らないが、一生、韓国で生活し続ける | 45 | (27.8) |
| 子供の独立後や老後には、ひとりで母国に帰る | 7 | (4.3) |
| 子供の独立後や老後には、夫と共に母国に帰る | 15 | (9.3) |
| 夫に先立たれた時には、母国に帰る | 7 | (4.3) |
| その他 | 5 | (3.1) |
| 合計 | 162 | (100.0) |

の次に27.8％の女性が、この地域ではなくても引き続き韓国で生活することを望んでいた（表5-52）。すなわち、多数の外国人の妻にとって、韓国は、結婚を契機に移住の終着地として、生活の基盤になる空間になっているということである。

## 6　今後の国際結婚の支援へ向けて

　第一に、韓国で国際結婚は、少しずつ減少する傾向をみせるが、全体の結婚の7.4％の比重を占める結婚として、韓国の家族構造および地域社会の変化に大きな影響を及ぼしている。1990年代には主に韓国系中国人との族内婚が優勢であったが、2000年代中盤以降からはベトナム、カンボジア、タイなどの東南アジア地域、ウズベキスタン、キルギスタンなど、中央アジア地域に拡大し、「南北型」国際結婚が大勢をなすようになった。

　第二に、移住女性は結婚後も母国と一定程度の連携をなし、経済的・政治的な支援や支持を相互遂行している。移住女性の母国との連携は、経済的扶助のような連携以外にも、実家の訪問や父母の招待など、直接的な往来を通した連携も比較的活発になされているとみられる。このような母国との連携が移住女性にとってどのような意味と社会的資源として働いているかは、より深い研究が必要と思われる。

　第三に、移住女性の子供の養育についての困難は、言語的コミュニケーショ

ン以外にも、子供の養育をめぐる夫婦間の意見衝突や葛藤、女性に子供の養育の役割負担がある韓国文化など、多様な要因に起因している。また、最近、再婚家庭の増加による中途入国子女の増加も予想されている。このような点で、国際結婚夫婦とその家族の形態が変化している現実に合わせ、国際結婚夫婦の子供や家族への政策も多様化しなければならないであろう。

　第四に、移住女性の社会的交流と参加は、比較的活発になされているとみられる。とくに母国出身の相互扶助の集まりを通して、生活に必要な情報共有や人的交流は日常的になされているとみられる。

　しかしながら、移住女性の経済的・社会的なエンパワーメントが大きくなるためには、社会的交流の範囲と水準がより拡大する必要がある。移住女性が希望する社会活動として、母国紹介や他の国際結婚女性を支援することに関心を置く比率が38％に達していることは興味深い。これは、家庭内での妻や母親としての役割以外に、移住民としてのアイデンティティに基盤する社会的活動に関心が高いということを意味するからである。

　したがって、今後、移住女性のための社会的支援政策は、移住女性の地域社会への多様な参加機会拡大と力量強化に、より焦点を当てなければならないと思われる。

注

1　2016年に統計庁で実施した『社会調査』の項目中、「結婚文化への態度」（外国人と結婚しても構わない）について、同意する比率は全体66.1％（男性66.5％、女性65.8％）に達する（統計庁 2016c）。

2　韓国政府は、2011年「結婚仲介業の管理に関する法律」（2007年制定）を改正し、国際結婚仲介業の登録条件を強化（資本金1億ウォン以上）し、地方自治団体の管理・監督の権限を強化し、国際結婚予定者への事前情報提供を強化した（関係部署合同 2011）。また、2014年に法務部は、国際結婚予定者が最低限の家族扶養能力があるか否かの審査、結婚移民のビザ発給の審査基準を強化し、韓国語能力試験の初級1級の取得以上の要件を備えるように基準を高めたところである（法務部 2014）。

3　本章に掲載した集計表は、韓国での一般的な方法にしたがい、「無回答」などは除外している。このため合計数が表ごとに異なるなどしている。

4　多文化家族支援センターは、運営予算はほぼ政府（国費、道費、市郡費）の予算だが、運営主体は、市郡で審査を通し選定するため、多様である。①市郡自治体が直

接運営、②大学、③民間団体（社会福祉法人やその他の民間法人）があり、調査当時、大田市多文化家族支援センターの運営主体は大田大学校、礼山郡多文化家族支援センターは民間の社団法人であった。また、大田市所在の極東多文化センターは、教会財団が自らの予算で運営するセンターである。

5　『人口総調査』で、父母あるいは父、母いずれか一方と同居する 2 世代世帯（夫婦と両親が同居）、および 3 世代世帯以上に該当する比率は、全体世帯の6.2％である（統計庁 2016d）。

**参考文献**

（韓国語文献）

関係部署合同　2011　『国際結婚の健全化・結婚移民者の就業支援の総合対策の推進現況および今後の計画』（2011年11月23日報道資料）。

キム・ヨンジュ　2011　「多文化社会と家族」イ・キスクほか『家族とジェンダー』韓国・創知社。

──　2014　「移住女性とジェンダー」ハン・ヒソンほか『女性・ジェンダー・社会』韓国・共同体。

法務部　2014　「結婚ビザ発給審査強化予定」（2014年 2 月 5 日報道資料）。

ウ・ボックナム　2016a　『忠南結婚移住女性の生活実態と政策方向』忠南女性政策開発院。

──　2016b　『忠南多文化家族解体による問題と政策的対応方案』忠南女性政策開発院。

女性家族部　2016　『2015年全国多文化家族実態調査』。

忠清南道庁ホームページ　www.chungnam.go.kr

統計庁　2016a　『2015年婚姻・離婚統計』。

──　2016b　「2015年多文化人口動態統計」（2016年11月16日報道添付資料）。

──　2016c　『社会調査』（www.kosis.kr）。

──　2016d　『人口総調査』（www.kosis.kr）。

──　2016e　『住民登録人口現況』（2016年12月基準）（www.kosis.kr）。

# 第6章

# 韓国内陸農村部における
# 現在のくらし、これからのくらし

## 結婚移住女性の支援と社会的機能

多田哲久

## 1 論山市と礼山郡の概要

　第5章では、韓国の国際結婚の現況、質問紙調査の概要、大田広域市・論山市・礼山郡を対象とした忠南地域の国際結婚をみた。本章では、日本や台湾の「地方的世界」との比較を考慮し、韓国内陸農村部の論山市と礼山郡の国際結婚に絞って分析・考察を行う。

　前章の図5-3にあるように、論山市は、韓国の中央・西側にある忠清南道の南部に位置し、ソウルから南へ約170km、大田広域市から南西へ約30kmにある。地形的には、東部に山があるが、中西部は標高100m以下の平野・丘陵地（全体の69%）となっている。礼山郡は、忠清南道の北部に位置し、ソウルから南へ約120km、大田広域市から北西へ約80kmにある。地形的には、山地が東部と西部、中央部に丘陵が広がっており、標高100m以下の平野・丘陵地が全体の69.4%を占める。

　論山市と礼山郡の産業についてみると、論山市の場合、韓国と忠清南道の両方で産業特化係数が1を超えている産業は7つある。韓国のなかでは「農林漁業」の特化係数が3.28で最も高く、忠清南道のなかでは「下水・廃棄物処理、原料再生および環境復元業」の特化係数が1.67で最も高い。礼山郡の場合、韓国と忠清南道の両方で1を超えている産業は5つある。韓国のなかでは「農林漁業」の特化係数が4.05で最も高く、忠清南道のなかでは「公共行政、国防および社会保障行政」の特化係数が2.40で最も高い（表6-1）。

　論山市と礼山郡の人口は、韓国や忠清南道とは逆に、1995年から2015年にか

表6-1　産業別従業員数の構成比の特化係数（2015年）

| | 論山市 | | 礼山郡 | |
|---|---|---|---|---|
| | 韓国 | 忠清南道 | 韓国 | 忠清南道 |
| 農林漁業 | 3.28 | 1.36 | 4.05 | 1.68 |
| 鉱業 | 0.00 | 0.00 | 0.98 | 0.79 |
| 製造業 | 1.25 | 0.76 | 1.42 | 0.87 |
| 電気、ガス、蒸気、水道事業 | 0.65 | 0.35 | 0.88 | 0.47 |
| 下水・廃棄物処理、原料再生および環境復元業 | 2.44 | 1.67 | 2.14 | 1.46 |
| 建設業 | 0.84 | 0.92 | 0.93 | 1.02 |
| 卸売・小売業 | 1.03 | 1.26 | 0.85 | 1.04 |
| 運送業 | 0.94 | 1.26 | 0.72 | 0.96 |
| 宿泊および飲食店業 | 0.98 | 0.97 | 1.17 | 1.16 |
| 出版、映像、放送通信および情報サービス業 | 0.21 | 0.81 | 0.28 | 1.06 |
| 金融および保険業 | 0.85 | 1.30 | 0.84 | 1.29 |
| 不動産業および賃貸業 | 0.53 | 0.81 | 0.59 | 0.91 |
| 専門、科学および技術サービス業 | 0.34 | 0.80 | 0.30 | 0.70 |
| 事業施設管理および事業支援サービス業 | 0.22 | 0.31 | 0.17 | 0.24 |
| 公共行政、国防および社会保障行政 | 1.45 | 1.33 | 2.60 | 2.40 |
| 教育サービス業 | 1.08 | 1.08 | 0.80 | 0.80 |
| 保険業および社会福祉サービス業 | 1.34 | 1.38 | 0.85 | 0.88 |
| 芸術、スポーツおよび余暇関連サービス業 | 0.76 | 0.95 | 0.93 | 1.16 |
| 協会および団体、修理およびその他の個人サービス業 | 1.44 | 1.39 | 1.44 | 1.39 |

出所）統計庁（2015b）および統計庁（2015c）より作成。
　注）数値＝［a地域のb産業従業員数／a地域の総従業員数］／［全国のb産業従業員数／全国の総従業員数］。農林漁業の従業員数は、農林漁業総調査の農家人口を使用。

けて減少している。1995年を1とすると、2015年の論山市の人口は0.85、礼山郡の人口は0.77になる。高齢化率は、1995年から2015年にかけて高くなっている。2015年に論山市は21.6％、礼山郡は25.3％で、超高齢社会となっている（表6-2）。

　全婚姻に占める国際結婚の比率は、いずれの年度も、論山市・礼山郡の方が、韓国・忠清南道より、高くなっている。論山市は2009年に16.8％でピーク、2015年は9.3％であり、礼山郡も2009年に22.8％でピーク、2015年は11.0％である（表6-3）。

　ここまで、論山市と礼山郡の概要をみてきた。論山市と礼山郡は、ソウルや大田広域市からの距離、忠清南道からみた産業特性で異なっている。とはいえ、韓国全体からみると、首都から150km内外離れた内陸部、標高100m以下

表6-2 人口・高齢化率の推移

|  |  | 1995 | 2000 | 2005 | 2010 | 2015 |
|---|---|---|---|---|---|---|
| 人口 | 韓国 | 44,608,726 | 46,136,101 | 47,278,951 | 48,580,293 | 51,069,375 |
|  | 忠清南道 | 1,766,854 | 1,845,321 | 1,889,495 | 2,028,002 | 2,107,802 |
|  | 論山市 | 150,190 | 142,828 | 135,210 | 130,311 | 127,735 |
|  | 礼山郡 | 110,045 | 101,660 | 91,452 | 88,228 | 85,257 |
| 高齢化率 | 韓国 | 5.9% | 7.3% | 9.2% | 11.2% | 12.9% |
|  | 忠清南道 | 9.9% | 12.0% | 14.2% | 15.3% | 15.7% |
|  | 論山市 | 10.4% | 13.0% | 16.0% | 19.1% | 21.6% |
|  | 礼山郡 | 10.5% | 14.0% | 18.5% | 21.7% | 25.3% |

出所）統計庁（2015e）より作成。

表6-3 全婚姻に占める国際結婚の比率

|  | 2008 | 2009 | 2010 | 2011 | 2012 | 2013 | 2014 | 2015 |
|---|---|---|---|---|---|---|---|---|
| 韓国 | 11.2% | 10.9% | 10.8% | 9.3% | 8.9% | 8.3% | 8.0% | 7.4% |
| 忠清南道 | 12.5% | 12.4% | 11.3% | 10.0% | 9.9% | 8.7% | 8.1% | 7.4% |
| 論山市 | 16.6% | 16.8% | 15.5% | 13.5% | 14.8% | 12.6% | 9.4% | 9.3% |
| 礼山郡 | 14.9% | 22.8% | 16.1% | 15.2% | 15.1% | 13.9% | 11.1% | 11.0% |

出所）統計庁（2015d）より作成。

の平野・丘陵地が70％ほどの地形、農業の地域、人口減少・高齢化の地域、国際結婚の比率が高い地域という点で共通している。以下では、本調査の回答者のうち、論山市と礼山郡の国際結婚移住女性を、韓国内陸農村部として一括し分析・考察する。

あらかじめ論山市・礼山郡の国際結婚移住女性（帰化者を含む）の出身国をみておくと、論山市・礼山郡はベトナムが最も多く、フィリピン、中国（漢族など）と続く。これに対して、本調査の回答者は、ベトナムが最も多い点は同じであるが、2位以下で順位が異なり、カンボジアの比率が若干高いという違いがある（表6-4）。

表6-4 論山市・礼山郡の国際結婚移住女性の出身国および調査回答者の出身国

|  | 論山市・礼山郡 | 調査回答者 |
|---|---|---|
| 中国（漢族など） | 173 (13.7) | 11 (11.0) |
| 中国（朝鮮族） | 172 (13.6) | 18 (18.0) |
| フィリピン | 215 (17.0) | 14 (14.0) |
| ベトナム | 505 (39.9) | 39 (39.0) |
| カンボジア | 81 (6.4)* | 14 (14.0) |
| その他 | 121 (9.6) | 4 (4.0) |
| 合計 | 1,267 (100.0) | 100 (100.0) |

出所）左列は行政安全部（2015）より作成。
注）＊5人未満で数値が一部あり除外。合計には含まれているため、「その他」に含めて調整。
数字は実数。括弧内は％。以下同じ。

質問紙の分析・考察は、大きく３つに分けられる。移住先での家族生活、移住先での社会生活、母国の家族および社会との関係である。これらは、本書序章の藤井勝による国際結婚の類型や機能に関する議論を念頭においている。藤井は、途上国の女性と経済発展国の地方社会の男性との国際結婚を「南北型」とし、その機能として、移住先や母国における家族および「地方的世界」の維持・再生産を挙げている。

　以下、２節では、本論に先立ち、移住女性の属性を確認する。３節では、移住女性の家族生活を、夫婦、子供、夫の親の３つに分けてみていく。４節では、移住女性の社会生活を、友人関係、社会的な諸活動、将来の生活設計の３つに分けてみていく。５節では、移住女性と母国との関係をみていく。３節から５節までは、国際結婚当事者の現状把握、問題・課題の抽出、支援のあり方などを中心に分析・考察する。最後に６節では、韓国内陸農村部における国際結婚の機能に注目して、調査結果を整理する。

## ２　移住女性の属性

　移住女性はどのような人々が多いであろうか。ここでは、年齢層と平均年齢、兄弟姉妹、学歴、出身地、会話力と読み書き力、結婚前の職業を確認しておきたい。

　まず、年齢層と平均年齢であるが、全体的には30代が41.0％と最も多く、次に20代が34.0％で、平均年齢は33.49歳となっている。出身国別にみると、中国（朝鮮族）の平均年齢が42.56歳で高く、ベトナムの平均年齢が29.16歳で低い（表６-５）。

　兄弟姉妹は、「兄弟も姉妹もいる」が55.0％で最も多く、次に「兄弟だけいる」が21.0％で、「一人っ子」は１人だけである（表６-６）。また、学歴は高等学校が38.0％と最も多く、次に中学校が32.0％となっている（表６-７）。

　移住女性の出身地は、全体としては、田舎町が34.0％と最も多く、次に地方都市が29.0％である。出身国別にみると、中国（漢族など）は地方都市が多く、中国（朝鮮族）は大都市が多い。フィリピンは大都市と田舎町が同率、ベトナムは農村や漁村が多く、カンボジアは田舎町が多くなっている（表６-８）。

表6-5　移住女性の年齢層と平均年齢

| | 中国<br>（漢族など） | 中国<br>（朝鮮族） | フィリピン | ベトナム | カンボジア | その他 | 合計 |
|---|---|---|---|---|---|---|---|
| 20代 | 3 (27.3) | 0 (0.0) | 3 (21.4) | 21 (53.8) | 5 (35.7) | 2 (50.0) | 34 (34.0) |
| 30代 | 4 (36.4) | 7 (38.9) | 5 (35.7) | 15 (38.5) | 9 (64.3) | 1 (25.0) | 41 (41.0) |
| 40代 | 4 (36.4) | 7 (38.9) | 2 (14.3) | 2 (5.1) | 0 (0.0) | 1 (25.0) | 16 (16.0) |
| 50代 | 0 (0.0) | 4 (22.2) | 2 (14.3) | 0 (0.0) | 0 (0.0) | 0 (0.0) | 6 (6.0) |
| 無回答 | 0 (0.0) | 0 (0.0) | 2 (14.3) | 1 (2.6) | 0 (0.0) | 0 (0.0) | 3 (3.0) |
| 合計 | 11(100.0) | 18(100.0) | 14(100.0) | 39(100.0) | 14(100.0) | 4(100.0) | 100(100.0) |
| 平均年齢 | 36.09 | 42.56 | 36.00 | 29.16 | 29.71 | 32.50 | 33.49 |

表6-6　移住女性の兄弟姉妹

| | | |
|---|---|---|
| 一人っ子である | 1 | (1.0) |
| 兄弟だけいる | 21 | (21.0) |
| 姉妹だけいる | 18 | (18.0) |
| 兄弟も姉妹もいる | 55 | (55.0) |
| 無回答 | 5 | (5.0) |
| 合計 | 100(100.0) | |

表6-7　移住女性の学歴

| | | |
|---|---|---|
| 小学校 | 6 | (6.0) |
| 中学校 | 32 | (32.0) |
| 高等学校 | 38 | (38.0) |
| 短期大学や専門学校 | 13 | (13.0) |
| 大学 | 10 | (10.0) |
| その他 | 1 | (1.0) |
| 合計 | 100(100.0) | |

表6-8　移住女性の出身地

| | 中国<br>（漢族など） | 中国<br>（朝鮮族） | フィリピン | ベトナム | カンボジア | その他 | 合計 |
|---|---|---|---|---|---|---|---|
| 大都市 | 1 (9.1) | 9 (50.0) | 5 (35.7) | 0 (0.0) | 2 (14.3) | 1 (25.0) | 18 (18.0) |
| 地方都市 | 5 (45.5) | 6 (33.3) | 3 (21.4) | 12 (30.8) | 2 (14.3) | 1 (25.0) | 29 (29.0) |
| 田舎町 | 4 (36.4) | 3 (16.7) | 5 (35.7) | 11 (28.2) | 9 (64.3) | 2 (50.0) | 34 (34.0) |
| 農村や漁村 | 1 (9.1) | 0 (0.0) | 1 (7.1) | 15 (38.5) | 0 (0.0) | 0 (0.0) | 17 (17.0) |
| 無回答 | 0 (0.0) | 0 (0.0) | 0 (0.0) | 1 (2.6) | 1 (7.1) | 0 (0.0) | 2 (2.0) |
| 合計 | 11(100.0) | 18(100.0) | 14(100.0) | 39(100.0) | 14(100.0) | 4(100.0) | 100(100.0) |

　会話力と読み書き力は、後に触れるように、子供の育児・教育、移住女性の社会生活などに差をもたらす重要な要因となっている。全体的には、「ある程度できる」の比率が56.0％と44.0％で最も多いが、中国（朝鮮族）とそれ以外の出身国にわけてみると、中国（朝鮮族）の場合、会話が「十分できる」の比率が88.9％と非常に高く、読み書きも「十分できる」の比率が38.9％と高くなっている[2]（表6-9）。

　最後に、移住女性の結婚前の職業であるが、全体的には、「工場で働く」が28.0％と最も多く、次に「会社や団体の事務や営業」が19.0％となっている。

表6-9　移住女性の会話力と読み書き力

| | 会話 | | | 読み書き | | |
|---|---|---|---|---|---|---|
| | 中国<br>(朝鮮族) | それ以外 | 合計 | 中国<br>(朝鮮族) | それ以外 | 合計 |
| 十分できる | 16　(88.9) | 23　(28.0) | 39　(39.0) | 7　(38.9) | 10　(12.2) | 17　(17.0) |
| ある程度できる | 2　(11.1) | 54　(65.9) | 56　(56.0) | 2　(11.1) | 42　(51.2) | 44　(44.0) |
| ほとんどできない | 0　(0.0) | 2　(2.4) | 2　(2.0) | 0　(0.0) | 1　(1.2) | 1　(1.0) |
| 無回答 | 0　(0.0) | 3　(3.7) | 3　(3.0) | 9　(50.0) | 29　(35.4) | 38　(38.0) |
| 合計 | 18(100.0) | 82(100.0) | 100(100.0) | 18(100.0) | 82(100.0) | 100(100.0) |

表6-10　移住女性の結婚前の職業

| | 中国<br>(漢族など) | 中国<br>(朝鮮族) | フィリピン | ベトナム | カンボジア | その他 | 合計 |
|---|---|---|---|---|---|---|---|
| 工場で働く | 1　(9.1) | 4　(22.2) | 6　(42.9) | 13　(33.3) | 4　(28.6) | 0　(0.0) | 28　(28.0) |
| 商店や食堂で働く | 5　(45.5) | 2　(11.1) | 2　(14.3) | 6　(15.4) | 1　(7.1) | 0　(0.0) | 16　(16.0) |
| 会社や団体の事務<br>や営業 | 2　(18.2) | 7　(38.9) | 2　(14.3) | 5　(12.8) | 2　(14.3) | 1　(25.0) | 19　(19.0) |
| 農業や漁業 | 0　(0.0) | 3　(16.7) | 0　(0.0) | 8　(20.5) | 2　(14.3) | 0　(0.0) | 13　(13.0) |
| 専門職(教員・エ<br>ンジニアなど) | 0　(0.0) | 1　(5.6) | 1　(7.1) | 0　(0.0) | 1　(7.1) | 1　(25.0) | 4　(4.0) |
| 無職(家事手伝い<br>を含む) | 2　(18.2) | 0　(0.0) | 1　(7.1) | 2　(5.1) | 0　(0.0) | 0　(0.0) | 5　(5.0) |
| 学生 | 1　(9.1) | 0　(0.0) | 1　(7.1) | 5　(12.8) | 3　(21.4) | 2　(50.0) | 12　(12.0) |
| その他 | 0　(0.0) | 1　(5.6) | 1　(7.1) | 0　(0.0) | 1　(7.1) | 0　(0.0) | 3　(3.0) |
| 合計 | 11(100.0) | 18(100.0) | 14(100.0) | 39(100.0) | 14(100.0) | 4(100.0) | 100(100.0) |

結婚前に職業に就いていた比率(「無職」「学生」「その他」以外の比率)は、全体では80.0％、出身国別では中国(漢族など)が72.7％、中国(朝鮮族)が94.4％、フィリピンが78.6％、ベトナムが82.1％、カンボジアが71.4％となる(表6-10)。

## 3　移住女性の家族生活

### 3.1　夫婦に関して

移住女性の夫婦関係はどうなっているであろうか。まず、知り合った契機からみておくと、全体では、「友人や親族の紹介」が54.0％で最も多く、次に「斡旋会社(そのHP)の仲介」で24.0％となっている。ただし、出身国別に2位をみると、中国(朝鮮族)は「学校や職場での出会い」、それ以外の出身国は「斡

旋会社（その HP）の仲介」という差もみせている（表6-11）。

　国際結婚の際の妻と夫の結婚歴は、妻も夫も「初婚」が最も多く、妻の場合82.0％、夫の場合80.0％が「初婚」であり、「結婚経験があり、子供もいる」妻は11人、夫は7人となっている（表6-12）。また、妻の連れ子のいる世帯と夫の連れ子のいる世帯は、それぞれ2世帯である（表6-13）。

　夫婦の結婚期間と平均結婚期間は、全体では、「6～10年」が37.0％で最も多く、次に「5年以下」が36.0％である。平均結婚期間は7.53年で、出身国別では、中国（朝鮮族）が12.65年と長く、ベトナムが4.53年と短い（表6-14）。第5章でキム・ヨンジュは、韓国の男性の結婚パートナーは、1990年代後半以降、中国（朝鮮族）が増加し、2000年代に入って、東南アジアおよび中央アジア地域の国家へ広がったと指摘をしているが、論山市・礼山郡でも、その傾向が窺える。

表6-11　知り合った契機

| | 中国（朝鮮族） | それ以外 | 合計 |
|---|---|---|---|
| 旅行や行楽での出会い | 1　(5.6) | 7　(8.5) | 8　(8.0) |
| 学校や職場での出会い | 3 (16.7) | 6　(7.3) | 9　(9.0) |
| 友人や親族の紹介 | 13 (72.2) | 41 (50.0) | 54 (54.0) |
| 斡旋会社（その HP）の仲介 | 1　(5.6) | 23 (28.0) | 24 (24.0) |
| その他 | 0　(0.0) | 4　(4.9) | 4　(4.0) |
| 無回答 | 0　(0.0) | 1　(1.2) | 1　(1.0) |
| 合計 | 18(100.0) | 82(100.0) | 100(100.0) |

表6-12　妻と夫の結婚歴

| | 妻 | 夫 |
|---|---|---|
| 初婚 | 82 (82.0) | 80 (80.0) |
| 結婚経験あり | 6　(6.0) | 10 (10.0) |
| 結婚経験があり、子供もいる | 11 (11.0) | 7　(7.0) |
| 無回答 | 1　(1.0) | 3　(3.0) |
| 合計 | 100(100.0) | 100(100.0) |

表6-13　家族成員（複数回答）

| 実数（N） | 100 |
|---|---|
| 自分たちの子供 | 81 (81.0) |
| 自分の連れ子 | 2　(2.0) |
| 夫の連れ子 | 2　(2.0) |
| 夫の父 | 12 (12.0) |
| 夫の母 | 31 (31.0) |
| 夫のきょうだい | 3　(3.0) |
| 夫のきょうだいの配偶者 | 0　(0.0) |
| 夫のきょうだいの子供 | 1　(1.0) |
| 夫の祖父母 | 2　(2.0) |
| その他 | 1　(1.0) |

表6-14 結婚期間と平均結婚期間

| | 中国<br>（漢族など） | 中国<br>（朝鮮族） | フィリピン | ベトナム | カンボジア | その他 | 合計 |
|---|---|---|---|---|---|---|---|
| 5年以下 | 3 (27.3) | 1 (5.6) | 3 (21.4) | 25 (64.1) | 2 (14.3) | 2 (50.0) | 36 (36.0) |
| 6〜10年 | 5 (45.5) | 6 (33.3) | 4 (28.6) | 10 (25.6) | 11 (78.6) | 1 (25.0) | 37 (37.0) |
| 11〜15年 | 0 (0.0) | 3 (16.7) | 4 (28.6) | 1 (2.6) | 1 (7.1) | 1 (25.0) | 10 (10.0) |
| 16〜20年 | 1 (9.1) | 7 (38.9) | 2 (14.3) | 0 (0.0) | 0 (0.0) | 0 (0.0) | 10 (10.0) |
| 無回答 | 2 (18.2) | 1 (5.6) | 1 (7.1) | 3 (7.7) | 0 (0.0) | 0 (0.0) | 7 (7.0) |
| 合計 | 11(100.0) | 18(100.0) | 14(100.0) | 39(100.0) | 14(100.0) | 4(100.0) | 100(100.0) |
| 平均 | 7.22 | 12.65 | 9.23 | 4.53 | 8.00 | 6.25 | 7.53 |

表6-15 夫の年齢層と平均年齢

| | |
|---|---|
| 20代 | 2 (2.0) |
| 30代 | 6 (6.0) |
| 40代 | 46 (46.0) |
| 50代 | 34 (34.0) |
| 60代 | 6 (6.0) |
| 無回答 | 6 (6.0) |
| 合計 | 100(100.0) |
| 平均年齢 | 47.82 |

夫の年齢は40代が46.0％で最も多く、次に50代で34.0％、平均年齢は47.82歳である（表6-15）。妻の場合、30代が最も多く、平均年齢は33.49歳であったから、夫が年上であることが予想される。この点を表6-16で確認すると、全体的には「夫が上」が87.0％、そのなかの「16〜20歳」と「21歳以上」が21.0％ずつで高くなっている。ただし、中国出身は年齢差が15歳までが多く、東南アジア出身は16歳以上が多いという違いもみられる。

ここで、夫婦・家族の経済基盤の一端をみておく。夫の職業は「工場や現場で働く」が39.0％で最も多く、次に「農業や漁業」が20.0％となっている（表6-17）。また、移住女性に、家族の暮らし向きを尋ねた結果、「ある程度よい」

表6-16 夫婦の年齢差

| | | 中国<br>（漢族など） | 中国<br>（朝鮮族） | フィリピン | ベトナム | カンボジア | その他 | 合計 |
|---|---|---|---|---|---|---|---|---|
| 妻が上 | | 1 (9.1) | 1 (5.6) | 0 (0.0) | 0 (0.0) | 0 (0.0) | 0 (0.0) | 2 (2.0) |
| 同い年 | | 1 (9.1) | 1 (5.6) | 0 (0.0) | 1 (2.6) | 0 (0.0) | 0 (0.0) | 3 (3.0) |
| 夫が上 | | 9 (81.8) | 16 (88.9) | 10 (71.4) | 34 (87.2) | 14 (100.0) | 4 (100.0) | 87 (87.0) |
| | 1〜5歳 | 2 (18.2) | 4 (22.2) | 2 (14.3) | 0 (0.0) | 0 (0.0) | 0 (0.0) | 8 (8.0) |
| | 6〜10歳 | 3 (27.3) | 8 (44.4) | 0 (0.0) | 4 (10.3) | 2 (14.3) | 1 (25.0) | 18 (18.0) |
| | 11〜15歳 | 3 (27.3) | 4 (22.2) | 3 (21.4) | 5 (12.8) | 2 (14.3) | 2 (50.0) | 19 (19.0) |
| | 16〜20歳 | 1 (9.1) | 0 (0.0) | 2 (14.3) | 16 (41.0) | 1 (7.1) | 1 (25.0) | 21 (21.0) |
| | 21歳以上 | 0 (0.0) | 0 (0.0) | 3 (21.4) | 9 (23.1) | 9 (64.3) | 0 (0.0) | 21 (21.0) |
| 無回答 | | 0 (0.0) | 0 (0.0) | 4 (28.6) | 4 (10.3) | 0 (0.0) | 0 (0.0) | 8 (8.0) |
| 合計 | | 11 (100.0) | 18 (100.0) | 14 (100.0) | 39 (100.0) | 14 (100.0) | 4 (100.0) | 100 (100.0) |

が50.0％で最も多く、次に「十分によい」が25.0％、合わせて75.0％となっている（表6-18）。

移住女性の夫への評価はどうなっているであろうか。全体的にみると、移住女性は夫が結婚生活を大切にしていると評価していることが分かる（表6-19）。家事や育児への参加程度、母国の文化・習慣の理解程度、移住女性の実家

表6-17　夫の職業

| | | |
|---|---|---|
| 工場や現場で働く | 39 | (39.0) |
| 商店や食堂で働く | 6 | (6.0) |
| 会社や団体の事務や営業 | 12 | (12.0) |
| 農業や漁業 | 20 | (20.0) |
| 工場や事業所の自営業 | 8 | (8.0) |
| 専門職（教員・エンジニアなど） | 3 | (3.0) |
| 定年退職 | 1 | (1.0) |
| 無職 | 4 | (4.0) |
| その他 | 3 | (3.0) |
| 無回答 | 4 | (4.0) |
| 合計 | 100 | (100.0) |

の訪問程度も、「よくする」「ある程度する」を合わせて、それぞれ58.0％、55.0％、48.0％となっている（表6-20、21、22）。移住女性の実家への経済的な支援程度は、「ある程度する」が多い点では同じであるが、「あまりしない」「しない」の合計の方が48.0％と多い（表6-22）。実家への経済的な支援については、5節で詳しくみていくこととする。

移住女性の夫への評価は良好といえるが、この点は、離婚の意向にも表れて

表6-18　家族の暮らし向き

| | | |
|---|---|---|
| 十分によい | 25 | (25.0) |
| ある程度よい | 50 | (50.0) |
| あまりよくない | 21 | (21.0) |
| 悪い | 3 | (3.0) |
| 無回答 | 1 | (1.0) |
| 合計 | 100 | (100.0) |

表6-19　夫は結婚生活を大切にしているか

| | | |
|---|---|---|
| 十分にしている | 45 | (45.0) |
| ある程度している | 37 | (37.0) |
| あまりしていない | 10 | (10.0) |
| まったくしていない | 4 | (4.0) |
| 無回答 | 4 | (4.0) |
| 合計 | 100 | (100.0) |

表6-20　夫は家事や育児への参加をどの程度しているか

| | | |
|---|---|---|
| よくする | 27 | (27.0) |
| ある程度する | 31 | (31.0) |
| あまりしない | 23 | (23.0) |
| しない | 4 | (4.0) |
| 子供がいない | 11 | (11.0) |
| 無回答 | 4 | (4.0) |
| 合計 | 100 | (100.0) |

表6-21　夫はあなたの母国の文化・習慣の理解をどの程度しているか

| | | |
|---|---|---|
| よくする | 24 | (24.0) |
| ある程度する | 31 | (31.0) |
| あまりしない | 26 | (26.0) |
| しない | 12 | (12.0) |
| 無回答 | 7 | (7.0) |
| 合計 | 100 | (100.0) |

表6-22　移住女性の実家との夫の関わり

| | あなたの実家の訪問 | | あなたの実家への経済的な支援 | |
|---|---|---|---|---|
| よくする | 11 | (11.0) | 14 | (14.0) |
| ある程度する | 37 | (37.0) | 28 | (28.0) |
| あまりしない | 31 | (31.0) | 26 | (26.0) |
| しない | 4 | (4.0) | 22 | (22.0) |
| 実家がない | 1 | (1.0) | 1 | (1.0) |
| 無回答 | 16 | (16.0) | 9 | (9.0) |
| 合計 | 100 | (100.0) | 100 | (100.0) |

表6-23　離婚の意向

| | | |
|---|---|---|
| しばしば考えている | 1 | (1.0) |
| 時々考えることがある | 20 | (20.0) |
| あまり考えたことがない | 33 | (33.0) |
| まったく考えたことがない | 43 | (43.0) |
| 無回答 | 3 | (3.0) |
| 合計 | 100 | (100.0) |

いる。「まったく考えたことがない」が43.0％で最も多く、次に「あまり考えたことがない」が33.0％となっている（表6-23）。

　以上を踏まえて、国際結婚夫婦の支援に関し3点だけ述べておきたい。第一に、再婚家庭についてである。前章でも、再婚家庭の中途入国子女に対する政策の必要性が指摘されていた。論山市・礼山郡でも、妻の連れ子のいる世帯が2世帯あり、現状把握および支援を展開していく時期にきていることが分かる。第二に、夫の介助問題である。夫婦の年齢差は夫年上16歳以上が多く、夫の親だけでなく、いずれは夫も介助対象者になる可能性がある。介助に関する支援の拡充が望まれる。第三に、見えざる支援対象者についてである。暮らし向きのよさや移住女性の夫への好評価から、総じて移住女性の夫婦・家族生活は安定しているといえる。ただ、本調査の回答者は、平均結婚期間が長く、支援団体のプログラムや自助会の参加者であり、韓国社会である程度基盤や人間関係を築いた人たちであった。結婚期間が短く、社会参加が少ないような移民女性の現状把握および支援には、常に配慮が求められる。

## 3.2　子供に関して

　次に、現在の夫との間の子供についてみていく。現在の夫との間に子供がいる移住女性は83.0％（無回答を含む）、子供がいない移住女性は17.0％となっている。子供数としては、「1人」が38.0％で最も多く、次に「2人」で37.0％、現段階の平均子供数は1.274人（無回答を除く）となっている（表6-24）。2015年の統計庁「人口動向調査」によると、合計特殊出生率は、韓国1.239、忠清南道1.480、論山市1.384、礼山郡1.160であり（統計庁 2015d）、現段階の平均子

表6-24　現在の夫との間の子供
　　　　数と平均子供数

| | | |
|---|---|---|
| 子供はいない | 17 | (17.0) |
| 1人 | 38 | (38.0) |
| 2人 | 37 | (37.0) |
| 3人 | 3 | (3.0) |
| 無回答 | 5 | (5.0) |
| 合計 | 100 | (100.0) |
| 平均子供数<br>（無回答を除く） | 1.274 | |

表6-25　第一子の年齢層

| | 中国（朝鮮族） | | それ以外 | | 合計 | |
|---|---|---|---|---|---|---|
| 0歳 | 0 | (0.0) | 2 | (3.1) | 2 | (2.4) |
| 1～3歳 | 0 | (0.0) | 11 | (16.9) | 11 | (13.3) |
| 4～6歳 | 2 | (11.1) | 11 | (16.9) | 13 | (15.7) |
| 7～12歳 | 7 | (38.9) | 28 | (43.1) | 35 | (42.2) |
| 13～15歳 | 1 | (5.6) | 0 | (0.0) | 1 | (1.2) |
| 16～18歳 | 6 | (33.3) | 1 | (1.5) | 7 | (8.4) |
| 19歳以上 | 0 | (0.0) | 1 | (1.5) | 1 | (1.2) |
| 無回答 | 2 | (11.1) | 11 | (16.9) | 13 | (15.7) |
| 合計 | 18 | (100.0) | 65 | (100.0) | 83 | (100.0) |

表6-26　子育てに対する感じ方

| | 中国（朝鮮族） | | それ以外 | | 合計 | |
|---|---|---|---|---|---|---|
| 子育てはどこでやっても大変だ | 4 | (22.2) | 26 | (40.0) | 30 | (36.1) |
| とくに韓国での子育ては大変だ | 11 | (61.1) | 10 | (15.4) | 21 | (25.3) |
| 国際結婚での子育ては大変だ | 0 | (0.0) | 4 | (6.2) | 4 | (4.8) |
| 子育ては大変だと思わない | 1 | (5.6) | 8 | (12.3) | 9 | (10.8) |
| 子育ては楽しい | 1 | (5.6) | 16 | (24.6) | 17 | (20.5) |
| 無回答 | 1 | (5.6) | 1 | (1.5) | 2 | (2.4) |
| 合計 | 18 | (100.0) | 65 | (100.0) | 83 | (100.0) |

供数1.274人は、韓国と礼山郡より高く、忠清南道と論山市より低い結果となっている。

　また、第一子の年齢層は「7～12歳」が42.2％で最も多く、次に「4～6歳」で15.7％となっている。第一子の年齢層は出身国別にみても「7～12歳」が最も多いが、2位に関しては、結婚期間が比較的長い中国（朝鮮族）は「16～18歳」、それ以外の出身国は「1～3歳」「4～6歳」となっている（表6-25）。

　さて、移住女性は、子育てや教育について、どのような意識をもっているであろうか。子育てに対する感じ方からみてみると、全体的には、「子育てはどこでやっても大変だ」が36.1％で最も多く、次に「とくに韓国での子育ては大変だ」が25.3％となっている。「国際結婚での子育ては大変だ」は4.8％と少ない。出身国別にみると、中国（朝鮮族）は「とくに韓国での子育ては大変だ」が多い。それ以外の出身国は、「子育てはどこでやっても大変だ」が多いが、

「子育ては大変だと思わない」や「子育ては楽しい」も比較的選択されている（表6-26）。こうした違いは、出身国の社会文化的背景の違いや、子供の年齢層の違い（例えば、進学や就職を控えた第一子年齢層が3分の1を占める中国朝鮮族と、小学生までが大半を占めるそれ以外の出身国の違い）などが影響していると思われる。

　次に、子育てで最も困難に感じることをみると、全体的には、「韓国語を教えにくい」が36.1％で最も多く、次に「養育費や教育費の支出が多い」が34.9％となっている。出身国別にみると、中国（朝鮮族）は「養育費や教育費の支出が多い」に集中しているのに対し、それ以外の出身国は「韓国語を教えにくい」が多い（表6-27）。先に、中国（朝鮮族）の場合、会話力や読み書き力が「十分できる」の比率が高いことを指摘したが、その差が明確に表れている。

　韓国語能力の問題は、子供の教育にも影響を与えているようである。教育で重要なことをみると、中国（朝鮮族）は、「学業の成績を高める」が81.3％で多いのに対し、それ以外の出身国は、「韓国語能力を高める」が46.0％で最も多くなっている（表6-28）。また、子供（小学生以上）の学習をみているのは、中国（朝鮮族）は「あなた自身」が66.7％で最も多く、それ以外の出身国は、「子供の父親」が23.1％で最も多くなっている（表6-29）。

　こうしてみると、第一に、移住女性とその子供への手厚い韓国語教育が必須

表6-27　子育てで最も困難に感じること

|  | 中国（朝鮮族） | | それ以外 | | 合計 | |
|---|---|---|---|---|---|---|
| 子供の養育の仕方について夫（またはその家族）と葛藤がある | 1 | (5.6) | 6 | (9.2) | 7 | (8.4) |
| 韓国語を教えにくい | 1 | (5.6) | 29 | (44.6) | 30 | (36.1) |
| 子供の世話をする人や施設が少ない | 0 | (0.0) | 6 | (9.2) | 6 | (7.2) |
| 養育費や教育費の支出が多い | 14 | (77.8) | 15 | (23.1) | 29 | (34.9) |
| 子供の健康や行動に問題がある | 0 | (0.0) | 1 | (1.5) | 1 | (1.2) |
| 子供が学校生活に適応できない | 1 | (5.6) | 1 | (1.5) | 2 | (2.4) |
| その他 | 0 | (0.0) | 1 | (1.5) | 1 | (1.2) |
| 困難がない | 0 | (0.0) | 5 | (7.7) | 5 | (6.0) |
| 無回答 | 1 | (5.6) | 1 | (1.5) | 2 | (2.4) |
| 合計 | 18 | (100.0) | 65 | (100.0) | 83 | (100.0) |

表6-28　子供の教育で重要なこと（2つ回答）

| | 中国（朝鮮族） | それ以外 | 合計 |
|---|---|---|---|
| 実数（N） | 16 | 63 | 79 |
| 韓国語能力を高める | 3 （18.8） | 29 （46.0） | 32 （40.5） |
| 学業の成績を高める | 13 （81.3） | 19 （30.2） | 32 （40.5） |
| 学歴を高める | 1 （6.3） | 9 （14.3） | 10 （12.7） |
| 家庭内の人間関係を円滑にする | 5 （31.3） | 10 （15.9） | 15 （19.0） |
| 家庭外の人間関係を円滑にする | 2 （12.5） | 15 （23.8） | 17 （21.5） |
| 自分の母国の言葉や文化を身につける | 6 （37.5） | 15 （23.8） | 21 （26.6） |

表6-29　子供（小学生以上）の学習は誰がみているか

| | 中国（朝鮮族） | それ以外 | 合計 |
|---|---|---|---|
| あなた自身 | 12 （66.7） | 13 （20.0） | 25 （30.1） |
| 子供の父親 | 0 （0.0） | 15 （23.1） | 15 （18.1） |
| 父母以外の家族や親族 | 0 （0.0） | 2 （3.1） | 2 （2.4） |
| 塾や家庭教師 | 2 （11.1） | 6 （9.2） | 8 （9.6） |
| 多文化家族支援センターなど支援機関 | 0 （0.0） | 2 （3.1） | 2 （2.4） |
| 該当する子供がいない | 2 （11.1） | 26 （40.0） | 28 （33.7） |
| 無回答 | 2 （11.1） | 1 （1.5） | 3 （3.6） |
| 合計 | 18 （100.0） | 65 （100.0） | 83 （100.0） |

であることが分かる。第二に、養育費や教育費、進学や就職の支援をどうして
いくかという問題がある。と同時に第三に、既存の韓国教育の中に国際結婚の
子供を組み込んでいくという方向だけではなく、子供の多様な社会文化的背景
や、「子育ては大変だと思わない」「子育ては楽しい」という移住女性の子育て
感を、韓国教育にどのように取り込んでいくかという方向も模索してみる価値
があると思われる。

## 3.3　夫の親に関して

　移住女性と夫の親との関係はどうなっているであろうか。まず、夫の親との
居住状況であるが、「同じ地域内に別居」が24.0％で最も多く、次に「同居し
家計も同じ」が20.0％となっている。同居と近居をそれぞれ合計すると、同居
は28.0％、近居は36.0％、別の地域に別居は17.0％となる。「親はすでに他界し
ている」「無回答」を除いた場合、同居は34.6％、近居は44.4％、別の地域に別
居は21.0％となる（表6-30）。2015年の統計庁「人口総調査」によると、一般

表6-30　夫の親との居住状況

| | | |
|---|---|---|
| 同居して家計も同じ | 20 | (20.0) |
| 同居しているが、家計は別 | 8 | (8.0) |
| 同じ屋敷内で別居 | 5 | (5.0) |
| 隣家に別居 | 7 | (7.0) |
| 同じ地域内に別居 | 24 | (24.0) |
| 別の地域に別居 | 17 | (17.0) |
| 親はすでに他界している | 15 | (15.0) |
| 無回答 | 4 | (4.0) |
| 合計 | 100 | (100.0) |

世帯のなかで、親のいる世帯（2世代世帯の「夫婦＋両親」「夫婦＋ひとり親」、3世代世帯の「夫婦＋未婚子女＋両親」「夫婦＋未婚子女＋男親」「夫婦＋未婚子女＋女親」、4世代以上世帯の合計）の比率は、韓国が3.8％、忠清南道が4.3％、論山市が4.5％、礼山郡が5.7％であった（統計庁 2015e）。論山市や礼山郡は韓国や忠清南道に比べ同居率が高い方であるが、国際結婚の移住女性は同居率がはるかに高い数値となっている。

　移住女性が夫の親に会う頻度は、「ほぼ毎日」が31.0％で最も多く、次に「週1回以上」が23.0％となっている。親が他界している場合と無回答を除いて「ほぼ毎日」と「週1回以上」を合算してみると67.5％となる（表6-31）。また、同居・近居の移住女性は、夫の親との関係について、「ある程度円満」が47.1％、「円満」が38.2％、合わせると85.3％が、円満と認識している（表6-32）。

　次に、移住女性が夫の家族・親族や夫の親と具体的にどのように関わっているかをみておきたい。夫の家族・親族の宗教行事への関わり方については、全体的には、「宗教的行事を行っていない」家族・親族が34.0％で最も多い。宗教的行事を行っている場合、「ときどきは中心的役割を担う」が17.0％と多く、次に「手伝いをする程度」が16.0％となっている（表6-33）。

表6-31　夫の親や夫の親以外の親族と会う頻度

| | 夫の親と会う頻度 | | 夫の親以外の親族に会う頻度 | |
|---|---|---|---|---|
| ほぼ毎日 | 31 | (31.0) | 15 | (15.0) |
| 週1回以上 | 23 | (23.0) | 21 | (21.0) |
| 月1回以上 | 13 | (13.0) | 20 | (20.0) |
| 半年に1回以上 | 6 | (6.0) | 16 | (16.0) |
| ほとんど会うことはない | 7 | (7.0) | 14 | (14.0) |
| すでに他界している | 15 | (15.0) | 5 | (5.0) |
| 無回答 | 5 | (5.0) | 9 | (9.0) |
| 合計 | 100 | (100.0) | 100 | (100.0) |

表6-32　夫の親との関係

| | | |
|---|---|---|
| 円満 | 26 | (38.2) |
| ある程度円満 | 32 | (47.1) |
| あまり円満でない | 3 | (4.4) |
| 無回答 | 7 | (10.3) |
| 合計 | 68 | (100.0) |

表6-33　夫の家族・親族の宗教行事への関わり方

| | | |
|---|---|---|
| いつも中心的役割を担う | 10 | (10.0) |
| ときどきは中心的役割を担う | 17 | (17.0) |
| 手伝いをする程度 | 16 | (16.0) |
| ただ参加するだけで手伝いなどはしない | 3 | (3.0) |
| 宗教的行事はあるが参加はしない | 14 | (14.0) |
| 宗教的行事を行っていない | 34 | (34.0) |
| その他 | 1 | (1.0) |
| 無回答 | 5 | (5.0) |
| 合計 | 100 | (100.0) |

表6-34　夫の親への生活支援

| | 料理 | | 洗濯や掃除 | | 買い物 | | 病院への送迎 | | 入浴の手伝い | |
|---|---|---|---|---|---|---|---|---|---|---|
| たびたび | 18 | (26.5) | 19 | (27.9) | 9 | (13.2) | 8 | (11.8) | 9 | (13.2) |
| ときどき | 26 | (38.2) | 26 | (38.2) | 24 | (35.3) | 23 | (33.8) | 6 | (8.8) |
| ほとんどしない | 17 | (25.0) | 16 | (23.5) | 28 | (41.2) | 30 | (44.1) | 46 | (67.6) |
| 無回答 | 7 | (10.3) | 7 | (10.3) | 7 | (10.3) | 7 | (10.3) | 7 | (10.3) |
| 合計 | 68 | (100.0) | 68 | (100.0) | 68 | (100.0) | 68 | (100.0) | 68 | (100.0) |

夫の親への生活支援については、「料理」「洗濯や掃除」は「ときどき」が多いのに対して、「買い物」「病院の送迎」「入浴の手伝い」は「ほとんどしない」が多いという結果になっている（表6-34）。

表6-35　夫の親の健康状態

| | | |
|---|---|---|
| だいたい自分のことはできる | 37 | (54.4) |
| ときどき手助けが必要 | 9 | (13.2) |
| 日常的に手助けが必要 | 11 | (16.2) |
| 半ば寝たきりの状態 | 1 | (1.5) |
| まったく寝たきりの状態 | 1 | (1.5) |
| 病院や介護施設に入院中 | 2 | (2.9) |
| その他 | 1 | (1.5) |
| 無回答 | 6 | (8.8) |
| 合計 | 68 | (100.0) |

夫の親への生活支援は、夫の親の健康状態にもよる。現状では、「だいたい自分のことはできる」が54.4%で最も多くなっている（表6-35）。夫の平均年齢が47.82歳であることを勘案すれば、今後、介助の必要な夫の親が増加していくことになるが、その際、移住女性がどのような役割をどの程度果たすことになるかは、家族面からも、支援面からも注目される。

## 4 移住女性の社会生活

### 4.1 友人関係

移住女性は充実した社会生活を送っているであろうか。まずは、友人の数からみていくと、「同国人」「韓国人」「その他の国出身の国際結婚女性」のいずれも、友人が「10人以上」いるが最も多くなっている。ただし、「韓国人」や「その他の国出身の国際結婚女性」の場合、「5人未満」も20％を超え、「いない」も15％を超えている（表6-36）。韓国人の友達について、もう少しみておくと、中国（朝鮮族）は「いない」が0.0％であるのに対し、それ以外の出身国は「いない」が18.3％となっている（表6-37）。韓国で社会生活をするうえで、必ずしも韓国の友人が必要というわけではないが、社会生活上の問題がないか注意を要するところである。

表6-36　友人の数

| | 同国人 | | 韓国人 | | その他の国出身の国際結婚女性 | |
|---|---|---|---|---|---|---|
| 10人以上 | 69 | (69.0) | 39 | (39.0) | 35 | (35.0) |
| 5～9人 | 10 | (10.0) | 4 | (4.0) | 7 | (7.0) |
| 5人未満 | 10 | (10.0) | 25 | (25.0) | 20 | (20.0) |
| いない | 1 | (1.0) | 15 | (15.0) | 17 | (17.0) |
| 無回答 | 10 | (10.0) | 17 | (17.0) | 21 | (21.0) |
| 合計 | 100 | (100.0) | 100 | (100.0) | 100 | (100.0) |

表6-37　韓国人の友人の数

| | 中国（朝鮮族） | | それ以外 | |
|---|---|---|---|---|
| 10人以上 | 15 | (83.3) | 24 | (29.3) |
| 5～9人 | 0 | (0.0) | 4 | (4.9) |
| 5人未満 | 2 | (11.1) | 23 | (28.0) |
| いない | 0 | (0.0) | 15 | (18.3) |
| 無回答 | 1 | (5.6) | 16 | (19.5) |
| 合計 | 18 | (100.0) | 82 | (100.0) |

表6-38　悩みの相談相手（家族以外）（2つまで回答）

| | 中国（朝鮮族） | それ以外 | 合計 |
|---|---|---|---|
| 実数（N） | 18 | 76 | 94 |
| 職場の韓国人 | 1　(5.6) | 12　(15.8) | 13　(13.8) |
| 職場の同国人 | 1　(5.6) | 27　(35.5) | 28　(29.8) |
| 国際結婚の同国人 | 15　(83.3) | 27　(35.5) | 42　(44.7) |
| その他の国際結婚カップルのつながり | 0　(0.0) | 6　(7.9) | 6　(6.4) |
| 近所の韓国人 | 3　(16.7) | 5　(6.6) | 8　(8.5) |
| 子供の学校等の親仲間 | 0　(0.0) | 9　(11.8) | 9　(9.6) |
| 支援団体の関係者 | 0　(0.0) | 9　(11.8) | 9　(9.6) |
| その他 | 1　(5.6) | 5　(6.6) | 6　(6.4) |

この点に関連して、悩みの相談相手が誰かをみておくと、それ以外の出身国の場合、「職場の同国人」と「国際結婚の同国人」が35.5％で同率であり、中国（朝鮮族）の場合でも、悩みの相談相手は「国際結婚の同国人」が83.3％で最も多い（表6-38）。悩みの相談相手は、まずは同国人であり、韓国人の友人がいないことが、即、社会的孤立につながるわけではないようである。とはいえ、同国人との相談ですべてが解決できているか、韓国社会で情報格差が生じていないかなど、憂慮する点は残る。それ以外の出身国で「支援団体の関係者」が11.8％となっているが、こうした門戸をより広げておく必要があろう。

## 4.2　社会的な諸活動

　次に、友人関係に比べ、よりオフィシャルでフォーマルな社会的諸活動についてみていきたい。まず、「地域の祭りや行事」と「支援団体などの交流会」にどの程度参加しているかからみると、全体としては「ある程度参加する」が最も多くなっているが、中国（朝鮮族）とそれ以外の出身国にわけてみると、気になる点もある。中国（朝鮮族）は、両方とも「参加しない」はないのに対し、それ以外の出身国は14.6％、20.7％が「参加しない」を選択している。また、同じ論山市・礼山郡であるにもかかわらず、中国（朝鮮族）が「祭りや行事がない」「支援団体がない」を選んだ比率は5.6％、5.6％、それ以外の出身国は12.2％、15.9％となっている（表6-39）。こうした差が支援不足や情報不足による結果であるとすれば、対策が必要である。

表6-39　社会的な諸活動への参加状況

| | 地域の祭りや行事 | | | 支援団体などの交流会 | | |
|---|---|---|---|---|---|---|
| | 中国（朝鮮族） | それ以外 | 合計 | 中国（朝鮮族） | それ以外 | 合計 |
| よくする | 1　(5.6) | 10　(12.2) | 11　(11.0) | 8　(44.4) | 8　(9.8) | 16　(16.0) |
| ある程度する | 13　(72.2) | 26　(31.7) | 39　(39.0) | 3　(16.7) | 21　(25.6) | 24　(24.0) |
| あまりしない | 3　(16.7) | 18　(22.0) | 21　(21.0) | 5　(27.8) | 14　(17.1) | 19　(19.0) |
| しない | 0　(0.0) | 12　(14.6) | 12　(12.0) | 0　(0.0) | 17　(20.7) | 17　(17.0) |
| 行事・団体がない | 1　(5.6) | 10　(12.2) | 11　(11.0) | 1　(5.6) | 13　(15.9) | 14　(14.0) |
| 無回答 | 0　(0.0) | 6　(7.3) | 6　(6.0) | 1　(5.6) | 9　(11.0) | 10　(10.0) |
| 合計 | 18　(100.0) | 82　(100.0) | 100　(100.0) | 18　(100.0) | 82　(100.0) | 100　(100.0) |

表6-40　移住女性の現在の職業

| | 中国<br>(漢族など) | | 中国<br>(朝鮮族) | | フィリピン | | ベトナム | | カンボジア | | その他 | | 合計 | |
|---|---|---|---|---|---|---|---|---|---|---|---|---|---|---|
| 工場で働く | 1 | (9.1) | 1 | (5.6) | 10 | (71.4) | 10 | (25.6) | 5 | (35.7) | 1 | (25.0) | 28 | (28.0) |
| 商店や食堂で働く | 0 | (0.0) | 3 | (16.7) | 0 | (0.0) | 2 | (5.1) | 1 | (7.1) | 0 | (0.0) | 6 | (6.0) |
| 会社や団体の事務<br>や営業 | 1 | (9.1) | 7 | (38.9) | 1 | (7.1) | 2 | (5.1) | 0 | (0.0) | 0 | (0.0) | 11 | (11.0) |
| 農業や漁業 | 0 | (0.0) | 3 | (16.7) | 0 | (0.0) | 2 | (5.1) | 4 | (28.6) | 0 | (0.0) | 9 | (9.0) |
| 専門職(教員・エ<br>ンジニアなど) | 0 | (0.0) | 1 | (5.6) | 1 | (7.1) | 0 | (0.0) | 1 | (7.1) | 0 | (0.0) | 3 | (3.0) |
| 職業に就いていない | 7 | (63.6) | 3 | (16.7) | 2 | (14.3) | 22 | (56.4) | 3 | (21.4) | 2 | (50.0) | 39 | (39.0) |
| その他 | 1 | (9.1) | 0 | (0.0) | 0 | (0.0) | 0 | (0.0) | 0 | (0.0) | 1 | (25.0) | 2 | (2.0) |
| 無回答 | 1 | (9.1) | 0 | (0.0) | 0 | (0.0) | 1 | (2.6) | 0 | (0.0) | 0 | (0.0) | 2 | (2.0) |
| 合計 | 11 | (100.0) | 18 | (100.0) | 14 | (100.0) | 39 | (100.0) | 14 | (100.0) | 4 | (100.0) | 100 | (100.0) |

　職業については、全体的に、「工場で働く」が28.0％で最も多く、次に「会社や団体の事務や営業」が11.0％となっている。この順位は、表6-10でみた結婚前の職業の順位と同じである。現在就職している比率(「職業に就いていない」「その他」「無回答」以外の比率)は57.0％である(表6-40)。2015年の統計庁「経済活動人口調査」によれば、韓国の女性の就業率は49.9％、忠清南道は50.4％であり(統計庁 2015a)、移住女性の就業率はそれらより高い比率となっている。表にはあげていないが、移住女性が韓国で職業に就いたことがある比率は74.0％であった(表6-10で述べたように結婚前は80.0％)。出身国別では、中国(漢族など)が72.7％(結婚前72.7％)、中国(朝鮮族)が94.4％(結婚前94.4％)、フィリピンが100％(結婚前78.6％)、ベトナムが56.4％(結婚前82.1％)、カンボジアが71.4％(結婚前71.4％)であった。ベトナムのみ、結婚前より低くなっているが、これはベトナムの結婚期間がまだ短いこと、子供がまだ幼いことなどが影響していると思われる。

　最後に、今後どのように社会と関わりたいと思っているかであるが、最も多かったのは「職場で働く」で、次に「母国文化を紹介する活動」「国際結婚女性

表6-41　今後の社会との関わり
(2つまで回答)

| 実数(N) | 95 | |
|---|---|---|
| 職場で働く | 60 | (63.2) |
| 自分で起業 | 12 | (12.6) |
| 国際結婚女性などを支援 | 18 | (18.9) |
| 地域振興のために活動 | 5 | (5.3) |
| 母国文化を紹介する活動 | 30 | (31.6) |
| その他 | 0 | (0.0) |
| とくに関わりたくない | 8 | (8.4) |

表6-42　将来の生活設計

| | | |
|---|---|---|
| このまま一生、この地域で生活し続ける | 47 | (47.0) |
| この地域とは限らないが、一生、韓国で生活し続ける | 24 | (24.0) |
| 子供の独立後や老後には、ひとりで母国に帰る | 7 | (7.0) |
| 子供の独立後には、夫と共に母国に帰る | 12 | (12.0) |
| 夫に先立たれたときには、母国に帰る | 2 | (2.0) |
| その他 | 1 | (1.0) |
| 無回答 | 7 | (7.0) |
| 合計 | 100 | (100.0) |

などを支援」と続く。また、「とくに関わりたくない」は8.4％と少なく、移住女性自身が社会的な諸活動を望んでいることが分かる（表6-41）。

## 4.3　将来の生活設計

移住女性は、遠い将来をどのように思っているであろうか。本調査では、「将来の生活設計」という形で質問したが、結果としては、「このまま一生、この地域で生活し続ける」が47.0％で最も多く、次に「この地域とは限らないが、一生、韓国で生活し続ける」が24.0％、2つを合わせると71.0％となった（表6-42）。移住女性の社会生活については、長期的視点で支援をしていく必要がある。

## 5　移住女性と母国との関係

移住女性は、母国における家族や地域社会とどのような関係を結んでいるであろうか。ここでは、帰国状況と経済的支援を中心にみておきたい。

まず、出身家族への帰国頻度は、「2～3年に一度」が46.0％で最も多く、次に「4～5年に一度」が29.0％、「帰国する」の合計（「毎年」「2～3年に一度」「4～5年に一度」）は85.0％となっている。出身国別の違いとしては、中国（朝鮮族）が、それ以外の出身国に比べ、「ほとんど帰らない」の比率が高い点があげられる（表6-43）。この要因としては、中国（朝鮮族）の平均年齢が高く、出身家族に世代交代が起こったため、国際結婚期間が長く、韓国生活に比重が移ったためなどが考えられる。

表6-43　出身家族への帰国頻度

| | 中国<br>(漢族など) | 中国<br>(朝鮮族) | フィリピン | ベトナム | カンボジア | その他 | 合計 |
|---|---|---|---|---|---|---|---|
| 毎年 | 8　(72.7) | 0　(0.0) | 2　(14.3) | 0　(0.0) | 0　(0.0) | 0　(0.0) | 10　(10.0) |
| 2～3年に一度 | 2　(18.2) | 7　(38.9) | 7　(50.0) | 26　(66.7) | 3　(21.4) | 1　(25.0) | 46　(46.0) |
| 4～5年に一度 | 0　(0.0) | 4　(22.2) | 4　(28.6) | 8　(20.5) | 10　(71.4) | 3　(75.0) | 29　(29.0) |
| ほとんど帰らない | 0　(0.0) | 7　(38.9) | 1　(7.1) | 5　(12.8) | 1　(7.1) | 0　(0.0) | 14　(14.0) |
| 無回答 | 1　(9.1) | 0　(0.0) | 0　(0.0) | 0　(0.0) | 0　(0.0) | 0　(0.0) | 1　(1.0) |
| 合計 | 11　(100.0) | 18　(100.0) | 14　(100.0) | 39　(100.0) | 14　(100.0) | 4　(100.0) | 100　(100.0) |

表6-44　出身家族への帰国の際の
　　　　滞在期間

| | | |
|---|---|---|
| 1週間未満 | 13 | (13.0) |
| 1週間～1ヶ月 | 61 | (61.0) |
| 1ヶ月～半年 | 13 | (13.0) |
| 半年以上 | 2 | (2.0) |
| ほとんど帰らない | 9 | (9.0) |
| 無回答 | 2 | (2.0) |
| 合計 | 100 | (100.0) |

帰国の際の滞在期間は、「1週間～1ヶ月」が61.0％で最も多い（表6-44）。国際結婚の相手と知り合った契機は「友人や親族の紹介」が多かったが、こうしたある程度の滞在期間中に、国際結婚相手を紹介することもあろう。

　次に、出身家族に対する経済的支援であるが、全体的には「支援をしていない」が49.0％と半数に近い。ただ、支援の有無は、出身国家別に差が大きく、中国（朝鮮族）は83.3％が支援していないを選択しているのに対し、フィリピンは15.4％、ベトナムは43.2％で、むしろ家族支援の方が多くなっている（表6-45）。

　出身地域に対する経済的支援は、「寄付していない」が51.5％と半数に上っ

表6-45　出身家族への経済的支援（該当すべて）

| | 中国<br>(漢族など) | 中国<br>(朝鮮族) | フィリピン | ベトナム | カンボジア | その他 | 合計 |
|---|---|---|---|---|---|---|---|
| 実数（N） | 10 | 18 | 13 | 37 | 14 | 4 | 96 |
| お金を定期的に送る | 1　(10.0) | 3　(16.7) | 5　(38.5) | 12　(32.4) | 7　(50.0) | 1　(25.0) | 29　(30.2) |
| 家の新築や改築の<br>資金を出す | 0　(0.0) | 2　(11.1) | 5　(38.5) | 3　(8.1) | 0　(0.0) | 0　(0.0) | 10　(10.4) |
| 兄弟や親族の学資<br>を出す | 0　(0.0) | 1　(5.6) | 2　(15.4) | 2　(5.4) | 0　(0.0) | 0　(0.0) | 5　(5.2) |
| 土地や農地を買う | 0　(0.0) | 0　(0.0) | 1　(7.7) | 1　(2.7) | 0　(0.0) | 0　(0.0) | 2　(2.1) |
| 自動車や機械の購<br>入の資金を出す | 1　(10.0) | 0　(0.0) | 0　(0.0) | 0　(0.0) | 0　(0.0) | 1　(25.0) | 2　(2.1) |
| その他 | 2　(20.0) | 0　(0.0) | 2　(15.4) | 5　(13.5) | 0　(0.0) | 1　(25.0) | 10　(10.4) |
| 支援をしていない | 6　(60.0) | 15　(83.3) | 2　(15.4) | 16　(43.2) | 7　(50.0) | 1　(25.0) | 47　(49.0) |

表6-46 出身地域への経済的支援（該当すべて）

| | 中国<br>（漢族など） | 中国<br>（朝鮮族） | フィリピン | ベトナム | カンボジア | その他 | 合計 |
|---|---|---|---|---|---|---|---|
| 実数（N） | 10 | 18 | 14 | 37 | 14 | 4 | 97 |
| 宗教施設に寄付 | 0 (0.0) | 1 (5.6) | 3 (21.4) | 4 (10.8) | 0 (0.0) | 1 (25.0) | 9 (9.3) |
| 学校に寄付 | 1 (10.0) | 0 (0.0) | 1 (7.1) | 2 (5.4) | 0 (0.0) | 0 (0.0) | 4 (4.1) |
| 一族に寄付 | 2 (20.0) | 2 (11.1) | 4 (28.6) | 6 (16.2) | 1 (7.1) | 0 (0.0) | 15 (15.5) |
| 行事や祭礼に寄付 | 0 (0.0) | 0 (0.0) | 2 (14.3) | 5 (13.5) | 13 (92.9) | 1 (25.0) | 21 (21.6) |
| 行政機関に寄付 | 0 (0.0) | 0 (0.0) | 1 (7.1) | 1 (2.7) | 0 (0.0) | 0 (0.0) | 2 (2.1) |
| その他 | 0 (0.0) | 0 (0.0) | 1 (7.1) | 1 (2.7) | 0 (0.0) | 0 (0.0) | 2 (2.1) |
| 寄付していない | 7 (70.0) | 15 (83.3) | 4 (28.6) | 22 (59.5) | 0 (0.0) | 2 (50.0) | 50 (51.5) |

ている。とはいえ、出身国別にみると、中国出身は「寄付していない」が多いが、フィリピンでは28.6％、カンボジアでは0％で、むしろ地域支援の方が多くなっている（表6-46）。

　出身家族と出身地域への経済的支援を組み合わせてみると、中国出身は両方に消極的であり、フィリピンは両方に積極的である。ベトナムは出身家族にやや積極的で出身地域にやや消極的、カンボジアはとくに出身地域に積極的という結果となっている。なお、第4章で本調査の日韓台比較を行った連興檳は、中国人妻の場合、実際は本調査の結果よりも、出身家族や出身地域へ経済的支援を行っているという推測をしている。そうだとすれば、全体として、もう少し母国との経済的なつながりを強めに見積もってもよいかもしれない。

## 6　韓国内陸農村部における国際結婚の機能

　本章は、日本や台湾の「地方的世界」との比較を考慮し、韓国内陸農村部の論山市と礼山郡を対象地域とした。そして、3節の移住先での家族生活、4節の移住先での社会生活、5節の母国の家族および社会との関係で、国際結婚当事者の現状把握、問題・課題の抽出、支援の在り方などを中心に分析・考察した。まずは国際結婚当事者の韓国生活の充実が出発点と考えたからである。

　最後に6節では、国際結婚の機能（国際結婚が移住先や母国における家族および「地方的世界」の維持・再生産にどのように寄与しているか）というマクロな視点に立って、3節から5節の調査結果を整理し、本章を終えることにしたい。

## 6.1 移住女性の家族生活に関して

移住女性の夫に対する評価は肯定的評価の方が多く、「離婚の意向」は考えていない方が多かった。また、家族の暮らし向きをよいと思っていた。夫婦の安定性が、家族や地域社会の維持・再生産の基盤であるとすれば、こうした意識は、家族や地域社会への促進的機能に結びつく。

子供に関してみると、現段階の平均子供数は、韓国の合計特殊出生率より高かった。移住女性（とくにそれ以外の出身国）の年齢層が若いことや第一子の年齢層が低いことを勘案すれば、子供数はもう少し増える可能性がある。この結果も、国際結婚が家族の再生産を促進することを示している。

夫の親に関しては、同居比率が韓国全体の比率に比べ非常に高かった。夫の親と会う頻度も、親がいる場合「ほぼ毎日」と「週1回以上」を合わせると67.5％であり、夫の親との関係は、「円満」と「ある程度円満」を合わせると85.3％であった。同居率の高さや会う頻度の多さ、関係の円満さからは、国際結婚が家族関係の維持に寄与しているといえる。今後、介助の必要な夫の親が増加していくなかで、家族関係がどのようになるかが注目される。

## 6.2 移住女性の社会生活に関して

移住女性が社会関係を取り結び、社会活動に参加することは、地域社会の側からみれば、担い手として、地域社会の維持・再生産に寄与するということでもある。

友人関係をみると、友人が「10人以上」いるが多かった。また、「地域の祭りや行事」と「支援団体などの交流会」の参加程度は、全体として「ある程度参加する」が最も多かった。この結果からは、移民女性が地域社会の担い手として、一定の役割を果たしていることが窺える。ただ、中国（朝鮮族）は韓国人の友達が「いない」が0.0％であるのに対し、それ以外の出身国は「いない」が18.3％となっていた。また、中国（朝鮮族）は社会的な諸活動に「参加しない」が0.0％なのに対し、それ以外の出身国は一定数が「参加しない」を選択していた。こうした点で、それ以外の出身国は、中国（朝鮮族）に比べ、韓国人との社会形成という点で、少し弱い側面をみせていた。

職業は、全体として57.0％が就業しており、韓国の女性の就業率49.9％を上回っていた。また、「今後の社会との関わり」の回答に、「職場で働く」が1位にあげられていた。その意味で、職業は、企業経営や家計などの経済的な観点からだけではなく、人間活動や社会生活の観点から、また地域社会という観点からも重要な意味をもつものであり、施策の充実が求められるところである[3]。

　遠い将来をどのように思っているのかも、社会の担い手を考える際には、押さえておくべき点である。将来の生活設計は、「このまま一生、この地域で生活し続ける」と「この地域とは限らないが、一生、韓国で生活し続ける」を合わせると71.0％であった。この結果からも、移住女性が活発に社会生活できれば、地域社会はより持続可能なものとなることが読み取れる。

## 6.3　移住女性と母国との関係に関して

　出身家族への帰国頻度は、「帰国する」の合計が85.0％であった。出身家族と出身地域への経済的支援は、中国出身は両方に消極的、フィリピンは両方に積極的、ベトナムは出身家族にやや積極的で出身地域にやや消極的、カンボジアはとくに出身地域に積極的という結果であった。なお、中国出身については、実際には出身家族や出身地域への経済的支援を行っているという推測もあり、全体としてもう少し関係を強めに見積もってもよいかもしれないということであった。

　このように質問紙調査からは、移住女性と母国との関係がみえてきた。こうした関係が、出身家族・出身地域の維持・再生産にどの程度、そしてどのように寄与しているかについては、「第Ⅲ部　送り出し側の『地方的世界』」を参照していただきたい。

　以上が調査結果から整理される国際結婚の機能である。先にも触れたが、本調査の回答者は、平均結婚期間が長く、支援団体のプログラムや自助会の参加者であり、韓国社会である程度基盤や人間関係を築いた人たちであった。その意味で、国際結婚の促進的機能が見出されやすいという批判があるかもしれない。ただ、そのことを踏まえたうえでも、国際結婚が韓国社会のなかで定着してきていることや、健全なグローバリゼーションの形成・維持という観点か

ら、ここで国際結婚の機能を整理しておくことは十分意義のあることと考えている。

注

1　分析・考察では、中国（朝鮮族）とそれ以外の出身国を比較する部分が多くある。言語・文化や国際結婚の時期・期間などで違いがあるためである。ただ、この比較のため、中国（朝鮮族）は、それ以外の出身国に比べ、韓国生活に適応しやすく問題が少ないという印象だけが強く残ってしまう危険性もある。中国（朝鮮族）に韓国生活上の困難がないということでは決してないことを、はじめに述べておきたい。

2　ただし、「読み書き」では、「十分できる」「ある程度できる」を合計すると、中国（朝鮮族）よりそれ以外の出身国の方が高くなっている。予想外の結果であるが、これは、中国（朝鮮族）が「できる」という基準を高く考えたためかもしれない（例えば、簡単なチラシを読み書くというレベルではなく、韓国人が小説や新聞を読み書くというレベルと比較して）。あるいは、「読む」能力と「書く」能力に差があり、無回答が多くなってしまったためかもしれない。

3　韓国の伝統市場の調査を行ったとき、エスニック・レストランの開業支援を見聞したことがある。また、伝統市場は、移住女性と韓国人の交流会や、移住女性の母国文化のイベントなどが行われる場ともなっている。その点で、筆者は、伝統市場と国際結婚移住女性の関連に関心をもっている。

**参考文献**

（韓国語文献）

論山市　2012　『2020年　論山市　都市基本計画変更（2次）』論山市。

論山市庁ホームページ　http://www.nonsan.go.kr

礼山郡　2015　『礼山郡　中長期発展　総合計画　要約報告書』礼山郡。

礼山郡庁ホームページ　http://www.yesan.go.kr

忠清南道庁ホームページ　http://www.chungnam.go.kr

統計庁　2015a　「経済活動人口調査」（国家統計ポータル、http://kosis.kr）。

―　2015b　「経済総調査」（同上）。

―　2015c　「農林漁業総調査」（同上）。

―　2015d　「人口動向調査」（同上）。

―　2015e　「人口総調査」（同上）。

行政安全部　2015　「地方自治団体外国人住民現況」（同上）。

# 第7章

# 韓国における「多文化家族」支援制度

## 地域社会を生き抜く外国人女性たち

佐々木祐

## 1　韓国地域社会の「国際化」

　東アジアにおける国際結婚を考える際、韓国の占める位置はやや特殊である。アメリカ合衆国・オーストラリアなどへの結婚女性移民の送り出し国としての性格を有していたと同時に、中国・東南アジアからの主要な女性受け入れ国としての立場も有しているからだ。また、不可避的に進展するこうした「国際化」に対し、有効な社会統合を目指した法・制度整備が急速に進展している点も重要であろう。21世紀における大きな社会変動に対し、国家や社会がどのように対応しうるのか、またその際に生じる問題点はなにか、という重要なテーマに、韓国における国際結婚は貴重なヒントを与えてくれる。

　また、現在世界的に進展する「ジェンダー化された移住（Gendered Migration）」のなかで、送り出し側・受け入れ側双方におけるジェンダーをめぐる社会的・制度的差異や変容に注目して分析を行うことが今日ますます求められるようになっている（Kofman and Raghuram 2015）。この意味において、韓国における事例は、とくに高齢化と労働力不足という社会的条件に強く影響されている事実にまず注意しておかなければならない。こうした条件のもとで、育児・家事労働や高齢者介護といったドメスティックな再生産領域だけではなく、移民女性は実質的な予備的労働力としても位置づけられている。韓国における結婚女性移民の存在は、家族・労働・文化といった、地域社会における重要な要素に大きな変化を与え続けている。

　第5章、6章における統計データの分析をふまえ、本章では、韓国における

移住女性の受け入れ体制について概観した後、2014年と2015年に実施した聞き取り調査の結果を用い、現場においてどのような「国際化」が進展しているのかについて考察してゆく。

## 2　韓国における外国人受け入れ政策の歩み

まず本節では、現在の結婚女性移民・国際化家族の受け入れ・支援体制につながる制度整備を概観しておきたい。

1970年代、いわゆる「漢江の奇跡」によって急速な復興と経済発展を遂げた韓国は、1980年代に入ってさらなる経済成長を受け、不足する労働力の「輸入」・受け入れ国へと変化した。主としてアジアからの正規・非正規の労働者は、韓国社会の発展の重要な「資源」となっていったわけである。産業界からの労働力確保要請に応え、1991年には「産業研修生制度」が施行されることとなった。これは、外国人労働者を低賃金・単純技能労働の資源として確保・管理するための制度であったが、実際の労働現場における様々な人権侵害・不当労働行為が明らかとなり、雇用者の論理のみに基づいた法制度の問題点が浮き彫りになった。また、そうした過酷な労働現場から逃亡し、不法滞在・不法就労者となる者も相次ぎ、本制度がもたらす社会問題が大きくクローズアップされるようになった。

その後、1997年の通貨危機とIMF支援の受け入れによる経済再建を経た2003年、盧武鉉政権の発足とともに「外国人労働者の雇用等に関する法律」が制定される。これは「雇用許可制」を設けることによって、外国人単純技能労働者を期限付きで受け入れ管理することを定めたものであって、上述した「研修生制度」のもたらす弊害を解消しようとするものであった（藤原 2012）。

こうした外国人労働者（その多くは男性）受け入れの施策整備と平行し、1990年代後半ごろから結婚を目的として韓国に入国する外国人女性が増加するようになる。当初多かった朝鮮族だけでなく、東南アジアや中央アジア出身の女性も次第に増加するようになり、韓国社会は結婚や家庭の国際化という新たな課題と向き合うことを余儀なくされた。

さて、金大中政権下の2001年に、「女性部（Ministry of Gender Equality）」が

創設された。韓国女性の直面する社会的問題や女性の権利促進・擁護を目的とするこの省庁は、2005年には盧武鉉政権下で「女性家族部（Ministry of Gender Equality and Family）」に改編された[1]。本機関の基本的な設立目的は、「女性政策を立案・調整し、権利保障を通じて女性の地位向上を目指すこと」「家族政策および多文化家族を支援し調停し安定化させること」「若者を対象とした福利と保護の育成」「女性、子供、若者を対象とした暴力の防止とその被害者保護」の4点である[2]。ここで示されているとおり、結婚移住女性とその家庭（「多文化家族 다문화가족」）の抱える問題対応も女性家族部の重要な業務のひとつである。

2006年には、「結婚女性移民家族および混血人・移住者の社会統合支援法案」が可決され、全国21ヶ所に「結婚移民家族支援センター」が設置され、結婚移住家庭の受け入れ支援が本格的に動き出すことになった。ちなみに翌年1月には、多くの問題を生んでいた「産業研修生制度」は廃止されている。

こうした背景のもと、2007年にはさらに「在韓外国人の処遇に関する基本法」が制定され、急速に国際化が進展する韓国社会の統合と共生を目指した統一的な取り組みが開始された。同法制定以前は各省庁・自治体が個別に外国人問題に対応していたため、調整の欠如や類似の施策の重複といった問題が生じていたことが指摘されている（白井 2008b）。同年には「結婚仲介業者の管理に関する法律」も成立し、国際結婚仲介業者に登録を義務づけ、就労目的のいわゆる偽装結婚や事実上の人身売買を取り締まる制度が整備された。

2008年には李明博政権が発足するが、こうした流れに大きな変更はなく、盧武鉉政権下で可決された「多文化家族支援法」が予定通り施行された。本法は上述の「結婚女性移民家族および混血人・移住者の社会統合支援法案」を発展させ、さらに制度的基盤を整備することを目指すものである。その目的達成のため、全国に「多文化家族支援センター」が設置されることとなった。

その後2011年に同法は改正され、韓国籍への帰化者も「韓国人」と同様の権利を有するものとされた。これによって、従来では「帰化したのではない韓国人と外国人」という婚姻家庭だけが同法の対象だったのに対し、「帰化によって韓国籍を取得した者と外国人」からなる家庭もサービスを受けられることとなった。また2012年には上述の「結婚仲介業者の管理に関する法律」も改正さ

れ、業者認可基準の厳格化に加え、未成年者の紹介や集団見合いが禁止される
など、より規制の強化がなされている（藤原 2012）。

　このように、近年の急激な国際化と社会構造の変化に対し、迅速に法制度整
備が進められていることが分かる。次章以降では、そうした制度が現実にどの
ように機能しているのかについて見ていきたい。

## 3　結婚移住者への支援体制

### 3.1　「多文化家族支援法」と「多文化家族支援センター」

本法の冒頭（第1条）では、その目的についてこのように説明されている。

> この法律は、多文化家族構成員が安定した家族生活を営めるようにすることに
> よりこれらの生活の質向上及び社会統合に寄与することを目的とする。

　この業務を担当する国側の省庁は女性家族部で、長官がその任にあたるとさ
れ、各地方自治体の担当部署と共同で業務を遂行する。現実に対応するために
5年ごとに策定しなおされる基本計画は、以下の5つのポイントを含まなくて
はならない。

　　1．多文化家族支援政策の基本方針
　　2．多文化家族支援のための分野別開発施策および評価に関する事項
　　3．多文化家族支援のための制度改善に関する事項
　　4．多文化家族支援のための財源確保および配分に関する事項
　　5．その他多文化家族支援のために必要な事項
　（第3条の2）

　この目的を達成するために、2015年時点では総計235自治体のうち217ヶ所に
「多文化家族支援センター」が設置されている（金 2017：19）。その運営予算の
負担は、ソウルの場合は国と市が50％ずつだが、農村地域では国が70％、地方
自治体30％などと定められている。その業務内容は以下の6点である。

1．多文化家族のための教育・相談等支援事業の実施

　1の2．結婚移住者等に対する韓国語教育

2．多文化家族支援サービス情報の提供および広報

3．多文化家族支援関連機関・団体との業務連携

4．雇用に関する情報提供および斡旋

5．多文化家族のための通訳・翻訳支援事業

6．その他多文化家族支援のために必要な事業

（第12条②　2011年改正）


　こうした取り組みを通じ、実際の生活のための情報やサービスを提供するとともに、結婚移住者の存在の可視化と地域の意識喚起、また移住者同士のつながりの醸成などが副次的に生起している。

　次に、センターにおける実際の活動の一例をみておきたい。2015年11月に訪問した禮山郡多文化家族支援センターは、2008年2月に開設された。現在では崔ヒョンスク（최현숙）センター長に加え、8名の正規職と8名の韓国語教師によって運営されている。以下の内容は崔センター長から伺ったお話をまとめたものである。

　本センターにおける業務内容は主に「子供の学習支援」「文化教育」「韓国語支援」の3つの分野からなっている。センターにおける事業だけでなく、事情に応じてはそれぞれの家庭を訪問して業務を行っている。また、多文化家族だけでなく、外国人労働者のための韓国語教室も開講している。また、来韓当初にはこうしたサービスを利用しなかった女性でも、子供が就学して学校から韓国語の連絡が来るようになると、それを理解するためにこうした教室に通い始める場合があるという。

　その他、妊娠・出産に関わる情報提供や、韓国料理講座、就職技能支援（パソコン、運転免許、美容技術）、子供の教育相談、生活相談、さらには夫婦関係に関わる相談事業など、様々な支援活動も行っている。専門的な知識・技能が必要なものについては、外部に有償で委託して講義を行っているが、基本的に参加費は無料である。

　相談内容をみてみると、やはり経済的な問題が一番多く、その他子供の教育

方針の違いや夫婦の年齢差（平均でおよそ12歳）による問題などが主なものである。

また、離婚の問題も深刻で、外国人婚姻夫婦の離婚率はおよそ10～15％にものぼり、多くは経済的な理由によるものであるという。また、再婚して子供を母国から呼び寄せるケースも増加しているが、現在のところそうした児童への特別な支援プログラムなどはない。そのため、センターにおいては通常の学習支援事業を適用して一緒に韓国語を勉強させている。というのも、韓国では編入する学年を決めるための試験を受ける必要があるため、来韓してからしばらくは韓国語の勉強に専念する必要があるからだ。

## 3.2 「多文化家族」支援政策の問題点

さて、このように「国策」として結婚移住者およびその家庭への支援体制が整備されているが、やはり問題点は存在する。例えば、（帰化していない）外国人同士の家庭は、本法の対象とならず、センターの利用も原則として許されていない[3]。

また、いわゆる「韓国単一民族イデオロギー」は公的には姿を消したとはいえ[4]、やはり根強く残る「同化主義」的傾向を指摘することはできるだろう。本法は、多文化家族の社会統合が主要課題であり、「移民支援」とはその目指す地点が異なっている。事実、多文化家族支援は「外国人政策」ではなく、あくまで「家族政策」の一部である。外国人のみの家庭は依然として公的支援の対象外であることはすでに述べたが、「多文化家族」であってもその出身国の文化・習慣の尊重は副次的であり、やはり韓国文化・社会への統合や馴化が主要な課題とされていることは確かである。また、そうした背景もあって、子供のいない移民女性は韓国籍取得が困難な場合もあるとされる。

また、「『コントロールタワー』の不在」が次第に問題として浮かび上がっていることが指摘されている（藤原 2012）。例えば、多文化家族政策は女性家族部、その教育については女性家族部と教育科学技術部、出入国管理は法務部の管轄、と関係省庁が細分化されており、依然として業務の重複や手付かずの課題が残っている（同 2012）。

外国人労働者政策との関係でいえば、「第二次外国人対策基本計画」（2013年

～）において、多文化家族対策に割かれた費用の多さ（全体の約85％）が問題視された。[5] また、外国人労働者への支援予算（15％程度）との不均衡解決が課題として残されている。

こうした状況について、支援現場からの発言を参照しつつさらに補足しておきたい。ソウル市にあるNGO団体「ソウル移住女性相談センター」は、市内に居住する移住女性や多文化家族に対して法的・制度的な支援やアドバイスを行う機関であり、また様々な問題を抱えた女性・家族のための緊急避難施設（シェルター）も運営している。2015年11月に行った、カン・ソンウン（강성은）センター長に聞き取りなどを中心に説明しておく。

まず一般的に、夫婦間の問題のようなプライベートな相談については、周囲の目や本人の羞恥などもありなかなか対応しきれないのが現状であるという。また、多文化家族支援センターは国・地方自治体から支援を受けて運営される下部組織であるため、大枠での方針に対する批判や要求がしにくく、また現場からの要求を行いにくいところがある。「ソウル移住女性支援センター」をはじめとするNGO団体のひとつの存在意義は、そうした制度の不十分さを補い、一方で政府や当局へ改善要求を行ってゆくことにある。

次に、支援体制の維持や活動の継続のためには、現在割り当てられている予算や人的資源が十分ではないという声がカン氏をはじめ他多文化家族支援センター関係者からもしばしば聞かれた。現場の事情に応じた柔軟な対応（多言語通訳の提供など）には限界があり、必要な者に十全なサービスが提供できているとは言い切れない。その一方で、上にも示したように、住民あるいは他部署・機関からは移住女性・多文化家族に対して過度の予算配分を行っているとの不満が上がることもあり、今後の運営資金については必ずしも楽観的な見通しはできないと語る。

本センターでは、専属の弁護士による法律相談や訴訟支援も行っているが、とりわけ以下の問題が焦点化されているという。まず、婚姻による韓国滞在のためには「F-6（結婚移民）ビザ」（滞留上限は各3年）を取得しなくてはならないが、そのためには本人の韓国語能力証明や配偶者の所得証明、信頼の置ける2人以上の保証人が必要とされる。だが、こうした必要要件を満たすことは困難であることも多く、そうした相談がしばしば寄せられているとのことで

あった。さらに、移住女性の場合には、配偶者による手続き不備（F-6ビザ取得後90日以内の外国人登録など）や、あるいは逃亡を恐れてのビザ・外国人登録証の没収などが問題化している。単なる手続きの問題ではなく、こうした配偶者との関係性が法的な問題に直結することもあり、そうした事例に細かく対応することが今後より求められるようになるということであった。ソウルや大都市圏の場合、本センターにおけるようなサービスを利用することが可能だが、地方においてはそうした支援体制はまた不十分であることも指摘された。

　さらに、ビザを取得しないまま事実婚を行った場合、その子供には韓国籍を付与することができない。そのまま国籍取得のための法手続きを行わず、無国籍となってしまう問題が近年増加しているという。だが、このように正規の法手続きから逸脱した事例に対する支援は困難であり、そうした女性がさらに周縁化されてしまう問題が生じているという。

　また上述の崔センター長によれば、移住女性の親は娘の子育て支援のために来韓して合法的に1年間滞在することができるが、実際にはこの制度を利用して不法に就労している場合もしばしばあるといい、そうした問題への対処が今後必要とされている。

　また、「縦割り行政」の弊害についての意見も各所で聞かれた。例えば、ビザ取得については多文化家族支援センターの管轄ではないため、煩雑な手続きについて有効な援助をすることができないという。また、移住者を対象とした融資や起業といった新規事業の開始についても、法で定められた業務を逸脱しているためこれを行うことができない。

　こうした問題点を埋めるために、同法では他機関・組織との連携を定めているが（上述第12条②の3項）、実際はソウルや釜山など都市部でなければNPO・NGOなど他機関の協力が得にくいという。

　以上のような問題点を抱えることも事実であるが、「多文化家族支援法」と「多文化家族支援センター」の存在は結婚移住者にとってきわめて大きな支えとなっていることは確実であり、国際化する韓国社会のひとつの象徴となっているとも言えるだろう。

# 4　移住女性の生活

## 4.1　女性たちの結婚移住過程

　本節では、こうした取り組みや制度利用者の実情について、2014年と2015年に実施した聞き取り調査データを用いて考察していく。

　まず、忠清南道の中核都市である大田広域市（総人口約155万人）における国際結婚世帯の概要を示しておく（2014年）。

　市に在住する国際結婚者数は男性604人、女性4,971人の計5,575人である。数字から明らかなように、圧倒的に女性が多い。忠清南道における国際結婚者はおよそ1万2,000人強であるから、そのおよそ45％が大田広域市に集中していることになる。またそうした家庭に生まれた児童（「多文化家族児童」）は4,666人にのぼり、こうした児童の教育対策が急務であることも見て取れるだろう。

　国際結婚者の人数は図7-1のとおりである。およそ半数が中国出身者（朝鮮族かどうかはここでは区別されていない）であり、ベトナム、フィリピンがそれに続く。韓国全体の国際結婚配偶者出身統計と比較した場合、中国出身者の割合が多いことが分かる（第5章を参照のこと）。

　また、他に聞き取りを行った地域については次のとおりである。天安市は人

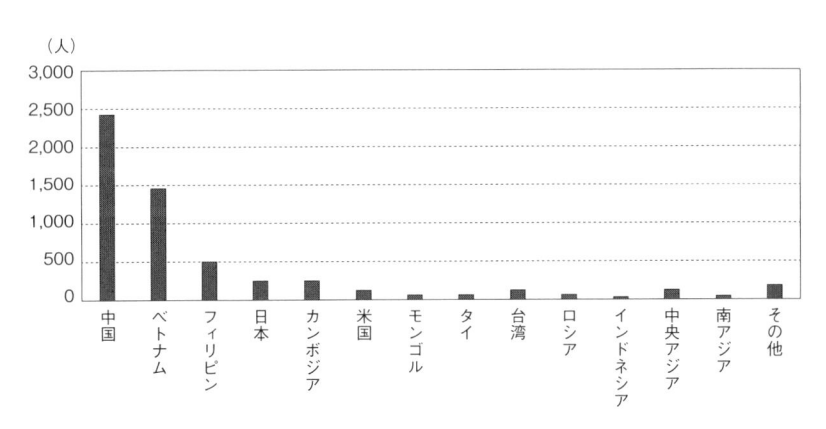

図7-1　出身国別にみた国際結婚者の人数

出所）大田広域市政府外国人課資料（2014年度）より作成。

口52万人、道北部のソウル寄りに位置し、鉄道のほか地下鉄によってソウルからの通勤圏にある。論山市は大田の南西、道南端に位置し、人口は13万5,000人であり、水産物（アミ塩辛・チョッカル）の生産地として名高い。ただし天安市は第5章、6章において扱った質問紙調査の対象とはなっていない。礼山郡は道北西部に位置し、人口は約8万5,000人である。こうした周辺地域においても、大田広域市における出身割合と類似した傾向がみられる（第6章を参照のこと）。

　以降では、2014年10月および2015年11月の聞き取りデータをもとに、地域に生きる結婚移住女性の生活世界についてみていきたい。調査対象者の基本的データを下に示す（表7-1）。

　「I'm Asia」は大田広域市にあるNPO「移住女性人権センター」が運営する多文化レストランであり、結婚移住女性を中心とした外国人に就労の機会と経験を提供するとともに、料理を通じて自文化を地域社会に紹介するための場となっている。また、天安市にある「天安モイセ」は、「カトリック大田司教区移民支援委員会」の運営する支援活動施設であり、外国人住民を対象とした支

表7-1　聞き取り対象女性の基本情報

| 場所 | 名前 | 出身 | 本人年齢<br>（在韓歴、年） | 夫年齢 | 子供 | 国籍 | 来韓・結婚理由 |
|---|---|---|---|---|---|---|---|
| 大田広域市、<br>I'm Asia | S | ベトナム、<br>A市 | 30歳（10） | 50代 | 2人 | 韓国 | 親戚の紹介 |
| | P | カンボジア、<br>B村 | 20代（6） | 40代 | 2人 | 韓国 | 知人(国際結婚経験者)の<br>紹介 |
| 論山市、多文<br>化家族支援セ<br>ンター | M | フィリピン、<br>C市 | 30歳（5） | 46歳 | 2人 | 韓国 | 友人(国際結婚経験者)の<br>紹介 |
| | N | カンボジア、<br>B村 | 30歳（9） | 60歳 | 3人 | 韓国 | 業者を介しての見合い |
| 天安市、天安<br>モイセ | E | モンゴル、<br>D市 | 36歳（9） | 46歳 | 2人 | 韓国 | 知人の紹介 |
| | X | 中国、E市 | 39歳（5） | 47歳 | 2人 | 中国 | 中国で勤務していた会社<br>で知り合う |
| 礼山郡、多文<br>化家族支援セ<br>ンター | A | 中国、F市 | 29歳（4） | 41歳 | なし | 中国 | 中国関連企業に勤める夫<br>が訪中時に知り合う |

援事業を行っている。このように、多文化家族支援センター以外にも、外国人移住者が利用できる施設は存在し、センターの業務だけでは対応できない部分を補完する役割を果たしている。

以降では、いくつかのポイントに分けて聞き取り内容を提示し、考察を進める。もちろん、こうした女性たちが地域における国際結婚の代表例であると主張するつもりはないが、第5章および6章での統計データの分析を補足するものと位置づけたい。

さて、本節ではまず、現在結婚移住女性として韓国において生活をするに至った過程についてみてゆきたい。第5章でもみたように、出会いや結婚の契機としては「友達や親戚の紹介」の割合が最も多い。

例えば、Sさんは、結婚を契機に10年前、ベトナムから直接大田に移住して現在に至ったが、その経緯は次のようである。

現在の配偶者の信仰するキリスト教会における知人がベトナム旅行に行った際、Sさんの親族（母親の弟の妻）と知り合いとなった。当時、母親はSさんの結婚相手を探していたが、なかなかよい相手が見つからないことに気をもんでいた。そこでこの女性を通じて今の夫に紹介されたという。ホーチミンにおいて、Sさんおよびその家族と現在の夫とその父親は、一度面談を行った。

> ベトナムでも韓国ドラマは人気がありますが、ただ、それを見ていると姑が嫁につらくあたる場面がしばしば出てきます。それを私たちはとても心配をしていたんですが、夫は「そんなのはテレビドラマのなかだけだから心配するな」と言ってくれました。
>
> 私の町からも、国際結婚をして韓国へ行った女性がたくさんいました。また、一般的にベトナムの男性は責任感がないというイメージがあり、また喫煙・飲酒をする男性も多いので、韓国男性の方がよいのかなとも思いました。（S）

こうした経緯を経て、Sさんはベトナムにおける一般的な結婚年齢としてはやや早い20歳で結婚した。親戚の紹介という親密な関係性が、そうした選択に保障を与えていただろうことが分かる。また国際結婚・移住の経験がすでに社会的に蓄積されていることが、彼女の選択のひとつの根拠になったといえる。

またＳさんはテレビドラマの影響についても言及しているが、こうした要素は蓄積された国際移動の経験や紹介の経路などと比較した場合、必ずしも重要ではないのかもしれない。例えばカンボジア出身のＮさんはこう述べた。

　　　日本や中国のドラマなら地元でも放映されていましたが、韓国ドラマはほとんど流れていません。だけど、地元からはたくさんの女性が韓国へ出ているので、韓国へ行くことにはとくに抵抗はありませんでした。（N）

　フィリピン出身のＭさんも、隣町に住む友人女性の紹介で現在の配偶者と知り合った。また、自分自身も結婚後、友人２人に国際結婚相手を紹介したという。

　　　もともと韓国という国自体には特段のイメージやあこがれはなく、ドラマなどでちょっとだけ知っていたぐらいでした。ただ、テレビで見たことのある韓国はあんなに近代的な都会だったのに、ここ論山に来てみたら故郷と同じような田舎だったので、拍子抜けしてしまいました（笑）。
　　　夫とは、はじめマニラで１週間ほど一緒に過ごしました。はじめは怖い印象でしたが、だんだんと優しい人であることが分かったので、結婚と移住を決意しました。（M）

　次に、まだ20代のＰさんの事例についてみてみたい。彼女も、母国（カンボジア）において、同じ町出身の結婚移住女性の紹介で現在の配偶者と知り合った。この女性は、結婚紹介所を通じて韓国人男性と結婚しており、カンボジアへは時折帰国していたという。

　　　はじめて夫と会ったのは、プノンペンです。そのときの印象がとても良かったので、結婚を決めました。初対面なのに、「あなたに会うためにここに来た。一緒に暮らしましょう」と言ってくれたんです。
　　　カンボジアの人は肌の色の黒い人が多いんですが、わたし自身は色白です。だから、夫も「生まれてくる子も色白になるぞ」と喜んでくれていました。実

際、いまの子供たちは肌が白く、韓国人と変わりません。韓国では色黒だと馬鹿にされたりすることがあるので、色白で本当に良かった（笑）。(P)

　ここでも、これまでの事例において指摘したものと類似した要因が見て取れる。ただし、それに加えて大きな要素として、皮膚の色があげられているのも興味深い。実際、本章第3.2項でお話を伺ったカン氏も次のように語る。

　　朝鮮族や中国人に次いで、ベトナム人女性が国際結婚の相手として好まれる理由としては、ひとつに外見が韓国人とよく似ていることが考えられます。韓国社会においては、まだまだ国際結婚に否定的な考えや偏見も多く、あまり「外国人」だと分からない容姿が好まれる傾向があるんです。フィリピンやタイの人は、皮膚の色やにぎやかな性格もあり、すぐにそれと知れてしまう、というのです。（カン・ソンウン）

　急速に進展する国際化のもとでも、依然としてこうした人種主義的な偏見・差別が完全に消滅しているわけではない。そうした事情は、韓国側の（主に）男性やその家族だけでなく、結婚移住女性本人にも感作されているわけである。
　さて、はじめにあげたＳさんは、一方で、ふと次のように語った。

　　ベトナムで男性たちが「ベトナム女性は結婚して韓国に行くな！」というデモをしたことがあります。そうした男性にとっては、私たち女性はお金につられて韓国に出てゆくように見えるみたいです。また、それだから、自分たちは結婚できないんだ、とも（笑）。(S)

　このように、結婚して海外に移住する女性への社会的偏見や誹謗中傷があることも事実であり、移住女性本人もどこかそれを意識していることも窺える。そのため、前述のカン氏によれば、聞き取りにおいて結婚のきっかけを「友達や親戚の紹介」と回答する女性のうち相当数が、実際には仲介業者を通じての移住である可能性も高いという。

ただし一方で、その両者を截然と分別することは困難であるのも事実である。友人や知人への若干の仲介料を支払っての結婚、あるいは業者を利用した結婚経験者がその個人的なつてを利用してさらなる結婚移住を進める事例が多くあることも、こうした語りから推測できるからだ。さらに、それはまた連鎖移住 *chain-migration* の契機でもあり、こうして結婚移住をめぐる社会的な経験はさらに蓄積されていくわけである（Lee 2015: 89）。現在のところ、こうした移住過程が、再帰的により強められている事実も指摘できるだろう。

## 4.2　居住地域における社会関係の形成

　次に、彼女らとその居住する地域社会との関係についてみていきたい。調査対象者は皆、多文化家族支援センター利用者や、関連する支援組織に関わる者たちである。そのため、比較的地域との関わりを良好に保つための資源を確保できている場合が多いと考えられる。

　さて、地域社会における交友関係の具体的な様子について尋ねたところ、例えば以下のような答えが得られた。

> 　子供同士の行き来があって、私の家に泊まっていくこともあります。自分の子供は女の子なので心配ということもあり、他の家に泊まることは許していませんが、他の家の子供たちが家にくるのは大歓迎です。ある子なんかは3日間も泊まっていったんですよ（笑）。その子の母親のこともとてもよく知っています。（S）

> 　1ヶ月に1回、幼稚園で母親が集まって情報交換をします。他のお母さんたちは、どこの塾に通っているかなど、いろいろ教えてくれるんです。また幼稚園には、ほかにもフィリピン人やカンボジア人の国際結婚夫婦がいます。（P）

> 　子供を通じた友達はたくさんいます。韓国人よりは、多文化家庭の母親とのほうが仲がいいかな。PTA などの集りで、みんなでおしゃべりをしたり会食をしたり。夫の職場を通じた友人などとは、かつてはよくつきあっていましたが、いまではあまり会っていません。（E）

このように、「地域に住む外国人」が、子供の誕生を通じて「地域に住む母親」に変化することで、地域社会へとより深く参入し、つながりが再構築・強化されていることが見て取れる。こうした事実は、他地域における移住女性を対象にした諸先行研究においても指摘されてきた（Kofman and Raghuram 2015）。とりわけ、家父長的な意識が強く残存する韓国社会においては、韓国人男性との間に子供をもうけることが、地域における共同体に受け入れられ、「われわれ」の一員となるための重要な要素となっている。

ただ、このことを逆にみるならば、子供のいない女性は、地域とつながりを形成することが困難であることを意味している。このように、出産・育児という私的領域におけるイベントが、公的領域における関係構築に直接的に強く結びつけられているのだ。それゆえ、本章第6節で述べる育児や教育をめぐる問題は、ただそれだけにとどまるものではなく、彼女たちが移住先の社会において生き抜くための重要な要件ともなっているわけである。

さて、地域における関係形成については次のような発言もみられた。

　　夫の実家がキリスト教徒だったので、私も教会に通うようになりました。また、そうでないと日曜日に1人で留守番をすることになってしまい、寂しい思いをすることになるから。（S）

　　カンボジアでは仏教徒でしたが、韓国に来てからキリスト教教会に通うようになりました。この教会には、外国人は他にフィリピン人が1人来ています。この人は、もともとカトリックだったんですが、こちらでプロテスタントに改宗したそうです。（P）

　　フィリピンではカトリックでしたが、こちらに来てから嫁ぎ先の習慣にあわせて改宗しました。ただ、姑がいなかったなら、あるいは嫁ぎ先がキリスト教だったなら、わざわざこういうこと［正月行事や祖霊祭祀など］をすることはなかったでしょう。また、姑は仏教や在来宗教の儀礼などにも熱心なので、私もそれにつきあうようにしています。（M）

このように、必ずしも積極的な動機からではないにせよ宗教活動を通じて韓国社会や家庭における人間関係を形成している場合があることが分かる。移民と宗教を論じる際、同じエスニックグループ内部の関係性や結束を強めるものとして分析される場合が多いが、このように、ホスト社会への適応の回路として教会が機能していることも分かり、興味深い。また、Ｍさんは韓国における儀礼と親戚づきあいの多さについても述べたが、出身のフィリピンも同様のため、さほど違和感は覚えないと笑う。このように、異なった文化的文脈において、自国の経験を資源として流用する実践の例もみられた。

　ただしこれも、上の事例において指摘したように、宗教・信仰という回路に参入することを拒絶あるいはそれに失敗した場合、地域（この場合はその前段階としての家族・親族）との連関を形成することが困難になってしまうことを意味する。

　このように、個人的な諸条件によって関係形成が大きく規定されてしまうことは（ある意味「仕方のない」ことだとしても）大きな問題であるが、公的な制度支援ではこうした事例に対処することは難しいだろう。そうした人々のために、多文化家族支援センターをはじめとするいくつかの支援団体が、地域とのつながりを仲介したり調整したりする重要な役割を果たしているわけである。

## 4.3　外国人住民同士のつながり

　すでに見てきたように、聞き取り対象者は現時点では韓国文化と地域社会への一定の順応を果たしている。それでは、韓国人以外との交流についてはどうだろうか。再び、ベトナム出身のＳさんと、カンボジア出身のＰさんの言葉を並べてみてみよう。

　　　１ヶ月に１回、ベトナム出身者30〜40人が集まって、一緒に料理を食べたりしています。集まるそれぞれの回ごとに、別のレストランなどを借りるんです。こういう集まりは、ベトナム語で話し、いろいろな情報を交換する場でもあります。［中略］また、みんなで一緒に海水浴場に行ったり、チョンジュにある「韓国伝統村」に観光に行ったり、子供の日には遊園地に行ったりもしています。カラオケに行ってお酒を飲んで歌ったりも（笑）。ふるさとのベトナムに帰

るのは簡単ではないのですが、カラオケで［ベトナム語の歌を歌って］気持ち
を晴らしたりしています。

　出身国の違う人が集まるということはありません。例えば、公園でベトナム
のお祭りをやったときにも、韓国人は来るんですが、他の外国人は来ませんで
した。文化が違うから、関心がないんじゃないかな。（Ｓ）


　韓国で知り合ったカンボジア人の友人が２人ほどいて、両方とも韓国人と国
際結婚しています。１人は［今は］仕事をしていて、もう１人は赤ちゃんがい
ます。働いている方の友達とは、カンボジア人の国際結婚女性が近くに住んで
いると義母がどこかからか聞いてきて、そうして知り合いになりました。

　大田に住むカンボジア人はベトナム人ほど多くないので、何人かで誰かの家
に集まったりして交流をしています。また、カンボジア寺院の僧侶が大田に住
んでいて、先祖供養のチュソク［秋夕］のお祭り［８月］と、クメール正月［４
月］のときに、カンボジア人たちを呼んで、カンボジア式に食事をしたり踊っ
たりして過ごすんです。そうした機会にはだいたい100〜150人くらいがやって
きて、この３年ほど開かれています。

　出身国の違う人たちで集まるということは、ありません。（Ｐ）


　容易に推測されるように、地域における同国人の規模が社会関係の濃淡に影
響を与えていることが分かる。例えば都市部に住むベトナム人のＳさんの発言
から分かるように、アクセスが容易な範囲に一定規模の同国人が存在している
場合、頻繁かつ濃厚な交流が保たれている。それに対して、人数において劣る
カンボジア出身者であるＰさんの同国人同士のつながりは限定的なものであ
る。また、同じカンボジア人であっても、さらに農村部に居住しているＮさん
は、次のように語った。


　［自分はカンボジア人だが、韓国では］フィリピン人の友達の方が多いです。
隣町に仲のよいカンボジア人の友人もいますが、一般的にいってカンボジア人
同士のつきあいは、噂話などいろいろと面倒なことが多いので、それほど積極
的に交流を求めてはいません。（Ｎ）

このように、地方においてはカンボジア人同士のネットワーク形成が阻害されていることが分かる。また、さらに規模・密度が低い場合、個人的な事情（「いろいろと面倒なこと」）がそうした関係形成に大きな影響を与えてしまうことがありうるだろう。そうした場合、同国人という枠ではなく、「多文化家族」という共通項をもつ他国出身者とのつながりが代替として選択される場合があることも推測される。

　もちろん、人間関係や交友関係は個人的あるいは偶発的な要素が強く影響するため、こうした傾向性を過度に強調することはできないだろう。実際、人数としてはそれほど多いわけではないフィリピン出身のMさんは次のように明るく話してくれた。

> 友人は韓国人が多く、とくにフィリピン人だから、あるいは外国人だから、という理由でつきあう相手を選別していることはありません。私の明るい性格と合っているんでしょうか、韓国人とのつきあいは楽しくて、みんなで集まっては歌や踊りを楽しんでいます。（M）

　このように、結婚移住女性は、母であること、宗教、外国人であること、といった多様な資源をそれぞれ活用することにより、地域における人間関係を構築・維持している。またその際に、多文化家族支援センターが提供するサービスやイベントが大きなきっかけになっていることも指摘しておかなくてはならない。

　もちろん、今回の調査対象者のようには家庭外部との交流が許されていない結婚移住女性の存在も予想され、そうした場合には全く異なる状況が想定されることはいうまでもない。

## 4. 4　経済活動について

　ベトナム出身のSさんとカンボジア出身のPさんは、本章第4. 1項でも示したとおり、大田広域市市街地にある多文化レストラン「I'm Asia」で働いている。ここではまず、そうした経緯について聞いてみたい。

　Sさんは、レストランを運営するNPO法人「移住女性人権センター」の開

催する韓国教室で学んでいる際に、そのスタッフから開店の相談を受けたという。2012年4月の開店から継続して働いているメンバーは4名で、現在は計7名で運営を行っている。

　　それ以前は、子供が通っている小学校で、給食を運ぶアルバイトをしていました。そこで働いていたときに、韓国料理と洋食の調理師資格をとったんですが、給食場では年齢が若すぎるということで雇ってもらえず、ずっと不満に思っていた。そんな折にここの開店話があり、それ以来調理師として働くことができています。(S)

「I'm Asia」の運営代表は、センター長の妻が務める。「社会的企業」としての経営という法的資格を得ているため、彼女たちの給料は国が支給する交付金から支払われており、レストランの利益そのものは、2号店の開店に備えて積立てられている。大田に生活する外国人女性は多いが、実際には雇用の機会が少ないという。ここでの取り組みは、そうした女性に対して仕事の場を増やすことを目指している。実際、このレストランで働きたいという外国人女性は多くいるものの、規模の問題から希望を十分に叶えることができず、2号店の開店が急務の課題であるとも語る。

　　他の職場だと、外国人女性に対しては低い給料しか支払われないなど、差別的な扱いを受けることがありますが、ここでは皆が外国人なのでそうしたこともなく、とても雰囲気がよい。また、自分の国の料理を韓国で提供できることにも喜びを感じています。(S)

　Sさんの就労シフトは、隔日で1日あたり3時間勤務と、育児や家事に支障がないよう配慮されているという。

　　給食センターで働いていたときは、夫はとくに何も言っていませんでしたが、ここの仕事は隔日なので家事の支障をきたすこともなく、働くことについて賛成してくれている。また、ここで私の国の料理を調理して提供しているという

ことを、自慢に思ってくれているようです。ただ、家では、夫の両親と同居していることもあり、毎日韓国料理を作っています。(S)

同僚のPさんは、これが韓国で初めての就労となる。カンボジアにいた際は基本的な理髪技術を身につけており、実務経験もあるという。大田に来てからは、理髪学校にも通って技術の向上を目指したが、就労には結びつかなかったという。「I'm Asia」では主に給仕を担当しているが、いずれカンボジア料理の提供や文化紹介にも取り組みたいと希望している。

　　給仕をしながら、客の表情を見て、どう考えているか、どういう気分か、などをしっかり観察すれば、将来どんな職に就くにしても役立つだろう、といって、夫もこの仕事を応援してくれている。(P)

また、Pさんの就労シフトもSさんとほぼ同じであり、やはり育児や家事に支障がないことが夫の積極的同意のひとつの理由ともなっているようである。また、育児が一段落した際には、就労によって家計を支えていくことも彼女に期待されていることが分かる。

ただし、第5章の統計データから明らかなように、調査地においては就労経験のない移住女性の割合は4割強となっている。外国人女性であることに加え、家庭における再生産労働の担い手を強く期待されていることがその理由であり、ここでみた2名はやや特殊な事例であることも分かる。

実際、フィリピン出身のMさんやモンゴル出身のEさんは現在のところ就労経験がなく、その理由をともに育児のため、と答えている。ただし、Mさんは地域の多文化家族支援センターにおいて、ボランティアスタッフとして通訳・事務作業・イベント手伝い・清掃・調理などの作業に従事しているし、Eさんも天安モイセにおいて地域住民向けの「多文化教室」にてモンゴル文化の紹介コースを開催している。

次に、Nさんの配偶者は当時60歳で、すでに工場勤務を退職して小さな果物農場を営んでいる。カンボジアではプノンペン近郊の農村で家族とともに稲作に従事していたNさんは、自分に向いた仕事だと笑う。このように、家庭にお

ける生産の補助的な労働力として位置づけられている女性も多いと考えられるが、こうしたケースは場合によっては「未就労」と分類されている可能性もあることに注意しておきたい。また、韓国における国際結婚においては、女性と比較して配偶者男性の方が年齢が顕著に高いが（第5章参照）、Nさんの場合は将来的にはさらに夫の介護労働力として位置づけられているであろうことも重要だろう。

こうした移住女性たちが、育児終了後にはより積極的に労働市場に出て行くことは考えられ、また実際数人からはそうした希望も聞かれたが、現時点でこの点については確定的な判断は避けたい。また、結婚移民と非熟練労働との強い結びつきを指摘する先行研究もあるが（Lee 2015: 93）、今回の聞き取りからはそうした事実は確認できなかった。

## 4.5 教育と文化について

本節では、とくに子供の教育を手がかりにして、結婚移住女性たちの文化的適合や葛藤についてみてゆきたい。

まず、子供に対してどのように自文化を継承させているのか、またどのように韓国社会への適応を指示しているのかについての発言を追ってゆく。第3章で指摘したとおり、「多文化家族支援法」には抜きがたい同化主義的発想があることは確かであるが、家庭での具体的な文化実践はそれとは一定程度独立なのは明らかである。

　　家のなかでも、韓国語だけを話しています。ベトナム語は、里帰りしたときのために、「おじいさん」「おばあさん」という言葉を子供に教えているくらい。（S）

　　故郷に住んでいる私の母と電話で挨拶ができる程度には、子供にカンボジア語を教えています。また、手を合わせて挨拶や感謝を示すこと、それから、大人と一緒に床に座っているときにはソファなど高いところに上がってはいけないなど、カンボジア式の礼儀作法も教えるようにしています。
　　子供が6ヶ月くらいまではカンボジアの子守唄を歌ってあげていました。今

は韓国語の本を読んであげるようにしています。そもそも韓国では、カンボジアの本を手に入れるのは難しいんです。(P)

　基本的に韓国語で育てていますが、ある程度のカンボジア語はできるようにしています。(N)

　韓国語、タガログ語、英語ができるように育てています。(M)

　家では韓国語を使用していますが、簡単なモンゴル語も教えています。(E)

　家では、私は中国語で話していますが、夫や子供は韓国語で受け答えします。夫の賛同もあって、子供にも中国語会話は教えてあるので、基本的な内容は理解できているようです。(X)

　このように、程度の差はあれ、ほとんどがある程度の母国語を子供に教えていることが分かる。多文化家族支援法によって、センターではまず結婚移住者への韓国語学習支援が実施されている。また、多文化家族児童への言語支援も行われているため、さしあたりの韓国語能力習得は比較的容易である。このように、社会適応に必要な言語習得という「底上げ」が確保されていることが、とくに母国語に固執する、あるいは逆にそれを排除する、といった極端な態度がみられなかった理由のひとつだと考えられる。また、MさんやXさんのように、将来的に習得しておくことが有利だと思われる言語（英語・中国語）話者の場合は、より積極的な教育がなされていることも分かる。
　もちろん、言語取得だけでは、厳しい韓国の教育システムをくぐりぬけることは難しい。

　はじめのうちは韓国の教育システムがよく分からず、第一子が幼稚園に通っていたときも情報があまりなかったため、小学校に上がるまでに必要な準備をさせることができませんでした。基本的に学校での学習だけでは不十分で、小さいうちから塾に通わせる必要があるんですが、費用が高くて大変です。算数

については最初、自分で教えていたのですが、解き方が違うためかテストでは減点されることが多く、結局家庭教師を雇うことにしました。韓国語学習については政府が経費の25％を負担してくれますが、算数や英語については全額自己負担です。ただ、それだけではまだまだ不十分で、小学校の先生にも、子供を塾に通わせるように言われています。（E）

　　韓国での勉強はとても大変。本当は［中国語会話だけではなく］読み書きも教えたかったんですが、こちらの学校の勉強の負担となるので諦めました。（X）

　このように、韓国の教育体制への違和感を口にするインフォーマントも多くみられた。学歴を通じての社会上昇・社会的威信獲得という戦略は共通して確認でき、そのためにはXさんのように母国語の教育と折り合いをつけねばならない事例も生じうる。ただし、多文化家族支援法では子供の学校教育についても支援が定められており、そうした制度を利用することで、言語的・文化的障壁を軽減することが広く行われていることも分かる。
　次に、言語や教育とは異なる文化伝達回路である食事についてみてみよう。

　　ベトナムにいるときには料理はしなかったんですが、韓国に来てからは、夫やその両親に料理をしなくてはならないので、少しずつ始めるようになりました。子供には「ベトナムでは朝食にフォーを食べるんだよ」などと、実際に食べるわけではないんですが、習慣を話してあげて、文化を伝えるようにしています。（S）

　　家で作るのは基本的に韓国料理です。ただ、たまにはマントゥ［モンゴル料理］なんかも作りますが、子供はこれが大好きみたいで、よく食べたいと言います。（E）

　　韓国の食事にはスープ類が欠かせないので、夫のために作っています。ただ、おかずについては韓国料理だけでなく中国料理も作ります。（X）

このように、とくに親子のつながりの重要な要素である食事は、自文化を表現し継承するために大きな役割を果たしていることが分かる。ただし、こうしたインフォーマントたちはセンターでの活動や就労のように、家庭だけではなく外部との関係が構築できている存在である。だが、そうした行為が「許されていない」女性の場合、こうした料理における自由や文化表現が可能かどうかについては疑問である。

さて、比較的自身の出身国である中国の文化を家庭内においても継承しているＸさんは、続けて次のような興味深い事例について話してくれた。

> ただ、その区別はだんだん曖昧になってきているようで、自分でもどっちなのか分からないこともあります（笑）。今でも、夫がいないときは自分の食べたい中国料理を作るようにしています。子供は、辛い韓国料理がまだまだ苦手なので、餃子などのような中国料理を好んでいるようです。（Ｘ）

このように、日常生活において自文化と韓国文化が混交し、ある種のハイブリッドな文化が生まれていることも確認できる。また、子供がむしろ中国料理を好む、という現象も起こりうるわけであり、「同化」という目的は現実の実践において常に裏切られ、意図せざる形で差異が産出されていることが分かる。

料理をめぐっては、Ｓさんの次のような発言も興味深い。

> ストレスがたまったときは、市場に行って食材を大量に買いこんで、料理を作って発散することにしています。ただ、ベトナム料理の食材は購入しにくいので、結局作るのは韓国料理になってしまう。大量に作ることになるので、うまくできなかったりもするんですが、それでもいいんです（笑）。（Ｓ）

上でみたように、母国では料理をする習慣はなかったというＳさんだが、韓国での生活を通じ、それがストレス発散という形で新たな文化実践の一部となっているわけである。さらに、作るものは韓国料理になってしまうということだが、そこには「オリジナル」なものとは異なる文化的要素がいくぶん付け

加えられているはずである。

　韓国の多文化家族政策は、そうした人々の社会的同化を容易にするためのものであるわけだが、ここで見てきたように、そうした公式の目的とはどこか異なる文化実践の数々が家庭においては行われていることが確認できる。

## 5　「国策」の向こうに

　本稿においては、聞き取りデータにも触れることで、第5章、6章における統計分析とはやや異なる視点から考察を行ってきた。そこから浮かび上がってくるのは、様々な問題を抱えながらも、公的なサービスや私的なネットワークを巧みに利用しつつ、豊かな社会関係を生成している結婚移住女性たちの姿である。

　さて、今回の研究の主たる軸は2つであった。ひとつは、結婚移住女性・「多文化家族」を支援する公的組織および民間・半民間組織への聞き取り調査である。ここから明らかになったことは、①「国策」としての取り組みであるため、全国レベルで統一的な受け入れ体制が整備されていること、②だが、それゆえに各地域・案件における個別の対応に困難が生じていること、③また、国内における他の諸問題への施策との不均等が指摘され、今後の運営が不安定であること、の3点である。一方で、民間組織（NPO法人や宗教団体など）や半民間組織（第三セクター方式）が、その欠如を補完すべく活動している現状も観察できた。

　もうひとつの軸である、国際結婚移住女性への聞き取りでは、「多文化家族支援法」の積極的利用や関連する地域NPO・NGO活動への参加によって、ある意味では主体的に「国民化」や「統合」を果たそうとしている女性たちの実践が浮かび上がってきた。だが、こうした制度・組織を通じて「可視化」されていない女性も相当数にのぼることが予想され、そうした問題とどのように向き合うかが課題として残されている。

注
1　Gender Equality を「女性」と訳出したのは韓国語表記に従ったからである。

2 女性家族部ホームページより。

3 ただし、2015年に忠南道で実施したセンター関係者への聞き取りによれば、個人の事情や地域の状況などを考慮しながら、実際には柔軟な（正規の業務範囲を超えた）対応が行われているということである。

4 例えば2010年からは「外観上明らかに識別することができる混血人」に対しても、「平等」に兵役の義務が課せられることとなった。

5 労働政策研究・研修機構「主要国の外国人労働者受け入れ動向：韓国」より。

**参考文献**

金愛慶・馬兪貞・李善姫・近藤敦・賽漢卓娜・佐竹眞明・メアリーアンジェリン　ダアノイ・津田友理香　2016　「韓国の多文化家族に対する支援政策と実践の現況」『名古屋学院大学論集　社会科学篇』52-4：113-144。

金愛慶　2017　「韓国における国際結婚の増加と支援政策」『名古屋学院大学論集　社会科学篇』54-1：13-28。

斎藤百合子　2012　「国際結婚による移住女性への施策——日本と韓国を比較して」『国際学研究』42：99-111。

白井京　2008a　「韓国の多文化家族支援法——外国人統合政策の一環として」『外国の立法』238：153-161。

—— 2008b　「韓国における外国人問題——労働者の受入れと社会統合」『総合調査「人口減少社会の外国人問題」』国立国会図書館調査および立法考査局、254-258。

藤原夏人　2012　「韓国における外国人政策関連法制」『外国の立法』254：221-234。

Kofman, Elenore and Parvati Raghuram, 2015, *Genderd Migrations and Global Processes*, London: Palgrave Mcmillan.

Lee, Hye-Kyung, 2015, "Social Transformation and Migration," Stephen Castels et al. eds., *Social Transformation and Migration: National and Local Experiences in South Korea, Turkey, Mexico and Australia*, London: Palgrave Mcmillan, pp. 81-95.

（ウェブサイト）

韓国国家統計局　http://kosis.kr/

韓国女性家族部（英語）　http://www.mogef.go.kr/eng/am/eng_am_f001.do

独立行政法人労働政策研究・研修機構　「主要国の外国人労働者受け入れ動向：韓国」http://www.jil.go.jp/foreign/labor_system/2015_01/korea.html

第 8 章

# 台湾における「新移民」の支援制度と課題

## 国・自治体・NPO の役割を中心に

平井晶子

## 1 増える国際結婚

### 1.1 国際結婚の推移

　台湾における国際結婚は1990年代から急増してきた。図 8-1 に示したように、外国人男性と結婚する台湾人女性の割合は 5 ％未満で大きな変化は見られないが、外国人女性と結婚する台湾人男性の割合が増えてきた。とくに2000年を挟むその前後の 5 年間は増加率が高く、ピークの2003年には国際結婚が男性の結婚の30％を超えている。2003年を境に台湾人男性の国際結婚の割合は下がるが、2010年から現在までは15％前後で安定している。

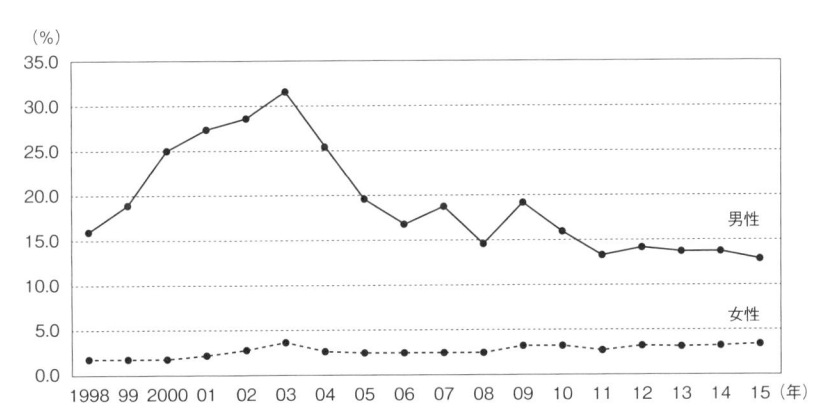

図 8-1　全結婚に占める国際結婚の割合（台湾、1998〜2015年）
出所）内政部戸政司 民國105年 5 月 3 日編製。

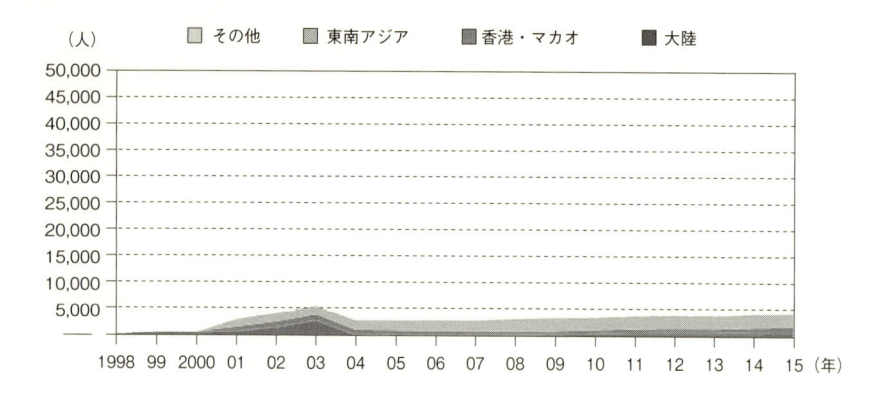

図8-2　出身地域別外国人夫の推移（台湾、1998〜2015年）
出所）内政部戸政司 民國105年5月3日編製。


　台湾人女性が外国人男性と結婚するケースは量的には少ないが、相手の国籍は多様である（図8-2）。2003年のみ中国大陸出身者を夫にする割合が過半数を占めたが、それ以外は特定の国への偏りはみられない。

　外国人女性と結婚する台湾人男性は量的には多いが、相手の出身地域は偏っている（図8-3）。中国大陸出身者が過半数で、次に東南アジア、とくに1990年代以降はインドネシアとベトナムの出身者が多い。1980年代から1990年代前半まではフィリピンやタイ出身の妻が多かった。経済交流がさかんなことから、フィリピンやタイとの人的交流が増え、結婚仲介サービスも充実していったからである（徐 2014）。しかし、国際結婚が広がり始めた当初、外国人配偶者への公的な支援は乏しく、世間の目も冷たかった。外国人妻たちは厳しい状況のもとで暮らさなければならず、出身地では、台湾人との結婚の評判が悪くなり、徐々に台湾に渡る女性たちは減少した。

　彼女たちに代わって、新たにインドネシア人やベトナム人を妻に迎える割合が増えていった（徐 2014）。インドネシアやベトナムとの経済交流がさかんになったことをきっかけに、フィリピンやタイで事業を展開していた結婚仲介業者らもそちらへ移り国際結婚の送り出し国が変化した。

　このように台湾での国際結婚は、韓国、日本同様に、自国男性と外国人女性

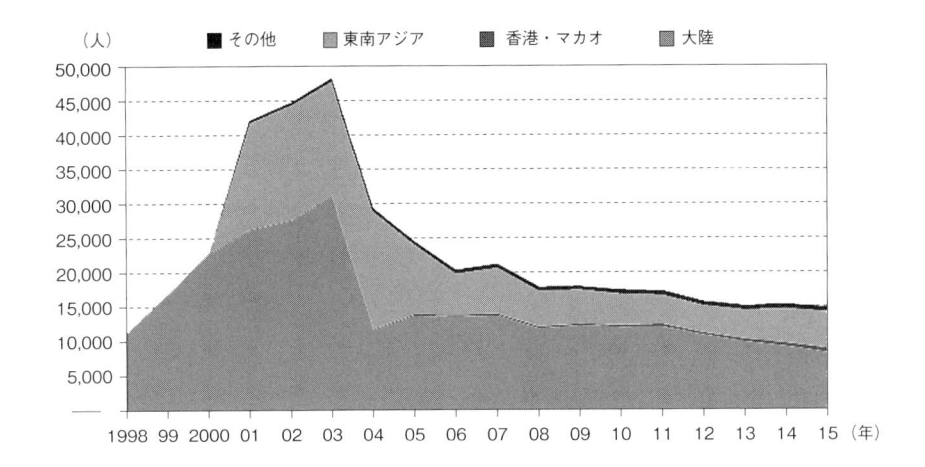

図8-3　出身地域別外国人妻の推移（台湾、1998〜2015年）

出所）内政部戸政司 民國105年5月3日編製。

の結婚が圧倒的に多い。したがって本章ならびに第9章でも自国男性と外国人女性の結婚に焦点をあてる（以下、本章ならびに第9章で国際結婚という場合、基本的には「自国男性と外国人女性の結婚」を指すものとする）。

### 1.2　2つの国際結婚——大陸出身者とその他の出身者

台湾における国際結婚は妻の出身地により2つに分けられる。大陸出身者を妻とする結婚とそれ以外（おもに東南アジア出身妻）の国の出身者を妻とする結婚である（図8-3）。行政的にも、大陸出身の女性配偶者は「大陸配偶者」、それ以外の地域から来た女性配偶者は「外籍配偶者」と呼ばれ区別されている。両者はビザの発給や国籍取得の際の条件、就労制限など移民としての扱いが大きく違う。2008年以降は比較的緩和されたが、それまでは大陸からの配偶者に対し、ビザや永住権取得の条件が厳しく設定され、就労も大幅に制限されていた。

生活面においても両者の特徴は異なる。大陸出身者は、何より言葉にあまり不自由せず比較的早く生活に適応することができる。台湾語が中心の地域もあるが、それでも大陸出身者と中国語に馴染みのない国から来た人とでは言語障壁の程度が異なる。大陸出身者は言葉の壁が小さい分、就労意欲が高く、様々

な就労を想定して台湾に来たが、2008年までは彼女たちの就労は厳しく制限され、思うように働くことはできず、そのことが大きなストレスを生じさせた（城本 2012）。他方、インドネシアやベトナムなど東南アジア出身者の場合、まず中国語が大きな壁となる。インドネシア出身者には華僑系の女性が多いが、彼女たちは中国語にまったく触れることなく成人したため、他の人と同様に言葉には苦労する（インドネシア政府の同化政策により中国語の使用が禁じられていた）。このように大陸出身者とその他の出身者では、結婚後の生活状況も課題も異なっており、両者の区別は重要である。

　また、城本るみ（2012）は国際結婚に関する台湾の政府統計や公的調査の成果を検討したうえで、両者の特徴の違いにも触れている。①大陸出身妻には再婚者が多く、比較的年齢も高いこと、②そのため、大陸出身妻は子供を産み育てるよりも老後のケアの担い手としての役割が期待されていること、③子供を産み育てることを期待する場合、東南アジア出身の若い女性が好まれる傾向があることなどである。

## 1.3　国際結婚増加の要因

　台湾で国際結婚が増えた根本的な要因は、序章（藤井勝）で述べられているように、国内における男女間の希望と現実のミスマッチである。このような国際結婚をめぐる社会的状況は、基本的に日本や韓国と同じであり、「南北型」の国際結婚を生み出してきた。すなわち、教育や労働における男女格差の是正が進み、女子労働力率が上昇したことで、女性の経済力が上昇したにもかかわらず、「（女性からみた）上昇婚」を求める意識が変わらず、国内の結婚市場では結婚できない男性が増えてきたのである。

　（女性からみて）「上昇婚」を求める意識は経済発展を遂げた「北」（国際結婚の受け入れ国）だけで起きているわけではない。結婚移民を送り出す「南」でも「上昇婚」への期待は高まる。ただし、「北」の女性たちは「より良い」自分の将来を求めるのに対し、「南」の女性たちは「より良い」家族（親族）の将来を求め、ときに海を渡る。東アジアに広く共有された「上昇婚」意識をベースに、国境を越えた結婚システムが存在する。台湾における国際結婚もこの大きな結婚システムの一部を成す。

加えて、台湾の国際結婚には台湾固有の事情も見逃せない。退役軍人の結婚である。退役軍人の多くはもともと大陸出身であり、長らく独身主義を貫いてきた。しかし、退役する年齢となり老後のためにも配偶者を求め始めた。彼らは経済的に安定しており、（まだそれほど高齢ではなく）健康状態もおおむね良好であるが、将来への不安から結婚を求める。老後の不安への対応としての結婚は個人的な動機だけによるものではない。社会的要請や社会制度の影響も非常に大きい。台湾では公的なケアシステムが十分整備されておらず、高齢者の介護は個人や家族で対応することが前提になっている。そのため退役軍人に対しても結婚が推奨されるようになった。そして彼らが大陸出身であることもあって大陸女性との見合い結婚が勧められた。実際、2010年9月末までに退役軍人の配偶者となった大陸出身女性は累計でおよそ3万2,000人、これは2010年までの大陸出身女性との結婚全体の11％に相当する（城本 2012：71）。

　また、インドネシアからの結婚移民増加の背景には、インドネシアの政変が影響している。インドネシアは華僑系住民が多く暮らす社会であり、華僑であっても大きな不自由を感じることなく暮らすことができた。しかし、1998年の排華運動により華僑系住民への暴力が激化した。とりわけ若い女性がジャカルタで暮らし続けることには恐怖を感じるようになった。ジャカルタ出身者に話を聞いた際にも、「ジャカルタではいつレイプされるかわからないから、海外に出られるなら出たい」（Mさん）と話していた。親族の影響を受け、海外への結婚移民が選択肢には上がっていたが、直接には排華運動が移民となる背中を押したとのことであった。

## 2　台北市における国際結婚家庭への支援体制

　台湾政府は1998年から本格的に国際結婚への対応に乗り出した。前節の図8－1（国際結婚の割合）が1998年から始まっているように、統計の取り方や支援制度の整備、そのための予算措置などが大きく変わった。男性の全結婚に占める割合が15％を超え、無視できない数字になってきたからである。それ以前から国際結婚は増えていたが十分な支援がなく、様々な問題が生じていた。外国人妻たちの出身社会でも問題が認知されるようになり、国際結婚への警戒感が強ま

り、国内外で問題視されるようになったからである（例えば、徐 2014参照）。

　支援が本格化し始めた当初（1990年代）は台北など国際結婚の多い都市部での支援が中心であったが、国際結婚は地方社会にも広がっていった。そのような現実の展開を受け、台湾政府は2006年からいっそう大規模な予算措置を講じ全国的な支援を本格化させた。国は地方自治体に対し、総額３億台湾ドルを10年間支出し支援することを約束し、地方でも国際結婚をサポートする施設が整備された。本研究の台湾での調査地、金門県でもこの予算をもとに金門県外国人配偶者支援センター（外籍配偶家庭服務中心）を2006年に立ち上げられた。

　国際結婚の展開は地域により事情が異なるため、支援体制や支援内容も地域により違いがある。本節では台北市の先進的な事例を紹介し、台湾における大都市での支援体制を把握する。第３節では本研究の中心的な研究対象となる金門県での概要を紹介し、第４節において金門県の支援体制を紹介する。

## 2.1　台北市の新移民コミュニティケア拠点事業──賽珍珠基金会の事例

　台北市における国際結婚家庭への支援は、台北市から委託を受けた各種団体が担う。台北市を４つに区切り、北・南・西・東の地域ごとに「新移民コミュニティケア拠点事業」の委託を受けた４つの団体が支援にあたる。ここでは台北市の北区と隣接する新平市の「新移民コミュニティケア拠点事業」の委託先である「賽珍珠基金会」の活動を通して、台北市における国際結婚家庭への支援のあり方ならびに国際結婚の実情を紹介する。

　筆者は、2017年２月に台北市の賽珍珠基金会を訪問し、ソーシャルワーカーのリーダーや相談員の方々に行政の支援体制や NPO の支援制度、支援者からみた国際結婚家庭の現状などについて、聞き取り調査を実施した。本節はその調査をまとめたものである[1]。

　北区の「新移民コミュニティケア拠点事業」となる賽珍珠基金会は、1968年に創設された NPO で、当初から国際結婚家庭の子供の教育支援を中心に活動を行ってきた。台北市には大小さまざまな NPO があり、当該 NPO は中規模の組織である（比較的小規模な NPO が多い日本からみると専従のスタッフが10人程度オフィスに座り仕事をしている当 NPO が大きな組織にみえたが、台北ではふつうとのことであった）。とりわけ、子供たちに教育機会を提供することを重視

し、中国語の教育支援や経済的支援をきめ細かく行ってきた NPO である。1968年から活動してきた実績がある当 NPO は、国が国際結婚家庭への支援を始めた1998年以降「新移民コミュニティケア拠点事業」を受託することで支援の内容を広げてきた。現在（2017年）は、委託事業の遂行部門だけで24人のスタッフを雇用し、300人の外国人配偶者＝「新移民」（以下、必要に応じて「新移民」と称す）と、その子供たちをサポートしている。支援だけではなく、台湾政府は、外国人配偶者を意味する「新移民」という言葉も作った。ともに暮らす社会をめざす姿勢を示したといえよう。

　具体的な「新移民（外国人配偶者）」への支援体制は次のように行われる。外国人配偶者は、結婚時もしくは渡台時に「移民局」もしくは「戸籍事務所」などを訪れ外国人配偶者としての手続きを行う。行政担当者は手続きされた登録をもとに新移民のリストを作成し、「新移民コミュニティケア拠点」の事業者にリストを送る。つまり、国際結婚により台北に住むことになった外国人妻の情報は自動的に支援組織（拠点事業者）に届けられる。

　このリストを受け取った拠点事業者は、新移民の自宅に電話をかけたり、直接家庭訪問したりして、新移民の生活状況を確かめる。これを担当するのは委託事業で雇用されているソーシャルワーカーである。ソーシャルワーカーが「この人は大丈夫」と判断すれば、イベント情報や支援事業者の連絡先などを渡して初期のサポートは一応終わる。他方、ソーシャルワーカーが「この人はたいへんそうだな」「サポートが要るな」と判断したときは引き続き見守りを続ける。そのなかでも個別の対応が必要なケースについては、行政の当該部署に連絡し、連携をとりながら具体的な支援制度の活用につないでいく。例えば経済的問題を抱えていて早急な介入が必要だと感じるような場合、経済支援や就労支援、子供の保育支援などが活用できるように持っていく。しかも、制度を使えるようにして「おわり」ではなく、ソーシャルワーカーはその後も女性たちに寄り添い、見守り続ける。継続的な見守りのなかで DV などより深刻で特別な支援を必要とする事態になれば、さらに、それらに対応できる部署につなぐ。

　この間、ソーシャルワーカーたちは必要に応じて「新移民」の母国語で対応する。ときには「新移民」と同じ国の出身者がソーシャルワーカーとしてサ

ポートにあたる。言葉や制度が分からない、渡台まもない「新移民」にとっては同じ国から来たソーシャルワーカーの存在はほんとうに心強い存在となる。

このように台北に来た「新移民」は「結婚登録」もしくは「外国人登録」するだけで自動的に支援の輪につながる。支援を必要としない人には自動的に対応されることが煩わしく、介入しすぎと感じられるかもしれないが、1990年代前半の、多くの問題を放置してきた反省を生かし、政府は積極的な介入を始めた。

また、上記の「初期対応」とは別に、電話相談も日常的に行っている。さまざまな言語に対応できるスタッフを常駐し、母国語で相談できる体制を当NPOでは整えている。各言語に対応できる相談員の多くは、自身も「新移民」であり、相談者の気持ちを汲みながら、母語で対応する。「新移民」が相談者となることで、同国の先輩がいるという安心感と、「慣れれば相談員にもなれるんだ」という身近なロールモデルを提供できている。

「新移民」自身が相談員として同胞の悩みを聞くことは、ときに大きな「重荷」になる。それでも「ソーシャルワーカーとして、次に来た人たちの役に立つ仕事ができるという誇りをもって仕事にあたっている」と力強く話してくれたことが印象に残る。

台北の支援事業は一朝一夕でできたものではないが、長年の蓄積と政府の思い切った発想の転換と予算措置により可能になった理想的な循環のように思われる。

## 2.2　財団としての支援

賽珍珠基金会はもともと財団として発足しており、国際結婚で生まれた子供たちへの経済的支援、とりわけ教育を受けるための経済援助を大きな柱として活動してきた。現在も、上述の市の委託事業を行いながらそれとは別組織として、基金としての活動も続けている。政府の支援だけでは十分ではない貧困家庭の子供に対する経済援助である。

支援の対象となるのは0歳から18歳までの子供で、現在、155家族310人の子供をサポートしている。ひとり親家庭がおよそ5割、両親がいるけれども病気や高齢のため経済的サポートを必要としている家庭が5割である。外国人配偶者の国籍別でみると、中国大陸、ベトナム、その他がおよそ3分の1ずつを占

めている。

　支援の必要な子供たちの情報は「自動的」には入ってこない。「新移民」のように戸籍への登録などで分かる対象ではない。そのかわり学校から「困っているので助けてあげてほしい」と連絡が入ったり、すでに支援を受けている人が「友人の家族も助けてほしい」と言ってきたりして、情報が上がってくる。それらに対し基金側が支援を必要と判断すると、月に800台湾ドルから1,600台湾ドル（1台湾ドル＝4円とすると、3,200円から6,400円）の経済支援を提供する。家庭の経済状況はすぐによくなるわけではないため、通常3〜5年間継続して支援を行うことになる。継続期間や金額はそれぞれの事情によるが、もちろんこれだけではけっして十分な額ではない。子供への経済支援を行いながら、自立を促進するための就労支援もきめ細かく行っている。就労する段階にない場合は、心のケアを行ったりもする。

## 2.3　国際結婚家庭が抱える問題

　2003年が国際結婚のピークであり、その頃結婚した夫婦の子供がそろそろ大学生になる時期である。すでに台湾に根を下ろし地域に溶け込んでいる「新移民」も多いが、その一方で、DVや、経済的支援が必要なケースも少なくない。そのような家庭に対し政府とともにNPOや財団が対応している。当該のNPOが対応している範囲では、問題がないケースも多いが、半分から4割はなんらかの支援を必要としている。支援を必要とする国際結婚家庭の問題も時代とともに変わってきた。

　1998年以来、ずっと国際結婚の支援を行ってきたソーシャルワーカーによると、2000年頃、すなわち台北で本格的な支援が始まった頃は、「新移民」の子供が小学校に入る段階で問題が表面化することが多かった。子供が学校社会へ出て行くことで、生活への不適応や言葉、文化、教育全般について困難に直面したからである。そもそも政府が国際結婚家庭への支援を本格化させた背景が子供の不適応であった。この問題を解決するために、「新移民」の子供を、台湾の未来の人材＝「新台湾の子」と位置づけ、「新台湾の子」というスローガンのもとイメージチェンジが図られた。イメージチェンジだけではなく、「新移民」とその子供たちへの中国語教育に力を入れた。徐々にその成果はあらわ

れ、今では（2017年時点）小学校で直面する問題は相当改善された。

　また、かつては舅姑に気を遣い子供に母親の母語を教えることができない家庭が多かった。しかし、近年は政府の多文化教育の方針の下、学校でも多言語教育に取り組むようになり、母親の母語が話せることは子供の「強み」と考えられるようになった。当然、母親たちは自信をもって子供への母語での育児ができるようになった。このような多文化教育、多言語教育の成果などもあり、「新台湾の子」であることが学校でのいじめの対象になるような雰囲気はなくなり、一般家庭の子供から「うらやましがられる」事態に変化してきた。このように学校社会は大きく変わってきたが、企業側の就職差別はいまだに残っている。次世代の「新台湾の子」に対する就職差別ではなく、外国人配偶者（「新移民」）への差別である。言葉の問題もないとはいえず、「新移民」の給料は台湾人の9割程度に抑えられていることが多い。

　台北では本格的な支援を始めて20年が経ち、「新移民」や「新台湾の子」に対する理解は相当進み、彼らが安定して台北で暮らす限り、それを支える仕組みも整い、支援者たちも「初期の大きな問題は相当程度改善された」と考えている。そのなかで新しい問題として浮上してきたのが、再婚による再入国の際の連れ子の教育問題である。国際結婚が急増して20年以上が過ぎた台湾では、1990年代、2000年代に結婚し、離婚し、子供を連れて母国に帰った人も少なくない。最近になり彼女たちが台湾人と再婚し、再度、渡台するケースが目立ってきた。最初の結婚のときの子供（連れ子）は、幼くして母国に帰ったため中国語が話せない。すでに大きくなっているその子供たちの教育が新たな問題として認識されるようになってきた。

## 2.4　台北に暮らす新移民の将来像

　当該NPOで電話相談員をしている「新移民」の方々にも、出会いから現在の暮らしまで、いろいろなお話を伺った。そのなかで印象に残ったのは、①中国語教室に通うようになり中国語ができるようになったことが転機となり活動的になった話、②実家との良好な関係を維持しており、子供が大きくなり、自分たちが退職したら、妻の地元に帰る計画があること（または台北と実家を行ったり来たりする暮らし）、③思春期に入る子供たちの将来像が、グローバルな方

向を向いていること（第三国である日本に留学したい子供、母国との貿易に興味がある子供など）である。とくに台北で「相談員」の仕事がこなせるぐらい台北に馴染んでいる一方、実家にも家を建て、毎年長期で戻り、退職後に夫婦で暮らす準備を着々と進めている。外国人配偶者が一方的に移民として台北に暮らしているという状況ではなく（いいかえると外国人が台湾に同化するというかたちではなく）、妻と夫、２つの「地元」２つの親族とつながり、軽やかに国境も言葉も文化も越えた日常がそこにあった。

　いずれも結婚当初はさまざまな苦難にぶつかったが、それを乗り越え、今では新たな「新移民」を支える側に回っている先輩の方であった。先輩たちが、行政の正式な委託機関の職員として働いているという環境は、新しく「新移民」となった方々にとって、目の前の支援のみならず、自分たちの将来像を考える上でも大きな意義があると思われる。

　台湾の新移民政策は、受け入れ割合が大きいこともあり、国が本格的に取り組んできた。それを担う人々も、それを取り巻く社会も受け入れ政策の意義を理解し、展開してきた。20年におよぶ地道な支援の成果は、新移民やその子供であることが、いじめの対象からうらやましがられる強みへ転換したとのコメントからも確認できた。

## 3　金門県における国際結婚の展開

　本研究の主要課題は「地方的世界」の国際結婚に関する質問紙調査を行い、地方社会における国際結婚の日韓台の比較を行うことである。台湾チームを担当する黄嘉琪と筆者は台湾の調査地を金門県に定め、2013年から2015年にかけて断続的に調査を行った。金門県の外国人配偶者家族支援センターや福祉局、移民局の担当者の方々、外国人妻たちに聞き取り調査を行い、金門県での国際結婚家族の暮らし、その支援体制を検討してきた。

　本節では、金門県の概況を簡単にまとめたのち、金門県に暮らす外国人配偶者の結婚の経緯や、金門県での暮らしについての事例を紹介する。事例の紹介にあたり、調査対象者のプライバシーに配慮し、年齢や出身地についての詳細は省略する。

## 3.1 金門の歴史

金門（Quemoey）は、15世紀から東アジアの航路の要衝として知られるようになった島々である。金門の緯度は台湾本島の台中地区とほぼ同じであり、九龍江口や厦門湾口を望む大金門島、小金門島（烈嶼郷）および大胆島や二胆島など12個の島から構成される。金門は、中国大陸福建省東南部の九竜江河口のアモイ（厦門）の外港からわずか約10kmのところに位置するのに対し、台湾本島まで約277kmも離れている。アモイ所属の外島からは最短で2.1kmしか離れておらず、中華民国の台湾本島よりも中華人民共和国に近い。

中国の明朝時代、とくに明末の永暦年間（1651年）から、金門は「清に抵抗し明を回復」する鄭成功の軍事基地になった。その後、清朝では福建省泉州府同安県に属し、独立した水軍がおかれていた。

1911年に建国した中華民国（台湾を除く）は1915年に金門県を設置した。当時の島内人口はおよそ8万人である。1931年から日中戦争が始まると、1937年から1945年まで大日本帝国の占領地となった。しかし、台湾本島のように植民地化されていたわけではなかった。

終戦後、1949年に中華人民共和国の毛沢東に敗北した蔣介石は、金門を中華民国の反共軍事最前線としたことから、1949年10月17日の「古寧頭戦役」、1954年9月3日の「93砲戦」、1958年8月23日の「823砲戦」など、無数の砲戦を金門は経験した。そして、1956年7月16日から1992年11月7日までは動員勘乱時期であり、金門は中華民国の軍事動員体制のもと、全島民皆兵となった。ようやく1992年に軍事体制が終了した。

2001年1月からは「小三通」（three links）と称する金門島とアモイの間で「通郵」「通商」「通航」における限定的な人や物の交流が実施され始めた。さらに2008年12月からは、直行チャーター便が開通し「大三通」が実現した。

## 3.2 金門の社会と文化

金門は降水量が少なく、土地も痩せているため、農業中心の小農経済に依存することは困難であった。そのため、長い間、海外へ移民を送り出す農村であった。現在、島内の人口は約12万人である。12万というのは登録されている

戸籍人口であり、実際、金門に暮らしている現住人口はおよそ6万人である。金門は離島であるだけではなく重要な軍事拠点でもあった。今でも、地政学上の重要性はつとに認識されている。ところが地方社会のひとつである金門でも都市への人口流出は止まらない。金門に戸籍があれば金門の医療費が無料になったり、特産品であるコウリャン酒が配分されたり、いくぶんメリットがあるよう設計されている。そのこともあり金門に戸籍を残し、台湾本島に出ている人も多い。20世紀を通じて移民の送り出し社会であった金門ゆえに、現在、金門島の外に住む金門出身者は多く、およそ70万人といわれている。台湾島に約30万人、シンガポールに約10万人、ブルネイに約3万人である。日本の一例を挙げると、神戸の王敬祥家族（4世は孫文記念館の名誉館長王柏琳）、長崎の陳國樑家族（4世は長崎福建会館泰益号の陳東華）はすべて金門からの移民家族である。

　このように金門は古くから国際的な重要地点であり、移動が頻繁にあった地域である。他方、閩南文化（台湾的建築様式で建てられた町並みも一部残っている。これらは台湾本島でも残っておらず、現存するのは金門のみであり、近年は重要な観光資源としても認識されるようになってきた）を今にも残す貴重な場所でもあり、華僑の故郷（僑郷）としての色彩も強い。このように独特の歴史をもつ金門は、必ずしも台湾の「地方的世界」の典型とは認めがたいが、地方社会はどこであれ、それぞれに歴史があり個性が強い。「典型的」という場所を見

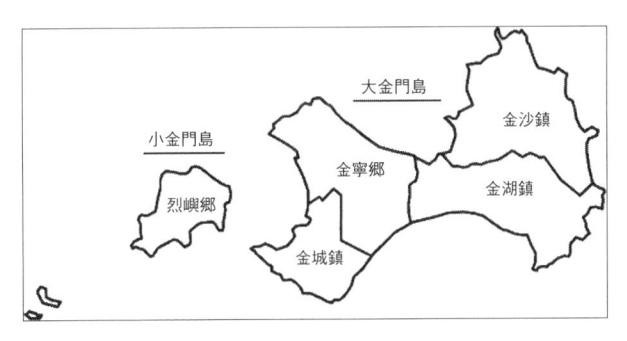

図8-4　金門県行政図

注）「手繪圖金門縣行政區圖（google フォト）」上の地図を一部編集。
　　ただし遠方の離島である烏坵郷（大坵島・小坵島）を省略。

出すことは難しい。金門の事例が台湾一般を示すと単純化はできないが、それでも台湾・韓国・日本の個性的な地域社会を比較することで見えてくるものは十分あると考える。

## 3.3 結婚の経緯——妻たちへの聞き取り調査より

2013年から2015年にかけて延べ15人の外国人妻と、外国人妻を迎えた金門の男性1人にインタビューを行った。中国大陸の出身者が6人、インドネシア出身者が3人、ベトナム出身者が3人、シンガポール出身者が1人、日本出身者が2人である。このなかには1990年代に金門に来た「ベテラン」の方から結婚して2〜3年の「新婚さん」までいろいろな方にお会いした。ここではプライバシーを考慮し、年齢や結婚年、職業など概略的な表現に留め（必要に応じて一部変更あり）、国際結婚に至る経緯や現在の暮らし、実家との関係などを短く紹介する。

インドネシア出身Mさん——1990年代に結婚した「ベテラン」
1990年代にジャカルタから来たMさんの場合、祖父母が金門の出身で、その祖父母の強い意向もあって金門に来ることになった。祖父母の知り合いを通じて今の夫を紹介された（夫からすると、金門出身者のつながりでジャカルタに知り合いがいて、Mさんを紹介されたことになる）。Mさんはジャカルタ育ちだったので「こんな田舎」には来たくなかったけれど、夫に「来てくれ」と言われ、「仕方なく」来た。ただ、1人で来るのはいやだったので姉妹でいっしょに結婚移住した。祖父母の意向や夫の熱意もあったけれど、当時のインドネシアの状況が彼女の背中を後押しした。1998年にインドネシアで排華運動が起き、独身でジャカルタにいることに身の危険を感じたからである。その恐怖から「行けるものなら外国に出たい」との思いが強く、祖父母のネットワークを使って海外に出るチャンスを求めた。Mさんにはたくさんの姉妹がいるが、1人を除き全員が金門とシンガポールに結婚移住した。いずれも祖父母世代の金門ネットワークを通じた移住であった。

Mさんはインドネシアの同化政策の影響で中国語はいっさい話せなかった。金門に来てから「夫と話したり」「夫の親と話したり」「テレビを見ているう

ち」に覚えていった。初めはまったく分からなかったけれど、「聞いたりしゃべったりするのは、すぐに覚えた」そうで、数年後にはまったく問題なくなったとのことである。ただ、読み書きは難しく、10年以上経った今でも新聞は半分くらいしか読めないという。

　現在の家族は、サラリーマンの夫と学齢期の子供2人である。夫と子供は台湾語で話をし、Mさんと子供はインドネシア語と台湾語を混ぜて話している。一人は比較的インドネシア語を理解しているが、もう一人は「あまり好きではない」らしく、インドネシア語だけでは会話が難しい。金門でも、多文化、多言語の政策を進めており、国際結婚家庭の子供には母親の母語を話せる国際人に育ってほしいと考えているが、Mさん自身はあまりこだわりをもっていない。「国籍も台湾だし、自分も子供もここで生きていくことしか考えていない」から、無理にインドネシア語を話してほしいとは思っていない。実際、彼女はストレスを感じることなく台湾語を使いこなす。台湾人が聞いても遜色ない会話力である。そのため子供がインドネシア語を話せなかったとしても子供とのコミュニケーションに不自由を感じることはまったくないことも、母語へのこだわりのなさにつながっていると思われる。

　最近は、ジャカルタに帰るのは3～4年に1度である。結婚して10年以上が過ぎ、子供も大きい。「ここでの生活が第一」になるとそんなには帰れない（それほど帰りたいという強い意思も感じられなかった）。結婚当初は里帰りもよくしたとのことだったので、里帰りがもつ意味も結婚年数やライフステージにより変わってくることを痛感した。

　Mさんは夫の「働かないでほしい」という希望を受け、ずっと仕事には就いていない。そのかわり国際結婚や多文化事業に関わるようなところで様々なボランティア活動などを行っており、同国人でも金門人でも友人が多い印象を受けた。

　ベトナム出身のSさん――1990年代に来た「ベテラン」
　ホーチミン出身のSさんは1990年代に金門に嫁いできた。ホーチミンの工場で働いているときに、知人に夫を紹介され結婚することになった。当時、台湾の結婚ビザを取得するには面接が必要で、面接官とのやりとりを北京語ででき

なければビザが下りなかった。Ｓさんはまったく中国語を知らなかったけれど、ビザを取得するために必死になって勉強した。「そのときはたいへんだったけど、先に中国語を勉強してから来たのはよかった」「来る前に中国語をある程度勉強しておくのは絶対に必要」と実体験をもとに強調していた。金門に来て、夫や義父母との意思疎通にあまり困らなかったし、子供が産まれる頃には病院でも不自由しないぐらい中国語が身についていたからである。

それでも、ここに来た当初は「田舎でほんとうにいやだった」。今は「慣れた」し、「これからもずっとここで暮らすつもり」でいる。「ほんとうにいやだった」ことや、子供の体調が金門よりホーチミンの方が良かったことから、子供が小学校に入るまで子供とＳさんはホーチミンで暮らしていた。夫は金門で暮らし、ときどきホーチミンを訪ねるという暮らしであった。

今は、夫と子供の４人暮らしである。結婚当初は義父母と同居していたが、２年後に義父母とは別居した。今、夫と子供は台湾語で会話し、Ｓさんと子供はベトナム語で話す。子供の将来については「子供が住みたいところに住めばいいし、自分たちはここにいる」と考えている。子供が小さいときは実家で暮らしたし、その後もよく帰っていたが「今は忙しくて帰る暇がない」。「ずっとここにいるからベトナムはどうでもいいかな」とも語っていた。

新しい環境に慣れるために必要な時間はそれぞれ違う。子供も大きくなり「ここ」が自分の居場所になると、実家との距離、実家の意味が変わってくる。実家にはきょうだいが残っていて自分は親の心配をしなくていいことも影響しているのかもしれない。


### ベトナム出身のＣさんと夫Ｋさん──2010年代に来た「新婚さん」

2010年代にベトナムから来たＣさんの場合、知人の１人（Ｐさん）が90年代に金門に結婚移住しており、そのＰさんを介して夫に出会い、金門に結婚移住してきた。今もＰさんの近所に住み、なんでも相談しながら暮らしている。

Ｃさん夫婦はともに20代で結婚した。Ｃさんの夫（Ｋさん）にインタビューしたところ、彼は「知り合いにベトナム人の奥さんがいて、いいなと思って」おり、結婚を考え始めたときからベトナム人女性との結婚が視野に入っていたという。金門の女性とも付き合ったことはあるけれど、「結婚するならベトナ

ム女性がいい」との思いは強くなっていった。そしてPさんに依頼して、Cさんを紹介してもらい結婚することになった。Cさんはまだ金門に慣れておらず、中国語もあまり流暢には話せなかったため、十分お話を聞くことはできなかったが、夫は「夫を立ててくれる大人しいベトナム女性」がよいらしく、ベトナム人コミュニティよりは自分の社会関係のなかで生活を営むことを望んでいた。

Cさんはここでの暮らしに慣れていないため、Pさんと夫を頼りに暮らしている。実家への里帰りも大きな、そして重要なイベントであり、お正月などには帰国を予定していた。今は簡便に電話もできるので、毎日実家と連絡を取り暮らしている。物理的には金門にいるけれど、気持ちは実家とつながっている印象を受けた。

夫の話によると、Cさんは夫がスマートフォンに熱中するのがイヤだったらしい。でもうまく言えず我慢していた。ある日、夫のスマートフォンが故障したのを知ったCさんは大喜びし、夫はようやく彼女の気持ちに気づく。そして夫はスマートフォンをやめ、ケータイに買い換えた。夫もスマートフォンに逃げるのではなく、Cさんとの時間を大事にすることを選択した。

20代の新婚カップルのコミュニケーションは脆くて危なっかしく不安定な面もあるが、若い2人が少しずつ理解を深めていく微笑ましい状態でもある。その脆い状況を先に来た知人や、実家の親族が支えている。「新婚さん」からは直接的にそのような気配が伝わってくる。やはり何不自由なくコミュニケーションがとれる「ベテラン」組とはまったくちがう。ベテラン組は自由に話せるだけではなく、夫や夫の親族から自立し、ある程度自由に行動している。「ベテラン」と「新婚さん」に会うことで、結婚移住後の暮らしのなかで、外国人妻たちが通ってきたであろう道が少し見えてきた。


中国大陸（四川省）出身のEさん——「新婚さん」

内陸の四川省出身のEさんと金門人の夫は、ともにアモイで働いているときに出会い、結婚した（職場は別）。インタビュー当時20代の「新婚さん」である。Eさんは自分たちが「国際結婚」という特殊な結婚をしたという意識は比較的薄く、ふつうに出会って、ふつうに結婚したのであって、「何も特殊なこ

とはない」と言う。そう言いながら、夫婦とも子供の教育は台湾側でしたいとの希望から、アモイに店を持ちつつ、現在は金門で生活をしている。「夫は金門人だし、子供たちは金門で台湾の教育を受けさせたい」と。結婚は普通の結婚と考えているが、子供の教育では「金門人であり、金門で教育を受けるのが良い」と判断している。アモイと金門の制度の違い、文化の違い、教育の違いは十分に意識しながら暮らしている。

Eさん夫婦は、夫婦の関係が特殊ということは意識することはないけれど、アモイと金門の両方の制度や暮らしを熟知し、その時々で自分たちが大事だと思うことを意識的に選択し暮らしている。

少ない事例であるが、国際移動の多い金門の特徴が国際結婚を誘発している点、単独での移住ではなく、知人・友人・親類がいるなかでの移住であった点がみえてくる。また、日本との相違で目についたのは、夫婦の年齢差が小さいことである。Sさんは夫より3歳年上、Mさんは夫より1歳年上、Cさんは夫より7歳年下、Dさんは夫より2歳年下である。

ベテランの方々も「はじめはたいへんだった」とみんな言う。でも「子供が産まれて、ここが自分の居場所になる」と言う。初めの頃は実家とのつながりが非常に重要に思われるが、「ここが居場所」になるとお金の使い道も時間の使い方も変わってくる。金門という「地方的世界」が居場所になることは、第2節の台北に馴染むこととは少し意味が違うのかもしれない。

## 4　金門県における国際結婚家庭への支援体制

本節は、2013年から2015年にかけて実施した金門県の外国人配偶者家族支援センターの職員や福祉局、移民局の担当者への聞き取り調査をもとにまとめたものである。

### 4.1　金門県における国際結婚組数

長らく移民を送り出していた金門であるが、1992年に軍事体制が終了すると、少なからぬ未婚男性が、外国人配偶者を求めるようになった。そして、徐々に外国人配偶者の数は増え、2013年までの累計でおよそ2,200組の国際結

婚が誕生している（表8-1）。外国人配偶者はほとんどが女性で、しかも、その8割以上が中国大陸出身となっている。中国大陸以外では、ベトナムやインドネシア出身の女性が多く、それぞれ100人を超えている。2014年だけでみると、金門県における結婚全体のおよそ18%が国際結婚であり、そのほとんどが外国籍の妻と金門の夫の組み合わせである。

表8-1 台湾・金門県における国際結婚の累積数（1987〜2013年）

| | 台湾全体 | | 金門県 | |
|---|---|---|---|---|
| | 女性 | 男性 | 女性 | 男性 |
| 中国大陸 | 298,192 | 14,675 | 1,880 | 40 |
| 香港・マカオ | 7,174 | 5,868 | 17 | 23 |
| ベトナム | 88,283 | 387 | 159 | 0 |
| インドネシア | 27,392 | 498 | 109 | 1 |
| タイ | 5,838 | 2,602 | 3 | 0 |
| カンボジア | 4,289 | 3 | 3 | 0 |
| 日本 | 2,246 | 1,941 | 1 | 1 |
| 韓国 | 871 | 348 | 0 | 0 |
| その他 | 6,202 | 8,407 | 10 | 4 |
| 小計 | 447,651 | 35,222 | 2,186 | 69 |

出所）中華民国行政院内政部統計所資料より作成。

　台湾全体でも国際結婚は多く、1987年からの25年間の累積でおよそ50万組の国際結婚夫婦が誕生している（表8-1）。平均すると年間2万組の国際結婚夫婦が誕生した計算になる。日本の国際結婚が年間およそ2万組から4万組[2]（1990〜2012年）であるのを考えると、人口が5分の1にも満たない台湾の国際結婚は相当多いといえるだろう。

## 4.2　行政による支援――外国人配偶者家族支援センター

　東南アジア出身者はいうに及ばず、金門に多い中国大陸出身の配偶者でも、小さい島である金門に居住すると、生活への適応や経済面、就業や子供の教育など、さまざまな問題に直面する。実際、金門での国際結婚の離婚率は台湾のなかでも高く、行政担当者にも大きな問題と認識されている[3]。

　そのため、金門に移住してきた外国人配偶者を支援し、もっと住みやすい環境を提供するため、2006年に「金門県外国人配偶者家族支援センター（金門縣外籍配偶家庭服務中心）」が設立され、きめ細やかな支援が行われるようになった。本支援センターは、金門県社会局に属する公的機関であり、現在4人のソーシャルワーカーが専従職員として働いている。

　本センターの設立には国の政策が大きく影響している。2006年から台湾では国際結婚の増加などを受け、移民問題への積極的な取り組みに対する大規模な

補助金が支給されるようになった（本章第2節参照）。金門でも、この補助金を
もとに本センターを立ち上げ、国際結婚家族の支援を行ってきた。設立当初、
国の補助金による2人のソーシャルワーカーで本センターを運営していたが、
その後、国の補助金に県独自の予算を加え国際結婚家族への支援を拡充し、現
在の4人体制に発展した。

　本センターのおもな業務内容は次の3点である。①定期的な家庭訪問：ソー
シャルワーカーが定期的に電話をしたり、自宅を訪問したりして外国人配偶者
と連絡を取り、彼らの状況を把握し、随時、彼らの家族情報をアップデートす
る。同時に、同センターをはじめ、金門県の公的な福祉情報などを彼らに提供
する。訪問する過程で、その家族の状況を把握し、金門の生活に適応できてい
るかどうかを判断する。もし、金門の生活に適応できないと判断された場合
は、専門家を招聘し、特別な援助を行う。また、DVなどが疑われる家庭に対
しては、即時、警察や福祉施設に通達し、強制的に介入する。②個人情報の管
理：家庭訪問の結果は書類にまとめ、ファイリングする。③イベントや講座の
運営：外国人配偶者の家族に向けたさまざまなイベントを開催するとともに、
積極的に外国人配偶者家族に声をかけ、公的活動への参加を促している。彼ら
が参加している過程を観察し、彼らの家族のふれあいの様子を観察する。ま
た、外国出身妻たちの就職支援として、各種のスキルを身につけるための教室
も開いている。例えば、ベビーシッター養成講座を開き、免許を取るように勧
めている。また、金門の風習や金門料理の教室なども無料で開催する。

### 4.3　ピア・サポート——新移民關懷協會の設立

　金門には、上記の「金門県外国人配偶者家族支援センター」という公的な支
援組織以外に、2008年に設立された「新移民關懷協會」という外国人配偶者自
らが組織するセルフヘルプグループがある。ベテランの外国出身の妻たちが新
入の外国出身の妻たちを支援する団体である。活動内容は冠婚葬祭の支援役な
ど、少しずつ展開しているところである。現在の会員数は約100人で、250人の
加入を目標に外国出身の配偶者の居場所になれるよう組織作りに取り組んでいる。

　会費は毎年200台湾ドルを徴収するが、かなり少なく活動資金としては足り
ていない。そのため、法人団体に向けた募金活動を行っている。例えば、コウ

リャン酒で有名な金門酒廠實業股份有限公司や与党の中国国民党から支援金をもらっている。また、集会の場所は金門社会福祉センターを使い、事務所は中国国民党金門支部から無償で借用するなど、経費を節約しながら切り盛りしている。

現在最も困っていることは、企画書や計画書などを作成することが難しいことである。ベテランの外国出身妻たちの多くはたいへん流暢に会話ができる。しかし、書類を書くのは難しく、「金門県外国人配偶者家族支援センター」の助けが必要とされている。

## 5 台湾の支援制度から学ぶ

台湾では、1990年代末から急増する国際結婚に対して、国と地方自治体、さらにはNPOが協力して、大規模な支援制度を整えてきた。おざなりに形を整えるのではなく、実質的なサポートが可能なソーシャルワーカーや相談員を配備し、予算を大幅に確保した政策を展開してきた。問題点があれば、それらに対応しながら現在もなお、政策の改善を模索している。もちろん国際結婚の数も、国際結婚家庭で育つ子供も多い。政策により問題が完全に解決しているわけではない。しかし、ほとんど公的な対応が進まない日本の現状を想起すると、その真摯な態度は「まぶしい」と言わざるをえない。

国際結婚の当事者の話で、印象的だったのは、言葉の問題である。言葉が自由に操れるようになり、世界が変わったという話を幾度も聞いた。台湾では、配偶者ビザを出す段階から中国語運用力を求め、台湾に来てからも妻たちへの言語教育は非常に充実している。今日では、さらに進んで、多言語・多文化教育へと発展もしている。言葉の問題だけで解決できるほど国際結婚は単純な話ではないが、言葉ができないと「話にならない」部分も少なくない。日本も、まずはここから、進めることを強く願う。

謝辞

金門県における調査は、すべて、当時金門大学に勤めていた故黄嘉琪先生のアレンジにより可能となりました。黄先生は、インタビューの対象者との調整から、国際結婚支

援のセンターである金門県福祉局の「外国人配偶者支援センター」とのネットワークの形成、外国人妻たちとのネットワークなど、研究のあらゆる段階で中心となり、本研究を進めてくれました。残念ながら、黄先生は研究途中の2016年に急逝され、最終報告書を書くことはできませんでした。本来なら黄先生が担当するはずの本章も筆者が担当することになりました。どれほど黄先生のお考えを反映させられているかは定かではありませんが、黄先生が2013年から2015年まで金門島を駆け回り、なんとか可能になった調査の成果を無にしないため、微力ながらまとめさせていただきました。

　改めて黄嘉琪先生のご冥福をお祈り申し上げます。

　また、金門県福祉局の外国人配偶者支援センターの陳蘭英センター長をはじめ、同センターにはさまざまなご協力をいただきました。さらに、台北市の賽珍珠基金会にもさまざまなご協力をいただきました。改めてお礼申し上げます。

## 注

1　本財団の聞き取りは、国立台湾大学の林瑋嬪副教授（当時）の協力を得て、数年前に研究グループの藤井勝と黄嘉琪が行ったことがあり、今回の調査はそれを引き継ぐものである。

2　日本の資料は下記の人口統計資料集（2014）参照。http://www.ipss.go.jp/syoushika/tohkei/Popular/Popular2014.asp?chap=0

3　2013年、2014年に実施した金門県の移民局や福祉局での行政担当者へのインタビュー調査より。

## 参考文献

安里和晃　2013　「グローバルなケアの供給体制と家族」『社会学評論』64(4)：625-648。

伊藤正一　2012　「台湾の少子化と政策対応」『人口問題研究』68(3)：50-65。

伊藤るり・安達眞理子編　2008　『国際移動と〈連鎖するジェンダー〉——再生産領域のグローバル化』作品社。

落合恵美子　2007　「グローバル化する家族——台湾の外国人家事労働者と外国人妻」紀平英作編『グローバル化時代の人文学——対話と寛容の知を求めて』京都大学学術出版会、93-126。

城本るみ　2012　「台湾における介護者としての中国大陸籍配偶者」『人文社会論叢（社会科学篇）』27：51-84。

徐幼恩　2014　「台湾の国際結婚におけるカンボジア人女性——『買ってきた嫁』から『媳婦』へ」福原裕二・吉村慎太郎編『現代アジアの女性たち——グローバル化社会を生きる』新水社、275-293。

横田祥子　2008　「グローバル・ハイパーガミー？——台湾に嫁いだベトナム人女性の事例から」『異文化コミュニケーション研究』20：79-110。

第9章

# 台湾における定着できた家族のくらし、これからのくらし

## 地域社会の国際結婚にみえるグローバル化の浸透

平井晶子

## 1　金門という「地方」と外国人妻

　国際結婚の離婚率は高い。なかでも本研究の調査地、金門県における離婚率はきわめて高く、とりわけ結婚から数年以内に多く起きる。ただし、初期の適応段階をうまく乗り越えることができれば離婚の可能性は格段に下がる。本質問紙調査の回答者は、結婚後10年を超えた人が7割を占める。言葉の壁や文化の壁を乗り越え、この地で生きていくことを選んだ人ということになる。国際結婚に限らず、夫婦関係は時間とともに変わっていくが、国際結婚夫婦の場合、その変化の振り幅は通常よりも大きい。

　その意味で、本研究では、ある程度初期の危機を乗り越えたであろう妻たちの、結婚の過去・現在・未来であり、彼女たちの築いてきた実家との関係、地域との関係、夫方親族との関係を表している。本章のタイトルを「定着できた家族のくらし、これからのくらし」としたのもその点を強調するためである。国際結婚をした妻全体ではなく、危機を乗り越え安定期に入った状況で、過去を振り返り、未来を想像した回答であることに留意しつつ、調査資料を読み解いていく。

　2013年から金門県における外国人妻ならびに彼女たちの支援者へのインタビュー調査を開始した。調査票を用いた調査の実施を念頭にその準備を進めてきた。そして2015年秋、これまで築いたネットワークを基盤に、人から人へと依頼をつなぐ形で調査票調査を実施し、112人の協力を得ることができた。インタビューに協力してくれた方々の知人・友人、金門県の知人の知り合い、金

門大学の地元の学生さんの知り合いなど、可能な限りのネットワークを駆使し実施した。なかには外国人妻が多く入っている情報ネットワークを使った呼びかけで、参加してくれた対象者も含まれる。

前章で示したように、金門県は台湾本島よりも大陸に近い。台北からは飛行機で1時間ほどかかるが、対岸のアモイまでは船で40分である。金門から対岸にアモイの街がみえている。現在では1日何便も就航しており、ビジネスでも、旅行でも頻繁に往来できる。大陸から航路で買い物ツアーにおとずれる人も多く、港でバスに乗り込み、大型店を回って日常品などを大量に購入する一団も目にした。

この近接性が大きく影響し、現在では外国人妻の大多数が大陸出身である。2013年までの累積数では(前章の表8−1参照)、大陸出身妻が86.0%、ベトナム出身妻が7.3%、インドネシア出身妻が5.0%で、全体の9割近くが大陸出身者である。ただし、実質的な人口が6万人の金門県で、とりわけ金門県で生まれた女性たちが台湾本島へ移動する状況下で、たとえ300人であっても東南アジア出身妻はそれなりの存在感を示している。本調査では、両者の特徴を理解するため、両者を分けても分析可能な最低限の数を確保するべく努めた。台湾社会における「地方的世界」の事例として金門県を位置づけている意味でも、大陸出身妻の家庭とその他の国出身妻の家庭を区別し考察することは不可欠だと考えるからである(以下、本章での資料の提示の際は、中国大陸出身者を「大陸」、インドネシア、ベトナム出身者が大半を占める「大陸」以外の国から来た人を「その他」と示す)。

## 2 金門へ来た女性たち——大陸・東南アジアから

### 2.1 出身地

表9−1に示したように、調査対象者112人のうち、およそ半数にあたる55人が中国大陸の出身である。福建省近隣の東南沿岸地域の出身者が比較的多いが、四川省や吉林省など内陸や東北部の出身者もいる。次に多いのが、インドネシア出身者で全体の4分の1の24.1%、次いでベトナム人が17.9%である。国、地域別に検討できるのはこの3つで、残りはフィリピン人3人、日本人、

タイ人が2人ずつ、カンボジア人が1人といずれも少数である。

インドネシア人は、ほとんどが中華系で、祖父母の時代に金門（もしくはこの周辺地域）からインドネシアに渡った人の子孫やその知人が多い（前章のインタビュー参照）。ただし、中華系といえども、インドネシア政府の政策により中国語を理解できない状態で金門に嫁いできた。しかも大都会、ジャカルタ出身者が多い（表9-2参照）。国としてはインドネシアよりも台湾の経済力が高く産業化

表9-1　妻の出身国

|  | 大陸 | その他 |
|---|---|---|
| 中国 | 55 (100.0) |  |
| フィリピン |  | 3 (5.3) |
| タイ |  | 2 (3.5) |
| ベトナム |  | 20 (35.1) |
| インドネシア |  | 27 (47.4) |
| カンボジア |  | 1 (1.8) |
| 日本 |  | 2 (3.5) |
| その他 |  | 2 (3.5) |
| 合計 | 55 (100.0) | 57 (100.0) |

注) 以下、本章の表では中国大陸出身者を「大陸」、それ以外の地域の出身を「その他」と示す。括弧内は％。以下同じ。

表9-2　妻の出身地の特徴

|  | 大陸 | インドネシア | その他 |
|---|---|---|---|
| 大都市 | 9 (16.4) | 18 (66.7) | 14 (46.7) |
| 地方都市 | 15 (27.3) | 5 (18.5) | 6 (20.0) |
| 田舎町 | 18 (32.7) | 4 (14.8) | 7 (23.3) |
| 農村や漁村 | 11 (20.0) | — | 1 (3.3) |
| 無回答 | 2 (3.6) | — | 2 (6.7) |
| 合計 | 55 (100.0) | 27 (100.0) | 30 (100.0) |

や都市化が進んでいるが、都市で比べると逆転する。当然、ジャカルタが大都市で金門は地方社会である。金門にはじめて来たとき「ショックのあまり涙が止まらなかった」という女性もいた（インタビュー調査より）。しかも、金門はただの「田舎」ではなく、離島であり、1992年までは軍事拠点という特殊な環境にあったため、産業化の進展が遅かった。序章で論じたように、一般にインドネシアから台湾へ嫁ぐ結婚は「南北型」の国際結婚であり、インドネシアから台湾へ「上昇婚」をめざして来るが、「南北型」の国際結婚の内実はそれほど単純ではない。横田祥子（2008）が、上昇婚のつもりで結婚したが、相手は当該国では下層に属したため、相対的階層で考えると必ずしも上昇していないと解釈しているように、「南北型」国際結婚の地域移動においても（先進国に嫁いだつもりが、都市度の低いところに来たというように）、必ずしも先進地への移動とは限らない。

インドネシアのみならず、大陸以外の出身者は、大都市もしくは地方都市出身者が多い（両方で7割）。農村や漁村から来た人はわずかに1人である。現代の金門は大陸との往来がさかんで、経済活動も活発化し急激に商業化したが、国際結婚がさかんになった1990年代は今よりはるかに農村的要素が強く「都市から農村に来た」と感じた女性は多かった。

## 2.2　年齢と学歴、きょうだい構成

　調査対象者の現在の年齢をみると（表9-3）、総じて30歳代が多く、次が40歳代で、この両者で8割以上となっている。夫の年齢は妻よりも1つずつ上のカテゴリーで、40歳代、50歳代が中心である。

　それぞれのきょうだい構成をみると（表9-4）、総じてきょうだいが多い。いずれも少子化が始まる前の世代である。とくに妻側には「一人っ子」は1人

表9-3　調査時の妻の年齢・夫の年齢

| | 妻 | | 夫 | |
|---|---|---|---|---|
| | 大陸 | その他 | 大陸 | その他 |
| 20代 | 5　(9.1) | 2　(3.5) | — | 1　(1.8) |
| 30代 | 29　(52.7) | 28　(49.1) | 10　(18.2) | 6　(10.5) |
| 40代 | 15　(27.3) | 19　(33.3) | 23　(41.8) | 20　(35.1) |
| 50代 | 4　(7.3) | 3　(5.3) | 11　(20.2) | 18　(31.6) |
| 60代 | 1　(1.8) | 1　(1.8) | 4　(7.3) | 1　(1.8) |
| 70代 | — | — | 2　(3.6) | — |
| 無回答 | 1　(1.8) | 4　(7.0) | 5　(9.1) | 11　(19.3) |
| 合計 | 55(100.0) | 57(100.0) | 55(100.0) | 57(100.0) |

表9-4　妻のきょうだい構成・夫のきょうだい構成

| | 妻 | | 夫 | |
|---|---|---|---|---|
| | 大陸 | その他 | 大陸 | その他 |
| 一人っ子である | — | — | 1　(1.8) | 3　(5.3) |
| 兄弟だけいる | 13　(23.6) | 8　(14.0) | 3　(5.5) | 3　(5.3) |
| 姉妹だけいる | 3　(5.5) | 9　(15.8) | 1　(1.8) | 3　(5.3) |
| 兄弟も姉妹もいる | 36　(65.5) | 39　(68.4) | 47　(85.5) | 43　(75.4) |
| その他 | — | — | — | 2　(3.5) |
| 無回答 | 3　(5.5) | 1　(1.8) | 3　(5.5) | 3　(5.3) |
| 合計 | 55(100.0) | 57(100.0) | 55(100.0) | 57(100.0) |

もいない。きょうだいが多いことが海外への移住を後押しする条件なのかもしれない。

妻たちの学歴はとくに高くも低くもなく高校卒業が最も一般的である。

## 2.3　職業

「大陸」出身の妻たちは結婚前に工場や事務職で働いていた人が多く、「その他」出身妻たちは商店や食堂、もしくは事務職として働いていた人が多い（表9-5）。

金門での現在の仕事でも（表9-6）、商店や食堂で働く人が多い。金門県に

表9-5　結婚前の妻の職業

| | 大陸 | その他 |
|---|---|---|
| 工場で働く | 18 (32.7) | 7 (12.3) |
| 商店や食堂で働く | 8 (14.5) | 20 (35.1) |
| 会社や団体の事務や営業 | 12 (21.8) | 10 (17.5) |
| 農業や漁業 | 1 (1.8) | 4 (7.0) |
| 専門職（教員・エンジニア） | 3 (5.5) | 2 (3.5) |
| 無職（家事手伝いを含む） | 5 (9.1) | 9 (15.8) |
| 学生 | — | 3 (5.3) |
| その他 | 7 (12.7) | 1 (1.8) |
| 無回答 | 1 (1.8) | 1 (1.8) |
| 合計 | 55(100.0) | 57(100.0) |

表9-6　現在の職業

| | 妻 | | 夫 | |
|---|---|---|---|---|
| | 大陸 | その他 | 大陸 | その他 |
| 工場で働く | 3 (5.5) | 3 (5.3) | 8 (14.5) | 16 (28.1) |
| 商店や食堂で働く | 15 (27.3) | 24 (42.1) | 5 (9.1) | 4 (7.0) |
| 会社や団体の事務や営業 | 9 (16.4) | 2 (3.5) | 8 (14.5) | 7 (12.3) |
| 農業や漁業 | — | — | 3 (5.5) | 5 (8.8) |
| 工場や事業所の自営業 | — | — | 3 (5.5) | 5 (8.8) |
| 専門職（職員・エンジニア） | 2 (3.6) | 3 (5.3) | 9 (16.4) | 2 (3.5) |
| 定年退職 | — | — | 2 (3.6) | 1 (1.8) |
| 職業に就いていない | 12 (21.8) | 10 (17.5) | 4 (7.3) | 7 (12.3) |
| その他 | 12 (21.8) | 13 (22.8) | 8 (14.5) | 10 (17.5) |
| 無回答 | 2 (3.6) | 2 (3.5) | 5 (9.1) | — |
| 合計 | 55(100.0) | 57(100.0) | 55(100.0) | 57(100.0) |

はコウリャン酒の工場を除くと大きな工場がなく、仕事は限られている。台湾全体としては、外国人妻に介護などのケア労働を期待しており、台北などではケア労働に従事する外国人妻は少なくない。しかし、金門での回答者にケア労働者はほとんどみられない（その他にいるかもしれないがそれでも2割未満）。様々な国の出身者にインタビューをしたが、ケア労働従事者はいなかった。逆に、祖母の介護のためにインドネシア人の住み込みの介護労働者を雇用している事例は耳にした。住み込みのケアワーカーはあくまでも「介護労働者」として金門に来た女性であり、金門に嫁いだ外国人妻ではなかった。金門では外国人妻がケア労働従事者として強く意識されてはいないのかもしれない。

　夫の職業で最も多いのは工場労働者で、次がホワイトカラーのサラリーマン、教員やエンジニアなどの専門職である（表9-6）。

### 2.4　結婚年数・言葉の理解度・国籍

　「大陸」出身妻の結婚年数は適度に分散している。結婚後10年から15年という層が4割と多いが、10年未満も4割、15年以上も2割おり、20年ほど前から国際結婚がそれなりに続いていることが分かる（表9-7）。他方、インドネシアやベトナム出身者はおおむね結婚して10年以上が経過しており、最近5年の結婚は少ない。もちろん調査対象者の偏りということも考えられるが、おおむね東南アジ

表9-7　結婚年数

|  | 大陸 | その他 |
|---|---|---|
| 2年以下 | 4　(7.4) | 1　(1.8) |
| 2〜5年 | 8　(14.8) | 1　(1.8) |
| 5〜10年 | 9　(16.7) | 4　(7.0) |
| 10〜15年 | 22　(40.7) | 25　(43.9) |
| 15〜20年 | 10　(18.5) | 14　(24.6) |
| 20〜30年 | 1　(1.9) | 7　(12.3) |
| 30年以上 | — | — |
| 無回答 | 1　(1.9) | 5　(8.8) |
| 合計 | 54(100.0) | 52(100.0) |

表9-8　「夫の言葉」の理解度

|  | 会話（閩南語） | | 読み書き | |
|---|---|---|---|---|
|  | 大陸 | その他 | 大陸 | その他 |
| 十分できる | 28　(50.9) | 17　(29.8) | 16　(29.1) | 4　(7.0) |
| ある程度できる | 20　(36.4) | 29　(50.9) | 15　(27.3) | 17　(29.8) |
| ほとんどできない | 4　(7.3) | 3　(5.3) | 4　(7.3) | 9　(15.8) |
| 無回答 | 3　(5.5) | 8　(14.0) | 20　(36.4) | 27　(47.4) |
| 合計 | 55(100.0) | 57(100.0) | 55(100.0) | 57(100.0) |

アからの結婚が減少し、大陸からの結婚が増えているのが金門県の傾向である。

結婚年数が10年以上の人が多く、大陸出身者が多いため、言葉の理解度は相当高い。「会話」については北京語ではなく現地の閩南語につい

表9-9　調査時の妻の国籍

| 出身地 | 妻の出身国 | 夫の国 | 無回答 | 合計 |
|---|---|---|---|---|
| 中国大陸 | 20 | 33 | 2 | 55 |
| インドネシア | 0 | 27 | 0 | 27 |
| ベトナム | 3 | 16 | 1 | 20 |
| その他 | 8 | 2 | 0 | 10 |
| 合計 | 31 | 78 | 3 | 112 |

ての理解度を聞いているが、出身を問わず8割の人が「十分理解できる」「ある程度理解できる」と回答しており、生活する上で困らない程度の会話力を身につけている。他方、読み書きについては、「大陸」と「その他」で大きく差がある（問いそのものが不要と感じられたのか大陸出身者には「無回答」が多い）。大陸以外の人に漢字は難しく「ある程度できる」を含めても4割に留まっている（表9-8）。

調査時点での国籍は（表9-9）、「大陸」の4割で中華人民共和国の国籍を保持しているが、「その他」はほぼ台湾国籍を取得している。大陸出身の場合、国籍取得用件が厳しく、まだ条件を満たしていないために元の国籍を保持しているケースが多い。なかには大陸との行き来の利便性を考慮し、国籍を取得していないケースがあるが、総じて台湾国籍取得者が多い。

以上のように本調査の回答者は、①10年以上前に結婚した安定期のカップルが中心で、妻の年齢は30歳代、40歳代、夫は40歳代、50歳代が中心で、②妻の居住歴の長さもあって言葉の壁を克服し、仕事を持つ人が多い、③妻の出身地は中国大陸が半分、インドネシアとベトナムが2割強ずつで、多くの人が台湾国籍を取得している、④妻、夫ともにきょうだいが多いという特徴がみられた。

## 3　出会いと結婚

### 3.1　結婚の経緯と渡台のタイミング

夫婦が最初に出会った場所は大部分が妻の出身国である。もちろん台湾もしくは金門で出会ったケースもあるが、一部に限られている。出会いのきっかけ（表9-10）は67.9％が「友人や親族の紹介」と圧倒的に多い。ベトナム出身者

表9-10　夫との出会いのきっかけ

|  | 大陸 | その他 |
|---|---|---|
| 旅行や行楽での出会い | 7　(12.7) | 1　(1.8) |
| 学校や職場での出会い | 5　(9.1) | 6　(10.5) |
| 友人や親族の紹介 | 38　(69.1) | 38　(66.7) |
| 斡旋会社（そのHP）の仲介 | 3　(5.5) | 10　(17.5) |
| その他 | ― | 1　(1.8) |
| 無回答 | 2　(3.6) | 1　(1.8) |
| 合計 | 55(100.0) | 57(100.0) |

表9-11　渡台のタイミング

|  | 大陸 | その他 |
|---|---|---|
| 結婚前から台湾・金門に移住 | 3　(5.5) | 10　(17.5) |
| 結婚と同時または直後 | 46　(83.6) | 37　(64.9) |
| 結婚後、数年経ってから渡台 | 5　(9.1) | 6　(10.5) |
| その他 | 1　(1.8) | 3　(5.3) |
| 無回答 | ― | 1　(1.8) |
| 合計 | 55(100.0) | 57(100.0) |

表9-12　結婚式を行った場所

|  | 大陸 | その他 |
|---|---|---|
| 自分の国のみ | 25　(45.5) | 21　(36.8) |
| 台湾または金門のみ（夫側） | 8　(14.5) | 25　(43.9) |
| 両方の国・地域 | 13　(23.6) | 11　(19.3) |
| それ以外の国・地域 | ― | ― |
| 式はしていない | 8　(14.5) | ― |
| その他 | 1　(1.8) | ― |
| 合計 | 55(100.0) | 57(100.0) |

は斡旋会社の紹介が多いが、それ以外は友人知人を介しての出会いである。前章で述べたようにインドネシア出身者の場合、親戚や知人に華僑がいることが多く、彼らを通して出会いがセットされる。大陸出身者の場合、金門の男性がアモイ周辺で仕事をし、知人を介して出会うケースや、アモイの職場で出会うケース、大陸への観光先で出会うケースなどがある。「職場での出会い」や「観光での出会い」も文字通りに理解できる環境にあると考えられる。

　台湾もしくは金門に来たタイミング（表9-11）は、「結婚と同時」もしくは「結婚直後」が74.1％と多い。ただし、1割の人はもともと台湾にいて夫と出会い結婚している。また、一部には結婚後しばらくしてから台湾・金門に来た人もいる。東南アジアから来る場合、諸事情によりビザの発給が遅れ、しばらく別居を余儀なくされるケースがあったからである。

　結婚式は両方で挙げるケースも2割程度あるが、夫側か妻側、いずれかで行うケースが多い（表9-12）。大陸出身者の場合、妻の地元で式を挙げることが多いが、東南アジア出身者の場合、金門に来てから挙式をしているケースが多い。

## 3.2　夫婦の結婚年齢・年齢差・結婚歴

　台湾全体の傾向としては、東南アジア出身者は若く、おもに再生産を期待しての結婚であるが、大陸出身者は年齢が高く老後のケアが期待されていると言われている。しかし、大陸がすぐ近くにある金門では、必ずしも大陸出身者の年齢が高いわけではない。

　表9-13は結婚時点の年齢である。女性の場合、「大陸」出身者でも67.3％が10代、20代であり、40歳以上は7.3％に限られる。「その他」出身妻も10代、20代が75.4％と7割を超えている。夫の結婚年齢は「大陸」との結婚で50代、60代のケースもみられるが、全体的に20代、30代が中心である。

　夫が若いこともあり、半数以上の夫婦が、年齢差10歳以内である（表9-14）。金門は若い女性たちが島を離れるため独身男性が多い。男性たちは若い頃から国際結婚も視野に結婚相手を探している。日本の地方的世界における国際結婚では男性が40歳代、50歳代、ときには60歳代が多く、夫婦の年齢差が大きいが、国際結婚が身近で馴染みのある金門では事情が違う。

　また、本書第Ⅰ部で明らかになったように、日本（豊岡）の国際結婚では、妻、夫ともに再婚者が多い。とりわけ大陸出身妻には再婚者が多い。台湾全体の傾向としても大陸出身女性は年齢が高く、再婚であることが多い（城本 2012）。

表9-13　夫婦の結婚年齢

| | 妻 | | 夫 | |
|---|---|---|---|---|
| | 大陸 | その他 | 妻：大陸 | 妻：その他 |
| 10代 | 1　(1.8) | 11　(19.3) | — | 1　(1.8) |
| 20代 | 36　(65.5) | 32　(56.1) | 11　(20.0) | 16　(28.0) |
| 30代 | 12　(21.8) | 7　(12.2) | 22　(40.0) | 20　(35.1) |
| 40代 | 3　(5.5) | 1　(1.8) | 8　(14.5) | 5　(8.8) |
| 50代 | 1　(1.8) | — | 6　(10.9) | 2　(3.5) |
| 60代 | — | — | 2　(3.6) | — |
| 無回答 | 2　(3.6) | 6　(10.5) | 6　(10.9) | 13　(22.8) |
| 合計 | 55(100.0) | 57(100.0) | 55(100.0) | 57(100.0) |

表9-14　夫婦の年齢差

| | 大陸 | その他 |
|---|---|---|
| 妻が年上 | 2　(3.6) | 3　(5.3) |
| 同い年 | 1　(1.8) | 4　(7.0) |
| 夫が年上（5歳まで） | 14　(25.5) | 10　(17.5) |
| 夫が年上（10歳まで） | 14　(25.5) | 14　(24.6) |
| 夫が年上（20歳まで） | 13　(23.6) | 7　(12.3) |
| 夫が年上（それ以上） | 4　(7.3) | 5　(8.8) |
| 不明 | 7　(12.7) | 14　(24.6) |
| 合計 | 55(100.0) | 57(100.0) |

表9-15　夫妻の結婚歴

| | 妻 | | 夫 | |
|---|---|---|---|---|
| | 大陸 | その他 | 大陸 | その他 |
| 初婚 | 43 (78.2) | 52 (91.2) | 37 (67.3) | 52 (91.2) |
| 結婚経験あり | 3 (5.5) | — | 3 (5.5) | 2 (3.5) |
| 結婚経験があり、子供もいる | 9 (16.4) | 2 (3.5) | 13 (23.6) | 2 (3.5) |
| その他 | — | 1 (1.8) | 1 (1.8) | 1 (1.8) |
| 無回答 | — | 2 (3.5) | 1 (1.8) | — |
| 合計 | 55 (100.0) | 57 (100.0) | 55 (100.0) | 57 (100.0) |

しかし、金門の場合、「大陸」出身妻の8割、「その他」出身妻の9割が初婚である。妻側の再婚者はきわめて少ない。「大陸」出身女性と結婚する男性には再婚者も2割ほどいるが、「その他」の女性と結婚する男性は9割が初婚である（表9-15）。

このように金門県における国際結婚の出会いと結婚の特徴は、①妻の母国で夫と出会い、結婚を契機に台湾（もしくは金門）に移動した夫婦が多く、②結婚のきっかけとしては知人や親族の紹介が圧倒的に多い、その背景には20世紀を通じて金門からアジア諸地域に人を送り出していたこと、大陸との関係強化のなかで大陸との通婚がさかんになったことがあげられる。また、③国際結婚した金門の男性は20歳代・30歳代と若く、男女とも初婚が多い。

## 4　結婚生活

### 4.1　家族の構成員・経済状況

調査対象者の8～9割に実子がいる（表9-16）。「大陸」出身妻の家族では81.5％、「その他」出身妻の家族で93.0％に実子がいる。夫の連れ子がいるケースは「大陸」家庭に多く、「その他」の家庭では少ない。

家庭の経済状況について、妻の主観で「十分によい」「ある程度よい」「あまりよくない」「悪い」から選んでもらったところ（表9-17）、「十分によい」は「大陸」出身妻では少ないが、「その他」では2割もいる（大陸5.5％、その他19.3％）。「ある程度よい」はいずれも多く、「十分によい」「ある程度よい」を合わせるとほぼ8割がよいと回答しており、おおむね経済状態は良好といえよう。

表 9-16　夫婦以外の家族員

| 実数 (N) | 大陸 (54) | その他(57) |
|---|---|---|
| 自分たちの子供 | 44 (81.5) | 53 (93.0) |
| 自分の連れ子 | 2 (3.7) | — |
| 夫の連れ子 | 5 (9.3) | 2 (3.5) |
| 夫の父 | 10 (18.5) | 13 (22.8) |
| 夫の母 | 16 (29.6) | 19 (33.3) |
| 夫のきょうだい | 1 (1.9) | 9 (15.8) |
| 夫のきょうだいの配偶者 | 2 (3.7) | 3 (5.3) |
| 夫のきょうだいの子供 | 4 (7.4) | 4 (7.0) |
| 夫の祖父母 | 1 (1.9) | 1 (1.8) |
| その他 | 1 (1.9) | 3 (5.3) |

注）項目ごとに「いる」人数と、その割合を提示。

表 9-17　家族の経済状況（妻の主観）

| | 大陸 | その他 |
|---|---|---|
| 十分によい | 3 (5.5) | 11 (19.3) |
| ある程度よい | 40 (72.7) | 32 (56.1) |
| あまりよくない | 8 (14.5) | 12 (21.1) |
| 悪い | 2 (3.6) | — |
| 無回答 | 2 (3.6) | 2 (3.5) |
| 合計 | 55(100.0) | 57(100.0) |

## 4.2　夫の家事・育児参加、妻の文化・親族への理解度

　現在の家族や、妻の親族に対する夫の関わりに対して、妻たちはどう評価しているか。

　家事・育児への参加について（表9-18）、「大陸」出身妻はおおむね「よくする」「ある程度する」と高く評価しており（72.7％）、「あまりしない」「しない」との評価はわずか10.9％である。他方、「その他」出身妻では「よくする」「ある程度する」との評価は52.6％で、「あまりしない」「しない」の40.3％と拮抗している。

　また、妻の母国文化への理解についても（表9-18）、「大陸」出身妻は「よく理解している」「ある程度理解している」との評価が80.0％と高く、否定的な回答はわずかであるが、「その他」出身妻は「よく理解してい

表 9-18　夫の家事・育児参加、妻の母国文化理解への
　　　　妻の評価

| | 家事・育児参加 | | 妻の母国文化理解 | |
|---|---|---|---|---|
| | 大陸 | その他 | 大陸 | その他 |
| よくする | 19 (34.5) | 9 (15.8) | 19 (34.5) | 5 (8.8) |
| ある程度する | 21 (38.2) | 21 (36.8) | 25 (45.5) | 15 (26.3) |
| あまりしない | 4 (7.3) | 17 (29.8) | 4 (7.3) | 23 (40.4) |
| しない | 2 (3.6) | 6 (10.5) | 2 (3.6) | 10 (17.5) |
| 子供がいない | 5 (9.1) | 2 (3.5) | 5 (9.1) | 4 (7.0) |
| 無回答 | 4 (7.3) | 2 (3.5) | 55(100.0) | 57(100.0) |
| 合計 | 55(100.0) | 57(100.0) | 55(100.0) | 57(100.0) |

表9-19　妻の作る食事のなかで夫が好きな料理

|  | 大陸 | その他 |
|---|---|---|
| 台湾・金門の料理 | 34 (61.8) | 40 (70.2) |
| 妻の国・地域の料理 | 11 (20.0) | 9 (15.8) |
| 欧風料理 | — | — |
| その他 | 1 (1.8) | 5 (8.8) |
| 食事はほとんど作らない | 4 (7.3) | 1 (1.8) |
| 無回答 | 5 (9.1) | 2 (3.5) |
| 合計 | 55(100.0) | 57(100.0) |

表9-20　夫による妻の実家訪問・実家への経済的援助

|  | 実家訪問 | | 経済支援 | |
|---|---|---|---|---|
|  | 大陸 | その他 | 大陸 | その他 |
| よくする | 7 (12.7) | 4 (7.0) | — | 3 (5.3) |
| ある程度する | 29 (52.7) | 11 (19.3) | 16 (29.1) | 11 (19.3) |
| あまりしない | 10 (18.2) | 24 (42.1) | 13 (23.6) | 22 (38.6) |
| しない | 2 (3.6) | 10 (17.5) | 18 (32.7) | 16 (28.1) |
| 実家がない | 1 (1.8) | 1 (1.8) | 1 (1.8) | 1 (1.8) |
| 無回答 | 6 (10.9) | 7 (12.3) | 7 (12.7) | 4 (7.0) |
| 合計 | 55(100.0) | 57(100.0) | 55(100.0) | 57(100.0) |

る」「ある程度理解している」との評価が4割にも届かず（35.1％）、否定的な回答が過半数を超えている（57.9％）。

　言葉の壁が低く意思疎通がしやすい「大陸」出身妻の家庭では、夫婦が協力して子育てをし、妻自身も理解されていると感じているが、言葉の壁、文化の壁が高い「その他」出身妻の家庭では、なかなか協力がうまくいかず、妻の文化も理解されていないと妻たちは感じている。城本るみ（2012）が大陸出身者とそれ以外では同じ国際結婚といえども直面する課題は異なっていると述べているように、両者の状況の違いは、家事・育児への参加度、もしくは参加度に対する妻の評価にまで影響している。

　妻が作る料理のなかで夫の好きな料理（妻が考える夫の好きな料理）は、台湾・金門の料理が66.1％であり、妻側の料理が好きな夫は2割である（表9-19）。

　妻の親族に対する夫の関わりをみてみる（表9-20）。「大陸」出身妻の家庭では、夫の実家訪問が比較的多く、経済的支援も3割行っているが、「その他」出身妻の家庭では、実家訪問も経済的支援も低調である。「大陸」の場合、時間的にも経済的にも実家訪問が容易であるが、東南アジアとなると時間もお金も負担が大きい。夫の実家訪問よりも妻自身の実家訪問を優先しているとも考えられる。また、経済的支援でも、妻自身が実家へ送金しているケースは多

く、夫の関わりだけで経済的関係が弱いとはいえない（第6節参照）。

　おおむね「大陸」出身妻の家庭の方が夫の関わりに関しては肯定的回答が多かった。母国文化の理解や、それに不可欠な相互コミュニケーションの格差が「その他」出身妻の家庭に大きく影響しているためだと考えられる。

## 4.3　夫婦関係

　もう少し直接的に「夫は妻との生活を大切にしていると思うか」と問うたところ（表9–21）、「十分にしている」が33.0％、「ある程度している」が50.9％で、計83.9％が肯定的な回答をしている。出身地に関係なくおおむね肯定的な評価である。

　ところが「離婚を考えたことがあるか」との質問に対し、「しばしば考える」「ときどき考えることがある」との回答は3割（29.5％）もいる。とりわけ「その他」出身妻に「離婚を考える」ケースが多い（36.8％）。その理由としては「夫の態度や考え方に不満」が最も多く、「性格が合わない」「地域に不満」「夫の家族・親族に不満」と続く。まとめると、夫の個人的な問題から離婚を考える人が20人、地域や親族が原因で離婚を考える人が7人である。これまでインタビューした東南アジア出身女性たちは、10年以上滞在し、今では現地語が流暢に話せる人ばかりであったが、金門県に来た当初の苦労話もたくさん聞かせてくれた。その話のなかで離婚し、母国に帰った友人たちが少なくなかったこともたびたび耳にした。表9–21に現れた「矛盾」は、夫が結婚生活を大切に思ってくれたとしても、慣れない暮らしに適応し生きていくことは並大抵ではないことを感じる結果である。

表9–21　夫婦関係への妻の評価

| | 妻との生活を大切にしている | | | 離婚を考えたことがある | |
|---|---|---|---|---|---|
| | 大陸 | その他 | | 大陸 | その他 |
| 十分にしている | 18 (32.7) | 19 (33.3) | しばしば考える | 4 (7.3) | 6 (10.5) |
| ある程度している | 31 (56.4) | 26 (45.6) | ときどき考えることがある | 8 (14.5) | 15 (26.3) |
| あまりしていない | 2 (3.6) | 10 (17.5) | あまり考えたことがない | 11 (20.0) | 4 (7.0) |
| まったくしていない | 3 (5.5) | 1 (1.8) | まったく考えたことがない | 28 (50.9) | 30 (52.6) |
| 無回答 | 1 (1.8) | 1 (1.8) | 無回答 | 4 (7.3) | 2 (3.5) |
| 合計 | 55 (100.0) | 57 (100.0) | 合計 | 55 (100.0) | 57 (100.0) |

金門における国際結婚家庭の生活の特徴は、①子供のいる家庭が多いこと、②夫の家事・育児への関わりや母国文化への理解について、「大陸」出身妻の方が高く評価していること、③夫による妻の実家訪問や経済支援も「大陸」出身妻家庭の方が多いこと、④夫への不満はあまりないが、それでも離婚を考える人は少なくないことである。夫の存在だけでは解消できない問題が国際結婚には横たわっていることが浮かび上がった。

## 5　子育て

### 5.1　子供数と子供の国籍

　台湾の少子化の背景を論じた伊藤正一（2012）によると、台湾は、韓国と並び、世界で最も出生率（TFR）が低い国のひとつであり、合計出生率が1を割り込む年もある（2010年、0.90）。2000年以降、合計出生率は1前後で推移している。未婚率の高さが出生率の低下の最大の要因であるが、子供の教育費の高騰や住宅価格の上昇なども大きな影響を与えている。事実、すでに1人の子供をもつ既婚夫婦に2人目の希望をたずねたところ、2人目を希望するのは半数程度に留まっている（伊藤 2012）。また、1990年代後半から急増した国際結婚夫婦の出生率についても、一般に外国籍の女性の出生率は本国人の出生率より高いことが多いのに対し、台湾では、大陸・香港・マカオを含め、外国出身女性の出生率が本国出身女性のそれより低いことが指摘されている（同上）。

　ところが、本データ（表9-22）をみるかぎり、一人っ子が24ケース（21.4%）、

表9-22　現在の夫との間の子供数

|  | 大陸 | その他 |
|---|---|---|
| いない | 10 （18.2） | 4 　（7.0） |
| 1人 | 13 （23.6） | 11 （19.3） |
| 2人 | 22 （40.0） | 24 （42.1） |
| 3人 | 8 （14.5） | 14 （24.6） |
| 4人 | — | 2 　（3.5） |
| 5人 | — | 1 　（1.8） |
| 無回答 | 2 　（3.6） | 1 　（1.8） |
| 合計 | 55（100.0） | 57（100.0） |

表9-23　子供の国籍（N＝子供の総数）

|  | 第一子 | 第二子 | 第三子 | 第四子 | 合計 |
|---|---|---|---|---|---|
| 夫の国籍 | 83 | 64 | 23 | 3 | 173 |
| 妻の国籍 | 0 | 0 | 0 | 0 | 0 |
| 二重国籍 | 4 | 2 | 0 | 0 | 6 |
| 無回答 | 11 | 8 | 5 | 3 | 27 |
| 合計 | 98 | 74 | 28 | 6 | 206 |

2人きょうだいが46ケース（41.1％）、3人きょうだいが22ケース（19.6％）、4人きょうだいが2ケース、5人きょうだいが1ケースと比較的子供数が多く、平均でも1.74人の子供が産まれている（無回答を除く）。まだ20代、30代の夫婦も含まれるなかで平均1.74は台湾では多い。その子供たちの国籍は、稀に二重国籍のケースがあるが、ほとんどが台湾国籍となっている（表9-23）。第1節で示したように、妻たちも、制度的に国籍取得が可能な条件が整えば、台湾国籍を取得するのがほとんどであり、妻・子供ともに台湾国籍を取得するのが一般的となっている。

## 5.2　子育て

慣れない文化のもとでの子育てにはどのような困難を感じているのか。表9-24は、「あなたは、お子さんの子育てをどのように感じていますか」という問いに対し、「子育てはどこでやっても大変だ」「とくに台湾での子育ては大変だ」「国際結婚での子育ては大変だ」「子育ては大変だと思わない」「子育ては楽しい」「その他」から「あなたの感じ方に一番近いもの」を1つ選んでもらった結果である。

「国際結婚だから大変」もしくは「台湾だから大変」と感じている女性はいずれも6.1％と少ない。むしろ「どこでやっても大変」と感じている人が46.9％である。また「大変だと思わない」や「楽しい」との回答も多く、両者を合わせると32.7％にもなる。出身地に関わりなく同じような結果である。

日ごろ子育ての困難さばかりが論じられる日本からは驚くような肯定的な感

表9-24　子育ての困難さ

| | 大陸 | その他 |
|---|---|---|
| 子育てはどこでやっても大変だ | 22　(48.9) | 24　(45.3) |
| とくにこの国・地域での子育ては大変だ | 2　(4.4) | 4　(7.5) |
| 国際結婚での子育ては大変だ | 3　(6.7) | 3　(5.7) |
| 子育ては大変だと思わない | 6　(13.3) | 6　(11.3) |
| 子育ては楽しい | 9　(20.0) | 11　(20.8) |
| その他 | 1　(2.2) | 1　(1.9) |
| 無回答 | 2　(4.4) | 4　(7.5) |
| 合計 | 45(100.0) | 53(100.0) |

表9-25　子育ての困難さの中身

| | 大陸 | その他 |
|---|---|---|
| 子供の養育の仕方について夫（または<br>その家族）と葛藤がある | 5　(11.1) | 10　(18.9) |
| 現地の言葉を教えにくい | 4　(8.9) | 11　(20.8) |
| 子供の世話をする人や施設が少ない | 8　(17.8) | ― |
| 養育費や教育費の支出が多い | 9　(20.0) | 14　(26.4) |
| 子供の健康や行動に問題がある | 2　(4.4) | 1　(1.9) |
| 子供が学校生活に適応できていない | 2　(4.4) | 1　(1.9) |
| その他 | 3　(6.7) | 3　(5.7) |
| 困難がない | 10　(22.2) | 8　(15.1) |
| 無回答 | 2　(4.4) | 5　(9.4) |
| 合計 | 45(100.0) | 53(100.0) |

表9-26　教育で重要なこと（2つ選択）

| | 大陸<br>(N=44) | その他<br>(N=48) |
|---|---|---|
| 中国語の能力を高める | 3　(6.8) | 7　(14.6) |
| 学業の成績を高める | 18　(40.9) | 13　(27.1) |
| 学歴を高める | 6　(13.6) | 14　(29.2) |
| 家庭内の人間関係を円滑にする | 13　(29.5) | 21　(43.8) |
| 家庭外の人間関係を円滑にする | 14　(31.8) | 9　(18.8) |
| 自分の母国の言葉や文化を身につける | 6　(13.6) | 9　(18.8) |
| その他 | 4　(9.0) | 4　(8.3) |

覚である。ただし、当該調査の対象者は結婚後10年を過ぎたケースが多く、初めての幼子を抱え右往左往する段階は過ぎた人が多い。過去がよい思い出となり、子育ての楽しさが思い出される可能性がある点には留意が必要である。

次に「大変だ」と感じる内容についても、表9-25のような項目からひとつ選んでもらった。その結果、言葉や学校への適応といった国際結婚に起因する項目よりも、むしろ子育て一般の問題（教育費や家族間での意見の違い）が多く選択され

た。結婚当初は社会になじむことが大きな課題であるが、いったん社会に適応すると「ここで普通に生きていくための」問題が大きな関心事になるのだろう。

子育てで重視するポイントを「家庭内の人間関係」「家庭外の人間関係」「学業成績」「中国語の習得」「母国語や文化の習熟」などから2つ選んでもらったところ（表9-26）、「家庭内の人間関係」や「学業成績」が最も重視されていた。逆に「母国語」や「中国語」を最も重視しているケースは1割ずつと少ない。

表9-26の結果と符合するように、子供に期待する母親の母国語の習得レベルは（中国大陸出身者を除くと）「あいさつ程度」もしくは「会話」ができれば

十分と考えている（表9-27）。
子供の国籍といい、言語期待と
いい、子供が台湾で暮らすこと
を前提に子育てをしていること
が明瞭になった。

中国語を母語としない妻たち
も、台湾・金門に来て以来、中
国語の習得に最大限努力をして
おり、結婚後3年も経つと流暢
に中国語を話す人が多い[3]。母親
の語学力もあり、子供の学校外
での勉強をみる人についても、
大きな問題を抱えていない様子
が見て取れる（表9-28）。

以上のように金門県の国際結
婚夫婦の出生率は比較的高く、
その子供たちは台湾の国籍を取
得し、おもに現地語（中国語・
方言も含む）を中心に教育を受けている。子育てはそれなりに困難もあるが、
それは国際結婚故の困難ではなく、子育て一般が抱える問題と認識されてい
る。教育において重視するのは、家族が仲よくし、学業成績をよくすること
で、国際結婚に特化して何かが意識されているわけではなかった。

金門県では、国際結婚の割合が高く、学校へ行っても国際結婚家庭の子供は
珍しい存在ではない。政策的にも、外国出身の女性たちへの言語学習プログラ
ムが充実し、子供に対しても多文化理解教育がさかんに行われている。今で
は、幼稚園時代から、外国出身の母親を見かけては「○○語のボランティアを
しませんか」と母親に声がかかるようになり、幼稚園児をはじめ、その親への
多言語、多文化の紹介が行われている。小学校になれば、当たり前のように多
言語・多文化教育はカリキュラムに組み込まれ、それぞれの母親たちの母語や
母国文化の紹介が頻繁に行われている。

表9-27　母親の母国語の習得への期待

|  | 大陸 | その他 |
|---|---|---|
| あいさつ程度 | 2　(4.4) | 6 (11.3) |
| 日常会話程度 | 4　(8.9) | 19 (35.8) |
| 読み書きができるまで | 32 (71.1) | 13 (24.5) |
| 何も教える気はない | ― | 7 (13.2) |
| その他 | 5 (11.1) | 4　(7.5) |
| 無回答 | 2　(4.4) | 4　(7.5) |
| 合計 | 45(100.0) | 53(100.0) |

表9-28　子供の学校外での学習をみる人

|  | 大陸 | その他 |
|---|---|---|
| あなた自身 | 22 (48.9) | 17 (32.1) |
| 子供の父親 | 5 (11.1) | 17 (32.1) |
| 父母以外の家族や親族 | 1　(2.2) | 3　(5.7) |
| 塾や家庭教師 | 9 (20.0) | 3　(5.7) |
| NGO などの支援センター | ― | 4　(7.5) |
| だれもみていない | 1　(2.2) | 1　(1.9) |
| その他 | ― | ― |
| 該当する子供がいない | 6 (13.3) | 2　(3.8) |
| 無回答 | 1　(2.2) | 6 (11.3) |
| 合計 | 45(100.0) | 53(100.0) |

これらの影響もあってか、子供を育てている母親が「外国人」であることを強く意識することなく、当たり前に子育てを行っている様子がみえてきた。

## 6 親・親族・出身地域との関係

### 6.1 実家との関係

妻の実家の家族構成を示したのが表9-29である。親のみで暮らしているケースは12.5％と少なく、7割以上が（未婚・既婚）子供と暮らしている（73.2％）。第2節の調査対象者の属性のところでみたように、彼女たちはきょうだいが多い。親にとっても、ほかの子供がいるために、子供のうちの1人を外国に嫁がせることができたとも考えられる。

毎年、実家を訪問する人が3分の1（35.7％）、2～3年に一度の人が3分の1（33.0％）、それよりも頻度が低いケースが3分の1である。とくに「大陸」出身者は実家への訪問回数が多い（大陸出身者の出身地も多様であり沿岸部に集中しているわけではない）（表9-30）。20年近くいる人たちからは、金門での暮らしが第一であり、高い費用をかけ帰国するよりは、子供の教育にお金をかけたいとの声も聞かれた。実家への帰国に対する希望も、結婚年数や現在の暮らしの状況、実家の親のおかれた状況などにより様々であり、一概に「頻繁な行き来を強く望む」とは単純化できない。

実家に対する経済的支援については、表9-31の各項目について「する」「しない」を質問した。この表は行ごとに「支援をする」ものについて、「大陸」

表9-29 妻の出身家族の現在の構成

|  | 大陸 | その他 |
|---|---|---|
| 両親のみ | — | 3 （5.3） |
| 片親のみ | 2 （3.6） | 9 （15.8） |
| 親と未婚のきょうだい | 6 （10.9） | 12 （21.1） |
| 親と既婚のきょうだい | 38 （69.1） | 26 （45.6） |
| 実家はない | 1 （1.8） | 2 （3.5） |
| その他 | 4 （7.3） | 1 （1.8） |
| 無回答 | 4 （7.3） | 4 （7.0） |
| 合計 | 55（100.0） | 57（100.0） |

表9-30 出身家族への帰国の頻度

|  | 大陸 | その他 |
|---|---|---|
| 毎年 | 36 （65.5） | 4 （7.0） |
| 2～3年に一度 | 17 （30.9） | 20 （35.1） |
| 4～5年に一度 | 1 （1.8） | 28 （49.1） |
| ほとんど帰らない | — | 4 （7.0） |
| 無回答 | 1 （1.8） | 1 （1.8） |
| 合計 | 55（100.0） | 57（100.0） |

表9-31　実家への経済的支援

| | 大陸<br>(N=46) | | その他<br>(N=56) | |
|---|---|---|---|---|
| お金を定期的に送る | 4 | (8.7) | 22 | (39.3) |
| 家の新築や改築の資金を出す | 2 | (4.3) | 8 | (14.3) |
| きょうだいや親族の学資を出す | 2 | (4.3) | 3 | (5.4) |
| 土地や農地を買う | — | | 1 | (1.8) |
| 自動車や機械の購入の資金を出す | — | | — | |
| その他 | 2 | (4.3) | 7 | (12.5) |
| 支援をしていない | 37 | (80.4) | 25 | (44.6) |

表9-32　妻の出身地への経済的支援

| | 大陸<br>(N=49) | | その他<br>(N=55) | |
|---|---|---|---|---|
| 宗教施設に寄付 | 1 | (2.0) | 4 | (7.3) |
| 学校に寄付 | 2 | (4.1) | 10 | (18.2) |
| 一族に寄付 | — | | 3 | (5.5) |
| 行事や祭りに寄付 | 2 | (4.1) | — | |
| 行政機関に寄付 | 1 | (2.0) | — | |
| その他 | — | | 4 | (7.3) |
| 寄付していない | 44 | (89.8) | 35 | (63.6) |

注）複数回答可のため、括弧内の数値は各項目の値を有効回答の
　　実数で割った値である（表9-32も同様）。

「その他」のうち何人（％）が支援をしているのかを示している。最も特徴的な結果は、「支援をしていない」との回答が「大陸」出身妻の8割を占める点である。「その他」出身者でも「支援をしていない」人が4割である。インドネシア出身者は27人中7人、ベトナム出身者は20人中13人が送金している。送金以外では家を建てるときやきょうだいの進学に合わせて一時的な経済的援助をするケースもみられた。

## 6.2　妻の出身地とのつながり

表9-32は妻の地元への経済的支援についてである。先の表9-31と同様に、項目ごとに寄付をするのかしないのかを質問し、「する」回答者数（％）を示したものである。76.0％が地域への寄付はしていないと回答する一方、地元の学校に寄付する人が11.5％、宗教施設に寄付する人が4.8％である。国別ではインドネシア出身者による寄付が目立つ。

国際結婚の送り出し側の地域では、国際結婚が増えれば増えるほど、ますますさかんになる傾向がある。身近に国際結婚の話を聞くことで「それなら私も」「それならうちの娘も」となるからである。もちろん直接「紹介」されることで国際結婚が増えることもあるが、むしろ情報が多いことが国際結婚への敷居を下げ、チャンスへと飛び込むきっかけになる（本書第10章参照）。

そこで、外国人妻たちに地元に帰ったときにどの程度自分たちの結婚の話を

表9-33 （実家に戻ったとき）出身地域で
自身の結婚の話をするか

|  | 大陸 | その他 |
|---|---|---|
| よく話す | 8 (14.5) | 4 (7.0) |
| ある程度話す | 34 (61.8) | 8 (14.0) |
| あまり話さない | 9 (16.4) | 30 (52.6) |
| 話さない | 3 (5.5) | 14 (24.6) |
| 無回答 | 1 (1.8) | 1 (1.8) |
| 合計 | 55 (100.0) | 57 (100.0) |

するのかを質問してみた。その結果が表9-33である。「よく話す」人は1割程度しかいないが、「ある程度話す」を加えると48.2％とほぼ半数になる。インドネシア出身者には「話す」人はおらず、出身地での立場の難しさを想像させる。他方、ベトナム出身者は少し話し、大陸出身者が最もよく話している。この差は、台湾とそれぞれの出身地域との心理的距離の大きさ、台湾へ国際結婚で嫁ぐことの出身地域での評価が表れているのかもしれない。

## 6.3 夫の親・親族との関係

夫の親との居住関係（表9-34）は、「同居して家計も同じ」が2割で（19.6％）、家計は別だが同居しているが2割弱（15.2％）で、両者を合わせると、34.8％が親と同居している。親がすでに他界している場合を除くと、「大陸」出身者の6割以上が、「その他」出身者の半数が同居していることになる。他方、近居（「敷地内」「隣家」「同じ地域内」）は15.2％と比較的少なく、残りは他地域での別居である。この数字をみるかぎり、「近くに住むなら同居」が原則と考えられる。

親と会う頻度をみると（表9-35）、同居や近居の場合ほぼ毎日で、そうでなければあまり頻繁には会っていない。

表9-34 夫の親との居住関係

|  | 大陸 | その他 |
|---|---|---|
| 同居して家計も同じ | 12 (21.8) | 10 (17.5) |
| 同居しているが、家計は別 | 9 (16.4) | 8 (14.0) |
| 同じ屋敷内で別居 | 3 (5.5) | 1 (1.8) |
| 隣家に別居 | 1 (1.8) | 2 (3.5) |
| 同じ地域内に別居 | 4 (7.3) | 6 (10.5) |
| 別の地域に別居 | 6 (10.9) | 17 (29.8) |
| 親はすでに他界している | 16 (29.1) | 10 (17.5) |
| 無回答 | 4 (7.3) | 3 (5.3) |
| 合計 | 55 (100.0) | 57 (100.0) |

同居が多い妻たちは、夫の親との関係をどのように感じているのか。「大陸」出身妻は9割以上が「円満」「ある程度円満」と肯定的に感じている。それよりはやや肯定する割合は下がるが「その他」の妻たちも、8割程度が「円満」「ある程度円満」と回答しており、おおむ

ね良好な関係と捉えている（表9-36）。また、夫の（親以外の）親族に会う頻度も高く（表9-37）、42.0％が週に1回以上会っている。

　金門では伝統的な宗教儀礼が今も続いており、それが地元女性、あるいは台湾本島女性が金門の男性と結婚したくない理由と巷では理解されている。それほど宗教行事が「嫁」にとって大きな負担だといわれている（インタビュー調査より）。そこで、宗教行事への参加の質問を調査票に加えてみた（表9-38）。出身地を問わず儀礼の中心的役割を担っているのが2〜3割、手伝いをするのが3割、それ以外が3割と分かれた。親の年齢や夫のきょうだい構成にもよるが、必要であれば外国人妻たちは宗教的役割も担っている。東南アジア出身者の場合、親族の行事や宗教的行事は、内容は違えども実家でも行われていることであり、「そんなもの」という慣れがあるのかもしれない。そもそも異文化社会に飛び込んで来た人にとっては、これだけが特殊なわけではないので大きな不満にはならないのかもしれない。実際、インタビューでも宗教行事への不満はほとんど聞かれなかった。むしろ金門の地元の人から、「これがあるからね、お嫁さんは大変なのよ」といった話を耳にした。台湾のなかで「金門的」

表9-35　夫の親に会う頻度

| | 大陸 | その他 |
|---|---|---|
| ほぼ毎日 | 26　(47.3) | 30　(52.6) |
| 週1回以上 | 4　(7.3) | 3　(5.3) |
| 月1回以上 | 4　(7.3) | 5　(8.8) |
| 半年に1回以上 | 2　(3.6) | 2　(3.5) |
| ほとんど会うことはない | 1　(1.8) | 6　(10.5) |
| すでに他界している | 16　(29.1) | 10　(17.5) |
| 無回答 | 2　(3.6) | 1　(1.8) |
| 合計 | 55(100.0) | 57(100.0) |

表9-36　夫の親との関係（妻の主観）

| | 大陸 | その他 |
|---|---|---|
| 円満 | 15　(45.5) | 7　(23.3) |
| ある程度円満 | 16　(48.5) | 17　(56.7) |
| あまり円満でない | — | 2　(6.7) |
| 不和 | — | — |
| 無回答 | 2　(6.1) | 4　(13.3) |
| 合計 | 33(100.0) | 30(100.0) |

表9-37　夫の親以外の親族に会う頻度

| | 大陸 | その他 |
|---|---|---|
| ほぼ毎日 | 10　(18.2) | 23　(40.4) |
| 週1回以上 | 9　(16.4) | 5　(8.8) |
| 月1回以上 | 9　(16.4) | 7　(12.3) |
| 半年に1回以上 | 15　(27.3) | 8　(14.0) |
| ほとんど会うことはない | 5　(9.1) | 11　(19.3) |
| すでに他界している | 2　(3.6) | — |
| 無回答 | 5　(9.1) | 3　(5.3) |
| 合計 | 55(100.0) | 57(100.0) |

表9-38　家族・親族の宗教的行事への参加

| | 大陸 | その他 |
|---|---|---|
| いつも中心的役割を担う | 9 (16.4) | 7 (12.3) |
| ときどき中心的役割を担う | 9 (16.4) | 6 (10.5) |
| 手伝いをする程度 | 17 (30.9) | 22 (38.6) |
| ただ参加するだけで手伝いなどはしない | 2 (3.6) | 2 (3.5) |
| 宗教的行事はあるが参加はしない | 3 (5.5) | 6 (10.5) |
| 宗教的行事を行っていない | 9 (16.4) | 11 (19.3) |
| その他 | — | 2 (3.5) |
| 無回答 | 6 (10.9) | 1 (1.8) |
| 合計 | 55 (100.0) | 57 (100.0) |

表9-39　夫の親の健康状態

| | 大陸 | その他 |
|---|---|---|
| だいたい自分のことはできる | 19 (57.6) | 15 (50.0) |
| ときどき助けが必要 | 5 (15.2) | 4 (13.3) |
| 日常的に手助けが必要 | 1 (3.0) | 2 (6.7) |
| 半ば寝たきりの状態 | — | 1 (3.3) |
| まったく寝たきりの状態 | 2 (6.1) | — |
| 病院や介護施設に入院中 | — | — |
| その他 | 1 (3.0) | 5 (16.7) |
| 無回答 | 5 (15.2) | 3 (10.0) |
| 合計 | 33 (100.0) | 30 (100.0) |

注）すでに他界している方を除く（表9-40も同様）。両親が健在の場合、体調のよくない方の状態。

特徴であるため、金門の人たち自身が意識せざるをえないことになっているのかもしれない。

　親は比較的健康な人が多い（表9-39）。同居や近居が多いこともあり、妻たちが日常的な支援を行っている割合は高くない（表9-40）。ただし、台湾では（金門でも）「ふつう」の家庭で住み込みのヘルパーさんを雇う。そのため介護の必要度が上がっても、その介護を家族が担っているとは限らない。

　このように国際結婚で台湾に来た女性たちにとって実家との関係は重要である。とくに「その他」の国から来た女性たちにとっては、定期的に送金したり、きょうだいや親戚の学費を出したり、家の建築費を用立てたりと、経済的結びつきが強い。また、インドネシア出身者は学校や宗教施設への寄付も行っている。このように実家に対して「北」に嫁いだ娘としての役割を果たしながら存続していくのが「南北型」の国際結婚の一面である。

　ただし、「大陸」出身者との結婚には言葉の壁も低く、経済格差も解消されつつあり、いわゆる「南北型」の国際結婚と一括りにするのは難しく、妻たちは経済的役割を担うよりは、頻繁な行き来を重視している。

　夫の親とは、同居・近居が多く、日常的なサポートも様々に担っている。親のみならず、親族とのつきあいや宗教的行事への関わりも多く、「しっかりと」つきあっている印象を受けた。金門の伝統的な親族関係や宗教行事を、現

代の金門人は「大変」と認識しているが、もともと親族関係が濃い社会から来た「南北型」国際結婚の場合、内容的に驚くことがあったとしても、関係性そのものに対しては「当たり前」という感覚で対応している。

表9-40 夫の親に対する生活支援の頻度

|  | しばしば | ときどき | ほとんどしない | 無回答 | 合計 |
|---|---|---|---|---|---|
| 料理 | 30 | 22 | 6 | 5 | 63 |
| 洗濯・掃除 | 25 | 18 | 15 | 5 | 63 |
| 買い物 | 17 | 21 | 20 | 5 | 63 |
| 病院の送迎 | 3 | 23 | 32 | 5 | 63 |
| 入浴の介助 | 3 | 14 | 41 | 5 | 63 |

## 7 地域社会との関わり

### 7.1 友人関係と近隣関係

金門に限らず、台湾では外国人妻に対して手厚いサポートがあり、彼女たちが孤立することは少ない。第8章で紹介したように、転入手続きをするとその情報が福祉局でも共有され、外国人配偶者支援センターのソーシャルワーカーが尋ねてくる仕組みができている。

ソーシャルワーカーが必要と判断すれば、中国語教室が紹介され、無料で中国語を学ぶことができる。このような仕組みがあるためか、本調査でも「1年未満」で中国語を勉強し始めた人が多い（表9-41）。なかには1年を過ぎてから始める人もいるが、必要な人の9割は遅くとも渡台3年までに始めている。

日本と違う点は、入国までのプロセスにもみられる。ベトナムから来た女性へのインタビューからも、入国前のビザ発給手続きの際、ある程度の中国語能力を求められている。

表9-41 中国語を勉強し始めた時期

|  | 大陸 | その他 |
|---|---|---|
| 1年未満 | 21 (38.2) | 22 (38.6) |
| 1〜3年 | 8 (14.5) | 12 (21.1) |
| それ以上 | 2 (3.6) | 6 (10.5) |
| 勉強したことがない | 23 (41.8) | 15 (26.3) |
| 無回答 | 1 (1.8) | 2 (3.5) |
| 合計 | 55(100.0) | 57(100.0) |

注）台湾・金門に来てから。

表9-42 隣人とのつきあい開始の時期

|  | 大陸 | その他 |
|---|---|---|
| 1年未満 | 45 (81.8) | 30 (52.6) |
| 1〜3年 | 5 (9.1) | 6 (10.5) |
| それ以上 | 1 (1.8) | 12 (21.1) |
| つきあわない | 3 (5.5) | 7 (12.3) |
| 無回答 | 1 (1.8) | 2 (3.5) |
| 合計 | 55(100.0) | 57(100.0) |

表9-43　友人の数

| | 同国人 | | 台湾・金門人 | | 他国出身の国際結婚妻 | |
|---|---|---|---|---|---|---|
| | 大陸 | その他 | 大陸 | その他 | 大陸 | その他 |
| 10人以上 | 37 (67.3) | 23 (40.4) | 37 (67.3) | 29 (50.9) | 27 (49.1) | 17 (29.8) |
| 5～9人 | 9 (16.4) | 9 (15.8) | 7 (12.7) | 9 (15.8) | 9 (16.4) | 7 (12.3) |
| 5人未満 | 5 (9.1) | 13 (22.8) | 7 (12.7) | 13 (22.8) | 11 (20.0) | 20 (35.1) |
| いない | — | 3 (5.3) | 1 (1.8) | — | 5 (9.1) | 6 (10.5) |
| 無回答 | 4 (7.3) | 9 (15.8) | 3 (5.5) | 6 (10.5) | 3 (5.5) | 7 (12.3) |
| 合計 | 55(100.0) | 57(100.0) | 55(100.0) | 57(100.0) | 55(100.0) | 57(100.0) |

表9-44　友人を作りやすい場所（2つまで選択可）

| | 大陸<br>(N = 55) | その他<br>(N = 57) |
|---|---|---|
| 子供の学校 | 18 (34.0) | 22 (39.3) |
| 地域 | 15 (28.3) | 18 (32.1) |
| 支援団体 | 5 (9.4) | 9 (16.1) |
| 職場 | 13 (24.5) | 29 (51.8) |
| 同国人のつながり | 20 (37.7) | 2 (3.6) |
| 国際結婚カップルのつながり | 1 (1.9) | 6 (10.7) |
| 教会・寺院などでのつながり | 3 (5.7) | 3 (5.4) |
| その他 | 1 (1.9) | 2 (3.6) |

大使館で面接があり、簡単な日常会話ができなければビザが発給されない。結婚前は準備を種々進めており、ビザ取得のため必死に中国語を勉強したとのこと、その甲斐あってか、金門に来て1年もたたないうちに7割程度の人（67.0%）が近所づきあいを始めている（表9-42）。もちろん、地縁社会であり、親との同居も多いが、それだけでは説明できない。日本では「親と同居＝近所づきあい」とはならないからである。渡台前にある程度の中国語能力を身につけていることは家族内の人間関係のみならず、友人・近隣関係を円滑にする上でも重要である。

表9-43は友人の数を「同国人」「台湾・金門人」「他国出身の国際結婚妻」に分けてみたところ、友人は偏るわけではなく、3種類の友人関係が同様に広がっている。その友人を作りやすい場として最も多かったのが職場と子供の学校である（表9-44）。友人になるには日常的なつきあいが重要ということである。

## 7.2　社会関係

妻たちの多くが仕事をし、友人も多いなど、比較的充実した社会関係を構築している。そんななか家族以外で悩みを相談する相手となると（表9-45）、最

も相談しやすいのは同国人の国際結婚組である（34.9％）。次いで、職場の台湾・金門人となっている（25.7％）。

今後の社会関係で重視することは「職場で働く」（61.5％）、「自分で起業」（26.6％）が支持された。国境を越え、異文化のなかで暮らしてきた彼女たちは非常にタフである（表9-46）。おそらく様々な言えない苦労をしてきたと思われるが、現在は前向きに、積極的に生きている印象が強い。そのバイタリティをみていると「起業」も現実的である。物や人を介在させ両国をつなぐことでできる仕事もあれば、支援に関わる仕事もあ

表9-45　家族以外で悩みを相談する相手
（2つまで選択可）

| | 大陸<br>(N = 53) | その他<br>(N = 56) |
|---|---|---|
| 職場の台湾人 | 10 （18.9） | 18 （32.1） |
| 職場の同国人 | 10 （18.9） | 14 （25.0） |
| 国際結婚の同国人 | 22 （41.5） | 16 （28.6） |
| その他の国際結婚カップルのつながり | 4 （7.5） | 7 （12.5） |
| 近所の現地人 | 5 （9.4） | 6 （10.7） |
| 子供の学校等の親仲間 | 3 （5.7） | 3 （5.4） |
| 支援団体の関係者 | 2 （3.8） | 12 （21.4） |
| その他 | 10 （18.9） | 8 （14.3） |

表9-46　今後の社会関係で重視すること
（2つまで選択可）

| | 大陸<br>(N = 53) | その他<br>(N = 56) |
|---|---|---|
| 職場で働く | 31 （58.5） | 36 （63.2） |
| 自分で起業 | 19 （35.8） | 10 （17.5） |
| 国際結婚女性などを支援 | 6 （11.3） | 11 （19.3） |
| 地域振興のために活動 | 2 （3.8） | 8 （14.0） |
| 母国文化を紹介する活動 | 2 （3.8） | 5 （8.8） |
| その他 | 1 （1.9） | 3 （5.3） |
| とくに関わりたくない | 6 （11.3） | 15 （26.3） |

る。国際人であることを活かした仕事を思い描くこともあれば、小さなお店を持つことも起業であろう。起業を肯定する台湾的風土、彼女たちのバイタリティをみていると4人に1人が起業を考えているという結果も納得である。

仕事や企業での役割を強く意識している彼女たちは、ほとんどが将来も金門で暮らし続けることを考えている（84.0％）（表9-47）。2017年に台北で行ったインタビューでは、「退職後は母国と台北を行き来した暮らしが理想」と語る人や「夫とともに母国で暮らす。そのためにすでに家を購入している」と語る東南アジア出身の妻たちに会った。それに比べると実家に帰る予定の人は少ない。

外国人妻たちは同国人のみならず、金門人の友人も多く、仕事をし、活発に活動している。金門での社会関係が充実していることもあってか、老後や、夫

表9-47　希望する将来の生活の場

| | 大陸 | その他 |
|---|---|---|
| このまま一生、この場所で生活し続ける | 23 (41.8) | 26 (45.6) |
| この場所とは限らないが、一生、この国・地域で生活し続ける | 21 (38.2) | 24 (42.1) |
| 子供の独立後や老後に、ひとりで母国に帰る | — | 2 (3.5) |
| 子供の独立後には、夫と共に母国に帰る | 2 (3.6) | 1 (1.8) |
| 夫に先立たれたときには、母国に帰る | 1 (1.8) | 3 (5.3) |
| その他 | 3 (5.5) | 1 (1.8) |
| 無回答 | 5 (9.1) | — |
| 合計 | 55(100.0) | 57(100.0) |

との死別後に母国に帰国するという回答は少ない。

　金門県は実態としての人口が6万人程度の小さな町である。そのなかで若者、なかでも女性たちの多くは島を出て行き、島内の結婚に占める国際結婚の比率は高い。学校でみても、国際結婚カップルの子供が2割にものぼる。国際結婚は、金門県のなかで可視化され、不可欠な存在と広く認知されている。そのため職場でも金門人と国際結婚した妻たちは親しい友人関係を築き、将来もここで生きていこうと考えるのではないか。ただし、悩みは背景を共有できる同国人に相談することが多く、同国人の仲間が多いということも国際結婚を充実させるうえでは不可欠な点と考えられる。

## 8　定着できた国際結婚家庭

　本章では、台湾・金門県において実施した国際結婚に関する質問紙調査の結果を詳細に検討した。冒頭でも説明したように、本調査は、金門県における国際結婚家族の実態を妻の視点を基軸に把握しようとしたものであり、大陸出身家族と東南アジア出身家族、それぞれの特徴を明らかにしようとつとめた。

　金門県では1990年代から国際結婚がさかんになり、現在では地域に根ざした存在になっている。国際結婚は特殊な結婚パターンではなく、「ふつう」の選択肢のひとつになっている。大陸出身者は頻繁な里帰りを通して親族との交流がさかんであり、東南アジア出身者は送金など経済的つながりが比較的強い。また、全体的に夫側親族とは同居（近居）し濃密なつきあいをすることが多い

が、妻たち自身が伝統的家族主義的暮らしをしていたためか、伝統的宗教行事や親族づきあいを「当たり前」に受け入れている。彼女たちは家族・親族関係で閉じておらず、同国人、現地の人、様々な国から来た外国人妻たちと広く交流し、仕事も、社会活動も積極的に行っている。

　もちろん外国での結婚生活や子育ては様々な困難を伴うと想像される。しかし、結婚後10年を過ぎた安定期にある妻たちは、それらを乗り越え、子育てや家族関係についても国際結婚による困難さよりは、どこでやってもついてくる困難さを自覚し、暮らしている。ここまで来るには、行政によるサポート、地域のサポート、親族のサポートが大きな力となっていることはいうまでもない。国際結婚は離婚率が高く、安定期に入る前に解消されるケースが多い。あくまでそれらを乗り越えた人々の声を反映したのが本章である。

　金門県は台湾本島から遠く離れた島々で構成され、中国大陸のアモイに近い特殊な地理的条件下にある。また、過去には華僑の送り出し地域であったり、軍事拠点であったりと特殊な歴史的展開を経験してきた。加えて、伝統的な宗教行事や慣行が残る文化的にも独特な地域となっている。現代の若者、とりわけ女性たちは島を離れることが多く、男性が国際結婚をすることは「日常的」な選択となってきた。台湾は国を挙げて「新移民」の包摂政策を推進し、ソーシャルワーカーら現場の人々のきめ細かな対応のおかげもあり、金門県でもそれらは有効に機能している。

　すでに国際結婚が根付いて10年、20年が経過し、外国人妻たちの活動も多様化している。金門県と母国の出身地域とが点と点でつながれるような動きも始まってきている。グローバル化は台北など、大都市が牽引しているだけではなく、金門県という地方社会においても「深く」進行している。

　謝辞
　　第8章同様、第9章で用いた金門県での質問紙調査も故黄嘉琪先生と共同で行いました。外国人配偶者を雪だるま式に探し出し、一人ひとり調査の依頼をして回ったのはもっぱら黄先生です。もともと金門県に地縁・血縁をもたない黄先生でしたが、社会学者として金門大学に赴いたことを契機に、金門県の調査を実施すべく様々な地縁を築き、わずか3年で大規模な定量調査の実施にこぎつけました。国際結婚が多いといえども、外国人妻に100人規模で質問紙調査に答えていただくのは決して容易なことではあ

りません。まして国際関係が複雑な時期に、日本との共同研究としての調査はより困難を伴いました。そのなか、諦めず「足で稼いでくれた」結果が112部の調査票です。黄先生の執念による調査票の収集により、これまでには類をみない東アジアにおける国際結婚の比較研究の量的調査を実施することができました。この場をお借りし、改めて黄先生にお礼申し上げるとともに、心よりご冥福をお祈り申し上げます。

　なお、質問紙の配布に際しては、金門県外国人配偶者家族支援センターならびにNPOとして外国人妻の支援活動を行っている「新移民關懷協會」の支援も受けました。重ねてお礼申し上げます。


## 注

1　本調査は、自宅に持ち帰り調査票に書き込んでもらう留め置き方式もないわけではないが、主に妻にある場所まで出向いてもらい、その場で回答してもらう方式が中心であった。そのため夫がみる心配は比較的低い状況で回答が行われた調査である。にもかかわらず、この結果が出ている点を付記しておく。
2　1人の女性が生涯に産むであろう子供数の平均。
3　前章で示したように、公的な語学教育の支援が充実しており、比較的スムーズに言語習得が進んでいる。


## 参考文献

安里和晃　2013　「グローバルなケアの供給体制と家族」『社会学評論』64(4)：625-648。

伊藤正一　2012　「台湾の少子化と政策対応」『人口問題研究』68(3)：50-65。

伊藤るり・安達眞理子編　2008　『国際移動と〈連鎖するジェンダー〉──再生産領域のグローバル化』作品社。

落合恵美子　2007　「グローバル化する家族──台湾の外国人家事労働者と外国人妻」紀平英作編『グローバル化時代の人文学──対話と寛容の知を求めて』京都大学学術出版会、93-126。

城本るみ　2012　「台湾における介護者としての中国大陸籍配偶者」『人文社会論叢（社会科学篇）』27：51-84。

徐幼恩　2014　「台湾の国際結婚におけるカンボジア人女性──『買ってきた嫁』から「媳婦」へ」福原裕二・吉村慎太郎編『現代アジアの女性たち──グローバル化社会を生きる』新水社、275-293。

横田祥子　2008　「グローバル・ハイパーガミー？──台湾に嫁いだベトナム人女性の事例から」『異文化コミュニケーション研究』20：79-110。

【コラム2】

# 歴史のなかの台日結婚

黄　嘉琪
（桑木理紗子訳）

## 1　台日結婚の背景

　戦前、台湾が日本の植民地となって以来、台日間の人の往来は多かった。そのなかで台日結婚も少なからず行われていた。台湾出身者が結婚する場合、戸籍制度と密接な関係がある。戦前の戸籍制度においては、「内地籍」と「外地籍」が存在し、植民地出身である台湾人には日本国籍が与えられていたものの、内地の日本人と区別するために「作られた日本人」としての外地籍が与えられた。

　戦前の家族制度において、戸籍と国籍の結びつきは強く、両者は無視することができない関係であったと考えられる。戦前、内地で台湾出身者が結婚する場合、その多くが日本人との結婚であった。内地籍の日本人と結婚することで、外地籍である彼らの戸籍や国籍は変化することもあった。また、外地籍の台湾人と結婚する内地籍の日本人の戸籍や国籍にも影響を与えることもある。それゆえ、本コラムでは、結婚による戸籍と国籍の転籍・除籍などに直面した日本在住の台湾出身者の家族を取り上げ、日本の戸籍、国籍制度の変遷に彼らがどのように対応していったのかを具体的に考察する。

　筆者が実施したインタビュー調査（2006年4月〜2009年3月実施）をもとに、以下では台湾人妻のUさん、台湾人夫でいずれも日本人妻と結婚したGさん、Jさん、Hさん、Mさん、Tさんの事例を紹介する。

## 2　戸籍と国籍

　戦前、日本の家族は天皇家を総本家とする「大日本共同体」によって形作られるものであった。日本国籍は他民族を含む国家イデオロギーによって台湾出身者にも与えられたが、生来の日本人と「作られた日本人」を区別するため、特殊な戸籍区分が設定された。このような戸籍制度において、戸籍区分の変更は結婚や養子縁組のみに生じるものであった。いいかえれば、日本人の夫が台湾人の妻と結婚した場合、台湾人の妻は日本人の夫の内地の戸籍の「家」に入り、外地の戸籍からは除籍される。また、台湾人の夫が日本人の妻と結婚した場合、日本人妻は台湾人夫の外地戸籍の「家」に入り、内地戸籍の「家」から除籍される。また、台湾人の夫が日本人の妻と未入籍のまま、彼女の姓を名乗る場合、台湾人の夫は日本人の妻の戸籍に入り、台湾の戸籍から除籍されることとなる。

　しかしながら、戸主を中心に構成された拡大家族であるひとつの戸籍に収められた「家」制度なるものは、戦後の1948年、1月1日に廃止された。日本の敗戦に伴って、「帝国臣民」であった台湾人もサンフランシスコ平和条約の発効によって日本国籍から脱することとなり、台湾人の国籍は大日本帝国から中華民国へと変更されることとなった。

　このような変化のなかで、「帝国臣民」家族から「外国人」家族へと移行されることとなった台湾出身者の変化はどのようなものであっただろうか。

　「法務府民事局長通達」によって、台湾出身者はたとえ内地に居住していても日本の国籍を失った。一方、条約の発効前に台湾人と結婚し、養子縁組によって外地の台湾籍となった生来の日本人も日本国籍を失った。つまり、戦後の国籍は戦前の戸籍に左右されて決められたのだった。

## 3　事例からみる戦後の台日夫婦のゆくえ

### 日本人男性と結婚した台湾人女性の場合──内地家族

　1942年に日本人男性と結婚したUさんの場合をみてみよう。彼女は、小学校

を卒業した後、台湾の醸造工場で働いていたが、彼らはそこで知り合い、結婚した。しかし、戦争中、夫が軍に取られると彼女は子どもと一緒に日本の夫の実家に身を寄せていた。夫が戦死し、戦後に彼女は夫の弟と再婚した。

　Uさんの場合、終戦前に日本人男性と婚姻関係をもつことで、内地の「家」の一員とみなされ、外地籍から内地籍へ転籍していた。また、彼女は戦争中、外地籍をもつ台湾人と違って内地へ自由に移動することができた。さらに、終戦後も内地籍をもっていたため、彼女には日本国籍が与えられ、権利も保障された。それゆえに、彼女は今日に至るまで日本国籍をもっていることとなる。

　つまり、婚姻関係と「家」制度によって彼女は外地の台湾籍から内地の戸籍へと転籍した。それゆえ、彼女のような場合、台湾人の女性は戦後も日本国籍を引き続き維持することができ、戦後、外国人を拘束することになった外国人登録令の対象にもならなかった。

### 日本人女性と結婚した台湾人男性の場合——外地家族
戦前に日本人女性と結婚したMさんの事例をみてみよう。

> 戦争中、私は父に、会ったこともない夫と結婚しなくてはならないと言われた。その当時は父の言うことは反対してはならない時代でした。けれど、戦後、私はわけもわからずに日本国籍を失ってしまった。私は生来の日本人であるにもかかわらず、中華民国国籍になってしまった。私の日本国籍は日本政府に取られてしまった。変な話でしょ？（Mさんの日本人妻）

同様に、Tさんの事例もみてみよう。

> 戦後、私は料理店で妻と出会い、1951年に私たちは結婚しました。1952年に、私たちの日本国籍は失われ、台湾籍になりました（Tさん、男性、1923年生まれ）。

台湾出身の男性は日本人女性と結婚しても養子にならないかぎり、内地戸籍になることはなく、戦後、日本国籍を失った。一方で、日本人の妻が生来の日本人であったとしても台湾人男性との結婚により外地戸籍に入り、戦後、日本の国籍を剥奪されることとなった。

## 4　戸籍制度排除に対する家族戦略

　終戦以前に日本に来た台湾人の夫は、戦後、日本国籍を失った。そのため、「特別永住」という身分で日本に定住することになる。日本政府は1984年まで父系血統主義を採用していたために、父親が台湾人の場合、子どもは母親が日本人でも日本国籍を取得することができなかった。しかしながら、戦後の冷戦体制による台湾政治の不安定な状態からも、よほどの理由がないかぎりは戦前に日本に来た台湾出身者が帰国する割合はきわめて低いものであった。このような状況下で、台湾出身者がとった戦略は以下の2つに大別できる。

### 事実婚

　MさんとJさん、Hさんの事例をみてみよう。

　Mさんは日本人の妻と長年同居していたものの、役所への登録はしなかった。戦後、彼らは子供が生まれても結婚の手続きをしなかった。子供はMさんの妻の子供として届けが出されたために、日本国籍を取得できた。戦後、Mさんは子供と同様に妻の姓を名乗っており、日中国交正常化を経て1973年に妻の姓で帰化した。

　1972年の日中国交正常化を契機に、日本政府は台湾の中華民国との関係を絶った。それゆえ、日本在住の台湾出身者は中華民国の国籍が日本政府に認められなくなることを恐れて日本への帰化の手続きを行った。

　戦前に日本人の妻と同居していたJさんも結婚の届けを出さなかった。戦後、生まれた子どもは日本人の妻の「私生児」として妻の姓を名乗っていた。娘が結婚し、姓を改めた後、財産分与のために認知した（後に前妻と離婚し、台湾人の女性と結婚し、2人も帰化している）。

一方で、Ｈさんも結婚式は挙げたものの公式的な手続きをしなかった。戦後、子供が生まれたが、彼らは結婚届けを出さなかった。しかし、Ｍさんと違って自分が使っていた日本式の姓を名乗らせて認知した。法律上では婚姻関係がなかった日本人の妻も子供と同様に日常生活においてＨさんの日本式の姓を名乗っている。Ｈさんは1973年に子供と帰化した。その次の年に正式に結婚届けを出した。

　1899（明治32）年に制定された国籍法は1950（昭和25）年に現在の国籍法に改正されるまで施行された。台湾出身者は終戦まで「日本国籍」であったために国籍法ではなく、台湾の戸籍法に制約されていた。終戦後、台湾出身者は外国人となったため、国籍法が適用されることとなった。

　1984年以前、日本は父系血統主義であったため、台湾人の父親と日本人の母親から生まれた子供は法律上、台湾籍しか取得できなかった。もし、子供が日本人女性の父親がいない非嫡出子であれば、母系血統主義によって日本国籍を取得することができた。

### 離婚

　Ｇさんは終戦前、日本人の妻と結婚したが、戦後夫婦ともに日本国籍から台湾籍になった。子供が学校に入ることを機に、表面上「離婚」の手続きをし、日本人の妻を元日本人として帰化させ、子供を妻の戸籍に入れた。しかし、彼らは依然と変わらず一緒に生活していた。

　子供は日本国籍にするために、日本人の妻から生まれた非嫡出子として妻の戸籍に入れられた。この場合、父親が分からない戸籍を作成した後、台湾人の夫が子供を認知する。この事例から、この戦略が日本で生きる子供の将来を案じて取られたものであると理解することができる。台湾出身者の「家族」は、日本の家族制度における排除に対して反抗をとったのだった。

## 5　おわりに——台日夫婦の「家族」維持

戦前の「家」は血統とは関係がなく、「家」に入れるかどうかは戸籍が決める。

戦前の「家」制度は血縁を維持するのではなく、「家」制度そのものの拡大・存続が重視されている。この場合、日本の「家」は血統にはこだわらない開放的なものであった。それゆえ、終戦前は外地人の血統がそれほど問題視されず、その境界線が曖昧であったため、内地の「家」制度に編入されやすかった。明治時代以降の日本において特殊な時期であったと考えられる。ある意味で、包摂と排除の境界線は先天的なものではなくて、後天的な個人の意思によって乗り越えられるものであった。

　戦前、台湾人の男性は日本人の女性と結婚し、「帝国臣民」としての家族を形成した。戦後、歴史的な変動に影響されて彼らは「帝国臣民」から「外国人家族」となった。また、台湾人の男性と結婚した日本人の妻も「日本敗戦」という歴史の強制力に翻弄された。彼女たちは「日本国籍」を失い、外国人の妻となった。このように、台湾出身者は戦前から戦後にかけての戸籍や国籍に振り回されたということは明らかなものであった。さらには、結婚によって戸籍が変わることや日本の敗戦によって国籍が変わるということも明らかとなった。台湾出身者家族は歴史的・法的な状況に対し、事実婚や不本意な離婚などの戦略をとって対応していたことも明らかとなった。このように、彼らは日本の社会に適応するため、さまざまな戦略を使って実質的な「家族」を維持した。

### 訳者追記

　本コラムは、Chia-chi Huang（黄嘉琪）, 2010, The marriage strategies of the Taiwanese Resident in Japan: Focusing on domiciliation of old Taiwanese immigrants (*Cross-cultural Marriage in East Asia: Japanese-Thai Marriage and its Comparison*, 97-108) の抄訳である。なお、本コラムに関連する黄氏の論文には下記のものがある。合わせて参照されたい。

黄嘉琪、2009「台湾出身者の家族と戸籍──『帝国臣民』家族から『外国人』家族へ」『社会学雑誌』26：105-117。

　──、2013「日本統治時代における『内台共婚』の構造と展開」『比較家族史研究』27：128-155。

# 送り出し側の「地方的世界」

## 歴史的文脈と現代的展開

# 第10章

# フィリピンの地方における
# 国際結婚移住の歴史的展開

## ネットワークの拡大と国際移住願望の高まりのなかで

長坂　格

## 1　国際結婚移住者の送り出し社会への視点

　フィリピンは、1960年代以降、様々な国に多くの海外移住者を送り出してきた。2013年の統計では、永住移民や非正規の移住労働者を含む海外移住者の総計は、人口の約10％に相当する1,000万人以上と推計されている。それら海外移住者のなかには、多数の結婚移住者も含まれる。永住移民を管轄するフィリピン人委員会（Commission of Filipino Overseas, CFO）の統計では、1989年から2015年までの国際結婚数は約50万件となっている。

　広範な国際結婚移住現象を背景として、フィリピン出身の結婚移住者に関してはこれまで多くの調査研究がなされてきた。それらの研究では、結婚移住が行われる地域間の経済的不平等を前提としつつも、歴史的に形成された人々の欲望や想像力がいかに国際結婚移住の拡大と関わってきたのか、また、結婚移住女性たちが移住後にどのように関係性やアイデンティティを再構築してきたのかなどについて、重要な知見が示されてきた[1]。しかし、移住先での調査研究が多数行われてきたいっぽうで、出身地社会における調査はあまりなされておらず、出身地社会における国際結婚移住の位置づけ、さらには出身地社会に残る人々による国際結婚移住への見方が出身地域の歴史的文脈のなかで検討されることは少なかった。

　そこで本章では、上記の先行研究の知見を吸収しつつ、フィリピンのなかでも海外移住の長い歴史をもつ、ルソン島北西部のイロコス地方で実施された現地調査に基づいて、同地方からの国際結婚移住の概要と特徴、そして人々の国

際結婚移住への見方について報告検討する[2]。調査地であるイロコス地方は、アメリカ植民地期以降、ハワイやアメリカ本土の西海岸などに、フィリピンのなかでもとりわけたくさんの移住者を送り出してきた。こうした歴史的背景の下、同地方における国際結婚には、移民後に米国籍を取得した同地方出身者との国際結婚事例が多数含まれる。本章では、これらの国際結婚も含めてその歴史的変遷、具体的事例を記述分析する。このようにこれまであまり焦点化されてこなかった結婚移住者の送り出し地域の歴史的文脈を重視することで、「南北型」国際結婚移住と地方的世界の視点を交差させることの意義と可能性を展望することが本章の狙いとなる。

## 2　イロコス地方からの国際移住

　冒頭で述べた通り、本章が対象とするイロコス地方は、フィリピンのなかでもとりわけ古くから海外移住者を送り出してきた地域として知られる。まず、同地方の移住史を概略しておこう。

　ルソン島北西部のイロコス地方は、19世紀前半から、地域経済の衰退や耕地不足により、東のカガヤン地方、南の中部ルソン地方などに多くの人々を送り出してきた。この地方からの海外移住が本格化したのは、フィリピンがアメリカ植民地統治下にあった20世紀前半のことであり、その主要な移住先はハワイであった。この時期にハワイへの移住が急増した背景には、ハワイサトウキビ農園主組合による労働者のリクルートがあった。当時、ハワイの農園主たちは、1908年の日本との「紳士協定」によって日本からの労働移住が減少し、さらに農園の日本人労働者のストライキなども起こるなかで（Takaki 1990 ＝ 1996）、新たな労働力の供給地としてのフィリピンに注目するようになっていた。当初、同組合はフィリピンの他の地域でのリクルートも実施した。しかし労働力不足が生じることを懸念するフィリピンのサトウキビ農園主からの反対に直面し、ハワイの農園主たちは、リクルートの重点を、大規模なサトウキビ農園がなかったイロコス地方に置くことにしたのである（Sharma 1987）。

　1915年から1946年まで同組合のリクルートでハワイに渡ったフィリピン人のうち、50％以上がイロコス地方3州（イロコス・ノルテ州、イロコス・スール

州、ラ・ウニオン州）の出身者であった。また、1909年から1946年に、同組合による労働者募集を通じてハワイに行ったイロコス地方出身者は約58,000人であり、そのうち半分以上の者が、フィリピン独立以降もハワイやアメリカ本土に留まった（Young 1981）。また、アメリカにおいてアジア諸国からの入国を制限する移民法が成立した1924年以降は、この入国制限の対象から外れていたフィリピンから多くの人々がアメリカ本土へと渡った。ハワイへの移住がさかんであったイロコス地方からも、多数の男性が移住し、カリフォルニアの農園などで就労するようになった。このような人の流れは、1934年のタイディングス＝マクダフィー法によって、フィリピン人にアメリカへの入国制限が課されるまで継続した。かつて筆者が村落調査を実施した、イロコス・ノルテ州の人口約550人程度（1998年）のＳ村を例にとると、少なくとも27人の男性が、アメリカ植民地期にハワイ、アメリカ本土に移住した。そのうち18人が、数年から数十年の移住先での生活の後、帰村した。

　1934年以降、フィリピンからの海外移住は目立たなくなった。しかし1965年にアメリカで移民法が改正され、家族再結合や専門職の移民が可能となると、ふたたびフィリピンからアメリカへの移住が活発化した。アメリカに多数の親族が在住している、あるいはかつてアメリカで在住していた親族をもつことが多いイロコス地方出身者は、1965年以降のフィリピンからアメリカへの移住においても重要な役割を果たした。先に引用した村落調査のデータを用いると、同村からは、1965年から2000年までの間に、子供も含めて少なくとも91人が調査村からアメリカに移住している。

　1965年移民法改正以降のアメリカへの移住では、結婚を媒介に家族移住が拡大することがよくみられた。ここで以前の村落調査で聞き取った例を紹介しておく。

〈事例１〉結婚をきっかけとしたハワイへの家族移住
　フェリペには９人の子供がいた。そのうちの１人アニンがハワイ帰りの男性と結婚した。独立以前にハワイに行ったＳ村出身男性が村に一時帰国したとき、「誰かいい人はいないか」と村で結婚相手を探しており、結局アニンが結婚相手となった。アニンは結婚後、夫に呼び寄せられてハワイに行った。ハワイに行っ

た後、アニンは父親フェリペを呼び寄せた。フェリペは、1976年にハワイに着くと、今度は、マニラで会社経営をしていた1人を除く7人の子供の呼び寄せ申請をした（長坂 2009：100）。

　家族再結合プログラムを通じてアメリカに移住しようとする場合、移住までに時間のかかる兄弟姉妹を除くと、アメリカ市民ないしは永住者の配偶者、親、子に呼び寄せ申請をしてもらう必要がある。しかし、アメリカ市民、永住者の親や子をもつ村人はそう多くはない。そこで、そうした近親者をもたない村人の間では、上の事例のように、アメリカ在住者と結婚し、配偶者としてアメリカに移住した上で、自分の親をアメリカに呼び寄せ、さらにその親が子を呼び寄せることがよく行われる。このように、1960年代以降のアメリカへの移住は、移住後にアメリカの市民権を得たこの地域出身者との国際結婚を含む形で拡大していったのである。

　さて、1970年代になると、フィリピン政府の労働者送り出し政策の開始やフィリピン経済の不振、中東諸国における労働需要の増大などを背景として、フィリピンから様々な国への労働移住が増大した。1980年代以降も海外移住者数は増大し続けた。1975年に4万人弱であった契約労働者数は、1990年代に入ると約70万人に達し、2009年は140万人以上となっている（NSO 1997a; POEA 2009）。主な行き先は、1970年代当初は、オイルブームによって労働需要が急激な伸びをみせた中東諸国であったが、その後、日本、香港や台湾などの経済成長を達成した東アジア諸国、さらに欧州諸国にも広がった。1980年代以降は、単身で移住就労する女性の比率が増大する、いわゆる国際移住の女性化傾向が指摘される（小ヶ谷 2016）。

　こうした1970年代以降のアメリカ以外への移住においても、イロコス地方は重要な送出地域であり続けてきた。「海外フィリピン人調査」によると、フィリピンからの海外労働者に占める同地方出身者の割合は13.2％であったが、これは1995年の同地方の人口比率は5.5％を大きく上回る。また、フィリピンからの全女性海外労働者に占める同地方出身者の比率は16.4％であった（NSO 1997b）。その後他地域での国際移住が増大し、イロコス地方出身者の比率は低下していくことになるが、少なくとも1990年代までは、イロコス地方は、フィ

リピンからの様々な国への移住の増大と女性化を牽引する地方であったといえる。

　以上みてきたように、アメリカ植民地期から現在に至るまで、イロコス地方は、フィリピンのなかでも、アメリカを中心にとりわけ多くの国際移住者を送り出してきた。このようなイロコス地方からの国際移住は、宗主国アメリカや他の受入国の移住者受入政策、フィリピン政府による労働者送出政策、その時々の関係国間の関係、雇用主組織の利害関係の調整など、多層的に展開する諸条件の交差のなかで生じてきた現象であった。そのなかでも、ハワイサトウキビ農園主組合のリクルートが、日米関係の変化やフィリピンとアメリカの利害集団間の交渉を経て、1910年前後からイロコス地方中心に行われたことは、この地方におけるその後の国際移住の展開に大きな影響を及ぼした。

　この時期にハワイなどに移住した人々が、1965年以降のアメリカへの家族呼び寄せの連鎖の起点となることは少なくなかったし、彼らが60年代以降にアメリカや他国へ移住する人々に経済的支援を行う事例もよくみられた。また、こうした初期のハワイへの移住者たちのなかには、帰郷後に、土地投資、地域の祭りへの支援、伝統的宴の開催を積極的に行う者、フィリピン国内の就労ではほぼ実現不可能な近代的かつ顕示的な消費生活を送る者も多かった（Griffiths 1978）。ハワイ、アメリカ本土への移住者たちの故郷でのこれらの行為は、この地方に暮らす庶民層の人々に、アメリカに行くことによって何が得られるのかをきわめて具体的な形で示した。アメリカ植民地期に整備された教育制度や大衆文化の広がりなどを通じた豊かでモダンなアメリカの暮らしのイメージの拡大に加え、このような日々の生活におけるアメリカの影響は、この地域の人々の間でのアメリカで生活すること、さらにはアメリカ以外の外国に移住することへの願望と想像力を高めてきたと考えられる。1965年以降のアメリカ、1970年代以降のアメリカ以外の国への移住といった新たな機会に対して、イロコス地方の人々がいち早く、そして積極的に対応したことの背景には、こうした植民地統治、地方の移住史のなかで蓄積、醸成されてきた、人々のトランスナショナルなネットワークと、国際移住に対する願望と想像力があったといえる。そして、国内に留まる庶民層の人々が社会上昇するための機会が著しく限定されているというフィリピンの社会経済状況が持続するなかで、人々の国際

移住に対する願望と想像力は、その後の国際移住の拡大のなかでより強められていったと考えられる（長坂 2009）。

　さらに、本章にとって重要な点は、事例1でみたように、1965年移民法改正以降のアメリカへの移住の拡大において、帰化した親族や同郷者との結婚が重要な役割を果たしてきたことである。多くの人々が生活の向上を求めて国際移住し、さらにそのなかの少なくない人々が結婚を通じた家族移住の連鎖のなかで国外へと移動していった。そうした歴史のなかで、外国籍保持者との結婚が、国際移住の回路として、そして個人および家族の生活向上のための選択肢として、人々により強く意識されるようになったことは想像に難くない。次節以下で扱う、この地方からの国際結婚移住は、このような移住史の文脈のなかで生じた現象として考慮される必要がある。

## 3　フィリピンおよびイロコス地方からの国際結婚移住

　海外フィリピン人委員会（CFO）では、国際結婚移住者のための出国前のガイダンス・カウンセリング・プログラムへの参加者数をもとに、国際結婚件数を公表している[3]。1989年から2015年までの相手の国籍別の国際結婚件数をみると、全体の約50万人のうち、43％がアメリカであり、第2位は日本の24％、以下、オーストラリア8％、カナダ4％、韓国3％、ドイツ3％と続く。

　かつての宗主国であり、最多のフィリピン人海外移住者数を擁するアメリカは、国籍別の国際結婚数でも最多であり、その数は毎年5,000から10,000件前後となっている。1965年の移民法改正以降、フィリピン人のアメリカへの移住が増大し、人々のネットワークと交流が拡大したことに伴い、国際結婚数も増加してきた。そのなかには、上の事例でみたようなフィリピン系アメリカ人との結婚が相当数含まれていると推察される。

　第2位の日本については、1980年代から多数のフィリピン人女性が興行ビザを通しての短期就労を行ってきた。日本人との国際結婚増加の背景には、他の国にはみられない、このような大量の若年女性による特殊な形態の移動と就労がある。国際結婚数は1990年から2000年代初頭まで5,000件前後で推移していたが、2005年の日本での興行ビザの発給基準の厳格化の前後には、8,000件か

表10-1　イロコス地方3自治体における国際結婚移住の概要

| | 人口 | 年 | 登録結婚数 | 海外在住者との結婚（1） | 外国籍者との結婚（2） | % | (1)+(2) | % |
|---|---|---|---|---|---|---|---|---|
| A町 | 約20,000 | 2014 | 74 | 0 | 1 | 1.4% | 1 | 1.4% |
| | | 2015 | 128 | 1 | 2 | 1.6% | 3 | 2.3% |
| B町 | 約30,000 | 2014 | 162 | 29 | 12 | 7.4% | 41 | 25.3% |
| | | 2015 | 167 | 33 | 10 | 6.0% | 43 | 25.7% |
| ラワッグ市 | 111,125 | 2014 | 609 | 36 | 37 | 6.1% | 73 | 12.0% |
| | | 2015 | 607 | 42 | 34 | 5.6% | 76 | 12.5% |
| | | | 1,747 | 141 | 96 | 5.5% | 237 | 13.6% |

ら10,000件以上となった。しかし2010年代は2,000件前後へと減少している。また2010年前後からは、フィリピン在住人口が増加し、人的交流の拡大が顕著である韓国人との国際結婚件数が増加しており、1,900件以上に達した年もある。ただし最近はやや減少傾向にあり、2015年は815件となっている。

　最後に国際結婚移住した人々の性別をみると、1989年から2015年の国際結婚全体の91%が、女性がフィリピン人、男性が外国籍という組み合わせであり、フィリピンからの国際結婚移住者の大半は女性であることが分かる。

　次に、この全国的な傾向を踏まえた上で、調査地からの国際結婚の状況をみてみることにしよう。表10-1はイロコス地方の最北端に位置するイロコス・ノルテ州の州都であるラワッグ市と他の2つの町で閲覧した、結婚登録証から計算した登録結婚数と、そのなかの「海外在住者との結婚」および「外国籍者との結婚」の数である。結婚登録は、その市、町で登録された結婚の件数であり、その市、町の住民の結婚件数を記録するものではない。例えば、B町住民がラワッグ市の教会で結婚式を挙げた場合、その住民の結婚はラワッグ市で登録される。したがって、表中の数字は、ラワッグ市、A町、B町に住むすべての住民の結婚を網羅しているわけではないし、それぞれの数字には他の市、町の住民の結婚が含まれている。この資料にはこうした限界があるが、まずは、表10-1をもとに、これらの町で登録された国際結婚数についてまとめを行うことにする。

　全体的には、登録された結婚のうち、5.5%が外国人との結婚であった。96

件の国際結婚のなかでは、アメリカ人との結婚が70件と突出しており、全体の73％を占める。集計方法がまったく異なっているのであくまで参考程度であるが、CFO によるフィリピン全体の国際結婚件数についての上述の統計における、同じ時期のアメリカ人との結婚の比率51％と比較すると高く、ここには前節でみたこの地方の移住史の影響が認められる。アメリカ以下は、イギリスが8件、以下オーストラリア4件、カナダとシンガポールが2件、その他の国々と続く。全国的には第2位である日本人との結婚登録は、3つの自治体の2年間の記録では見出されなかった。このことは、この地方出身者と日本人との結婚がこの2年間でまったくなかったことを示しているわけではないが、この地方におけるアメリカ人との国際結婚の重要性を浮かび上がらせているといえる。

　以上の全体傾向を念頭に置きつつ、次に各自治体における傾向をみてみることにしよう。A町では、州内の他の町と同様に、植民地期以前に多くの男性がハワイ、カリフォルニアへと移住した。1965年のアメリカ移民法改正以降は、家族再結合などでアメリカへと移住する人々が増加した。1980年代以降は、アメリカ以外の国への契約労働移住などがさかんに行われている。A町については、海外在住者との結婚、外国籍者との結婚がともに少なかったため、2010年[4]からの結婚登録記録を閲覧し、集計した。ついてはその6年間についてまとめておく。

　2010年から2015年までの間に、外国籍者との結婚として13件が登録されている。その内訳は、夫が外国籍である場合、アメリカ人が7件、インド人（シンガポール在住）が1件、ノルウェー在住のデンマーク人、香港在住のスウェーデン人、アラブ首長国連邦在住のモロッコ人との結婚がそれぞれ1件である。妻が外国籍である場合2件は、国籍はいずれもアメリカであった。結婚相手の在住地をみると、いずれも多数のフィリピン人が移住、就労している国（アメリカ、シンガポール、香港、アラブ首長国連邦）、あるいは近年、フィリピン人が増加しつつある国（ノルウェー）であり、それらの移住先での出会いや交流の機会の増大が、こうした結婚の背景にあることが推察される。ただし、アメリカに関しては、前述の事例1、あるいは後述のB町の多数の例のように、A町にルーツをもつフィリピン系アメリカ人が、A町住民と結婚するケースが多い

と考えられる。

　次にB町の結婚登録数をみてみよう。この町は、植民地期からのハワイへの移住が、イロコス地方のなかでもとくにさかんに行われた町として知られている。1910年代から1930年代初頭にかけて多数の男性がハワイに渡った。1965年のアメリカ移民法改正以降も、多数の家族や親戚をもつ多くのB町出身者が、家族再結合制度を利用するなどしてハワイへと移住している。

　表10-1では、2014年と2015年では、外国籍者との結婚件数はそれぞれ12件と10件であり、結婚件数に占める割合は6.7％となっている。すべてがアメリカ人との結婚であり、夫が外国籍者の件数が14件、妻が外国籍者である件数が8件である。22件のうち、18件の外国籍配偶者の居住地がハワイとなっており、B町のハワイとの結びつきの強さがうかがわれる。また、両親の国籍、姓名から判断すると、フィリピン系以外のアメリカ人と結婚したと確認できるのは、22件中1件のみである。ここからは、これらアメリカ人との国際結婚のほとんどが、アメリカ国籍をもつB町出身者あるいはその子供との結婚であることが推測される。[5]

　B町については、配偶者のどちらか一方が海外在住である結婚についての詳しい資料が得られたのでそれも報告する。一方が海外在住者との結婚は63件あり、夫が海外在住の結婚が38件、妻が海外在住の結婚が25件であった。夫が海外在住の場合、夫の居住地はアメリカ31件（ハワイ27件、カリフォルニア4件）、イタリア4件、ノルウェー2件であった。妻が海外在住の場合、妻の居住地はアメリカ11件（ハワイ8件、カリフォルニア3件）、カナダ6件、ノルウェー2件、イタリア2件、スペイン2件、香港1件であった。[6]ここでも、アメリカ在住者、とりわけハワイ在住者の比率が高くなっており、B町とハワイとの結びつきの強さが再確認される。他方で結婚相手の在住地をみるとカナダやイタリア、ノルウェー、スペインなど、正規の移住者による配偶者の呼び寄せが可能な国が多いことも注目される。このことは、これらの国の正規在住者との結婚が、これらの国への移住の重要な回路のひとつとみなされていることを示唆している。

　最後に、州都であるラワッグ市についてその概要を述べる。配偶者が外国籍である結婚は、71件である。夫が外国籍の場合、アメリカが37件（うちハワイ

20件、カリフォルニア6件）、イギリス7件、オーストラリア4件、カナダ2件、シンガポール2件、オマーン、ブルネイ、ドイツ、インド、台湾、タンザニア、ヨルダン、韓国、スペイン、中国がそれぞれ1件であった。妻が外国籍の場合、アメリカ8件（うちハワイ5件）、イギリス1件であった。いずれの場合も、B町ほどではないが、アメリカ人との結婚が多く、この地方の人々とアメリカ、とくにハワイとの結びつきの強さが表れている。他方で、男性が外国籍の場合、相手国は上の2町に比べてかなり多様である。ラワッグ市における国際結婚件数が多く、さらに配偶者の国籍が多様であることは、ラワッグ市住民の国際結婚件数が多いこととともに、外国人との結婚式、ないしは結婚登録が州都でなされることが多いことによると考えられる。

　以上、3つの地方自治体の結婚登録の概観から、次の3点を指摘しておこう。第一に、この地方の移住史を反映して、この地方の国際結婚の多数が、この地方にルーツをもつフィリピン系アメリカ人との結婚であることである。この結婚の場合でも、フィリピン人女性とアメリカ人男性の組み合わせが多くなっている。しかしB町のフィリピン系同士の結婚であることが推察された21件のうち、アメリカ人男性とフィリピン人女性の結婚は13件（62％）に留まっており、フィリピン全体の傾向に比べれば、男女の偏りは小さくなる。第二に、ラワッグ市において顕著であったが、アメリカ以外の国籍の者との結婚も一定数みられることである。アメリカ以外の国籍者との結婚では、ほぼすべてが、男性が外国籍、女性がフィリピン国籍という組み合わせであり、国際結婚移住者の圧倒的多数が女性であるという全国的傾向と一致する。第三に、全体的にアメリカ人の国際結婚においてハワイ在住者との結婚が多数を占めていること、さらにB町の国際結婚のほとんどがハワイ在住者との結婚であったことに示されるように、それぞれの町、市の国際結婚傾向が、州全体の移住史、さらには当該の市・町の移住史と密接に関わっていることである。

## 4　国際結婚移住の事例

　次に、イロコス地方のA町、B町、ラワッグ市で実施した聞き取り調査をもとに、いくつかの事例を紹介することで、同地方からの国際結婚移住のパター

ン、さらに出身地社会に残る人々の国際結婚移住への見方などをみていくことにしよう。

聞き取りのなかで特徴的であると思われたのは、国際結婚移住が、2つの世代にまたがって行われている場合が少なくないことである。まず、そのような事例を1つ挙げておく。

〈事例2〉ハワイ在住親族の紹介によるフィリピン系アメリカ人との結婚、アメリカ在住のオジの紹介によるメキシコ系アメリカ人との結婚

メリーアンの父は、B町で農業を行っている。最初にハワイに行ったのは、メリーアンの父の姉リディアである。リディアは、ハワイにいる親戚から、独立以前にハワイに移住したフィリピン系の男性を紹介され、1970年代後半に結婚した。ハワイに行ったリディアは、自分の両親をハワイに呼び寄せた。両親がハワイに移住すると、今度は、両親が子供たち（リディアのキョウダイ）の呼び寄せ申請を行った。メリーアンの父親は、当時すでに結婚しており、優先順位が下がる既婚者となっていたためハワイに行けなかった。しかし弟はハワイに行くことができた。

弟はハワイに移住した後、アメリカ本土のワシントン州に移動した。弟は、あるとき、帰郷時に撮った親戚の写真をメキシコ系アメリカ人である同僚にみせた。するとその同僚は、メリーアンの写真をみて、彼女に会いたいと言った。その同僚は、メリーアンの父親と同じ年齢（39歳）であり、離婚経験があった。写真をみてから6ヶ月後の2006年に、その男性はフィリピンを訪れた。そのときは、彼はメリーアンの家ではなく、近くのホテルに泊まり、どこへ行くときも常に家族が一緒だったとメリーアンの父親は述べる。

当時メリーアンは16歳だったが、その男性は指輪を持参し、彼女が18歳になったら結婚したいと彼女のオジに伝えていた。彼女の両親は、「彼女がオーケーならばオーケーだ。……ただ彼女が結婚したくないようだったら、彼女に強いることはできない」とその男性に伝えた。両親によると、メリーアンは滞在中の男性を見た上で、次第に結婚に傾いていったという。母親は「ここの生活は苦しい。もし彼らが互いに好きならば、オーケーだ。よく言ったのは、あなたの生活が私たちと同じようなものになってほしくはないということだ。苦しい生

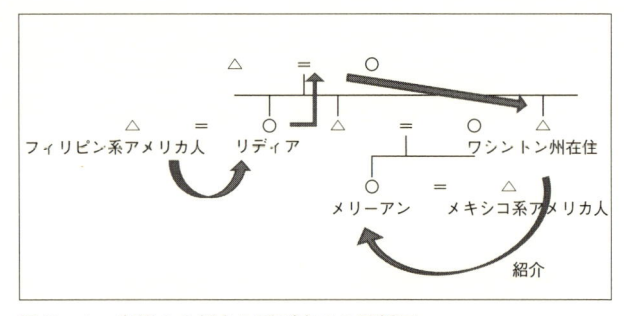

図10-1　事例2の紹介と呼び寄せの関係図

注）矢印は呼び寄せ関係を示す。ただしワシントン州在住男性からメリーアンへ
の矢印は紹介関係を示している。

活に。……私たちは彼をずっとみていた。……彼は人とうまくやっていくような人だった」と述べる。父親も「彼はいい人だ。彼はずっと私の弟の同僚だったし」と言う。2年後に、彼らは町役場で結婚式を挙げた。結婚式の1年後に彼女はアメリカに渡った。今では2人の子供がいる。彼女は両親のところに送金をすることもあるが、両親は、今のところは自分たちで何とかやっていけているという（メリーアンの両親への聞き取り）。

　事例2の上位世代の結婚は、植民地期にアメリカへ移住し、アメリカ国籍を取得したイロコス地方出身男性が、故郷で若い女性と結婚するという、1970年代くらいまでこの地方でよくみられた国際結婚のパターンである。こうした国際結婚では、アメリカでの年金受領資格を得た男性がそのまま故郷で生活していくこともあれば、ハワイやカリフォルニアに女性が結婚移住していくこともあった。この事例では、事例1と同様に、最初のハワイへの移住者との結婚から、家族のハワイへの移住が連鎖している。そして、移民資格を得るための優先順位が低く、ハワイに行けなかった男性の娘が、オジから同僚のメキシコ系アメリカ人を紹介されている。

　このような結婚相手の紹介は、*reto* という言葉で表現される。この言葉は、結婚する男女の仲を取り持つという意味をもつ、国際結婚のインタビュー中で頻繁に登場する言葉である。この事例では、ハワイへの移住によって形成された人々のトランスナショナルな親族・同郷のネットワークが第一世代の国際結

婚を可能にし、国際結婚を起点にしたさらなるネットワークの広がりが、次の世代での国際結婚をもたらしている様子を見て取ることができる。

　次に国際結婚が２世代にわたってみられるが、それぞれ別の国に結婚移住している例を挙げる。

〈事例３〉シンガポール在住中にシンガポール在住のインド人と結婚（上位世代
　　　　に非フィリピン系アメリカ人男性との国際結婚移住あり）

　リンダは現在37歳で、A町の農家に９人キョウダイの２番目として生まれる。９人中８人が高等教育を受けていて、うち５人が大学を卒業している。現代フィリピンでは、農業で生計をたてながら多くの子供に高等教育を受けさせるのは容易ではない。それが可能となったのは、アメリカに住むオバが経済的支援をしてくれたからであった。そのオバは1980年ごろ非フィリピン系アメリカ人と結婚した。結婚以前、そのアメリカ人男性には州内の別の町に「ペンパル」がいた。しかし実際にイロコスに来てその「ペンパル」と会ってみると、その「ペンパル」は彼との結婚を望まなかった。当時彼はすでに60歳だった。しかしある女性が、同じプロテスタントの教会に属しているということで知り合いであったリンダのオバを、そのアメリカ人男性に紹介した。結婚を決意し、アメリカに結婚移住したリンダのオバは、子供がいないこともあり、その後、リンダたちの教育を支援した。

　そのオバに支援されて地元の大学を卒業した後、リンダは地元の役場で働き出した。しかしボランティアのような形だった。リンダの弟は、リンダが、自分の弟や妹のことを考えると、稼ぎがより多い外国に行く方がよいと考えたのではないかと説明する。リンダは香港で６ヶ月働いた後、2006年にシンガポールで家事労働者として働くようになった。シンガポールでの彼女の仕事のひとつに雇用主の犬の散歩があった。公園で犬を散歩させているときに、シンガポールでレストランのマネージャーをしているインド人男性と出会った。彼はリンダの電話番号を、リンダのフィリピン人の友達から教えてもらい、リンダにメッセージを送るようになった。リンダは、最初は警戒していたというが、メッセージを交換するうちに交流を深め、やがて結婚を約束する仲となった。リンダとその男性は、２人でフィリピンに来て結婚式を挙げた。現在、彼らは、共にシ

ンガポールのレストランで働いている。彼がリンダをレストランに推薦したからだという（リンダの両親、弟への聞き取り）。

　この事例の上位世代では、ペンパルとの出会いを求めてフィリピンに来た非フィリピン系アメリカ人を、プロテスタント系の教会の知り合いに紹介されるというやや偶発的な出会いから、国際結婚移住がなされている。このオバは、下位世代の親族への教育支援を行ったが、その教育支援を受けた1人がシンガポールで働くようになり、インド系の男性と出会うことで国際結婚がなされている。上位世代と下位世代の国際結婚の間に直接的な連関は見出されないが、ひとつの国際結婚移住が次の世代で別の国への国際結婚移住へと展開していく事例である。以上2つの事例は、この地域における国際結婚移住が多くの家族の家族史のなかに刻み込まれていること、そうした家族の増加に伴い、国外への結婚移住が、地域社会において日常化してきていることを示しているといえる。

　次に、近年、増加していると考えられるアメリカ以外の国への結婚移住の事例を2例挙げる。

〈事例4〉　イギリス訪問中にイギリス人男性と結婚

　エルシーは1976年にA町に生まれる。父親は役場の書記官を務めたこともあったが、早くに亡くなった。ただ父親のキョウダイ2人がハワイにいて、彼らが子供の教育を支援してくれたという。エルシーはハワイのオバの経済的支援も受けて看護学校を卒業する。その後、マニラの病院で5年間、看護師として勤務した。15年くらい前、エルシーはイギリスでの看護師募集に応募した。当時、看護師がイギリスに行くのはそれほど難しくなかった。エルシーはイギリスで働きつつ、キョウダイの就学を支援した。彼女の1歳違いの姉であるジャネットは、エルシーに招待され、5年ほど前に母とともにイギリスに旅行にいった。ジャネットは地元の役所で働くシングルマザーであった。そのとき、60歳くらいで離婚経験があるエルシーの職場の同僚の男性が、ジャネットと会い、交際をもちかけた。母親によれば、当初ジャネットは結婚にあまり関心をもっていないようだった。しかし母親は、「ここの（フィリピンの）生活は苦しい」の

で、彼女の気持ちは徐々に結婚へと傾いていったと説明する。母親はエルシーが仲を取りもつ（reto）計画だったのではないかと述べ、「最初は私も望まなかった。……ただ、そうすれば（ジャネットらが）ここ（イギリス）に住めるとエルシーらが言うから。（当時は）イギリスに行くのは難しかったから。……そのうちジャネットがそうしたいというので私も賛成した」と語った。国際結婚したことについては「よかったと思う。……というのも彼女はシングルマザーだったから。……今は（イギリス在住の）2人の娘が毎月送金をしてくれる。身体の調子が悪いので助かる」と言う。ジャネットは結婚して3ヶ月でイギリスに行き、その3ヶ月後には子供をイギリスに呼び寄せたという（母親への聞き取り）。

〈事例5〉 同郷の結婚移住女性に紹介されて日本人男性と結婚

　A町の農村出身のリサの父は大手の長距離バス会社の運転手をしていた。母は市場で野菜売りなどをしていた。父が勤務するバス会社は州内の大手企業であったが、運転手の給料は歩合制のため、収入は不安定であり、生活は苦しかった。一番上の子供は短大に入学したが、妹の1人が病気になり、学費が不足して卒業させることができなかったと父親は言う。リサは5人キョウダイの2番目で、1977年生まれである。リサは高校を出てから地元の短大を卒業した。その後、地元の政治家の事務所や州都のショッピングセンターでアルバイトをしていた。

　リサが学校に行っている頃、父親は、同じ町で日本に複数の結婚移住者を出した家族の手伝いをすることがあった。その家族の結婚移住した女性アルマが一時帰国したときに、アルバイトとしてアルマのドライバーをするなどしていた。そのとき、父親はアルマに娘の写真を渡して、日本人の結婚相手を探してもらうように頼んだ。その後アルマは、日本で、ある男性が結婚したいといっていることを聞き、リサのことを思い出し、写真をみせた。男性はそれまでたくさんの女性の写真をみていたらしいが、そのなかでリサに会いたいということになった。

　母親は、以前からリサは「外国に行きたい、でもうちにはお金がない」と言っていたので、「その日本人がいい。たとえ結婚する人が歳をとっていても、外国

に行けるなら」と言ったと回想する。母親によれば、それでも日本に行く前には「やはり行かない」と言い、結婚をやめようともした。しかし「やっぱり行くことにする。挑戦してみる。我慢できなくなったら帰ってくる」と言って結婚に踏み切ったという。母親は、別の日本への結婚移住女性に通訳を頼んで、「くれぐれも娘に対して手を上げるようなことのないように」と念押しをしたという。1998年1月にその男性がマニラに来て、マニラのホテルで「お見合い」をした。通訳として写真をみせたアルマがついてきた。そこで顔合わせをしてから、皆でマニラ近郊の観光地に旅行に行った。リサによると、最初にあったときは、相手が49歳で、自分が21歳、「なんだ、この人」という感じだったという。リサは「結婚するのはいやだったけど、お父さんとお母さんを助けるために。妹も病気だったので」と述べる。結局、2月にラワッグ市で結婚をして、6月に日本に行った。

　リサによると、日本に行ってから、最初はまったく会話ができず、辞書なしでは何も分からなかったという。現在は、夫が和食の店を経営しているので、その手伝いをしている。高校生と小学生の子供がいる。両親は、送ってくれたお金を貯めて家を建てることができたという。母親はリサの結婚について、「よかったのは彼女が豊かになったことだ。私たちの生活もよくしてくれた。まあ、いつも送金してくれればいいのだが、たまに送ってくるだけだから（笑）」と述べる（両親と本人への別個の聞き取り）。

　以上の2事例では、親族ないしは同郷の紹介 *reto* を受けて国際結婚に至っている。事例4では、ハワイ在住のオバに支援を受けて看護師になった女性が、看護師としてイギリスに渡り、イギリスで知り合った同僚男性を、イギリスを訪問中のシングルマザーであった姉に紹介するという形であった。事例5では、同じ町出身で、日本人男性と結婚して国際結婚移住をしていた女性に、父親が娘の写真を渡し、その女性が日本人男性を紹介するという形であった。いずれの事例においても、70年代以降のアメリカ以外の国への移住の増大によって拡大した人々のネットワークのなかで国際結婚が生じている。さらに、これらの事例は、フィリピン系アメリカ人との間の国際結婚においてさかんに行われてきた家族・親族、同郷の者による紹介 *reto* が、人々のネットワーク

の拡大に伴い、アメリカ以外の国への国際結婚移住においても行われていることを示している。上記した国際結婚移住の日常化が、こうした紹介 *reto* を、多くの国でいろいろな親族や同郷者が試みることを促しているとみることもできるだろう。

　また、事例2、事例3、事例4では、「生活の苦しさ」から抜け出す回路として国際結婚を捉える説明が両親によってなされている。「生活の苦しさ」はフィリピンの他地域の国際結婚移住者の間でもよく聞かれる言葉だが（Suzuki 2005）、国際移住一般の理由を説明する際にこの地方出身の誰もが最初に発するフレーズであり、この地方の移住史のなかで強化されてきた、自らの暮らしについてのイメージであるともいえる。事例2の母親は、「ここの生活は苦しい」と述べ、子供の生活が「私たちと同じようなものになってほしくない」と述べる。事例4の母親も、「ここの生活は苦しい」と述べた上で、当初は娘の結婚を好まなかったが、イギリスに住めるからという理由で納得したと述べる。また、事例5では、母親が、娘の国際結婚についての見解をたずねられた際に、彼女が豊かになり、私たちの生活をよくしてくれたことを強調している。これらの言葉は、この地方の人々が、他の形態の国際移住や、前節でみた外国で家族呼び寄せが可能な居住許可をもった同地方出身者との結婚移住と同様に、「苦しい生活」から抜け出し、外国に移住して「生活の向上」を達成する回路として国際結婚を捉えていることを示している。[8] 同時にこのような家族の言葉は、他の形態の国際移住と同様に、国際結婚移住が、家族の生活の向上のプロジェクトとしての側面をもつこと、そして事例5の女性の言葉によく示されているように、結婚移住する当事者が、家族呼び寄せであれ送金であれ、そうした家族の期待の遂行と欲望の実現を多かれ少なかれ背負っていくことも示している。

　ただし、このように国際労働移住と国際結婚移住との連続性を指摘することには次の2つの点で注意が必要である。ひとつは、経済的に恵まれた層においても国際結婚移住がそれほど珍しくないと考えられることである。次の事例は、調査中に聞き取ったエリート家族の国際結婚の事例である。

　〈事例6〉エリート家族の国際結婚、アメリカ在住日本人との結婚

メルラの家はラワッグ市の中心近くにある。メルラの父親は会社勤めをしていたことがあるし、母親も働いていたことがあるという。しかし彼らの家計にとって重要なのは、両親、とくに母親が相続した広大な土地である。メルラの妹によると、それらの土地の書類は「スチールの棚いっぱい」になるくらいであるという。マルコス家など同地方出身の有力政治家とも近しい関係にあり、親族には高級軍人もいる。そのような州内のエリート家族の一員である彼女の母親のキョウダイは４人いるが、そのうち３人はアメリカとカナダにいる。母親のいとこはハワイに住み、その後ラスベガスに移り住んだが、そのオバがメルラの写真を彼女の家族の親しい友人にみせた。そのオバの友人は、日本国籍をもち、アメリカ育ちで、不動産関係や株取引関係の仕事をしている、現在32歳のメルラより10歳ほど年上の独身男性だった。メルラは、その男性とインターネット上でコミュニケーションを取り始めた。2011年、その男性はフィリピンを訪れ、メルラと会った。そして婚約指輪を持参し、メルラの親に結婚の承認を求めた。１年後に結婚し、現在、メルラはアメリカに在住している（メルラの妹への聞き取り）。


　この事例では、エリート家族の間においても、親族による紹介 *reto* を通じた国際結婚移住がなされていることが分かる。この結婚移住女性の妹への聞き取りでは、国際結婚に関する話のなかで、「生活の苦しさ」という言葉やそれに類する表現は聞かれなかった。このことは、先の「生活の苦しさ」から抜け出す回路としての国際結婚移住という説明が、どの程度の階層的広がりをもつものであるのか、また事例中のような経済的上層にある人々にとって、国際結婚移住はどのようなものとしてイメージされているのかについて、さらなる調査と検討が必要であることを示している。

　第二に、事例４の母親が、当初、娘の結婚を望まなかったと述べているなど、家族の国際結婚移住が、必ずしも常に肯定的なものとして語られるわけではないことである。今回の国際結婚移住者の両親やキョウダイへの聞き取りでは、結婚後の娘による送金や様々な支援を強調し、娘本人と家族の「生活の向上」を強調する語りが多く聞かれた。しかしこうした聞き取りから国際労働移住と国際結婚移住の連続性を強調することは、国際結婚移住において顕在化し

うる、国際移住の歴史の蓄積によって地域において醸成される欲望や想像力と、家族規範、ジェンダー規範、結婚に対する支配的な価値観との複雑な絡み合いをみえにくくしてしまいかねない。結婚移住女性本人についての研究蓄積も参照しながら、出身地に残った家族の語りの収集および慎重な考察をさらに進めていく必要があるだろう。

## 5　地方的世界のなかの国際結婚移住

　以上、フィリピン、イロコス地方での調査に基づき、同地方の国際結婚の概要を、結婚登録の資料および事例調査より描き出すことを試みた。第2節で述べた通り、イロコス地方は、フィリピンのなかでもとりわけ多くの人々を海外へと送り出してきた地域である。とくにアメリカ植民地期のハワイのサトウキビ農園主のリクルートに端を発したハワイへの大量の男性の移住は、この地方の人々に、後の時代にハワイ、アメリカ本土、そしてアメリカ以外の国へと移住する経済的資源と社会的資源をもたらした。またそうした歴史のなかで醸成され、高められてきた国際移住によるよりよい生活の実現への欲望と想像力は、この地方からのさらなる国際移住の拡大を後押ししてきたといえる。

　グローバル・ハイパガミーという用語が示唆するように、この地方の現代の国際結婚移住が、庶民層の社会的上昇の機会がきわめて限定されているという、フィリピン社会、あるいは「南」の諸国に多かれ少なかれ共通する社会経済状況の産物であることは間違いない。ただし、本章におけるイロコス・ノルテ州の3つの自治体における国際結婚移住の行き先やそのパターン、さらに具体的事例および人々の説明の検討結果は、この地方の現代の国際結婚が、この地方の移住史において進展してきた人々のトランスナショナルなネットワークの拡大、国際移住を通した生活の向上への欲望の高まり、国際移住につながる回路を常に切り開いていこうとする傾向性の浸透、そして国際結婚移住の日常化などの影響の下に行われてきたことを示している。そしてそのことは、国際結婚移住現象を、様々なレベルの構造的諸力と歴史的に形成された地域の社会的文化的な傾向性の交差のうちに捉えていくこと、すなわち地方的世界の歴史的展開のなかで考察することの重要性と可能性を示しているといえるだろう。

注

1 フィリピンの事例を含む代表的な論集としては Constable（2005）、Piper and Roces（2003）がある。フィリピンからの結婚移住についてこれまで多数の研究が集中的になされてきた日本については、佐竹・ダアノイ（2006）、鈴木（2010）、高畑（2003）、永田（2011）、Faier（2009）など多数のものがある。このうち、移住先社会と出身地社会における人々の欲望や想像力の歴史的形成と結婚移住の拡大の関係については、Constable（2005）から示唆を得ている。

2 本報告で用いられる資料の主なものは、2016年3月31日から4月3日までの4日間、イロコス・ノルテ州の1市2町で実施した現地調査で得られたものである。後半の事例研究では、2013年12月、2017年2月の同地域で実施されたこのテーマに関する聞き取り資料も用いることにする。なお本報告で用いる人名はすべて仮名である。

3 結婚件数の集計の仕方については、海外フィリピン人委員会職員への聞き取りによる。

4 ただし、経済的に余裕のあるA町住民が州都のラワッグ市で結婚式を挙げることは少なくないため、この数字が、A町における海外在住者との結婚数、外国籍者との結婚数をそのまま表しているとはいえない。

5 また、表には含まれていないが、これら外国籍者との国際結婚の他に、共にハワイ在住であるが、B町で結婚登録をしたアメリカ人同士の結婚が1件登録されている。この事例では、一方あるいは両方がB町出身者であると考えられる。

6 また表中には含まれていないが、海外在住者同士の結婚も6件あった。内訳は、ノルウェー在住者同士2件、イタリア在住者同士2件、ノルウェーとカナダ在住者1件、サウジアラビアとカナダ在住者1件であった。

7 ラワッグ市には、同州の他の町にはみられないムスリムコミュニティがあり、この地区の住民が海外で外国籍のムスリムと結婚したと推測される事例が5件（シンガポール2件、オマーン、ブルネイ、タンザニア各1件）あった。

8 この点で、B町の海外在住者との結婚について、とくに近年、入国管理が厳格化する欧州諸国在住者との結婚がみられるようになっていることは重要であろう。それら海外在住者との結婚の事例は、国際結婚のみならず、結婚が、外国移住のための重要な回路とされていることを示唆している。


参考文献

小ケ谷千穂　2016　『移動を生きる——フィリピン移住女性と複数のモビリティ』有信堂。

佐竹眞明、M・A・ダアノイ　2006　『フィリピン—日本国際結婚——移住と多文化共生』めこん。

鈴木伸江　2010　「日比結婚——コロニアル・グローバル・ナショナルの時空で」『比較家族史研究』24：1-19。

高畑幸　2003　「国際結婚と家族——在日フィリピン人による出産と子育ての相互扶助」石井由香編『講座グローバル化する日本と移民問題——移民の居住と生活』明石書店、255-291。

長坂格　2009　『国境を越えるフィリピン村人の民族誌——トランスナショナリズムの人類学』明石書店。

永田貴聖　2011　『トランスナショナル・フィリピン人の民族誌』ナカニシヤ出版。

Constable, N. (ed.), 2005, *Cross-Border Marriages: Gender and Mobility in Transnational Asia*. Philadelphia: University of Pennsylvania Press.

Faier, L., 2009, *Intimate Encounters: Filipina Women and the Remaking of Rural Japan*. University of California Press.

Griffiths, S., 1978, "Emigrants and Entrepreneurs: Social and Economic Strategies in a Philippine Peasant Community." Ph.D. Dissertation, Honolulu: University of Hawai'i.

NSO (National Statistic Office), 1997a, *Philippine Year Book*.

NSO (National Statistic Office), 1997b, *Survey on Overseas Filipinos 1993–1995*. Vol. I.

Piper, N. and M. Roces (eds.), 2003, *Wife or Worker?: Asian Women and Migration*. Lanham: Rowman & Littlefield Publishers, Inc.

POEA (Philippine Overseas Employment Administration), 2009, "Overseas Employment Statistics." http://www.poea.gov.ph/stats/2009_OFW%20Statistics. pdf, accessed on Jan.10, 2011.

Sharma, M., 1987, "Towards a Political Economy of Emigration from the Philippines: The 1906 to 1946 Ilocano Movement to Hawaii in Historical Perspective." *Philippine Sociological Review* 35 (3-4): 15-33.

Suzuki, N., 2005, "Tripartite Desires: Filipina-Japanese Marriages and Fantasies of Transnational Traverasl." In N. Constable (eds.), *Cross-Border Marriages: Gender and Mobility in Transnational Asia*. Philadelphia: University of Pennsylvania Press, 124-144.

Takaki, R., 1990, Strangers from a Different Shore: A History of Asian Americans. New York: Penguin（＝1996、阿部紀子・石松久幸訳『もう一つのアメリカン・ドリーム——アジア系アメリカ人の挑戦』岩波書店）

Young, James P., 1981, "Migration and Education in the Philippines: An Anthropological Study of an Ilocano Community." Ph.D. Dissertation, Stanford, California: Stanford University.

# 第11章

# タイにおける女性と結婚移住

## 故郷の家族・地域と向きあう

### 藤井　勝／ポーンシリ　モンチャイ

## 1　タイにおける国際結婚

　日本、韓国、台湾でタイ人女性との国際結婚は高い値を示してはいない。日本では長らく中国、フィリピン、韓国に次ぐ数であり、他の国と同様に最近10年は漸減傾向にある。しかしながら、タイを取り上げる意味は十分にある。国際結婚の受け入れ社会からみると、東南アジアや中国からの国際結婚女性はもっぱら日本、韓国、台湾の男性を結婚相手に求めて移住するように思われがちだが、送り出す社会からみれば、東アジア内の「北」の男性たちは結婚相手としては選択肢のひとつにすぎないことを示す好例だからである。

　現代のタイ社会における国際結婚現象は、現地でしばしば使用される「パンラヤー・ファラン」あるいは「ミア・ファラン」（いずれも「西洋人の妻」という意味）という言葉に象徴されるように、タイ人女性が欧米人男性と結婚することを理想とすることを中心に展開している。この現象は、結婚相手である西洋人男性を指して「プア・ファラン」（西洋人夫）現象と呼ばれることもある（Angels and Sunanta 2009: 550）。しかも結婚相手からは東欧圏男性は除外され、主にはドイツ、オーストリア、イギリス、北欧、米国などの、先進国男性である。このような欧米人志向はタイに限らずアジア社会に広く存在してきたものといってよいが、欧米人男性がとくにタイ人女性を選択する傾向が強いために、タイでは女性が欧米人と結婚することは「夢」ではなく、実現可能な「現実」である。しかも高等教育を受けた女性より、農民や庶民階層出身の女性において顕著にみられる現象となっている。また欧米人男性は、国際結婚後にタ

イ人妻を自国に連れ帰って母国で結婚生活を送るだけではなく、タイの観光地・行楽地であるパタヤやプーケット、首都バンコク、さらにタイ人妻の出身の地方や農村に住居を構えて住むという現象さえ広くみられる。タイの姿は、その他の国際結婚送り出し社会とはかなり異なったものであるが、それだけに東アジアの国際結婚の姿をより立体的・複層的に浮き彫りにしてくれるであろう。

本章は、このようなタイのなかで国際結婚が最も特徴的に展開している東北タイ、通称「イサーン[2]」を対象とする。タイでは、この地方が「パンラヤー・ファラン」や「ミア・ファラン」の最も有力な供給源とみなされている。すこしデータが古いが、2004年にNESDB（タイ国経済社会開発会議）が行った調査では、欧米人と国際結婚している東北タイ女性は、法的結婚以外の事実婚や同棲関係を含めて2万人近くあったとされる（Angels and Sunanta 2009: 550; Trupp and Butratana 2016: 93）。このため、タイにおける国際結婚研究も主に東北タイを舞台にして展開し、成果を上げてきたといってもよかろう。

なぜ東北タイかについては、いくつかの理由がある。第一に、東北タイは国内で最も農業に依存した地方であるとともに経済的な発展が遅れているので、生活の安定のため、地方外から得る収入の獲得が他の地方にもまして必要である。東北タイの立地するコーラート平原は稲作や畑作が広く行われているが、環境条件に恵まれていない。コーラート平原は太古の海底が隆起して形成されたもので、現在でも地下数十mには塩の層があり、乾季には広範囲の地域で塩分を含んだ地下水が地表に湧出し、地表が塩で覆われる現象が発生する。また他地方に比べて降雨量に恵まれず、安定した稲作が行いにくいという問題もある。さらに、このような環境条件にもかかわらず、とくに第二次大戦以降、人口増加に対応するために過開発ともいわれるほどに林野の開墾＝農地開発が進み、土地の生産性はいっそう低下している。この土地の上にタイの人口の3分の1に相当する2,000万人近くが生計を営んでいる。このため農業による自立経済は困難なので、若者層を中心として出稼ぎが伝統的にさかんである。かつては農業出稼ぎも多かったが、現在はほとんどが製造業やサービス産業への出稼ぎである。海外への出稼ぎも多い。

第二に、外部からの収入は男子に限らず、女子にも期待されていることであ

る。女子により多く期待されているといってもよい。タイとくに東北タイの家族文化の特徴として、妻方居住制の優位のもとで女子は親から男子と同等、あるいはそれ以上に多くの財産の分与（相続）を受けるといった社会的地位の高さがみられる反面、親や親族の扶養に関して男子以上に重い責任をもつ傾向がある（Trupp and Butratana 2016: 96）。さらに、後での考察にも関係するのだが、女子に期待される責任意識の範囲は家族を超えて地域社会にも拡大する性質があるとも論じられている（Angels and Sunanta 2009: 555）。このため、出稼ぎは男性に限らず女性に対しても大いに期待された。しかも、経済基盤が弱いために学歴が高くない東北タイの女性がより高収入を求めるとなれば、観光地や歓楽地での飲食業や風俗産業で働くという方向に流れる傾向がある。そして、これら産業の顧客層にはタイを訪れる外国人とりわけ欧米人が多く含まれ、これら男性と知り合う機会も増加する。

　第三に、かつてベトナム戦争時代には、東北タイにはいくつかの都市に米軍基地がおかれたために、その周辺には米軍相手の歓楽街が形成され、そこで米兵と現地女性との出会い・交際・結婚などが行われたという歴史的な経験である。米兵のなかには、ベトナム戦争後も帰国せず現地女性と結婚して定住した者も相当数いると推定される。この国際結婚は今日の東北タイにおける「パンラヤー・ファラン」現象の前史となって（エートサクン 2009：76；Phongsiri 2016: 127）、地域社会が国際結婚を許容しやすい土壌を形成している。ただし、ベトナム戦争時代の現地女性と米兵の関係は売春行為とも受け止められたので、東北タイでは外国人と交際・結婚することに拒否的な傾向があったが、その後の社会変動のなかで旧意識が弱まり国際結婚が増加したという見解もある（エートサクン 2009：76-77；Pomsema etc. 2015: 11）。実際には両面があると思われる。

## 2　タムボン社会における国際結婚

### 2.1　調査対象地

　以上のように、東北タイにおける国際結婚は地方的世界と深く結び付いて展開している。パンラヤー・ファランの供給源が地方的世界そのものにあるから

である。地方や農村の相対的に貧しい女性たちが実家の生活を支えるために地方的世界の外で就労し、それを通じて欧米人と知り合って結婚し、結婚移住後は出身の地方的世界の近親者や地域社会を海外から支えるというのが、いわば古典的な姿である。

　したがって、本章ではひとつの地方的世界を対象として国際結婚を集中的に調査するという方法を採用する。調査対象地は、東北タイのほぼ真ん中に位置するマハーサーラカーム県のＹ郡である。歴史的な観点からみると、タイにおける地方的世界の最も基礎的な単位は、この郡、タイ語では「アムプー」なので、本来であればＹ郡全体の国際結婚を把握するのが妥当である。しかし人口約６万人のＹ郡全体の国際結婚をすべて調べ上げることは困難なので、郡の下位にある地域社会単位であるタムボン（通常は「行政村」と訳される）を実際の調査地として設定した。

　Ｙ郡は８つのタムボンに分かれている。郡役所等の集まるタムボン・Ｙは市街地を形成し、商業や交通の中心地でもあるが、他のタムボンはおしなべて農村地帯である。郡役所等での聞き取り、さらに予備調査に基づけば、本郡には国際結婚女性を特別に多く輩出するようなタムボンは存在しないので、筆者が調査経験のあるタムボン・Ａを調査地に選定した。

　タムボン・Ａは２つ程度の集落から始まったが、現在では４自然村（タイ語では「バーン」。Ｂ村、Ｍ村、Ｔ村、Ｄ村、Ｎ村）から構成され、東北タイ農村部で一般的にみられるように、ほとんどの自然村はさらに複数のムー・バーン（あるいはムーと呼ばれる最小地方行政単位。一般的には「区」と訳される）に分かれ、各ムー・バーンにはプーヤイバーン（一般的には、「区長」と訳す）や集落組織がおかれている。その総世帯は約1,500、総人口は約5,500人である（2015年のタムボン自治体資料、ただし登録ベース）。人々の生活は稲作や畑作などの農業と、兼業労働によって成り立っている。東北タイの多くの農民がそうであるように、兼業労働は農閑期の出稼ぎという形をとることも少なくない。この地域はコーンケーンという地方中核都市への通勤が容易な位置にあるので、出稼ぎ率は相対的に高くないとはいわれるものの、相当数の出稼ぎは存在する。また出稼ぎだけではなく、若者たちがバンコクなどの大都市へ流出する傾向は常にみられ、さらに海外への長期出稼ぎ者などもいる（県資料によれば、マハー

サーラカーム県では台湾への出稼ぎが多い）。ただし本研究で行ったタムボン・A での調査では、国際結婚女性の近親者で海外出稼ぎをしているケースはなかった。

## 2.2 聞き取り調査

調査では、タムボン・A内のすべての国際結婚事例について関係者（とくに国際結婚女性の近親者）から聞き取りを行うことを目指したが、調査日程の都合などもあるので、すべての国際結婚の事例を網羅できたわけではない。したがって、不十分な点はあるが、以下の表11-1、2、3、4のようにおおむね全体を捉えることができた。

B村は内部が3つの区に分かれる大きな集落である。世帯数は約550、人口約1,850人である（2015年のタムボン自治体資料より、以下同じ）。10例の国際結婚を確認できたが、姉妹のケースがあるので家族単位でみれば7である。規模が大きいとはいえ、ひとつの村落から国際結婚した女性が10人いることは、地域社会にとって国際結婚は重要な社会現象であろう。

M村も内部が3つの区に分かれる大集落である。世帯数は約460、人口は約1,670人である。国際結婚の存在が確認できたのは全部で5例であるが、表のように未調査の事例が2つある。最近この村では大規模な寺の建て替えが行われ、この建立のために国際結婚した女性たちからも多額の寄付があったといわれている。

D村は現在2つのムー・バーンに分かれているが、区長によればN村も元々はD村の一部であった。タムボン自治体の資料ではN村は別村として記されているが、その理由はムー・バーンとしての分離がかなり早かったことにあるだろう。実際、集落空間としてはN村とD村は連続している。国際結婚はD村には6例、N村には1例がある。D村の⑥は、仏像工房を経営する男性の母親が国際結婚して海外に移住しているケースだが、男性の仕事が多忙なため、何度か訪問したものの聞き取りはできなかった。また3姉妹が国際結婚しているD村の②③④は継母の聞き取りへの対応が厳しかったので、2度訪問したものの先妻の娘（3姉妹）の詳細な情報は得られなかった。

最後に、T村は2つのムーに分かれている。著者（藤井）が15年以上前に調

## 表11-1　B村の事例

| 事例名前（歳） | 聞き取り年/相手 | 女性のキョウダイ | 夫国籍（歳） | 結婚期間出会い | 結婚歴 | 結婚後の居住 | 子供 | 生計 | 里帰り | 家族支援 | 地域社会支援 |
|---|---|---|---|---|---|---|---|---|---|---|---|
| ①M（50） | 15 本人 | 6男4女の9番 | 東アジア（75） | 約15年（内縁）コーンケーン | 妻：タイ人（子○）夫：正妻 | 村（夫はバンコクと往来） | 娘1 | 妻：×夫：事業 | | 両親死去 | |
| ②MY（50） | 15 姪 | ? | 日本（60） | 約10年30年前日本へ | 妻：タイ人（子○）夫：？ | 日本 | × | 妻：飲食店等経営夫：技術者？ | 年2〜3回 | 実家新築前夫の子を扶養 | 寺や小学校に寄付 |
| ③MY妹（?） | 15 姪 | ? | 日本（?）死 | ?姉と日本へ | 妻：タイ人（子○）夫：？ | 日本 | × | 妻：同上の共同経営夫：死 | なし | 実家新築前夫の子を扶養 | 帰国しない |
| ④P（45） | 15 姉 | 2男2女の末子 | ドイツ（50以上） | 約4年看護助手時にネットで | 妻：×夫：ドイツ人（子○） | ドイツ | × | 妻：×夫：保険会社勤務 | ソンクラン時1ヶ月夫同伴 | 両親死去姉の子2人の大学進学支援 | 夫婦で寺に寄付 |
| ⑤S（40） | 15 母 | 5女1男の末妹 | スイス（40） | 約10年コーンケーン結婚前出産 | 妻：×夫：× | スイス | 娘1 | 妻：デパート販売員夫：車修理業 | 2〜3年ごと夫同伴1週間コーンケーン泊 | 月1万バーツ送金実家新築 | ? |
| ⑥RH（41） | 16 母 | 1男1女 | アメリカ（75） | 約5年ネット | 妻：タイ人（子○）夫：アメリカ人（子○） | アメリカ | × | 妻：×夫：退役軍人 | 毎年夫同伴コーンケーン泊 | 定期送金なし家改築など支援 | とくになし |
| ⑦NK（45） | 16 母・妹 | 3女の長女 | アメリカ（60） | 1年（未登録）facebookで | 妻：タイ人（子○）夫：×？ | コーンケーン（夫はアメリカと往来） | × | 妻：美容夫：石油採掘 | 月2〜3回母親宅へ | 帰国時母親に現金夫の支援少ない | 不明 |
| ⑧S（50） | 17 母など | 2女 | スウェーデン（80） | 20年以上コーンケーン | 妻：×夫：？ | スウェーデン | 娘4息子1 | 妻：整体院経営夫：引退 | 毎年コーンケーンに家所有 | 定期送金 | |
| ⑨S姉（50） | 17 母など | | スウェーデン（80） | 妹の紹介 | 妻：タイ人（子○）夫：？ | スウェーデン | × | 妻：マッサージ店経営夫：不動産 | 毎年コーンケーンに家所有 | 定期送金 | |
| ⑩Sいとこ（?） | 17 近親 | ? | スウェーデン（70） | Sの紹介 | 妻：タイ人（子○）夫：？ | スウェーデン（帰国中夫は死） | × | 妻：半年で病気帰国夫：引退 | ― | ― | |

注）年齢、結婚期間等は、聞き取り時点のものである。年齢は5歳刻みで記入。以下同じ。

表11-2　M村の事例

| 事例名前（歳） | 聞き取り年／相手 | 女性のキョウダイ | 夫国籍（歳） | 結婚期間出会い | 結婚歴 | 結婚後の居住 | 子供 | 生計 | 里帰り | 家族支援 | 地域社会支援 |
|---|---|---|---|---|---|---|---|---|---|---|---|
| ①<br>U<br>(35) | 15<br>父 | 2男2女の妹 | フィンランド（50） | 8年同棲<br>プーケット就労中 | 妻：×<br>夫：× | フィンランドのトゥルク | 息子1 | 妻：看護助手<br>夫：建築関係 | 毎年夫同伴<br>2～3日ごと電話スマホあり | 定期送金<br>姉の娘の大学進学支援 | 寺寄付に熱心<br>学校寄付なし |
| ②<br>SM<br>(40) | 15<br>母・兄嫁 | 2男1女 | スウェーデン（60） | 約4年<br>プーケット就労中 | 妻：タイ人（子○）<br>夫：スウェーデン人2回（子○） | スウェーデンのマートン | ×<br>（妻の連れ子と同居） | 妻：×<br>夫：鉄道技師 | ×<br>電話連絡あり | 月4,000バーツ送金 | 村へ寄付 |
| ③<br>SK<br>(45) | 15<br>母 | 2男4女の第3女 | オーストラリア（65） | 約10年<br>バンコク就労中 | 妻：×<br>夫：× | オーストラリアのパース | ×<br>（妹の娘を養子にする予定） | 妻：ホテル・メイド長<br>夫：車販売配人 | 毎年夫同伴<br>村にも10日ほど泊 | 月1万バーツ送金<br>一族を支援<br>実家改築など | 寺寄付を重視 |
| ④ | （未調査）　コーンケーンで中国語教師をしている中国人と結婚した女性 | | | | | | | | | | |
| ⑤ | （未調査）　欧米人と結婚して、移住のためビザ申請中の女性 | | | | | | | | | | |

査したときは日本人と結婚した中年女性（すでに離婚）の実家があり、偶然、帰村していたその女性とすこし話をしたこともあった。しかし、今回の調査時に数名の村人に国際結婚女性の存在について尋ねたが、該当の事例はないとの回答だった。一般的には、東北タイは国際結婚がさかんであるとされるが、このようにまったく国際結婚女性を輩出しない村落もある。

ウドーンターニー県のナードックマイ村（仮名）では、2008年時点で159人の女性が国際結婚し（同棲・事実婚も含む）、その数は村の20〜59歳の女性人口の18％に相当していた。この村は5区から構成され、世帯数約1,000、人口約4,200人の大集落であるから、B村やM村の倍以上の規模である（Lapanun 2012: 4）。国際結婚の非常にさかんな地域社会に比べれば、タムボン・Aの国際結婚数はかなり控えめなものであろう。

以上の事例が示す通り、欧米人との国際結婚が非常に多く、アジア人との国際結婚の占める割合はきわめて小さい。先に掲げた NESDB 調査（2004年）では、国際結婚している東北タイ女性の結婚相手の9割近くは欧米人とのことなので（Phongsiri 2016: 129）、タムボン・Aもその傾向を反映している。女性たちは圧倒的に欧米指向である。その背景には、国際結婚するタイ人女性が親を養うという動機、つまり「グローバルな世帯保持」という動機とともに、自身の幸福の追求という動機をいっそう強めていることがあると思われる。また欧米人男性が女性の性的な背景（離婚歴や職業歴）により寛容なことも影響している（Piayura 2012: 157-158）。欧米社会では子供による親の扶養という慣習や価値観が弱いので、東アジアの男性と結婚する場合と比べて、実家の経済的支援への夫の理解や協力は弱いと想定されるが、欧米人男性との結婚の方がより幸福な夫婦生活や豊かな人生が期待できるので、女性たちはそちらに向かうのだろう。加えて、ネットを通じた情報のグローバル化はますます欧米社会を理想化することに貢献しているようにもみえる。

## 3 国際結婚のプロセス

### 3.1 国際結婚を媒介するもの

欧米人との結婚の場合、斡旋業者の仲介はほぼない。国際結婚の斡旋業者は

表11-3　Ｄ村の事例

| 事例名前（歳） | 聞き取り年／相手 | 女性のキョウダイ | 夫国籍（歳） | 結婚期間出会い | 結婚歴 | 結婚後の居住 | 子供 | 生計 | 里帰り | 家族支援 | 地域社会支援 |
|---|---|---|---|---|---|---|---|---|---|---|---|
| ① RM（30） | 15・16 母 | 2女の妹 | — | （バンコク就労中、国際結婚女性を頼り韓国長期滞在） | 女性：タイ人（子○） | （約半年後帰国 国際結婚女性も同時帰国） | — | — | — | — | — |
| ② 長女（？） | 15・17 継母 | 4女（3人最初の妻の子、1人2番目の妻の子） | イギリス（？） | 地元大卒後バンコク就労中 | 妻：× 夫：？ | イギリス 住居地は別々 | × | 不明 | 実家から連絡できず、娘の気が向いたとき電話あり | 2～3ヶ月ごとに送金 2015年に送金が途絶えたが、その後復活 | 不明 |
| ③ 次女（？） | 15・17 継母 | | イギリス（？） | 姉を追い渡英し、国際結婚 | 妻：× 夫：？ | | × | 不明 | | | 不明 |
| ④ 三女（？） | 15・17 継母 | | イギリス（？） | | 妻：× 夫：？ | | × | 不明 | | | 不明 |
| ⑤ N（50） | 16 母など | 1男2女の姉 | スウェーデン（？） | 1年で離婚（同棲？）バンコク就労中 | 妻：タイ人2回（子○） 夫：？ | スウェーデンに行かず | × | 女性：プーケットの菜食主義者の共同生活 | 結婚中、夫婦で村を度々訪問 | 夫の経済支援あり 実家も改築 | 不明 |
| ⑥ | （未調査）　国際結婚してスウェーデンに移住した女性（息子は村内で仏像工房を経営） | | | | | | | | | | |

表11-4　Ｎ村の事例

| 事例名前（歳） | 聞き取り年／相手 | 女性のキョウダイ | 夫国籍（歳） | 結婚期間出会い | 結婚歴 | 結婚後の居住 | 子供 | 生計 | 里帰り | 家族支援 | 地域社会支援 |
|---|---|---|---|---|---|---|---|---|---|---|---|
| ① AG（35） | 15 母 | 2女の妹 | イギリス（50） | 約12年チェンマイで就労中 | 妻：タイ人（子○） 夫：？ | イギリス | × 不妊症治療中 | 妻：老人施設職員 夫：自動車関係 | 毎年夫同伴1ヶ月 週1電話、若い人とはLINE | 送金（親は送金期待）屋敷内に家屋新築 | 寄付あり |

コーンケーンにもあるが、そうした仲介機関を利用することはない。M村の①②③、D村の②〜⑤のように、バンコクやプーケットなどで働く女性が、タイに旅行や仕事で滞在していた欧米人と知り合い、結婚するというのが主なパターンである。オーストリアで行われた研究によれば、調査したタイ人妻（85人）の過半数以上が、タイでサービス業・観光業分野の仕事をしていたとされている（Trupp and Butratana 2016: 101）。

　さらに近年では、B村の④⑥⑦のように、ネットの出会いサイト、さらにSNS 利用によるものが増加している。こうした傾向は10年前からバンコクなどでは始まっていたが、ネット文化は東北タイ農村部にも急速に入り込み、今や国際結婚の拡大・展開と切っても切れない関係にある。しかも、後でも考察するように、ネットは国際結婚に至るプロセスだけではなく国際結婚後にも積極的に利用されている。海外に住むタイ人妻たちは、ネットを介して結婚後も地元社会とつながり、実家の親やキョウダイと連絡を頻繁かつ日常的にとることにより、遠く離れているものの、場所を越えて経験や時間を共有するといった傾向がある。10年近く前にタイ人女性と日本人男性の結婚を調査していたとき、タイ人妻が東北タイの出身村でネット契約によって skype と類似の方法を導入しているのをみたが、現在ではネット利用は格段に簡便かつ低廉になっている。

　一方、日本人男性の結婚の場合は、斡旋業者のウェブサイトはともかく、ネット利用は顕著ではない。イサーン出身を中心とするタイ人女性と日本人男性との結婚を調査した研究によれば、はっきりと経緯は分からない部分もあるが、欧米人が多い観光地ではなく、バンコクで知り合うケースが多く、同時に調査した35例のうち約半分に相当する16例では、女性が日本国内の飲食店等で就労時に客だった日本人男性と結婚している（ถินขาม 2009: 263-265）。女性の多くは何らかの方法により日本で働くために渡航していた。

　このたびの調査における日本人との国際結婚例2つは姉妹であり、彼女らはまさに日本に労働力として国際移動し、現地で知り合った日本人と結婚するとともに、タイ料理やタイマッサージの店を開き、安定した生活を営むことに成功している。なお日本人男性との国際結婚のためには、コーンケーンなどにある国際結婚斡旋業者（主に日本人との結婚を斡旋）を利用することもできるが、

今回の調査ではこのような例は存在しなかった。前出の調査事例でも、コーンケーンの結婚斡旋業者を利用したのは１例にとどまるので、斡旋業者婚は必ずしも大きな比重をもたない。もっとも、バンコクで日本人男性と知り合ったケースには、斡旋業者が何らか介在していることは想像に難くない。いずれにしても、結婚斡旋業者による結婚は次第に時代遅れになりつつある感は否めない。

　このように男女を結びつける媒体は変化しつつあるが、国際結婚のなかに変わらない側面もある。それは男女の年齢差である。今回の聞き取り調査で年齢の分かるもののなかで、年齢差10歳未満というのはＢ村⑤の１例だけで、逆に年齢差20歳以上というのが、すくなくともＢ村①⑥⑧⑨⑩、Ｍ村②の６例ある。つまりネットを利用した出会いが増加したとしても、そのなかで若い男女が自由に出会う結婚が進んでいるのではない。その意味で、「南」の地方・農村出身の一般女性が「北」の男性と結ばれる国際結婚の構造は、様々な変化のなかでも大枠は維持されている。

## 3.2　結婚後の居住場所など

　東北タイの特徴のひとつは、国際結婚後に夫婦がタイ人妻の地元で生活することであり（Chuenglerstsiri and Kanchanachitra 2016: 77）、そうした夫婦の暮らす欧米風の家が村にあったりするが、タムボン・Ａではこのタイプの国際結婚は非常に少なく、２例にとどまる。

　ひとつは、アメリカ人男性と最近結婚した（まだ正式な手続きをせず）Ｂ村⑦である。アメリカに住む石油採掘業従事の男性（60歳[3]）が、フェイスブックを通じてタイ人女性（45歳）と知り合い結婚し、現在は、コーンケーン空港に近い新興住宅に新居を購入し、妻の連れ子２名（息子と娘）と同居しているので、村内ではないが地元に住んでいるので、妻側での居住に属する。アメリカ人男性は現在まだアメリカに仕事をもっているので、２〜３ヶ月間隔でアメリカとタイを往来しているが、停年退職後はコーンケーンに完全に移住する計画である。なおタイ人妻と前夫は不仲で離婚したのではなく、夫が得度して仏門に入ったため離婚せざるをえなくなったのが理由であるから、国際結婚するタイ人女性に多くみられるタイ人男性との離婚とは性質が異なる。また妻は前夫

との結婚時代から携わっている美容関係の仕事を現在も続けているので、結婚後もタイに居住する「ミア・ファラン」に広くみられるような、夫に完全依存するものとは異なった結婚生活を行っている。身内の話によれば、アメリカ人夫が十分な経済的な支援をしてくれると期待していたが、実際にはそうではないので、女性は自分でも稼ぐ必要があるそうである。

　もうひとつは、東アジア人男性（国名は省略、タイ人とのハーフの可能性もあり）と事実婚状態にあるB村①である。欧米風ではないが、立派な家を集落内にもつ。夫はバンコクに家があるので、村と間を定期的に行き来している。一般に、タイ人妻の地元で暮らす東アジア人男性は、数は少ないものの一定数ある。そのような男性のなかには現地でHPを立ち上げて情報発信する者もいる。また著者（藤井）の経験として、妻の出身地である東北タイ農村で暮らす日本人男性と域内で偶然に遭遇し、話を聞くこともあった。タイ全土に広げるなら、とくにバンコクにはタイ人女性と結婚し、現地で事業等を展開する日本人男性が数多く暮らしている。著者（藤井）と平井は、チェラーロンコーン大学のシリラート・エートサクン助教授（当時）と共同で、そうした日タイの国際結婚の質問紙調査を実施したこともある（Fujii ed. 2010）。また著者（藤井）は、10年近く前、タイ人女性と結婚してコーンケーン市内に長年住む日本人の高齢男性に聞き取りをしたことがあるが、その男性は、日本に住む前妻が離婚届に署名しないので、タイ人妻とは長年にわたり内縁関係のままだと語った。このような例は十分想定されるが、B村①はそれとも事情が異なる。

　いずれにしても、タムボン・Aで暮らす国際結婚男性の割合は、東北タイの地方社会の平均よりは低いとみるべきであろう。もちろんY郡内の他のタムボンにはこうした男性が暮らしていることもある[4]。

## 3.3　国際結婚の実現

　聞き取りにあたって、国際結婚に失敗したケース、あるいは離婚したケースを意図的に排除したつもりはないが、これらのケースの情報は少なかった。はっきりと国際結婚に失敗したケースであることが分かったのは、B村⑩とD村⑤とだけである。

　前者は社会的な要因による失敗ではなく、身体的な要因によるものである。

女性（45歳）は、国際結婚してスウェーデンに暮らすイトコの女性に現地の男性（70歳）を紹介されて2～3年前に結婚し、スウェーデンに移住した。女性にはタイ人男性との離婚歴があり、子供もあったが、子供を残して結婚移住した。しかしながら半年ほどで大病を患い（話からは脳梗塞と推定される）、療養のために帰国帰村した。不幸は重なり、その間にスウェーデン人の夫も病死し、結局、本人はそのまま村内で病気療養をしている。後者の女性（50歳）はタイ人男性と2回結婚経験があり、地元で結婚生活を送り、それぞれ子供をもうけたものの離婚し、約10年前にバンコクのショッピングモールで働いていたときにスウェーデン人男性と知り合い結婚した。母親によれば、法的な結婚かどうかは不明だが、当時は村の家を訪れ、実家の経済的な支援を行うなど、結婚相手に期待される役割を果たした。しかしながら、女性は夫とスウェーデンに行くことなく約1年で離婚し、その後は菜食主義の宗教組織に入信し、現在はプーケットにあるその施設で共同生活する。

　また国際結婚に失敗したのではなく、国際結婚のプロセスに関わったと推定される事例として、D村①がある。彼女は2姉妹の妹で、地元の高等学校卒業後アユタヤやバンコクのコンピュータチップ工場で働き、知り合ったタイ人男性と結婚して子供も生まれたが、離婚して子供は前夫の親に預けたまま、バンコクの工場で働いていた。2015年10月頃に知人の東北タイ出身女性数名とともに、国際結婚により韓国に移住したタイ人女性の招きで渡韓し、母親の話では、現地での旅行、その女性の営む店（タイ関係ではない）の手伝いなどをした。お金がなくなったので送金してほしいと、現地から母親に連絡してきたこともあった。結局、半年余りでタイに帰国し、元の職場に復帰している。帰国時には、韓国人男性と結婚していたタイ人女性も一緒に帰国した。娘が韓国で男性と見合いをしたかなどの点は不明だが、韓国に住むタイ人女性が仲介者となって国際結婚に導くプロセスを存在した可能性は十分にある。

　しかしながら、これら以外の事例は基本的に成功例である。B村⑤のように、最初に知り合ってから紆余曲折を経て約10年後に結婚したという例はあるものの、全体としては結婚に至るプロセスは短く、しかも順調であり、結婚後に離婚に直面したり、離婚と再婚を繰り返したりという例もない。近親者の聞き取りでは、女性の側が結婚に大いに不満を抱いているという話はなく、むし

ろ幸せな結婚生活をしていることを自慢げに話す傾向がある。もちろん今回の聞き取り調査によって地域社会内のすべてのケースが炙り出されているのではないが、国際結婚の離婚率は高いという一般的な理解からすれば、タムボン内の国際結婚は安定しているといえよう。

以上の国際結婚の動向を踏まえて、まず、タムボン・Aの国際結婚のなかで圧倒的な比重を占める欧米人男性との結婚（しかも女性の結婚移住を伴う）を対象にして、「再生産領域」、「グルーバルな世帯保持」、地方社会への貢献といった側面を考察し、最後に東アジア人男性（とくに日本人）との国際結婚の特徴に言及しながら、欧米人との結婚とアジア人との結婚を比較する。

## 4　結婚生活と「再生産領域」

### 4.1　女性の就労

国際結婚では夫や義父母の世話、そして子供の出産・養育といった「再生産領域」の役割が主に期待されるので、女性は移住先社会では職業はもたない傾向がある。しかもこの傾向は、女性たちが移住先社会で言語や教育の面で不利な立場にあるために一層強められ、結果として女性の自立性の弱さや地位の低さが生み出されると考えられてきた。

タムボン・A出身の女性のなかにもこのような傾向は認められる。結婚移住先で職業をもたない女性については、B村出身者では、保険会社に勤務するドイツ人と結婚している④、夫がアメリカ人の退役軍人である⑥、M村出身では、鉄道技師のスウェーデン人と結婚している②にみられるからである。これらの事例では、いずれも夫が高齢化し、女性に夫の世話が求められている。B村⑥の夫は80歳近い退役軍人である。M村②の夫も停年間近であり、定年後はタイに移住して老後を送る計画をもっている。またB村④の夫も停年に近いと推定される。しかもこれら３例にはいずれも子供がいないという共通点がある。夫にとっての国際結婚の主要目的が自身の老後の生活の安定にある場合には、女性は専業主婦化する傾向にあることになる。

一方では、移住先で積極的に働く女性も同程度、あるいはそれ以上の数がみられる。B村⑤の夫婦はスイスで暮らし、夫は車の修理業を営み、タイ人妻は

デパートの販売員をしている。B村⑧⑨は結婚期間も長く、夫は80歳程度の高齢に達しているが、妻たちは自ら事業（整体クリニックやタイマッサージ）を興して経済的に自立している。とくに⑧は現地の大学で医療関係の専門分野を学び、それに基づいて事業を起こし、専門家として現地で高く評価されているとされる。一方、M村①の夫婦はフィンランドで暮らし、夫は建築関係の仕事をもち、妻は看護助手の仕事をしている。同じく③の夫婦はオーストラリアに暮らし、夫は自動車販売店支配人であり、妻はホテルでメイド長をしている。N村①の夫婦はイギリスに暮らし、夫は自動車関係の職場で、妻は老人介護施設で働いている。しかもM村①では、女性の学歴が小学校卒だったために、現地で上級学校に進学して職業資格を獲得している。D村②③④に関する職業の情報はないが、全体として働く傾向が強い。

　欧米社会は東アジアと違い、女性の就業は一般化しており、専業主婦という考え方がないので、国際結婚で海外から移住した女性たちも職業をもつことが当然のように求められるし、社会は女性たちに働く場を提供するので、移住女性も職業を得やすいと思われる[6]。また、上記の6例のなかで医療・福祉の現場で働く女性が過半を占めることは、女性が移住先で「再生産領域」分野に就労する傾向があることを意味するから、「南」出身女性の国際移動は、結婚移住を含めて「再生産領域」の労働力供給と結びつくことになる。

## 4.2　世代の維持と連続

　しかしながら、女性たちは親世代の世話・介助や次世代の再生産という側面では、「再生産領域」にあまり貢献していない。

　本調査のケース（欧米に結婚移住した場合）では、夫の親世代と同居するケースは存在しないので、そもそも夫の親の世話は必要ない。欧米社会、とくに先進国である西欧やアメリカは基本的に核家族社会なので、日韓台などのようには義父母との同居・近居、義父母の介護が「息子の妻」に求められることはない。そもそも欧米社会では、国際結婚にこのような役割は期待されていない。

　また夫の子供の出産に関しても、あまり役割を果たしていない。夫婦の間に子供が生まれているのは、B村⑤⑧、M村①の3例にすぎない（D村②③④は不明）。N村①は、現地で不妊症治療をしているので、夫婦は子供の出生を求

めていることを意味するから、子供をもうけることに準じているが、全体としては少ない。しかもB村の2例とも子供数は各1人である。B村⑧には5人の実子が生まれているが、全体のなかではきわめて例外である。この女性は経済的に非常に成功しているので、その経済力によって多子をもつことが可能になったのであろう。日韓台では少子化は喫緊の課題であるが、なだらかに少子化が進み、近年は歯止めがかかっている欧米社会では（多くの国で合計特殊出生率が2.0前後）、少子化対策として国際結婚女性が必要という状況はないであろう[7]。

　同時に、年齢差のある中高年男性と国際結婚をした場合は、生まれる子供の将来を考えたり、男性側が女性側に自分の世話を求めたりするため、そもそも子供が生まれにくいという実情がある。B村④のドイツ人夫（50歳以上）は自らに避妊手術を施しているほか、B村⑥のアメリカ人夫（75歳）は高齢なので子供をもうけないと決め、妻も了解している。M村③のオーストラリア人夫（65歳）も、結婚当時自身が50歳を超えていたので子供をもうけないことにしたとされる（ただし地元Y町に住む妻の姪を養子にする予定）。なおB村⑨は、女性がタイ人夫と離婚後に避妊手術を済ませている。次世代の再生産という面での「再生産領域」への貢献はあまり高くない。

## 4.3　連れ子との同居

　「再生産領域」についてさらに取り上げるべきことは、前夫との間に生まれた子供の養育である。欧米人との国際結婚では、夫と妻の双方に結婚歴がある場合がある程度みられ、それらのなかには子供がいることも少なくない。これらの子どもたちの扶養や養育がどのようになされるかも、国際結婚をめぐる「再生産領域」の一部を構成している。

　まず夫の連れ子が国際結婚夫婦と同居しているケースはない点が注目される。上記のB村④のドイツ人夫（50歳以上）には同国人の前妻との間に子供が2人いるが、再婚時点で子供たちが独立していたこともあり、夫婦とは同居していない。B村⑥のアメリカ人夫（75歳）も同国人の前妻との間に3人の子供があるが、財産はこれら妻子にすべて渡してタイ人女性と結婚し、しかも子供たちは独立しているので子供たちとの同居はない。M村②のスウェーデン人夫

は、同国人女性と2回の結婚歴があり、それぞれで子供をもうけたが、最初の妻との間の子供（1名）は妻と同居、2番目の妻との間の子供（2名）は夫の兄と同居しているので、結局、国際結婚夫婦とは同居していない。兄が前妻との間の子供を引き取ったのは、後にも記すように、タイ人妻には前夫との間に子供があり、その子供をスウェーデンに呼び寄せているので、夫は実子との同居を控えたためと推定される。

　一方、タイ人男性との結婚歴があり、子供もいるタイ人妻は実家に子供を預ける傾向があるといわれるが、タムボン・Aではこの傾向は顕著ではない。そもそも国際結婚して欧米に暮らす女性のうち、タイ人男性との結婚経験をもつのはB村⑥⑨⑩、M村②、N村①である。そのうち子供がいるのはB村⑥⑨⑩、M村②、N村①であるが、M村②は子供たちを結婚移住先に呼び寄せ、B村⑨は息子を地元に残しているものの、娘はスウェーデンに呼び寄せて大学も卒業させた。B村⑩は当初は地元に子供を残したものの、自身が病気で帰国・帰村して病気療養中なので、実家の親に子供を預けているのはN村①に限定される。つまり、女性たちは子供を国際結婚先に同伴する傾向がある。M村②の夫は離婚歴があり、しかも子供がいるのに、その子供たちとは同居せず、タイ人妻の連れ子と同居しているから、欧米人男性は妻の連れ子を受け入れる傾向が相対的に強いといえるであろう。東北タイに住む欧米人夫の場合も、妻が前夫との間に産んだ子供を受け入れて一緒に住み、扶養する傾向がみられるとの研究結果がある（エートサクン 2009：80）。

## 5　「グローバルな世帯保持」の実相

### 5.1　定期的送金と経済的支援

　以上のように、前夫との間に生まれた子供を実家の親に託す傾向が顕著でないことを考えると、国際結婚後の「グローバルな世帯保持」は主に結婚移住した女性の親や近親者との関係のなかに形成されることになる。内容的には、定期的な送金や、非定期的な経済支援である。女性ごとに支援の方法は様々だが、それらが女性の出身家族（定位家族）の生活に欠かせないものになっている。

聞き取り調査で送金額を話してくれた事例のなかでは、月1万バーツ（約35,000円）が最も大きな金額である。近年物価が高騰しているとはいえ、1日当たりの最低賃金300バーツ程度のタイにあっては（遅れた農村部ではさらに低いと考えられる）、この金額は東北タイ農村の高齢者夫婦が最低限の生活をするのに十分な金額であろう。通常はその半分程度の額の仕送りであると推定される。非定期的な支援としては、出身家族の家（とくに親の暮らす家）の新築や改築が最も一般的な内容である。タムボン・Aでも、親が明らかに新築の家に居住するという例が幾つか存在していた。

　親たちは国際結婚した娘の支援によって建てた家に住み、娘からの定期的送金を受け、同時に、屋敷地共住集団[9]を形成する隣近所の娘・息子からは日常生活上の支援を得ながら、比較的安定した毎日を過ごしているというのが典型的な姿であろう。聞き取りに基づけば、親たちはこのような生活をもたらす娘たちに満足し、誇りをもっているようでもある。B村⑤⑥⑧⑨の母親、M村①の父親、同じく③の母親、N村①の母親などにそのような姿がはっきりとみられた。もっともB村⑧⑨の母親（65歳）のように、自身の仕事（タイマッサージ）で十分に自立した生計を立て、娘たちにはあまり経済的援助を求めたくないという人も存在している。

　もっとも親たちは常に安定した生活を送るわけではない。D村②③④の継母はイギリスに結婚移住した前妻の娘3人の経済的支援を受け、比較的新しい家に住み、家電も揃えているので（洗濯機なども所有）、安定した生活をしているように見受けられたが、最初の聞き取り時には、娘たちからの送金や連絡がしばらく途絶えているので非常に不機嫌で、生活が苦しいことを訴えるとともに、国際結婚した娘たち関することはほとんど語らなかった。継母によれば、通常は2〜3ヶ月に一度のペースで送金があるが、約10ヶ月途絶えていた。母親が後妻であるため娘たちとの間に血縁関係がないので、自身が娘たちを養育したにもかかわらず強い絆ができていないのかもしれない。もっとも約1年半後に再度訪れたときには、娘たちからの連絡や送金が再開されたそうで、継母の対応は幾分よくなった。多くの親は娘たちからの定期的送金や経済支援に依存して老後を送っているので、援助を絶たれることは深刻な問題を生み出す。この継母の場合は、近隣に自身の兄弟やその親族が住むため、そこからの支援

も得ることができ、生計を維持できている。

　国際結婚女性たちの支援は、兄弟姉妹の家族にも拡大することが注目される。とくに、兄弟姉妹の子供たち（つまり甥姪）の就学支援がひとつの特徴である。約15年前に同じ地域内を調査したときには、4年制大学に進学する若者はひとつの村に若干名程度だったが、現在ではその数は数倍に増加している。このタムボンから通学可能な大学として、コーンケーン県にはコーンケーン大学、ラーチャモンコン工科大学イサーン校（コーンケーン分校）、東北大学、またマハーサーラカーム県にはマハーサーラカーム大学やマハーサーラカーム・ラーチャパット大学があり、これら大学さらに短期大学相当の学校への進学熱が高まっている。実際、B村での聞き取り相手には、コーンケーンにある大学を卒業した後に母校の大学教員となり、村から通勤しているという若い女性もいた。国際結婚した女性のなかには、高等教育機関で甥や姪が学ぶのを経済的に支援している者も複数存在している。例えば、B村④は姉の2人の子供、M村①は姉の娘の大学進学支援をしている。

　女性たちが行う支援は、女性自身が移住先で得た収入によって行うことも少なくない。すでに言及したように、多くの女性たちは現地で職をもつので、自身で得た収入の一部を送金や経済的支援に充てることができる。夫に頼ることなく、女性たちが自身で稼いだお金で支援していることを、親や兄弟姉妹は誇りに思う傾向がある。女性は親の経済的支援だけでなく自身の幸福も重視する傾向があるが、結果的に、親や近親者への支援が疎かになっていることはあまりない。M村②はタイからの連れ子とともにスウェーデンで家庭をもっているため、母親への経済的支援は十分ではないと母親自身が語ったものの、自身は専業主婦であるにもかかわらず、月平均4,000バーツ（約13,000円）の定期的送金をしている。欧米社会における生活は決して楽ではないが、タイ人女性は出身家族の支援を自分たちの責務とみなしているので、苦労しても送金等を行うのである（Trupp and Butratana 2016: 102; Piayura 2012: 157）。

## 5.2　日常的な関係と将来の展開

　出身家族との間に「グローバルな世帯保持」の関係を築いている国際結婚女性は、出身家族との関係も密で、里帰りも定期的かつ頻繁である。欧米ではバ

カンスの制度があるので、1ヶ月といった長い単位でタイに戻り、そのついでに村に立ち寄るなどしている。夫にとって村内に寝泊まりすることは環境が異なるため難しいので、家族でコーンケーン市のホテルに宿泊することが多いものの、女性が単独で里帰りするのではなく、夫も同伴する傾向が強い。B村⑧⑨の姉妹のように、移住先の社会である程度成功した女性のなかには、自身の家をコーンケーン市の新興住宅地に購入し、帰国時には夫婦でそこに滞在する者もいる。そこには農村部だけではなく、より広い地域を巻き込んで国際結婚による「グローバルな世帯保持」が展開するので、それだけ地方社会へのインパクトは大きくなる。

　また女性たちは、日常的に出身家族と頻繁に連絡をとっている。約10年前にコーンケーン周辺で国際結婚調査を始めた頃、携帯電話が次第に普及したので、国際電話で女性と親が連絡をとることを知ったが、国際電話は料金が高いので長時間の通話はできなかった。しかし現在ではネットやSNSを使用して、女性たちは親や近親者と頻繁に連絡をとることが可能である。もちろん親自身が直接にネット環境をもつことはあまりないが、スマートフォンなどをもつ若い世代の近親者が間に入ることにより、連絡を取り合うことが可能になっている。親の家屋が屋敷地共住集団のなかにあり、子供そして孫が同居・近居しているならば、「グローバルな世帯保持」はより身近なものとして存在し、日常生活のなかで不断に実感できる。それが21世紀の国際結婚の姿であろう。

　国際結婚したタイ人女性たちは、その「グローバルな世帯保持」をいつまで続けるのか。親だけではなく、兄弟姉妹などの近親者も支援しているので、その役割は相当の長きにわたって継続すると予想されるが、同時に、将来は女性たち自身が故郷に戻ることになれば、「グローバルな世帯保持」は「ナショナルな世帯保持」や「ローカルな世帯保持」へと転換してゆく可能性もあろう。

　実際、国際結婚したタイ人女性のなかには地元への回帰志向をもつ者が少なくない。聞き取りでは、将来のことは分からないとか、現地で安定した生活をしているので戻ってこないという回答がある一方で、B村④⑥やM村②は夫の退職などを契機として地元やタイ国内の他地域に戻ることを計画している。さらにM村①は、将来戻るかどうかは未定だが、コーンケーンで事業を始めることを計画したことがある（不況のため、結局実現できず）。これらの例では、国

際結婚女性が地元や移住予定の地域で実際に土地や農地を購入したり、その準備をしている。

「世帯保持」の姿は固定的なものではなく、その構成員がどのように「世帯保持」とつながるかによって、様々な形態的な変化を示す。またローカルからナショナルへ、そしてグローバルへと単線的に拡大してゆくものではない。「グローバルな世帯保持」はそれぞれの家族がもつ歴史のなかのある局面で発生しているにすぎない。もちろん、国際結婚女性が将来故郷に戻ることによって「ローカルな世帯保持」へ転換した場合でも、女性たちの子供が海外に生活し続け、その親を経済的に支援するならば、それまでと違った形の「グローバルな世帯保持」が再構築されるであろう。

## 6 「地方的世界」との関係

### 6.1 地域社会への経済的支援

南方上座部仏教の熱心な信者であるタイの人々は、徳を積むために（タイ語では「タム・ブン」という）、寺院に熱心に寄付を行う。東北タイも例外ではなく、とくに出身の村の寺院に対して熱心である。このため、各村には、一般の民家に比べて著しく立派な姿の寺院が建立されている。寺は地域社会で最も大切な存在であり、村を象徴しているので、寺への寄付は地域社会に対する目にみえる貢献となっている。

国際結婚により欧米に移住した女性たちもまた熱心な寄付者となって、村の寺の維持や充実に貢献している。B村④、M村①②③、N村①などでは、女性から寺への寄付がなされることがわかった（聞き取り先すべてでこの点を確認できていないので、他にもある）。直接に送金することもあるが、里帰りの機会に直接に寺を訪れて寄付をすることが多い。とくにM村でこの間に寺の建て替えが行われ、人々の寄付熱が相当高まったので、国際結婚女性も自身の意志で、また親たちの希望で多くの寄付をしたようである。写真11-1のように、高額寄付者については名前が建物の入り口や窓に掲示される。写真は、27,000バーツ（約9万円）が主に母親の名前で寄付されたことを示している。聞き取りでも、国際結婚女性は自分の名前ではなく親の名前で寄付すると語られているの

写真11-1　寄付者名が記された寺院（M村）の礼拝堂入口。「○○○○お母さんが家族とともに27,000バーツ寄付」と書かれている。

で、写真と同じ形式で寄付がなされたと推定される。親の名前を前面に出すことは親への孝行になるからであろう（それも自身が徳を積むことにつながる）。国際結婚女性に限らず、出稼ぎの村人なども寺へ寄付を広く行うが、地域社会では、欧米人と結婚した女性は生活が豊かと信じられているので、彼女たちの寄付への期待はそれだけ高い。

　寺以外への経済的支援については、小学校への寄付などが一部確認できたが、全体としては低調であり、タイの伝統的な社会システムにしたがって国際結婚女性による出身地域社会への貢献がなされているといえよう。

## 6.2　チェーン・マイグレーション

　国際結婚は、チェーン・マイグレーションを生み出すと考えられている。隣接するローエット県の研究では、1人の国際結婚女性から大規模なチェーン・マイグレーションへと発展した事例が分析されている。つまり、2004年に世帯数約440、人口約1,400人のある村落では、最初にスイス人と結婚した女性（2004年当時で結婚22年、年齢59歳）を媒介として、84人の女性（村の20～59歳の女性の3人に1人の割合）が国際結婚し、その96％がスイス人男性との結婚であったという（ບຸญมัธยะ 2005: 16–18, 23）。

　タムボン・Aでは、国際結婚した女性が里帰り時に地元の女性たちに対して自身の生活を誇らしげに話したり、国際結婚を積極的に勧めたりするという現象はあまりみられない。女性の近親者の話によれば、結婚相手を紹介して、上手く結婚が続かなかった場合は責任を感じることになるので、女性たちはあまり紹介に積極的になれないそうである（N村①）。また村の女性たち自身があまり国際結婚に関心をもっているわけではないという説明もなされた（B村⑤）。タムボン内には国際結婚女性をまったく輩出していない村もあるほどな

ので、こうした説明は納得できる面がある。

　しかし実際には国際結婚女性を媒介して、親族などの女性が新たに国際結婚するというケースが一定数みられる。B村⑧は国際結婚によりスウェーデンに移住後、子育て支援を得るために姉を呼び寄せたが、その姉は現地男性と結婚し、現在までスウェーデンに住み続けている（B村⑨）。そればかりか、2～3年前には従姉妹の女性をスウェーデン人に紹介して結婚させた（B村⑩、既述のとおりこの女性はその後病気のために帰国帰村）。また、オーストラリア人と結婚してパースに住むM村③は村人に結婚相手を紹介することはないが、自身の妹の夫の妹にはオーストラリア人を紹介し、その後この2人は国際結婚をして現在は同じパースに住んでいる。さらに国際結婚によりイギリスに移住したD村②の場合は、その女性を追う形で妹たちがイギリスに渡り、現地男性と結婚している（D村③④）。そのプロセスの詳細は不明だが、継母によれば、結婚相手のイギリス人男性は互いに面識はなく、姉妹がイギリスで現在住む場所も互いに異なっている。タムボン・Aでは、上記のローイエット県の事例のように極端な展開はみられないものの、とくに親族の範囲においてチェーン・マイグレーションの傾向は確かにみられるといえよう。

## 7　国際結婚の比較

### 7.1　東アジア人男性との結婚事例

　最後に、東アジア人男性との結婚の事例から得られる知見を、欧米人との結婚との相違などに注目しながら示したい。

　すでに述べたように、東アジア人男性との結婚がB村に3件ある。1件目は、バンコク在住の男性（75歳）と国際結婚した女性（50歳）で、正式な結婚ではない状態にあり、夫はバンコクと村の間を往来している。夫は女性の出身の村に家を建て、生まれた娘と夫婦が同居している。バンコクでの男性の職業を知ることはできなかったが、村では生活用品の工場を経営している。男性と結婚したタイ人女性は、コーンケーンのレストランで民謡歌手として働いていたときに、その男性から見初められ、正規婚でないことを承知の上で結婚した。女性によれば、夫の娘への愛情は非常に深く、村のなかに夫がもつ財産な

どはすべて娘の名義となっているほどである。女性には離婚したタイ人男性との間に息子がおり、今は地元に住んでいるので、日常的にはこの息子を頼りにしている。

　一方、B村②③の事例は東アジア人男性との国際結婚の古いタイプに属すであろう。②③は姉妹関係にあり、約30年前に就労のために日本に2人とも移住したとされる。姉は現在50歳である（妹の年齢は未確認）。姉妹は渡日後しばらく飲食業で働いていたが、その後タイ料理店やタイマッサージ店を営んで現在に至っている（店舗は借りている）。その間に姉妹とも日本人男性と結婚した。姉が結婚したのは12年ほど前で、夫は現在60歳、妹の夫の年齢は不詳だが、約3年前に死去した。姉妹ともタイ人男性との結婚歴があり、それぞれ子供がいたので、姉妹が日本に移ってからは姉妹の母親が子供たちを村で養育し、その子供たちは、小学校に上がる頃に姉妹の母親とともにバンコクに移住した。バンコクでは姉妹が購入した家に住み、引き続き母親が孫を養育し、現在では姉の息子はすでに30歳になっている。この間、姉妹は子供の養育費などを母親に送るとともに、村内の生家を新築するなど、まさに「グローバルな世帯保持」を継続的に行ってきた。また妹は里帰りをほとんどしないものの、姉は毎年2～3回程度タイに戻り、バンコクと村を訪れ、村では寺への寄付、そして求められれば小学校への寄付もするので、国際結婚女性が出身家族だけではなく、地方社会に貢献する姿もみられる。

　しかしながら、日本人夫との間には姉妹とも子供がいないので（結婚時に年齢が高かった）、日本での結婚・家族形成を通じた「再生産領域」での貢献は相対的に弱い。日本での居住地についてタイの親族は詳しく知らないが、姉の話では、東北大震災の津波被害地域に比較的近かったので、しばらくは客足が遠のき、経営する店にも影響が出たそうである。渡日時には困窮のなかで苦しく、またこれらの困難に直面したが、現在はむしろ事業に成功して安定した生活を送っていると、姉は里帰り時に身内に語る。このような姉妹は、日本での経済活動を通じて地方の振興に貢献しているであろう。山形県の戸沢村の研究では、1980年代より結婚移住してきた韓国人女性が、韓国文化に関する事業を起こして「村おこし」に貢献していると報告さているが（安藤 2009：34-36）、この姉妹の経済活動も自国文化という資源を動員して日本の地域振興に貢献す

る形を示している。

## 7.2 欧米人との結婚の比較

　以上の例だけから欧米人男性との結婚を比較することはなかなか難しいが、主に日本へ結婚移住した事例を踏まえつつ、いくつか特徴的な点について触れたい。

　第一に、日本人男性と結婚した姉妹は就労のために日本に入国することから出発している点である。タムボン・Ａの欧米人男性との国際結婚にはみられないプロセスではあるが、日本人との国際結婚では一定の割合で存在するので、決して例外的なものではない。このことは、東アジアの男性との国際結婚が東アジア内での女性労働力の国際移動と構造的に結びついてきたことを象徴的に示している。その意味では、欧米人男性との国際結婚とは異なり、より複雑な要素や問題から国際結婚が発生することになる[10]。D村①の女性は韓国に一時的に渡航したが、こうしたケースのなかにも女性の労働力移動と国際結婚移動の複雑な関係が見え隠れしている。

　第二に、日本に結婚移住した女性も職業をもつが、その職業の種類が異なっている。欧米人男性と結婚した女性は、タイマッサージ店を営む場合も確かにあるが、全体として看護や福祉といった「再生産領域」の雇用労働が多かった。これに対して、日本人との結婚では、タイレストランやタイマッサージといった一種のエスニック・ビジネスである。欧米の場合は、当該社会の主要な職業システムのなかに組み込まれることが相当に可能だが、東アジアでは、専門職女性や有資格者以外はなかなか困難であることを示している。このため自分たちの文化的資源を生かせる分野で働くことによって、比較的安定した収入を得やすいという状況があると思われる。すでに掲げた日タイ国際結婚の研究でも、タイ人妻35人中の有職者23人（無職、主婦、農業、不明を除く）のうち、８人程度がタイ関係の職業（レストラン、食材・物品取り扱い、マッサージなど）に携わっている（ถิ่นขาม 2009: 255-260）。山形県戸沢村の韓国人女性の例もまた然りである[11]。

　第三に、今回の事例では、日本に住む姉妹は日本人男性との間に子供を産んでいないなど、次世代の再生産という点での貢献は大きくない。家や出自の継

承者の確保を大きな目的として始まった日韓台の国際結婚では子供の出生・成長は重要な位置を占めているが、現実にはなかなか困難である。そして、本研究で実施した日韓台の国際結婚の質問紙調査では、とくに日本の国際結婚夫婦で子供数が相対的に少ないという傾向がみられる。日本では、とくに2000年代になってから、有配偶の外国人女性（多くは国際結婚女性）が有配偶の日本人女性と比べて出生率に顕著な優位性をもつわけではない、むしろ低いという分析もある（山内 2010：51）。国際結婚は結婚する男女の幸福や満足には貢献しているが、とくに日本では次世代の再生産、そして親の世話や介助といった面ではあまり有効でなくなりつつあると推定される。日本では、高齢者介護が自宅介護から施設介護に大きく転換してきたという背景もあろう。その意味で、東アジア男性との国際結婚も、女性の「再生産領域」への関わり方が変化することにより（端的には、役割や負担の低下）、欧米人男性の場合と同様に、次第に夫婦中心主義へと移行しつつある。

　第四に、日本に移住した姉妹はいずれもタイで結婚歴・出産歴があり、日本移住後はタイに住む実母に子供らを預け、その養育を核としながら「グローバルな世帯保持」を行っている点である。こうした結婚の姿は、筆者自身がかつて日本人男性・タイ人女性の結婚の調査のなかで何度か出会ったように、国際結婚のひとつのパターンである。一方、欧米人男性との結婚では、前夫との間の子供も結婚移住先へ連れて行き、夫婦で養育するという傾向があるので、日韓台に移住した国際結婚女性の方が「グローバルな世帯保持」はより深いものとなる傾向がある。ただし福島県内の農村部で行われた国際結婚調査では、調査相手の女性12人（中国東北部出身で、多くが朝鮮族）すべてが中国から前夫の子を連れてきているので（なお日本人夫との間の子供を出産した者は10人）（南2010：200）、このような傾向は東南アジア出身女性に限定されるかもしれない。

　第五に、タイ人妻が出身の地方社会・地域社会に行う経済的貢献は、欧米人男性と結婚しようと、日韓台の男性と結婚しようと大きな違いはないように思われるが、欧米人男性は日韓台の男性より妻の里帰りに同行する傾向が強いこと、また里帰り期間も比較的長いことなどによって、妻の出身の地域社会へのプレゼンスが大きいと推察される。またその事実によって、欧米人男性との結婚はタイの地方社会からより好意的に認知されているようである。タイの地域

社会に好影響をもたらしているということである。これに対して、著者（藤井）の別の調査経験を踏まえると、日本人夫は妻の出身の家族や地域社会と積極的に関わることが少なく、その結果、タイ人妻自身も出身社会との関係を弱めていることがある。B村の姉妹が結婚した日本人夫も、里帰りにあまり同伴しないためか（妹の方は自身も里帰りをほとんどしない）、地元の近親者は彼らについての印象があまりなかった。今後の国際結婚の持続的な展開を考えると、こうした面での男性側の努力が期待される。

なお、以上の分析は限られた事例に基づくので、さらに丁寧な検証が必要である。

付記
　本章は藤井がその全体を担当し、ポーンシリは、タムボン・A の聞き取り調査における共同研究者として貢献した。

注

1　タイ人は欧米に魅力を感じているが、欧米人にとってもタイは非常に魅力的な国である。このため欧米からの短期観光客はもちろんのこと、様々な目的（休養、引退生活、仕事、国際結婚など）での長期滞在者が増加している（Chuenglerstsiri and Kanchanachitra 2016: 73）。この状況のもとで、欧米人男性とタイ人女性の交流や交際が促進されている。

2　サンスクリット語の「東北」の転用で、タイでは通常はこの言葉を使用。

3　年齢については、聞き取りを行った時点のものを 5 歳刻みで記している。このため、事例によって年齢表示の時期が少し異なることに留意のこと。そのほか、「○年前」あるいは「○年間」といった時期や期間の表記も、聞き取り時点での数字である。

4　聞き取りのなかでは、T村の隣村、またタムボン・S 内の村でそれぞれ 1 ～ 2 名いるとの情報を得たが、郡内の他の村にも一定数存在するであろう。

5　「再生産領域」「グローバルな世帯保持」の意味、またこれらと国際結婚の関係については、本書の序章や別稿でも論じているので、そちらを参照されたい（藤井2013：41-50）。

6　国によっては国際結婚であろうと居住条件が厳しく課せられ、現地語の基礎の習得、そして一定水準の収入源の証明などが求められるので、その点から職業をもつことが必要になることもある（Trupp and Butratana 2016: 99）。

7　たとえば、以下の内閣府の HP の資料を参照のこと。http://www8.cao.go.jp/shoushi/

shoushika/whitepaper/measures/w-2014/26webhonpen/html/b1_s1-1-5.html

8 ただし連れ子の可否は各社会の法律の違いも背景にある。著者（藤井）が10年前に日本に住むタイ人妻の聞き取りをしたとき、前夫との間の子供を引き取って同居したいが、年齢が一定以上の場合は、法律上で日本に呼び寄せできないと語っていた。

9 タイ、とくに東北部の農村では、親と既婚子女の家族が「屋敷地共住集団」と呼ばれる居住親族集団を形成し、その内部で相互扶助がなされる。またこの地方では妻方居住制の慣行が根強いので、この集団では親─娘関係が軸となる傾向がある（水野1981）。

10 欧米社会でも、流入するタイ人女性が人身売買と関係づけられる（とくにセックスワーカーとして）場合もある（Trupp and Butratana 2016：98）。

11 オーストリアの調査では、タイ人妻はエスニック・ビジネスで働く傾向があるとの報告もある（Trupp and Butratana 2016：101）。

**参考文献**

安藤純子　2009　「農村部における外国人配偶者と地域社会」『GEMC ジャーナル』1：26-41。

エートサクン　シリラット（陳玲訳）　2009　「ウドーンターニー県における農村女性の国際結婚」『社会学雑誌』26：74-91。

藤井勝　2013　「現代の東アジアと国際結婚──『南北型』を中心にして（佐々木衛教授退職記念号）」『社会学雑誌』30：37-60。

水野浩一　1981　『タイ農村の社会組織』創文社。

南紅玉　2010　「外国人花嫁の定住と社会参加」『東北大学大学院教育学研究科研究年報』59(1)：187-207。

山内昌和　2010　「近年の日本における外国人女性の出生数と出生率」『人口問題研究』66(4)：41-59。

Angels, Leonora C. and Sirijit Sunanta, 2009, "Demanding Daughter Duty: Gender, Community, Village Transformation, and Transnational Marriage in Northeast Thailand,"*Critical Asian Studies* 41(4)：549-574.

Chuenglerstsiri, Pattraporn and Manasigan Kanchanachitra, 2016, "'Thai Way' or 'My Way'? A Qualitative Study of Migration and Well-being among Long-Term European Migrants in Thailand," **สุรีย์พร พันึ่ง อื่น ๆ (บรรณาธิการ)** *ประเทศไทยกับศตวรรษแห่งการย้ายถิ่นข้ามชาติ* (*Thailand in the Era of Transnational Migration*) *สำนักพิมพ์ประชากรและสังคม*：71-89.

Fujii, Masaru ed., 2010, *Cross-cultural Marriage in East Asia: Japanese-Thai Marriage and its Comparision*, Kobe University.

Lapanun, Patcharin, 2012, "It's Not Just About Money: Transnational Marriages in Isan Women," *Journal of Mekong Societies* 8(3)：1-28.

Phongsiri, Monchai, 2016, "Transnational Marriage: Practice of the Women in Isan Villagers, Thailand," 藤井勝編『東アジアにおける国際結婚と「地方的世界」〔国際研究集会報告集〕』神戸大学：125-137。

Piayura, Orathai, 2012, "Thai Women, Cross-Cultural Marriage and Sexuality," *International Journal of Social Science and Humanity* 2(2)：156-158.

Pomsema, Chantaya, Boonsom Yodmalee and Sastra Lao-Akka, 2015, "Foreigners' wives: Cross-cultural marriage of rural Thai women in Isan, Thailand," *Asia Pacific Journal of Multidisciplinary Research* 3(3)：11-15.

Trupp, Alexander and Kosita Butratana, 2016, "Cross-border Marriage and Socioeconomic Mobility of Thai Migrants in Austria" in สุรีย์พร พันพึง อื่น ๆ (บรรณาธิการ), *ประเทศไทยกับศตวรรษแห่งการย้ายถิ่นข้ามชาติ* (*Thailand in the Era of Transnational Migration*), สำนักพิมพ์ประชากรและสังคม: 91-106.

ถินขาม, เย็นจิตร, พ.ศ. 2552 (西暦2009), *การแต่งงานข้ามวัฒนธรรมของหญิงไทยกับชายญี่ปุ่น*, วิทยานิพนธ์มหาบัณฑิต (มหาวิทยาลัยขอนแก่น). (ティンカム イェンジット 2009「タイ人女性と日本男性の国際結婚」修士論文〔コーンケーン大学〕)

บุญมัธยะ, รัตนา, พ.ศ. 2548 (西暦2005), "ภรรยาฝรั่ง: ผู้หญิงอีสานกับการแต่งงานข้ามวัฒนธรรม," (ブンマトヤ ラッタナー 2005「西洋人の妻——イサーン女性と国際結婚」) *Journal of Mekong Societies* 1(2)：1-52.

# 第12章

# 中国における外国人妻の受容と家族戦略

## 「東北型」国際結婚の誕生

胡　源源

## 1　送り出し社会への注目

　アジアにおける「国際移動の女性化」のなかでフィリピンをはじめ東南アジアの女性は家事・介護労働者の形でも世界に進出しているが、中国人女性にとって、とくに低層の女性にとってまだ厳しい管理制度のもとで国際結婚は国際移動を図る重要なパターンである。現時点では、中国人女性が国際結婚のために海外に移住する人数の全体は把握できないが、日本側の統計によると、2000年から2010年まで毎年平均1万人程度の中国人女性が日本に嫁いだ[1]。また、全信子によれば、2011年までに韓国人男性と結婚した中国人女性は約5万2,000人、そのなかで朝鮮族の女性は約2万1,000人である（全 2012：88）。近年、日本、韓国への結婚移住は減少傾向を示しているが、これまで送り出した結婚移住者の蓄積からみると、中国は日本・韓国の最大の国際結婚相手国である。このように結婚移住する女性の姿の一端は、第3章における但馬地域に住む中国人妻たちの考察にも示されたとおりである。

　一方、郝洪芳はアジアの越境結婚を考察した上で、既存のトランスナショナルな仲介業者のネットワークの存在、新しいメディアの役割、中国における結婚相手と出会う手段の多様化や配偶者選択の基準の変容などの要因で、中国は結婚移住の送り出し国から受け入れ国に転換しつつあると述べている（郝 2014：172–187）。実はグローバル化以前から中国はすでに国際結婚の受け入れ側となっていた。ただし、それは、東南アジア諸国との国境周辺にあり、同じエスニシティをもつ少数民族間で行われている国際結婚である。本章ではこの

ような国際結婚を「エスニック集団内の結婚[2]」と呼ぶ。1990年代以降、従来エスニック集団内で結婚した女性がエスニックな境界を越え、漢民族の男性と結婚するようになった。このような国際結婚はビジネス仲介者の介入によって成立した場合が多く、本章では「異民族業者斡旋婚[3]」と呼ぶ。

　小井戸彰宏によれば、移民は受け入れ国のみならず、送り出し国にも重大な影響を与える（小井戸 1997：34）。小井戸は移民と送り出し側社会の関係について注意を喚起している。筆者が2009年から日本で行ってきた国際結婚の調査を通じて知りえた範囲では、中国人妻のなかでは中国東北部の出身者が圧倒的に多い。これは来日した中国人妻の特徴のひとつである。これら中国人妻の移住は実家にどのような変化をもたらすのか、また移住後、彼女たちはいかに実家とやりとりするのかに関心をもち、2014年6月と2015年6月に日本で知り合った中国人妻のネットワークを通して、中国の東北部の方正県[4]にある彼女たちの出身家族に聞き取り調査を行った。すると、方正県でのフィールドワーク中に地元には「異民族業者斡旋婚」が多数存在し、とくにベトナム出身の外国人妻[5]が多いことが分かった。なぜ女性の送り出し社会で多くの「異民族業者斡旋婚」が存在するのか。中国人女性の移住は出身地域との関係を究明する必要があると実感した。

　これまでの中国人女性の結婚移住に関して、移住要因や移住先、とくに嫁ぎ先の家族との相互作用が多く取り上げられているが、送り出し側＝中国への関心が等閑視され、関連する研究はわずかである。このわずかな研究のなかで賽漢卓娜は、送り出しの中国側から中日国際結婚の要因を分析した（賽漢卓娜 2011：69-82）。また、筆者は日本に嫁いだ中国人妻と中国親族の関係を論じた（胡 2015：146-158）。しかし、結婚原因論や親族関係の解明だけでは、女性の結婚移住と送り出し社会との関係は十分に捉えきれていない。では、上記したように、地元で多数の「異民族業者斡旋婚」の存在と中国人女性の海外移住とはどのような関係があるのか。つまり、中国人女性の結婚移住は送り出し社会にどのような影響をもたらしたのか。これまでの中国人女性の結婚移住に関する研究ではこれを答える論述は、管見の限りで見当たらなかった。本章では中国人女性の結婚移住によって送り出し社会にもたらした影響について考察してみる。

## 2 中国における国際結婚に関する先行研究

中国の南西部の国境周辺（広西省、雲南省とベトナム、ミャンマーの隣接地域）に越境民族が多数分布している。もともと、言語、飲食、服装、信仰などのエスニック文化を共有する同じ民族であったが、国境線が引かれ、別々の国民となった。この地域では「エスニック集団内の結婚」がよく行われている。これまで中国における国際結婚の先行研究では、「エスニック集団内の結婚」が主な議論の対象である。その特徴をまとめると、以下の数点がある。まず、「エスニック集団内の結婚」は学術分野で基本的に非合法的結婚として扱われている。その理由は、「エスニック集団内の結婚」のカップルは法律上の結婚手続きが欠如することにある。満麗萍は、国境周辺にみられる多数の「エスニック集団内の結婚」は中国の民政局からも結婚証書を受け取らず、地元の慣習に基づいて結婚披露宴だけ開催する。結婚披露宴すら開催しなかった場合もあると述べた（満 2012：19-20）。合法的な婚姻手続きがないので、国境周辺に「エスニック集団内の結婚」が実際にどれぐらいあるのか把握することが難しい。その非合法性によって、「エスニック集団内の結婚」が国家安全を脅かす要素のひとつであると論じられる場合もある。劉中一によると、「エスニック集団内の結婚」をした外国人妻たちの存在はある程度社会秩序の混乱、婚姻売買、人身売買などの問題を引き起こす可能性がある（劉 2013：19）。また、「エスニック集団内の結婚」に関しては、その結婚要因がよく分析されている。羅文青によれば、地理上の隣接、文化の共有、頻繁な経済往来、国境周辺地域における男女比率の性差の存在は広西省とベトナムの「エスニック集団内の結婚」がさかんになる（羅 2013：53-54）。それ以外に、国家関係や国家政策も「エスニック集団内の結婚」を左右する要素として言及された（李・龍 2008：77）。白志紅と李喜景によると、雲南省とミャンマーの隣接地域ではミャンマーの女性が自分自身の日常生活の改善のみならず、社会保障も期待するため、雲南省の少数民族部に嫁ぐ（白・李 2011：12-13）。つまり、個人の合理選択という視点から結婚要因が論述された。

「エスニック集団内の結婚」において、外国人女性と中国人男性の組み合わ

せが主流なパターンである。結婚後、外国人妻は国境を越えて中国国内に移住する。1990年代以降、東アジアの外国人女性は中国の国境周辺のみならず、中国の内陸部にも結婚移住する傾向がみられ、全国の各地で「異民族業者斡旋婚」が多数誕生し、しかも増加する傾向を示している。[6]「異民族業者斡旋婚」増加の社会背景は以下の2点が考えられる。まず、人口構造のアンバランスである。人口構造のアンバランスは中国の伝統文化要因と社会変動の要因の両方がある。伝統文化要因とは、中国の「男児選好」という伝統的な慣習である。中国では、とくに農村地域において従来から男児が女児より好まれる傾向が強い。自然の出生率の差以外に、人為的に男児の出生率を高めることがある。それは人口構造のアンバランスの要因のひとつである。一方、社会変動期には、農村部の若い女性が出稼ぎのために、都市部に流出することによって、農村地域の男女差を加速させた。そして、近年中国国内で結婚コストが著しく高騰し、人口構造のアンバランスという現状のもとで経済的に恵まれていない中国男性は結婚市場で結婚相手が見つからないことが起こっている。結婚できない男性が大量に存在するため、外国人妻を受け入れる国際結婚の市場が作られた。

　しかし、周知のように、中国には農村と都市の二重構造があるだけではなく、地域によって文化や人口の流動状況、行動様式がそれぞれである。「異民族業者斡旋婚」が全国に散在するが、その受容メカニズムが地域によって異なると考えられる。2000年以降、「異民族業者斡旋婚」が中国のメディアにしばしば報道されているが、学術上の研究はほとんどみられない。郝は中国の東北で外国から結婚移民が流入する動態を即時に把握したが、中国のほかの地域と比べると受容地である東北部の地域性は十分に明示されなかった。また、メディアが「異民族業者斡旋婚」に注目してから現時点まで、すでに十数年経った。長い年月で「異民族業者斡旋婚」の家族はどのような生活を営んでいるのか学術上調べられていない。上記の受容のメカニズムの分析以外に、生活実態の解明も必要であろう。以上を踏まえて、本章では東北部の地域性を重視しながら「異民族業者斡旋婚」発生のメカニズムを検討した上、中国側の親世代を中心に「異民族業者斡旋婚」の生活実態を描き出す。

## 3 中国の方正県と受容家族のプロフィール

### 3.1 調査地

方正県は中国東北部の黒龍江省にあり、人口は23万人（2013年）、そのなかで漢民族が97％、朝鮮族が1.9％を占めている。中心産業は農業である。海外（日本、韓国、シンガポールなど）に居住する華人・華僑は3万8,000人、方正県人口の20.77％を占めており、そのなかで3万5,000人が日本に居住している。[7]

戦後、「旧満州」であった中国の東北三省には日本の開拓民が多数残された。1972年に中日国交の回復は残留孤児、残留婦人たちの帰国のきっかけとなった。1989年に日本の入国管理法が修正され、日本に呼び寄せる親族の枠がさらに拡大された。残留孤児・婦人の帰国に伴い、中国、とくに東北部と日本の間に重要なネットワークを築いた。このネットワークは情報的機能と道具的機能を兼ねている。情報的機能とは日本社会に関する情報をたくさん中国に伝え、中国の親戚及び地元住民に中日の格差を感じさせ、日本への憧れが作られた。一方、道具的機能とは日本に移住したい親戚や友人に具体的な移住のつてを提供した。筆者の調査によると、東北部、とくに方正県は親族や仲介業者といった海外移住のネットワークが発達している。移住先は日本だけではなく、韓国も人気のある移住先のひとつである。研修、留学、結婚は主要な移住方式である。とくに、女性が結婚を通して国際移動する場合が多い。

中国側の統計が欠如しているため、女性の海外結婚移住の具体的な人数は把握できない。記事によると、2011年前後、日本に嫁いだ方正県出身の女性は毎年200人以上いる。その年の方正県の結婚件数の1割以上を占めている。[8] 方正県の女性が海外に結婚移住する一方、外国から女性が方正県に流入する。2010年の年始から方正県及びその周辺地域の男性はベトナム人妻を迎えることが見受けられる。同年の7月の月末まで300〜400人のベトナム人女性が嫁いできた。[9]

### 3.2 対象者のプロフィール

筆者の調査によると、方正県が管轄する農村地域だけではなく、県内の町に

表12-1　国際結婚家族のプロフィール

| 事例 | | 年齢 | 職業 | 初婚 | 最終学歴 | 結婚年数 |
|---|---|---|---|---|---|---|
| A | 舅◎ | 65 | 無職 | | | |
| | 姑◎ | 64 | 無職（2） | | | |
| | 息子 | 35 | 雑業 | Y | 中卒 | 4年 |
| | 嫁 | 25 | アルバイト<br>（村内の店） | Y | 不明 | 4年 |
| | 孫娘 | 3 | | | | |
| B | 舅◎ | 52 | 農家 | | | |
| | 姑 | 50 | 農家 | | | |
| | 息子 | 29 | 自営業<br>（材木業） | N<br>（3） | 中卒 | 4年 |
| | 嫁 | 25 | パート<br>（鉛筆工場） | Y | 不明 | 4年 |
| | 孫 | 3 | | | | |
| C | 舅 | 他界 | | | | |
| | 姑◎ | 62 | 無職 | | | |
| | 息子 | 33 | 自営業<br>（理髪店） | Y | 中卒 | 6年 |
| | 嫁 | 25 | アルバイト<br>（理髪店） | Y | 小卒 | 6年 |
| | 孫 | 5 | | | | |
| D | 舅 | 他界 | | | | |
| | 姑◎ | 58 | 無職 | | | |
| | 息子 | 33 | アルバイト | Y | 中卒 | 1年 |
| | 嫁 | 23 | 無職 | Y | 不明 | 1年 |
| | 孫 | 無 | | | | |

注1）◎のマークはインタビューに答えたインフォーマントである。
　　　普段、主婦であるが、農繁期に農地を多く所有する家族に短期間の手伝いに行っている。
　2）前妻は中国人である。
　3）YはYESの意味であり、NはNOの意味である。

もベトナム人嫁[10]を迎えている家族がいる。ベトナム人嫁の受容家族は所有する土地の少ない専業農家、あるいは兼業農家が多い。国際結婚夫婦の年齢は、男性が20代後半〜30代前半で、女性が20代に集中している。夫婦双方とも初婚者が多い。中国人夫は農業、不安定な雑業に従事する人が多い。ベトナム人妻は就労する人が多い。主な働き先は地元の工場や小売店である。家族形態といえば、親世代と息子世代は同じ棟で同居する直系家族が多い。

　表12-1は筆者がインタビューした4家族のプロフィールである。4家族とも2008年以降ベトナム人嫁を迎えた。家族訪問の際、子世代は外で仕事してい

るので、各家族の親世代を中心に半構造化の聞き取り調査をした。2015年にB家とD家は1回、2014年と2015年にA家とC家は2回、話を聞いた。

　A家とC家は方正県の管轄する鎮に在住し、B家とD家は方正県の近郊農村に在住している。A家、B家、D家は農村戸籍であり、C家は非農村戸籍である。B家とC家は結婚してから息子夫婦がずっと親と同居している。A家には農地がわずかにある。結婚後、息子夫婦は2人でハルピンに出稼ぎに行っていたので親と別居している。2016年2回目のインタビューの半年前、ハルピンから地元に戻って親と同居するようになった。インタビュー時、息子は働いていない。ベトナム人嫁は鎮の八百屋でアルバイトをしている。B家には農地が少ないので、舅は若い時から農業をしながら材木業をしている。息子は中卒後、広東省で5年間出稼ぎをしたあと、現在、方正県に戻って父親と材木業をしている。

## 4　中国「東北型」の国際結婚移民の受容メカニズム

### 4.1　女性の海外移住の常態化による人口構造の歪みと信用危機

　小井戸はメキシコからアメリカへの移動の常態化について以下のように論述した。国境を越える移動は自然のこと、自明のことであり、ライフサイクルの一環である。つまり、移民の流出は送り出し側地域内で構造化している（小井戸 1997：42-43）。筆者の調査によると、方正県において海外に行くことは特定家族の特別なライフイベントではなく、普通住民のライフスタイルの選択肢のひとつであり、一種の行動様式として定着している。

　現時点では、中国の厳しい出国管理制度のもとで、結婚、留学、労務は主な[11]海外渡航の道である。いずれの方法も仲介業者に高額の紹介料を払わなければならない。そのなかで留学は規定の修業年数が必要であり、それに達していない場合は留学の道が閉ざされる。また、留学や労務はあくまで一時的に海外に滞在できる。一方、国際結婚をすると移住先で永住できる。長期間海外に居住したい人にとって、留学、労務という移住方法より国際結婚の方が魅力的である。農業が主要産業である方正県では、学歴の高くない農家出身の女性にとって国内で階層の上昇移動はそれほど簡単なことではない。彼女たちにとって、

結婚はグローバルな階層上昇を実現できる一番便利な方法である。筆者の調査によると、方正県では若い初婚の女性ばかりではなく、離婚した女性も、さらに海外に行くために離婚までする女性もいる。海外に結婚移住する女性は特定の年齢層、階層に限定されず、広い範囲でみられる。大量の女性の海外移住は地元の正常な人口構造に歪みをもたらして「妻不足」を引き起こした。それは地元の結婚市場に外国人妻を受け入れる空間を創出した。

女性の海外移住は地元の人口構造の歪みをもたらすだけではなく、女性への信用危機も招いた。従来、中国の伝統的価値観では離婚が女性の最も恐れることであるが、筆者の調査によれば、調査地では伝統の価値観と逆転した事情が起こっている。インタビュー中、地元住民から、家族内で嫁がきつい、少し気に入らないことがあったら自ら離婚を申し出ると何度も聞いた。方正県では女性が離婚しても海外移住の道があることは一般的に知られている。海外移住の風潮の影響で女性が自ら離婚を申し出ることが相次いでみられる。女性の婚姻に対しての責任感の弱さにおいて、地元住民は女性への不信感を生み出している。

また、中国では子供の存在は離婚を止める重要な要素である。尚会鵬・何祥武によれば、河南省の西村では子供の存在が婚姻を続けられるかどうかの唯一の条件である（尚・何 2000：3）。しかし、方正県では海外移住が子供の重要度に匹敵するほどの魅力がある。子供のいる母親にはわざわざ離婚してまで海外に行く人が多数存在している。地元住民は未婚女性の海外移住に賛成、あるいは中立の態度を示しているが、子供をもつ母親が離婚して海外に行くことには異口同音で批判する。子供のことを配慮せず勝手に離婚する女性が存在するので、地元では中国人女性への不信感が高まる。外国人妻を迎えるリスクが高いことを承知しているが、中国人女性に離婚されることも十分にありうる。大金をかけて迎えた中国人嫁が結婚後、貧しさに耐えられず離婚すると、当初渡した高額の結納金が無駄になる。中国人女性の海外移住が常態化、固定化している現状のもとで、知らず知らずのうちに地元の住民は中国人女性に信用危機を抱えるようになった。この信用危機は地元の住民に外国人妻の受け入れを助長した。

## 4.2　グローバルな結婚市場で結婚相手を探す中国人男性とは誰か

　現代の中国では、嫁入り婚がまだ結婚の主要形態であり、男性側が結婚費用の大部分を負担する。桂華・余練によれば、結婚交渉のプロセスでは、結納金が結婚成立の必須要件として女性側から要求され、男性側は受動的に受け入れざるをえない。それに対して、女性側の婚資は選択要件で、男性側は女性側に強要することはできない。男性側は結納金だけではなく、マンションの購入や結婚披露宴の費用も負担しなければならない。つまり、金額上は男性側が女性側よりはるかに上回る（桂・余 2010：24-36）。農村社会において、子供の養育は子供の誕生から結婚までである。子供が成人になるまでではなく、子供を結婚させることでやっと親としての責任を完了すると李飛龍は述べた（李 2012：179）。子供を結婚させることまでが親の責任とされる。したがって、結婚費用の負担者は実は息子本人ではなく、親である。農村では息子が結婚できるかどうかは親の経済力次第である。農業が主要産業である東北部では、土地の有無およびその所有規模は家族の重要な経済指標である。土地資源が豊富にある男性は、中国人女性との結婚に有利である。一方、土地資源の少ない男性、あるいは所持していない男性は結婚市場で交渉力を喪失し、中国人女性の結婚相手にならない。

　朱考金・楊春莉によると、農村の結婚コストは2万～10万元（40万～200万円）である。方正県と近隣の大慶市（黒龍江省）の農村の一人当たりの年収はわずか2,700元（5万4,000円）ぐらいである（朱・楊 2007：19）。筆者の調査によると、方正県で中国人嫁を迎える結婚費用は平均20万～30万元（300万～450万円）程度である。それは全国の平均結婚コストよりはるかに高い。東北部の農村では、農地の少ない農家の平均年収は3万～5万元（45万～75万円）しかない。つまり、一回の結婚費用は年収のほぼ10倍ぐらいである。高額の結婚費用は一般の農民家庭に負担できないのが現状である。一方、ベトナム人女性を娶る相場は5万元（75万円）ぐらいであり、中国人女性の場合のわずか4分の1である。インタビューの際、インフォーマントの中国親たちは高額の結婚コストを負担できないのでやむを得ずベトナム人嫁を迎えたと繰り返し強調した。

　人口構造が不均衡な結婚市場では、配偶者選択の基準が秘かに変容してい

る。従来から、男性に課されていた経済力のほかに、さらなる高い条件が付け加わった。賽漢卓娜は中日国際結婚の要因分析において、女性の「年齢」「容姿」といった中国の家父長制的ジェンダー要素をあげた（賽漢卓娜 2011：118-119）。しかし、人口構造のアンバランスの結婚市場で旧来女性に押し付けられたジェンダー要素は方向を変え、男性に課されるようになった。筆者の調査によると、方正県では男性が経済力だけではなく、容姿、年齢、結婚歴といったジェンダー要素も要求される。つまり、格好良くない男性、離婚した男性、結婚適齢期より年齢が上の男性が容易に国際結婚の予備軍に編入される。

### 4.3　地域独自の移民文化にみる寛容な婚姻観

旧来、中国の東北部は満族の居住地域であった。馬平安・楚双志によると、ロシア、日本、朝鮮など国外、中国関内の漢民族は清朝以降東北部に移住して現在の漢族を中心とする新しい社会構造を作った（馬・楚 1996：25）。李雨潼・楊竹は、多様な移民の居住地である東北部では各種文化の衝突、融合を通して開放性、包容性、多元性といった独特な地域の移民文化が形成されていると述べた（李・楊 2011：51）。この地域文化が家族に反映されると、東北部の血縁関係や家族統合力は華北部（中原部）より弱いこととなる。範立君は、東北人は家族や血縁意識が薄く、伝統からの束縛力が弱いので、新しいものを容易に受け入れると論じた（範 2005）。また李と楊は、東北部では婚姻が個人の私的範疇の問題として扱われる傾向があり、外部からの干渉が少ない。いわゆる異なる民族、異なる国籍間の結婚に対して寛容度が高い。離婚も個人のプライベートの問題で、家族や社会からの圧力や束縛力が少ないと述べた（李・楊 2011：51）。徐安琪・葉文振は、中国離婚率の地域差を考察した上、東北部の離婚率が全国で高い要因はその地域の移民文化と深く関わっていると指摘した（徐・葉 2002：34）。

東北部の独特な地域の移民文化は地元の女性に大きな婚姻の自由裁量権を与えた。同時にそれも外国人妻の受容に相対的に緩和的な環境を提供した。筆者の調査によれば、地元の住民はベトナム人女性の到来を排斥するどころか、彼女たちと中国人男性の結婚によく理解している態勢を示している。地元の住民はベトナム人女性が中国に来ることは、中国人女性が韓国、日本に行くことと

同質の行為と理解している。すなわち、グローバルな上昇移動の実現を目指すための越境移動と思われている。

### 4.4 「東北型」の国際結婚

すでに述べたように、現時点では「異民族業者幹旋婚」が中国全土まで拡散している。この一定規模の「異民族業者幹旋婚」の存在は各地域における「妻不足」の問題が顕在化していることを示している。以上、方正県を事例として東北部の国際結婚移民の受容メカニズムを説明した。中国のほかの地域と比べると、東北部は海外移民の送出地であり、とくに女性が多く海外に流出する地域である。しかも、移民の移動パターンは家族ぐるみの移動ではなく、女性の単身移動である。また、留学やビジネスなどの一時的な移出ではなく、結婚の形で恒久的に移出する。このようなジェンダー化された海外移住と、独特な地域の移民文化は東北部なりの「異民族業者幹旋婚」メカニズムを形成している。本章では地元女性の大量の海外移住によって生じた外国人妻の流入の国際結婚パターンを「東北型」の国際結婚と名づける。

以上、3つの側面から東北部方正県の「異民族業者幹旋婚」の受容メカニズムを分析した。そして、ここで仲介の働きにも言及したい。賽漢卓娜は、中国人女性の日本への移住を幹旋する仲介業は、移民の際のプル要因とプッシュ要因の中間にあり、移民を促進し、本来接するはずのない日本人男性と中国人女性を引き合わせることで、最終的に移動が発生すると述べた（賽漢卓娜 2011：123）。筆者の調査によると、方正県に一定規模のベトナム人妻が存在することは、賽漢卓娜のいう仲介業者の積極的な働きと密接に関わっている。ただしここでは、そのことを指摘するにとどめ、深く議論しないこととする。

## 5 中国側家族の戦略実践——親世代を中心に

人口構造のアンバランスによって、経済力の弱い男性、あるいはジェンダー要素の劣る男性が国内の結婚市場から排除される。彼らは結婚問題を解決するために、やむをえず仲介業者に頼ってグローバルな市場で配偶者を探す。しかし、外国人女性を迎えたことは彼らにとって、問題を解決し、最終的なゴール

に到達したのではなく、むしろスタートである。

　中国は東南アジア諸国と同様にまだ「南」の成員であり、中国と東南アジア諸国の格差は「南」と「北」の間の格差ではなく、あくまで「南」内部の差である。そして、上記したように、外国人嫁を迎える家族は中国において低階層の家族である。つまり、嫁ぎ先は「南」の発展途上国、それに途上国の低階層家族である。この2つの状況を合わせると、当初、結婚移動を通して実現したいと外国人妻が考えていた社会上昇移動は実現しにくくなる。外国人妻にとって、中国への結婚移動は上昇移動どころか、平行移動といえる。結婚後、母国への送金はともかく、生活水準すら予想より大きく外れている場合も少なくない。結婚前に嫁ぎ先に関する情報が十分に把握できなかったため、結婚後、厳しい現実事情が分かった後、家から逃げ出すことになる。外国人嫁の逃げ出し情報は地元で広く流布している。新婚だけではなく、結婚数年後の、子供をもつベトナム人女性も家から出ていく。ベトナム人嫁をもつ中国家族は、結婚数年を経て子供をもうけて安定した家族を作っても、依然としてベトナム人嫁がいつか逃げ出すことを心配する。中国の結婚市場で周辺化された家族にとって、外国人嫁を迎えるのはラストチャンスである。外国人嫁に逃げ出されると再び嫁を迎えるための高額の結婚費用は捻出できない。したがって、外国人嫁を迎える家族にとって、せっかく迎えた外国人嫁をいかに家にとどめるのかは大きな課題である。以下では、戦略という概念を援用しながらベトナム人妻を迎えた息子をもつ親の家族維持行為を明らかにする。

　西野理子によれば、目的を達成するために、課された制約のもとで複数の選択肢のなかから最も有効と思われる手段を選びとることが戦略とされる（西野1998：55）。戦略という用語の魅力として「課された制約と選び取るという主体性の併存にある」（西野 1998：55）。伊丹一浩は、人間の行動は規範やシステムなどによって制約され、拘束されるが、そこに主体性や自由意志が存在しえないわけではなく、与えられた制約条件のなかである目的を達成するために、こうした主体性や自由意志のもと、有効と思われる戦略的行動をとりうると考えられると論じた（伊丹 2009：215）。本章では、家族関係および送金といった側面から外国人嫁を迎える中国側家族の家族戦略を考察する。

## 5.1 家族関係の柔軟な対応

周りで絶えず外国人妻の逃げ出しが発生しているため、自家の嫁も家から逃げ出す恐れがあると中国側家族は常に心配する。その心配が現実にならないように、中国の親たちは日常生活で能動性を発揮しながら外国人妻に柔軟に対応する姿がみられる。

**家族の嫁より息子の妻という役割認識**

1991年生まれのベトナム嫁について、C（姑）は彼女が家のリーダーであると冗談を言った。C（姑）は日常生活で嫁との駆け引きについて以下のようなエピソードを話した。

> 嫁はかなり自分の気分によって行動する。喜んでいるときに、ご飯を作ってくれたり、片付けなどをしてくれたりする。正月以外にめったに洗い物をしてくれない。厨房に入るたびに、「汚い」とぶつぶつ文句を言う。毎日、家のモップをかけるのは私である。嫁はしない。庭の片づけも何もしてくれない。私はたまに嫁に「庭の花に水をやってください」と言ったら、嫁は「なぜ、そんなものに手間をかけるの？」と返事をする。今年に入ってから嫁は朝早く起きて子供の服を洗うようになった。以前、子供や彼女たちの服は全部私が手洗いしたよ。
>
> 嫁はかなりお金を使って節約しない。スペアリブはうちの定番料理である。どんなに高くても食べたいならすぐ買っちゃう。1kgが30元（500円）であっても相変わらず買う。しかも調理するときに、ジャガイモなど野菜を何も入れずそのまま煮込む。野菜とか入れてくださいと私が言ったら、美味しくなくなるよと嫁は返事する。
>
> 嫁が20歳のときにうちに来た。そのとき、子供のように毎日遊んでいた。いまでもまだ子供である。嫁が来たばかりのときに、私もたくさんの文句を言ったが、彼女は聞いてくれない場合がかなり多かった。聞いてくれないから、私も徐々に言わなくなった。嫁をきつく責めない。きつく言って彼女が家から出たら息子に憎まれる。

理髪店の収入は息子と嫁の2人で分ける。息子の分は私が管理して嫁に渡さ
　ない。普段、理髪店で手伝って得た収入は嫁自身が管理して、私は聞かない。
　将来、この家（家屋や財産）のすべては息子のものになるが、私が生きている
　間は私が管理する。（C（姑））

　筆者の調査によると、方正県の「異民族業者幹旋婚」の家族は三世代同居の
場合が多い。結婚後、家事分担において世代分業ははっきりせず、「協力的」
なパターンが示されている。さらに、この「協力」的なパターンは能動的な協
力と受動的な協力に分けられる。能動的な協力とは、嫁が外で就労しているの
で、姑が嫁の体調や時間などに配慮して自ら家事を分担することである。一
方、上述のC家の事例のように、嫁が自身の役割を十分に遂行せず、手抜きし
て、姑がやむをえず受動的に協力するタイプもある。いずれのタイプであれ、
姑から嫁への心遣いがうかがえる。
　上子武次によれば、いかなる社会システムにあっても、すべての成員がシス
テム内部になんらか位置づけられ、社会的に不可欠な位置がもれなく占めら
れ、成員はすべて他の成員によって、その社会的な位置に割り当てられた役割
を遂行するように命令・要求・期待されている。これが、これまでのところに
おいて、大まかに役割期待と呼ばれてきた現象である（上子 1986：42）。C家
の事例では、嫁は家事分担においてわがままな一面があった。いいかえれば嫁
が姑の役割期待に応えなかった。家父長制の中国家族では、「男は外、女は
内」というジェンダー規範があり、家事は女性の本業とされる。そして、ジェ
ンダー規範のなかに世代秩序も包含され、姑より嫁が多くの家事分担を求めら
れる。つまり、嫁が嫁いできたときは、姑にとって家事から解放されるときで
ある。本来の家族規範によると、C（嫁）のような家事において過度な手抜き
は「不孝」「不敬」な行為とされる。C（姑）に叱られるはずであったが、し
かし、C（姑）の「嫁をきつく責めない」という語りから、C（姑）はC（嫁）
を大目にみているという態勢がうかがえる。
　C（嫁）の役割遂行の失敗に対して、C（姑）は自身が内面化している規範
に背いて柔軟に対応した。当然、その柔軟性には、C（姑）自身が言うように
「嫁はまだ子供である」という年長者から年少者への配慮がうかがえる。さら

に、「きつく言って彼女が家から出たら息子に憎まれる」という面が大きい。このＣ（姑）の語りから二重の意味が読み取れる。ひとつは、Ｃ（姑）は嫁が家から出る可能性があるという先入観をもっている。その先入観は随時Ｃ（姑）の言動を左右する。もうひとつは、Ｃ（姑）の認識では、ベトナム人嫁は家族の嫁（姑に対しての役割）というより、息子の妻（息子の配偶者）である。従来、結婚の成立によって女性が夫側の家族成員となることに伴い、女性は息子の妻、夫側家族の嫁、子供の母親などの役割が一括される。夫側家族の一員となったため、付随した一連の役割をすべて同時に果たさなければならなくなる。Ｃ（嫁）のような家事上の手抜きをすることは、嫁としての役割遂行に失敗し、家族内にＣ（姑）との不和が生じている。つまり、本来、家族成員として一括されるべき役割セットに対して、役割が遂行されず、各役割へと分解、細分化される。役割の受け手が人為的に役割を分離することに対して、役割期待の送り手は役割認識を調整して適切に対応しなければならない。上記のＣ（姑）のＣ（嫁）への譲歩はＣ（姑）の役割認識を調整したことを示した。すなわち、Ｃ（姑）は嫁の家出につながらないように家族に対しての役割より息子に対する役割を優先した。

### 権力構造の微調整

　Ａ（舅）は足の持病を持ち、重労働ができない。家に農地が少なく、生活のために村で豆腐を作って小売りをしている。２年前から体調不良のため豆腐の生産、販売をやめた。わずかな農地の収入と姑の臨時収入[13]で生活を維持する。筆者が初めてＡ（舅）に会ったときに、息子とベトナム人嫁の不満をたくさん聞かされた。とくに、息子夫婦が結婚後嫁の実家に毎年送金しなければならないことに不満をもっている。嫁が親孝行のために送金することを理解しないわけではないが、お金はＡ（舅）が負担するので、収入の少ない家族にとって大きな負担となる。家で姑と嫁の関係を聞くと、Ａ（舅）は「姑は本当に嫁を優しく扱っている。嫁は家で何もしない。全部姑がする。姑は嫁が家から出ることを恐れているからだ。姑は嫁の言うことにすべて賛成する。私は姑の考えと心配をわかっている。しかし、私は恐れない。出たいなら出ればよい。63年間生きてきて、恐れることはない」と堂々と答えた。一方、姑はこのように話し

た。「お金がないのでやむを得ずベトナム人嫁を迎えた。うちは貧しいから嫁が長くいてくれないのではとずっと心配している。優しくしてあげないと、もし嫁が家から出ても息子に二度も結婚させるお金はない。孫も生まれたので、いまの状況はひとつの家族であるんだ」。姑の気遣いとは対照的にＡ（舅）は自らの考えを優先していた。翌年、再びインタビューに行った際、Ａ（舅）は以下のような話をした。

　　家で私はなんでも大目に見ている。できるだけ声を出さない。姑はずっと私に話の声が大きいので話を控えてくださいと言っている。普段も厳しい顔をしない。とんでもないことではあるが、できるだけ自分の感情を抑制して怒らない（嘆く）。（Ａ（舅））

　１年前に嫁の家出について何も恐れなかったことと比べると、１年の間の態度変化が見て取れた。その原因はＡ（姑）によると、「半年前に嫁がはっきりと離婚を申し出たことがあった」からだという。

　　半年前、嫁は家計を一緒にしてほしいと言った。そうしないと彼女は息子と離婚すると言った。息子夫婦の収入はすべて彼ら自身が握っている。私たちは息子夫婦にお金を要求しない。生計を一緒にするなら、食糧を全部私たち（姑と舅）が負担するようになる。そうすると、息子夫婦が楽になるが、私たちは苦しくなる。（Ａ（姑））

　上記のＡ（舅）とＡ（姑）の話から、Ａ姑は嫁を大事に扱っていることが分かった。嫁の言うことにすべて賛成する姑の慎重さは、家の経済状況を了解したうえで現実に応対する譲歩である。近年、中国農村の世代関係の研究では、中国の社会変動や農村の家族構造の変化によって、親世代の権威が剥奪されつつあると論じられてきた。例えば、劉玉潔・龔継紅によれば、農村青年層の出稼ぎの収入が家族の主要な収入源となる。それによって青年層の家族内地位が上昇する。また、女性の地位の上昇や夫婦関係の強化は従来の父子関係を軸とする家族関係を変化させ、家長の権威の衰退をもたらした（劉・龔 2013：

68）。一方、筆者が調査した「異文化業者斡旋婚」家族では、上記Ａ（姑）のように親世代はベトナム人嫁のために、意識的に家長の権威を後退させることは少なくない。家で親は嫁の意志を大幅に尊重し、配慮しながら行動する。そして家が経済的に恵まれていないので、ベトナム人嫁が貧しさに耐えられず逃げ出すのではないかと懸念している。親は息子を結婚させると同時に、一度形成された家族を破綻させないということが、親の責任であると自覚している。実際に、強い自覚をもっているＡ（姑）はともかく、嫁の離婚を恐れないと堂々と言っていたＡ（舅）すら嫁が離婚をはっきりと申し出た後、自分の言動をコントロールするようになった。

　王留静は、80年以降生まれの農村カップルの家族には「強い嫁と弱い姑」という権力図式が表れていると述べた（王 2010：58-61）。上記の事例から「異文化業者斡旋婚」の家族でも日常生活の相互作用の過程で親世代の柔軟な対応が顕著である。とくに家族内部の姑—嫁関係において、姑が嫁に多大に協力していることが一目瞭然である。しかし、それは嫁が中国の親を凌ぐことではない。上記Ｃ家の事例では、家事分担において姑は嫁の行動を十分に許容する一方、家族の根本と関わる経済権を嫁に渡さなかった。つまり、中国親の柔軟性は彼らの受け入れ可能な許容範囲以内に限定されており、嫁のためにすべてのことを無条件で妥協するわけではない。総じて、「異文化業者斡旋婚」の家族では、権力構造は確かに揺れていたが、王の言ったような「強い嫁と弱い姑」という世代権力の根本的な転覆には至っていない。

## 5.2 「グローバルな世帯保持[14]」の協力と実践

　「南北型」の国際結婚の先行研究では、「南」出身の外国人妻たちが「北」の男性と結婚後、出身地に送金することが知られている（胡 2015：158）。これまでの研究では、送金は「南」の実家や地域社会に経済援助をもたらす一方、そのマイナス面も明らかになっている。例えば、「北」の家族の価値観では親族への送金に対して理解がないので、家族内で葛藤が生じる（定松 2002：54）。つまり、「北」の受け入れ家族は「南」出身の外国人妻の送金を否定的に捉えている。しかし、本章で取り上げた中国における「異民族業者斡旋婚」家族には送金に対する無理解が少ない。中国の親はベトナム人嫁の仕送りを理解し、

積極的な協力姿勢を示している。以下のC（姑）とB（舅）の語りはその証明である。

　嫁は毎年ベトナムに送金する。最初の2年間に、年に2回送金した。3年目から年に1回にまとめて送金する。嫁がうちに来てからすでに5年となった。5年の間に毎年の金額が多少違うが、送金していない年はない。大体年末（ベトナムの正月）に県内の銀行で仕送りする。それ（送金）は当たり前のことである。ベトナムが遠いから頻繁に帰国できず、送金しないと（嫁の）親の心が痛いよ。せっかく育てた娘は遠い中国まで嫁に行って、金すらあげないと胸が痛くなるよ。息子は嫁に仕送りのお金をあげる。いくらか私にはわからない。私も聞かない。いくらでもいいけど、それは夫婦2人の決めごとである。嫁は私にお金がほしいとは言わない。もし言われたら私もあげるよ。送金はあくまで彼女にここで安心に暮らしてもらうためである。彼女はこの（送金の）ために息子と結婚して中国に来た。そうしないと中国に来ないだろう。仕送りをさせないとこの家にはいられないよ。周りのベトナム人嫁のいる家族は皆分かっている。皆、ベトナムに送金しているよ。（C（姑））

　うちの嫁はお金をくださいとか言わないが、私たち（姑と舅）が自ら渡す。情理上で嫁にお金をあげて仕送りすることは当たり前である。わざわざ遠くから中国に来たのはそのためである。（B（舅））

　上記のC（姑）の語りから、C（姑）はベトナム嫁にお金を出すことはしない。息子が嫁にお金を渡すことに反対したり、送金の金額に口を挟んだりせず、むしろ息子の行為に理解を示している。また、B（舅）は嫁に要求されてからお金を渡すのではなく、親が自らの意志で出すことにしている。中国の家族規範では、成人の子が経済的、情緒的に何らかの形で親に恩返しすべきとされる。親孝行しない人は世間に責められ、社会では信用されない人間だと思われ、とくに、遠方に出た人は親の世話はできないため、金銭で補うのは一般的である。つまり、費孝通の述べた「フィードバック型」の家族関係である（費1947＝1985：305-306）。中国に嫁いだベトナム女性が実家に対して行う支援活

動は、その点で、中国の家族規範と共通している。したがって、嫁の送金活動は中国側家族にとって抵抗が少なく、むしろ道徳的に共鳴する。そして、中国側の家族にとって、ベトナムにある嫁の実家は姻戚親族である。嫁はベトナム人であっても婚姻を通して2つの家族を結び付けた。お互いに援助するのが当然のことだと考えられている。

　以上の道徳的理由以外に、方正県は結婚移民の送出地であるという特徴に再び言及したい。長年にわたって移民を外国に送出することによって、外国からの送金を受け取ってきた。方正県は送金の受容地としての歴史が長い。例えば、残留孤児・婦人は日本に戻った後、中国に残した親族に経済援助をしたり、日本・韓国への出稼ぎ労働者が中国の家族に仕送りをしたりすることがよくある。だから、地元の住民は海外送金自体への認知度が高い。これまでずっと送金の受け入れ側であったが、ベトナム人女性の流入に伴い、送金の立場が送り出し側となっても、送金自体への抵抗感が少ない。以下、B（舅）の話である。

　　　ベトナム人女性が中国に嫁ぐことは、中国人女性が日本に嫁ぐことと同じである。お金を貯めて実家に送金するためである。ベトナム人女性にお金をあげないと誰も来ないだろう。彼女たちはお金のために来ているのである。（中略）県内でマンションを購入して、毎日、仕事もせず麻雀ばかりする40代、50代の人はどこからお金を手に入れるのか。やはり日本、韓国に行っている娘からの仕送りであろう。（B（舅））

　ベトナムへの送金に対して、中国側の家族には情緒的な強い支持だけではなく、送金の実践面にも前向きな傾向が見て取れる。すでに述べたように、ベトナム人妻は地元の工場に就労する人が多い。仕事から得た収入は本人が管理し、日常生活の費用やベトナムへの送金にあてる。送金用のお金はベトナム人妻本人の収入以外に、夫、姑と舅からもらうことが大多数である。具体的な割合は家族によってそれぞれ異なる。また、金銭的なものに関わっているので調査しにくい。ベトナム人嫁を受け入れる家族はほとんどベトナムに送金していると言ってよい。以下ではB（舅）家の送金実状をみる。

うちの嫁が来てから数年の間に3万元ぐらい（60万円）を送金した。普段、野菜や日常用品を嫁自身も買う。貯めたお金は実家に仕送りする。彼女は毎年3,000元（6万円）ぐらい貯金できる。送金する時に、家（姑と舅）からもお金を出して、あわせてベトナムに送金する。家には農地が少しあり、毎年の秋、米を売ったらそのお金の一部を嫁に渡す。去年5,000元（10万円）を渡した。いつも年末頃、1万元（20万円）を送金させる。中国の年末の時、子供は親のところにお金やお土産などを持って帰る。ベトナムに送金することはそういう意味である。私たち（姑と舅）は普段節約し、その分のお金を嫁に渡す。今年に入ってからまだ一度も送金していなかった。去年帰省した時に、お金を持って帰ったからだ。帰った時に、往復のチケット代を含めて3万元（60万円）を渡した。4,000元（8万円）のチケット代を除いて残ったお金は彼女が実家に渡すだろう。他の家族は嫁に1回に1万元（20万円）以上の大金を渡さないよ。うちはここまで嫁を扱ってあげているが、将来もし彼女がこの家から出ても私たちは後悔しない。（B（舅））

「うちはここまで嫁を扱ってあげているが、将来もし彼女がこの家から出ても私たちは後悔しない」というB（舅）の語りから、中国の親は嫁がいつか家から出る可能性があるという先入観をもっていることが分かる。それを防ぐために嫁の期待に最も応える方法——送金という方法をとる。情緒面であれ実践面であれ、中国の親の積極的な対応は単なる内面化された家族規範の作用や遠方の姻戚親族の支援という意味を示すだけではない。送金の意味は中国の親にとって何よりも目の前の嫁の心を掴むことである。ベトナム人嫁を迎える家族のみならず、地元の一般住民のあいだでも、持続的な送金は外国人嫁をとどめる最も有効な手段であるとされる。

そして、筆者の調査によると、実際にベトナムへの送金は中国側家族の経済的負担となる場合は少なくない。送金できるように懸命に節約して金銭を捻出する。さらに借金してまで送金する場合もある。以下D（姑）とその隣家の事例である。

嫁がうちに来てからちゃんと生活することばかり願っている。しかし、嫁は、

今日は彼女の祖父が病気にかかり、明日は父親が病気にかかり、明後日は兄弟が病気にかかった。毎日、言い訳をつけてお金がほしいと言う。主人はまだ病気の治療を受けているので、多くのお金を出せない。（嫁が）ベトナムに帰った時のお土産は借金で買ってあげた。（中略）うちは彼女のベトナムの実家より絶対裕福で、そうではないと彼女は中国に来ないだろう。うちには経済の余裕があるなら、あちら（嫁の実家）を援助しても構わない。ただ、うちにも都合があり、お金の余裕がある時と少ない時がある。嫁がうちに来てから、うちはずっと彼女の実家に仕送りした。半年のうちに3,000元（5万円）をあげた。それでも嫁は全く満足せず、少ないと言っていた。彼女はただお金目当てで、できるだけうちから多くのお金を手に入れることだけ狙っている。隣家の嫁もベトナム人である。経済事情があまりよくないのでベトナムへの送金が少ないそうである。でも嫁から送金してほしいと言われるたびに送金する。毎回400〜500元（6,700〜8,300円）程度であった。借金までして送金すると聞いた。（D（姑））

　経済的に恵まれないD（姑）とその隣家は借金してまで仕送りする。しかも、D（姑）は嫁がうそをついていることが分かっていても、その要求に応える。中国の親のこれらの「やりすぎた」行為はすべて目の前の嫁をとどめるためである。以上の分析から中国の親に対して送金が単なる一義的な「グローバルな世帯保持」のための支援活動ではなく、嫁の家出を防止するための一種の経済戦略の意味が強く読み取れる。

## 6　東アジア内部における「結婚の世界システム」の形成

　本章では中国の東北部方正県を事例として、外国人妻の受容メカニズムと家族維持の戦略を論じた。まとめると以下の知見となる。

　送り出し側の社会では、年齢層、階層を問わない中国人女性の海外移住の常態化・固定化によって生じた人口構造の歪みや女性への信用危機が地元の結婚市場で外国人妻受容の空間を作り出した。そして、女性の不足は配偶者選択の基準を変容させ、経済的要素以外で従来は女性に課されたジェンダー要素も男性に対して大きく作用するようになった。さらに、東北部の独特な移民文化は

女性の国際的な出入りに寛容な環境を提供している。これらの要素の絡み合いで「東北型」の国際結婚が成立する。

　中国の結婚市場で排除され、やむを得ずグローバルな結婚市場で相手を探す家族は、外国人嫁がいつか家から逃げ出すという先入観をもち、それを防止するために中国の親は家族関係や「グローバルな世帯保持」において主体性を発揮して戦略を講じている。具体的には、外国人妻が嫁としての役割遂行に失敗した際に、中国の親は一家の嫁より息子の妻であるという役割認識が先行したり、はっきりと離婚を申し出る嫁に対して意識的に親の権威を後退させて家長の顔を隠したり、借金してまで送金に協力したりする。

　インタビューのなかで、外国人嫁を迎える中国の親は「結婚したらうちの『媳妇』（嫁という意味）である」と異口同音に語った。この語りは中国の親が国籍の差異を最大限に縮小させ、国籍を問わないことを強調している。東アジア内部では婚姻によって女性の国際的な連鎖移動が行われ、「結婚の世界システム」が作られている。「結婚の世界システム」とは東アジア内部で国の経済レベルに応じて、結婚市場が秩序化されることである。すなわち、結婚市場の中心（日本・韓国）―半周辺（中国）―周辺（ベトナム）といった図式が呈示されている。今後、グローバル化の進展や諸国内部の社会変動はこの「結婚の世界システム」のさらなる再編を引き起こす可能性がある。その動向及びそれによる東アジアの家族や地域社会にもたらされる変動を今後の課題とする。

付記
　本章は『21世紀東アジア社会学』8号（2016年）に刊行された論文に基づいて加筆・修正したものである。

謝辞
　中国東北部での調査にあたっては、福田淑慧さん（神戸定住外国人支援センターの総務担当）の全面的な協力を得た。この場を借りて謝意を表したい。

注
1　日本国厚生労働省、2017「平成27年国勢調査　第1-37表　婚姻件数、年次×夫妻の国籍別」（http://www.mhlw.go.jp/toukei/youran/indexyk_1_2.html）。
2　例えば、中国のチワン族とベトナムのヌン族の結婚である。

3 業者とは単一の制度ではなく、個人、独立の会社、あるいは両者が巧妙に絡んでいる。

4 中国の行政区画の単位であり、郷と鎮を管轄する。

5 ベトナム人妻が多いのは、ベトナム人女性だけ紹介する専門仲介業者がいることによる。

6 「中国男人为何偏爱"越南新娘"」(「中国人男性はなぜ"ベトナム人花嫁"が好きなのか」筆者訳)（http://news.sina.com.cn/pl/2013-12-27/103929097560.shtml）。

7 方正県の政府ホームページ（http://www.hrbfz.gov.cn/mlqx/ztgk/201007142039.html）より。

8 「中国新娘在日本：有人日语很好　基本不和中国人来往」(「日本にいる中国人妻：日本語の上手な人がいる　あまり中国人と付き合っていない」筆者訳)（http://news.ifeng.com/a/20150526/43834194_0.shtml?wratingModule=1_9_1）。

9 「数百方正県的农民娶越南新娘」(「数百の方正県及びその周辺地域の農民がベトナム嫁をめとった」筆者訳)（http://eilongjiang.dbw.cn/system/2010/07/29/052649490.shtml）。

10 中国では親が息子の妻を言う際、「媳妇（シーフー）」と呼ぶ。本章で使用した「外国人嫁」という用語は、単なる義理の中国親の立場から息子の外国人妻に対する呼称である。国際結婚、とくに日本の「ムラの国際結婚」に関して議論された「外国人嫁」「外国人妻」という呼び方とは関係ない。

11 労働研修という意味である。

12 関内とは山海関を境にして、その南の領域である。

13 農繁期に農地の多い家族のところに数日間の手伝いに行く。その際、現金収入が得られる。

14 藤井勝によると、国境を越えて移動・移住した人々を包摂して成立する「世帯／世帯保持」は「グローバルな世帯保持」である。「グローバルな世帯保持」は海外出稼ぎ労働者だけではなく、国際結婚をして海外に移住した女性、そしてその夫や子供をも包摂している（藤井 2013：48-50）。

**参考文献**

（日本語文献）

伊丹一浩　2009　「19世紀フランスにおける農家の存続戦略」國方敬司・長谷部弘・永野由紀子編『家の存続と婚姻──日本・アジア・ヨーロッパ』刀水書房、213-221。

上子武次　1986　『家族役割の研究』ミネルヴァ書房。

郝洪芳　2014　「東アジアにおける越境結婚の連鎖──送り出し国から受け入れ国に転換しつつある中国の事例を中心に」『21世紀東アジア社会学』6：172-187。

小井戸彰宏　1997　「国際移民システムの形成と送り出し社会への影響──越境的なネットワークとメキシコの地域発展」小倉充夫編『国際移動論──移民・移動の国

際社会学』三嶺書房、33-65。

胡源源　2015　「中日国際結婚とトランスナショナルな親族関係」『日中社会学研究』23：146-158。

定松文　2002　「国際結婚にみる家族の問題——フィリピン女性と日本人男性の結婚・離婚をめぐって」宮島喬・加納宏勝編『変容する日本社会と文化』東京大学出版会、41-68。

賽漢卓娜　2011　『国際移動時代の国際結婚』勁草書房。

西野理子　1998　「『家族戦略』研究の意義と可能性」丸山茂・橋川俊忠・小馬徹編『家族のオートナミー』早稲田大学出版部、54-74。

藤井勝　2013　「現代の東アジアと国際結婚——『南北型』を中心にして」『社会学雑誌』30：37-60。

（中国語文献）

白志紅・李喜景　2011　「中缅边境非法跨国婚姻对云南边境少数民族部和谐稳定的影响分析——以云南省龙陵县徐家寨为例」『昆明理工大学学报』11(4)：12-15。

費孝通　1947　『生育制度』（＝1985、横山廣子訳『生育制度』東京大学出版会）。

範立君　2005　「近代东北移民与社会变迁」浙江大学博士论文。

桂華・余練　2010　「婚姻市场要价理解——农村婚姻交换现象的一个框架」『青年研究』3：24-36。

羅文青　2013　「亚洲婚姻移民视角下的中越跨国婚姻问题研究」『长江师范学院学报』3：53-54。

李雪岩・龍耀　2008　「中越边境跨国婚姻问题研究——以广西大新县德天村为例」『世界民族』4：75-80。

李飛龍　2012　「变革抑或延续——改革开放前中国农村的家庭关系（1949-1978）」『农业考古』6：178-181。

李雨潼・楊竹　2011　「东北部离婚率特征分析及原因思考」『人口学刊』3：47-52。

劉玉洁・龔継紅　2013　「社会转型时期我国家庭代际关系的变迁研究」『学理论』12：67-68。

劉中一　2013　「东南亚新娘现状及其对中国国家安全的影响」『江南社会学院学报』15(1)：19-27。

満麗萍　2012　「移民社会学视野下的滇越边境非法跨国婚姻移民问题」『红河学院学报』10(1)：19-23。

馬平安・楚双志　1996　「移民与新型关东文化——关于近代东北移民社会的一点看法」『辽宁大学学报』5：25-28。

全信子　2012　「论跨国民族认同的场景与差异——以中国朝鲜族婚姻移民女性为例」『延边大学学报』5：87-94。

——　2004　「试析中国朝鲜族女性的涉外婚姻」『延边大学学报』37(4)：39-43。

王留静　2010　「农村部80后青年婆媳关系的现状及其影响因素——以豫南某村为例」『安

　　庆师范学院学报』29(7)：58-61。

徐安琪・葉文振　2002　「中国离婚率的部差异分析」『人口研究』26(4)：28-35。

朱考金・楊春莉　2007　「当代青年的婚姻成本研究」『中国青年研究』4：18-20。

尚会鹏・何祥武　2000　「乡村社会离婚现象分析──以西村为例」『青年研究』12：1-7。

# ベトナムにおける国際結婚

チャン　ティ　ミン　ティ
（徳宮俊貴訳）

　1990年代半ば以降、外国人男性と結婚し、夫の国へ移住するベトナム人女性は増え続けている。1995年から2015年の間に結婚移民となった女性のほとんどは、中国人、台湾人、韓国人男性と結婚した。

### 台湾人、韓国人男性との結婚

　台湾人、韓国人男性と結婚する女性は、ベトナムのなかでも最も貧しいコミュニティのあるメコンデルタ地域の地方出身者であることが圧倒的に多い。彼らと結婚する女性たちのうち、ホーチミン市出身の女性は、ある研究によるとたった5％であるのに対し、半数以上の女性がメコンデルタ地域の、カントー市（30％）、ドンタップ省（15％）、タイニン省（11％）の3地域出身である。

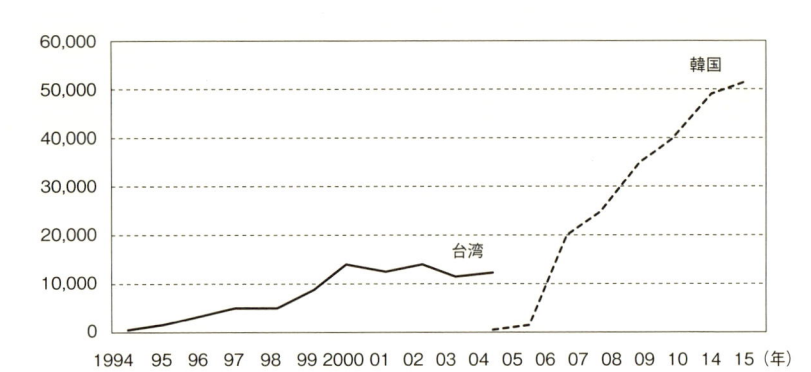

図1　台湾人・韓国人夫との婚姻数
注）筆者作成。

2010年6月時点で、8万人以上のベトナム人女性が台湾人男性と結婚しており、2014年で11万人、2015年で12万人に増加した。ただし2005年以降、この勢いは弱まっている。韓国人男性との結婚という「新しい波」が到来したことや、ベトナム人女性と台湾人男性との結婚に対する不幸なイメージが、マスメディアを通じて流布したことなどが原因である。

　ベトナム人女性が韓国人男性と結婚するという現象は、1995年、韓国で働き結婚するベトナム人女性の登場によって始まった。また2002年、ますます多くの韓国企業がベトナムに投資するようになり、韓国人男性が妻を見つけるためにベトナムへやって来るという傾向を促進した。国際結婚で韓国へ出ていく女性の数は、政府が厳しい諸政策を整備した2014年までは大幅に増加し、2015年現在、韓国にいるベトナム人妻の数は5万2,000人であった。

### 中国人男性との結婚

　一方、ベトナム北部では外国人男性と結婚する女性が比較的少なく、中国と国境を接する省（ランソン省、ラオカイ省、ライチャウ省、カオバン省、クアンニン省）か、あるいはハイフォン市のような、海外との強い貿易関係がある省出身の女性が、中国人男性と結婚するのが大半である。これは、ベトナムでは越境婚 Cross-border marriage と呼ばれている。この越境婚によるベトナム人女性の中国への移動は、戦後の越中関係の変化によるところが大きい。また、女性売買も密接に関連している。ベトナム人女性と、ベトナムの中国工場で働く中国人男性との同棲の数は増えており、結婚の届け出は実際より少ないと見積もられる。

### 結婚移民女性の特徴

　結婚移民となるベトナム人女性はどのような人たちなのだろうか。彼女たちは故国では、インフォーマルな労働（家事手伝い、職工など）や農業関係の職（小作農など）に就いており、経済的・社会的地位は平均より低い。行先の国で「専業主婦」になる割合は、移住前よりも3倍高い。また4人に3人が、キョウ

ダイが5人以上いる家族出身である。彼女たちの、実家に対する強い責任感と仕送りのための持続的な努力は、ジェンダーの不平等と娘の従属的地位を再生産している。彼女たちの親の88%が、台湾にいる娘から仕送りを受け取っており、それによってほとんどの世帯の経済状況は改善している。また、結婚移民を送り出した世帯の72%で、階層を少なくとも1つは上昇させている。

### 結婚移民の背景

彼女たちが国際結婚をする社会的な動機は何だろうか。

第一に、国境を越えた業務提携が挙げられる。労働移民のフローは2000年に激しくなり始め、同年半ばには、台湾がベトナムからの契約労働移民の送り先トップに立った。労働移民の存在は、台湾内部に、同じ家族、同じコミュニティ、同じ省出身の労働者どうしのエスニック・ネットワークの形成を促進した。彼ら労働移民はまた、公的な場（時には職場）で、結婚移民と接触した。このようにして結婚移民は、2国間の継起的なつながり、国境を越えた活動の一部となる。2006年以降、韓国への結婚は、韓国側の多文化主義政策の一環で手続きが簡素化されたこともあって、流行となっている。

第二に、「結婚産業」によって、あるグループの国際結婚が、故国の結婚移民地区に別の「回廊」を生み出してしまう、ということがある。すなわち、「玉の輿に乗る」ための、あるいは単に結婚するための多様な戦略は、われわれが「グローバルな結婚・生殖連鎖 *global marital and reproductive chain*」と呼ぶドミノ倒しをつくりだすのである。この表現は、国内外での家事・育児労働者の連鎖移民を言い表す「ケア・チェーン」の概念を真似たものである。これこそ、あるコミュニティに属する女性が、先行者の紹介を通じて同じ行先で結婚移民になるという現象の生じる理由である。

第三に、結婚移民は、「マリッジ・スクィーズ」と呼ばれる、適齢期の男女比の不均衡に強く影響されてきた。中国・韓国では現在、出生時性比の不均衡が深刻化している。何が何でも結婚せよという社会的圧力から、より人数の多い年齢集団に属する人々は、より若い年齢集団にパートナーを探さざるをえなく

なるので、マリッジ・スクィーズへの対応として、夫婦間の年齢差の拡大が許容されるようになる。同時に彼らはまた、他の国でパートナー候補を探すことも可能になった。したがって、過度の男女差は結婚移民の「プル」要因として作用すると同様に、潜在的な「プッシュ」要因にもなりうるのである。

　ベトナムは現在「二重のマリッジ・スクィーズ」を経験している。すなわち一方には、戦争の影響と男性の大量移民のせいで、女性が男性の数を超過している状況があり、他方には、隣国での女性不足に伴う性比の不均衡がある。こうしてマリッジ・スクィーズは結婚移民の動機づけとなる。少子化を含む「性・年齢構成」の変化は、出生時性比を拡大し、性選択的 *sex selective* な移民を増加させる。1979年のベトナム人口調査によれば、男性より150万人も女性が多かった。あの1975年の後10年間における男性の大量の移民と再統一は、適齢期の女性に対して結婚相手の不足を生み出した。

　マリッジ・スクィーズの原因は、出生時性比の激しい不均衡だけではない。つまり第四に、玉の輿に乗る（彼女たちよりも高学歴で、高収入を得ている男性と結婚する）という意味での、上昇婚 *hypergamy* に関係するマリッジ・スクィーズを指摘することができる。より多くの女性が高い教育を受け、より高い収入を得るのにともなって、「女性より高い」男性は不足してきている。学者たちは、このタイプの結婚選好が、東アジアの独身女性の高い割合を、どのよ

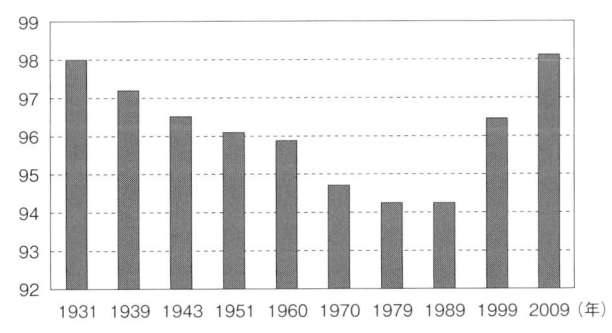

図2　1931～2009年のベトナムの人口における性比

注）筆者作成。

うに説明するかを示してきた。このタイプのマリッジ・スクィーズは、国内の結婚市場において社会的 – 経済的地位に不利な地位にある男性が、なぜ外国人妻を探すのか、についての一般的な説明となっている。

　このような社会的要因以外の個人的な動機として、メディアとグローバル化の影響により、外国人との結婚が富や安定や階層移動への簡単で確実な入口とみなされるようになっていること、などが考えられる。


付記
　本稿は Tran Thi Minh Thi, 2016 "Social Motivation and Cultural Experiences of Transnational Marriages among Vietnamese Women"（『東アジアにおける国際結婚と「地方的世界」』（国際研究集会報告集）所収）を抄訳したものである。

終　章

# 「地方的世界」における
# 国際結婚の21世紀的展開

## 受け入れ社会を中心として

平井晶子

## 1　21世紀における女性の国際移動

### 1.1　世界の人口バランス

　20世紀は明るい面からみると、工業化・産業化が飛躍的に進み、次々とモノが生み出された時代であった。農業生産・工業生産が増え、人も増えた。

　18世紀まで世界の人口はほぼ横ばいで安定していた。それが19世紀になると本格的に増え始め、20世紀に急増した。1900年には16億人、1950年には25億人、2000年には60億人へと50年ごとに倍増していった（図13-1）。21世紀に入ってもこの勢いは止まらず2050年には95億人に達すると予想されている。

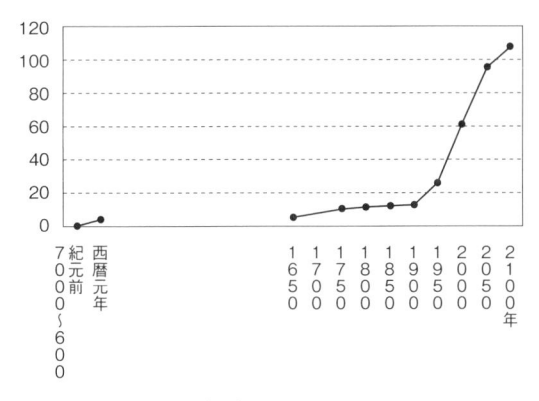

図13-1　世界の人口推移（紀元前7000～2100年）

出所）国立社会保／人口問題研究所「人口統計資料集」2015年。

表13-1 世界の主要地域の人口割合

| 地　域 | 1950年 | 1975年 | 2010年 | 2050年 | 2100年 |
|---|---|---|---|---|---|
| 先進地域 | 32.2 | 25.7 | 17.9 | 13.6 | 11.8 |
| 発展途上地域 | 67.8 | 74.3 | 82.1 | 86.4 | 88.2 |
| | 1950年 | 1975年 | 2010年 | 2050年 | 2100年 |
| アフリカ | 9.1 | 10.3 | 14.9 | 25.1 | 38.6 |
| アジア | 55.3 | 58.6 | 60.2 | 54.1 | 43.4 |
| ヨーロッパ | 21.7 | 16.6 | 10.7 | 7.4 | 5.9 |
| ラテンアメリカ | 6.6 | 8 | 8.6 | 8.2 | 6.8 |
| 北部アメリカ | 6.8 | 6 | 5 | 4.7 | 4.7 |
| オセアニア | 0.5 | 0.5 | 0.5 | 0.6 | 0.6 |

出所）国立社会保／人口問題研究所「人口統計資料集」2015年。

　すでに先進国の人口は現状維持もしくは減少局面に入っているが、途上国の人口増加は続いている。100億人近い人口を擁する2050年には、先進国人口は世界の13.6％で、途上国人口が86.4％を占めることになる。世界の不均衡は経済分野にとどまらず人口においても著しく進む。国際移動のいっそうの活発化は必然となるだろう（表13-1）。

　国境を越えて人・モノ・情報が行き交うグローバル化により国境の存在感は低下するとも考えられたが、実際には移動をコントロールするため国境の意義はますます大きくなった。「必要な人」「都合のいい人」は通過できるが、そうでない人は通れない、そんな壁に根本的な変化は起きなかった。

　現在、必要な人、都合のいい人として広く受容されるのが女性である。高齢化が進む先進国では介護を中心とするケア労働者を多数必要とする。高齢者割合の増加（高齢化）のみならず、高齢期の余命が延び、一人ひとりの介護期間が長期化していること、介護を社会化するため介護労働者を必要とするようになったことが大きい。その支え手として外国人労働者、とりわけ女性が重宝される。また、欧米では、性別役割分業を基盤とする近代家族がほどけ、脱近代家族化が進むことから家事・育児の外部化、社会化も進む。この新たな役割の担い手にも外国人労働者、とりわけ女性が求められる。この傾向は21世紀に入りますます強くなっている。

本書で扱った南北型の国際結婚も国際移動の女性化の一部を成す。南北型国際結婚では、基本的に女性が男性側へ移動するからである。

## 1.2　欧米先進国と東北アジア先進国の違い

　欧米先進国では、国境を越える東アジアの女性たち（東南アジアを含む広義の東アジア）をおもに労働者として受け入れているが、日本・韓国・台湾といった北東アジアの先進国ではおもに配偶者として受け入れている。シンガポールや台湾ではケア労働者として多くの外国人女性を受け入れているが、日本や韓国ではケア労働者は少なく、むしろ配偶者がその中心を成している（本書第11章で詳述されているように、ドイツ人男性がタイ人女性を配偶者として迎えている場合もあるが、ドイツ社会では東北アジアほどの存在感を示していない）。
　東アジアの女性が、「労働者」として存在感を放つ欧米先進国と、「配偶者」として存在感を放つ東北アジア先進国の違いはどこからくるのか。
　ひとつは、欧米は移民社会であり労働市場も結婚市場もすでに開かれていて、国籍が違うことでことさら「国際結婚」と認識される状況にはないことが挙げられる。ヨーロッパにはすでにユーロ圏が確立し、域内での移動は自由である。労働市場も結婚市場も開かれている。北米も移民社会であり、東北アジアに比べるとユーロ圏に近い状況ができている。ふたつめは、北東アジアのように強い結婚圧力が存在していないことである。あとつぎを確保するため結婚が必要という意識もなければ、高齢期のケアのために結婚しなければという意識も弱い。

## 1.3　西欧的結婚観と北東アジアの結婚観

　本書が外国人配偶者の受け入れ社会として取り上げた北東アジアの先進国、日本・韓国・台湾には現在の家族・人口状況に共通点がみられる。とくに顕著なのが、①未婚化・晩婚化、②低出生率、③女性のM字型就労の維持（性別役割分業の維持）、④介護の社会化の遅れである。近代家族が普及するなか、ほとんどの人が結婚し、平均2～3人の子供を育てるというかたちで家族形成が行われていたが、共稼ぎが広がらないこともあり、経済の先行きを考え結婚を先延ばしにするケースが増え、結果として未婚化が進んできた。若者は従来の近

代家族を形成するか、さもなければ独身で生きるかを選ばなければならない。また、結婚する割合が減るなか、子供が 2 人程度という状態は変わらず、出生率は低下した。

それに対して、西欧では、概して、生涯未婚率が高かった（Hajnal 1965ほか）。近代以前の伝統社会においても10〜20％の男女が生涯未婚で過ごした。未婚者が多い分、結婚した人の出生率は高く、人口は維持されていた。未婚でも生きていけるシステムが社会のなかに埋め込まれていたことになる。近代家族が浸透した20世紀でも生涯未婚率は急落せず、結婚しない生き方は保たれていた。そして、1980年代以降の家族の脱近代化・個人化の過程で、結婚と出産は必ずしも結びつくものではなくなり、未婚での出産や同棲生活、離婚・再婚によるステップ・ファミリーの形成など、結婚のかたち、カップルのかたちは多様化してきた（平井ほか 2017）。

東北アジアは結婚を前提とした社会であったため、未婚で生きるシステムや文化は十分に発達してこなかった。結婚のかたちが変わらないなか、未婚化への対応として南北型国際結婚が広がった。

## 2　東アジアにおける南北型国際結婚の実態

### 2.1　南北型国際結婚を理解する 3 つの柱

序章（7頁）では南北型国際結婚を解明するポイントとして次の 3 つを挙げている。①家族の再生産（再生産領域）、②グローバルな世帯保持、③ 2 つの地方的世界との関係である。結婚までのプロセス、夫婦生活の実態や問題点、子供と育児、移住先の地域社会での人間関係やネットワーク、実家や出身社会とのつながりなどを具体的に検討することでこの 3 点のありようを示すことが本研究の目的であった。これらの解明には、国際結婚を支援するための制度や政策の検討も欠かせない。

以下では、第Ⅰ部・第Ⅱ部で展開された受け入れ側社会ごとの議論をまとめ、比較検討しながら今後を展望する。

## 2.2 日本の国際結婚——豊岡周辺

日本は3ヶ国のなかで最も国際結婚の割合が少なく、全国平均が5％程度である。農村のみならず、近年は都市部でも国際結婚が増えており、対象地域がとくに多いとは考えにくい。小学校や中学校で少しずつ日本語が母語ではない子供たちが増えている段階である。

地域における国際結婚の正確な数字が出せないことからも分かるように、日本は国際結婚を支える公的制度が整っていない。台湾や韓国で広がっている「多文化家族支援センター」もなければ、日本語を学ぶ場も保障されてはいない。国際化が求められている地方自治体であるが、英語で行政サポートが可能な人材を確保するのがやっとで、国際結婚妻の出身地である中国語やベトナム語のサポートを積極的にしようという動きは、少なくとも本調査地では進んでいない。そんななか、日本語教育、通訳、行政資料の翻訳まで幅広く外国人居住者を支えているのがNPO法人「にほんご豊岡あいうえお」である（本書コラム1参照）。当NPOが始動したのは2012年からであるが、すでに地域に定着し、なくてはならない存在となっている。

このような豊岡周辺の国際結婚の特徴は以下のとおりである（表13-2参照）。

国際結婚カップルの出会いには2つのパターンがあり、フィリピン人妻と夫の出会い方のように、すでに日本で住んでいる女性が友人や知人を介して夫と出会うパターンと、中国人妻やベトナム人妻のように、女性は自国に住んでいて、斡旋会社や知人を通して日本人男性と知り合い、結婚して初めて日本に来るパターンである。フィリピン人妻たちは一度地元に戻り地元でも結婚式を挙げ妻の親族にお披露目し再び来日する。他方、紹介で出会って初めて日本に来る中国人妻たちには30歳代、40歳代の再婚者が多く、地元で式を挙げることもなく、1人で来日するケースが多い。

夫の多くは結婚時点で40歳代、50歳代であるが、専業で農業する人はほとんどおらず、工場勤めや自営業者が多い。

豊岡周辺の調査対象者は結婚後10年以下の人が大半で、移住先で余裕をもてるほどの時間は経過していない。いくぶん「慣れてきた」程度である。

彼女らの結婚生活で特徴的なのは、妻の連れ子との同居が珍しくないこと、

（夫の親は他界しているケースも多いが）夫の親とは同居が多いこと、夫は「妻の文化」を理解し、「結婚生活を大切にしている」と妻たちが感じていることである。

　妻たちには仕事をしたい人が多く、実際に工場に勤めている場合が多い。ケア労働への期待が台湾では強いが、豊岡ではほとんどいなかった。

　子供について顕著なことは、「（今の夫婦の）子供がいない」が半数にのぼることである。夫は40歳を、妻は30歳を過ぎてからの結婚であること、そのなかには夫50歳以上、妻40歳以上での結婚もあることから、初めから子供を期待していない結婚があることがうかがえる。他方、子供を育てている人たちは、小さい子供を抱えながらも「子育ては楽しい」と回答する（子供が小さいから深刻な悩みがなく「楽しい」と答えられるのかもしれない）。

　実家への経済支援では、「定期的に送金する」「定期的ではないが経済的支援をする」「経済的支援はしない」が３分の１ずつである。定期的な送金はむしろ少数派である。

　将来的に母国に帰ることを考えている人は少なく、日本で生きていく前提で暮らしている。

## 2.3　韓国の国際結婚——論山市と礼山郡

　韓国の国際結婚比率は、2008年に全結婚の11％を占めるなど日本の２倍もあり、社会でも広く認知されている。本研究で調査した論山市と礼山郡ではさらに国際結婚割合が高く、多いときには結婚の15〜20％が国際結婚となっていた（本書第６章、表６-３参照）。外国人妻の出身はおもにベトナム、フィリピン、中国である。

　韓国では国際結婚が増えたこともあり、国際結婚を支える制度は充実している。外国人妻への韓国語教育から生活支援、就業支援まで様々に展開している。女性への支援だけではなく、夫に妻の文化的背景を理解しやすくするための多文化教育も社会をあげて実施している。地方自治体には必ず「多文化家族支援センター」があり、専門家（ソーシャルワーカーなど）がいて、きめ細かな支援が行われている（本書第７章参照）。

　その論山市と礼山郡の国際結婚には次のような特徴がみられた（朝鮮族との

結婚は2割にも満たないため、ここではまとめて整理する)。

　出会いは、友人や知人の紹介、斡旋会社を通したものが多く、結婚を契機に韓国に来た人が多い。結婚時の女性の年齢は比較的若い（20歳代、30歳代）が、夫婦の年齢差が大きく（6割が10歳以上の差）、夫の年齢は高い。夫は工場勤務または農業従事者で、夫婦共に初婚である。対象者は結婚10年程度の夫婦が多い。

　妻の4割は仕事をしていない。子供がまだ小さいためかもしれない。

　結婚時の妻の年齢が若いこともあり、子供がいる夫婦が多い。妻たちは「韓国での子育ては大変」と感じている。国際結婚の夫婦やその子供への公的支援が充実していることもあり、良くも悪くも韓国式の子育て環境のなかにどっぷりと組み込まれているからかもしれない。

　夫の親との同居は少なく（死別している割合は日本ほど高くない）、別居が目立つ。

　妻の実家への経済支援は、定期的な送金をしている人が3割、「経済的支援をしていない」のが半数である。韓国でも「国際結婚＝実家への経済支援」という図式はあてはまらない。

## 2.4　台湾の国際結婚──金門

　台湾は、韓国よりも国際結婚比率が高く、韓国と同程度の高水準の国際結婚家庭への公的支援を実施している。両国とも試行錯誤の末、現在では同化のためのサポートではなく「多文化」家族のよさを引き出し、広く多文化社会を構築しようという前向きな方向で支援が行われている。

　本研究の対象地、金門でも台湾の全国平均より国際結婚割合が高い。まさに地域社会の不可欠な要素になっている。小学校でも生徒の4分の1が国際結婚夫婦の子供となり、母親が外国出身者であることは特別なことではなくなった。地域社会としても、地元の若い女性が都市へ移動するなか、入ってきてくれる外国人女性の存在感は非常に大きい。

　金門で調査対象となった女性たちは、日本や韓国に比べ「ベテラン」組が多い。結婚20年以上のカップルがいるなど、15年を過ぎたカップルが大半を占めている。結婚生活が安定し、金門に根を張って生きる人々の声が聞こえてくる

資料となった。

　出会いは知人や親族の紹介が多い。インドネシアやベトナムであってもそうである。金門は20世紀前半、移民の送り出し社会であり、東アジア一帯に金門出身者が多く暮らしているからである。

　夫は30歳代、40歳代で、妻は20歳代、30歳代の結婚が多い。日本や韓国のように年齢差が大きいカップルは少なく、台湾人同士の結婚と大きく変わらない年齢差となっている。夫は工場勤めや事務や営業のサラリーマンが多く、男女とも初婚が多い。妻たちは基本的には就労している。加えて、国際結婚に関連するボランティア活動を行っている人も多い。

　男女とも若くして結婚していることもあり、たいていの夫婦に子供がいる。3人以上の子供がいることも珍しくない。子育てについては「金門だから」「台湾だから」大変とは言わないが、「どこでやっても大変」と回答している。子供数が多いことも関係しているのかもしれない。インタビューで浮かび上がったように、結婚年数が長く、子供が大きいことから、進路の悩みも抱えている。子供の世話という段階ではなくなっている分、単純に「楽しい」とも回答できず、多様な意味をこめて「どこでやっても大変」と回答しているのかもしれない。

　実家への経済支援については8割以上の人が「一切していない」と答えている。今、目の前の暮らしが大事で、子育てにもお金がかかる時期でもあり、経済支援が難しいこともあるかもしれない。また長い年月がたち、実家の方でも支援を必要としなくなったことも考えられる。「昔は実家に帰りたかったけど、今はそのお金があれば別のことに使いたい」「たまに帰れたらそれでいい」という言葉からも、時間が経つことで実家との関係が変化している様子がうかがえる。結婚という長いプロセスの流れを質問紙調査で捉えることは難しい。結婚生活が長い台湾の事例で痛感した。

## 3　受け入れ社会の特徴

### 3.1　社会間の比較

韓国や台湾では国際結婚のピークは過ぎたが、国際結婚は男性の選択肢のひ

とつとして定着してきた。公的支援の充実ぶりからも分かるように、社会にも広く受け入れられている。とくに金門では20歳代の若者が普通に選ぶ選択肢になってきている。

　移住する女性側でも国際結婚のハードルは下がってきた。携帯電話の進化や航空運賃の値下げにより出身地との関係は20年前とは異次元のものになっており、物理的には夫のもとに暮らしても、精神的には実家や出身地とつながりながら暮らすことが可能になったからである。

　韓国、台湾では国際結婚家族への支援も充実し、社会参加や子育てが以前よりも普通に行えるようになってきた。そのため、韓国・台湾の国際結婚家庭には比較的類似点も多く、結婚のひとつのかたちとしての国際結婚が見えてきた。

　ところが日本では公的支援もなく、半分は老後のケアを考えた結婚となっている。また、移住する中国人妻にしても、連れ子の将来を考え日本に「就職」するかのような結婚をしている。社会的承認もなく、受入体制もないため、韓国や台湾のような「普通の結婚」としての国際結婚は一部にとどまっているのではないか。結婚市場がグローバル化するなか、日本の魅力は「円」という経

表13-2　国際結婚の日韓台比較の概要

| | 日本<br>豊岡周辺 | 韓国<br>論山市と礼山郡 | 台湾<br>金門 |
|---|---|---|---|
| 妻の出身 | 地方 | | 大都市 |
| 出会い | 日本：知人・職場<br>妻の国：知人・仲介業者 | 妻の国：知人・斡旋 | |
| 結婚期間 | 5〜10年 | 10年程度 | 15〜20年 |
| 結婚歴 | 子連れ再婚・初婚 | 初婚 | |
| 現在の夫婦の子ども | 子供あり：半数 | 子供あり：ほとんど | |
| 子育て | 楽しい | 韓国では大変 | どこでも大変 |
| 夫の親との同居 | 同居・近居か他界 | 同居・別居 | |
| 実家への経済支援 | 過半数 | 半数 | 少数 |
| 制度や政策 | 弱い | 充実<br>多文化家族支援<br>多文化政策 | 充実<br>新移民・新台湾の子支援<br>多文化共生教育 |

済力、子育てによい教育環境しかないのか。だとすれば今後、経済格差が縮小し円の力が低下すると、国際結婚の展開は難しくなっていくのではないだろうか。

　また、3地域に共通することとしては、ケア労働に従事する外国人妻が少なかったことである。いずれの社会も介護労働者が不足しており、国際移動の女性たちには介護労働市場への参入を期待しているところもある。しかし、同じ女性の国際移動でも「労働」と「結婚」のあいだには当事者のなかに大きな違いがあり、一緒にされたくないという思いがあるのかもしれない。

## 3.2　3つのポイントでみる国際結婚

　最後に、上述の3つのポイントから国際結婚の今を考えつつ今後の課題をまとめてみた。

　家族の再生産機能に注目すると、次世代再生産を期待する結婚と老後のケア・日常のケアを期待する結婚に分かれる。韓国、台湾では次世代再生産が強く期待されているが、日本は両方が混在している。夫婦の次世代再生産を期待する夫婦、（妻の）連れ子の養育と（夫の）老後のケアを期待する夫婦、夫の老後のケアを期待する夫婦である。

　連れ子の養育については3地域ともに「新しい課題」と認識されていた。いわゆる中学生以上になって移住先に来た子供について、家庭での問題もあるが、言葉の問題が進路や就職といった人生を左右するところに直結するため喫緊の課題になってきたからである。今後さらに増加が見込まれるこの課題に対し、早急な対応が望まれる。

　グローバルな世帯保持機能の働きは、日本＞韓国＞台湾の順となっており、出身地と移住先の経済格差が大きいほど、その機能が大きいようにみえる。ただし、上述のように結婚期間やライフステージの違いが実家への経済支援に影響を与える可能性もあり、より包括的な研究が求められる。

　2つの地方的世界との関連については、移住先の社会と出身地、それぞれの関わりを視野に調査を行った。移住先の地方的世界との関連では、子供を通したつながり、仕事を通してのつながり、外国人妻同士のつながりにポイントがあると考えられる。地方であっても、昔のような密度の高い地域コミュニティ

表13-3 3つのポイントでみる日韓台の国際結婚

| | 日本 | 韓国 | 台湾 |
|---|---|---|---|
| 家族の再生産機能 | 次世代のための結婚<br>（実子／連れ子）<br>ケアのための結婚 | 次世代のための結婚<br>（夫婦の年齢差大） | 次世代のための結婚*<br>（夫婦の年齢差小） |
| グローバルな世帯保持機能 | 強い | 中 | 弱い |
| 地方的世界との関連 | 夫側：弱い<br>妻側：強い | 夫側：家族<br>妻側：中 | 夫側：強い<br>妻側：弱い |

注）*他の研究ではケアのための結婚も指摘。

が生きているわけではない。そこに住むだけではつながりにくい構造がある。子供を通しての親どうしのつながりや、職場で友人関係を広げることが地域に根を下ろすことにつながる。また、外国人妻の支援組織に関わることで絆が形成される事例が台湾ではみられた。本書第3章で述べられているように、日本では難しいという指摘もあるが、NPOなどを拠点に相互交流が深まる可能性は秘めていると思われる。今後の展開を見守りたい。

　また、韓国や台湾では移住女性をきっかけに、多文化・多言語社会を形成する取り組みを本格化させている。親の言語が別々で、自ずとバイリンガルになることはその言葉がなんであれ「トク」だと思われる文化が社会のなかに育っている（台湾）。金門の「新台湾の子」らは自分の将来をグローバルに捉え、金門や台湾に閉じてはいない。台北の国際結婚夫婦は、将来、台北と妻の出身地を行き来しながら過ごす老後を計画していた。彼らはいずれかの国籍、いずれかの永住権を持ち軽々と国境を越えて日常を過ごす。

　台湾や韓国のように国際結婚を支える制度が整い社会のなかに浸透することで、現実味のある多文化・多言語社会が生まれつつある。まずは日本もそこまで追いついていくべきではないだろうか。

注
1　国際移動の女性化はさまざまな研究者により指摘されている。詳細は本書の序章や伊藤・安達（2008）、Hochschild and Ehrenreich（2003）を参照。

**参考文献**

伊藤るり・安達眞理子編　2008　『国際移動と〈連鎖するジェンダー〉——再生産領域のグローバル化』作品社。

平井晶子・床谷文雄・山田昌弘編　2017　『出会いと結婚』日本経済評論社。

Hajnal, John, 1965, European Marriage Patterns in Perspective. In D. V. Glass and D. E. C. Eversley (eds.), *Population in History: Essays in Historical Demography*. London: Edward Arnold（＝木下太志訳、2003「ヨーロッパ型結婚形態の起源」速水融編　『歴史人口学と家族史』藤原書店）。

Hochschild, Arlie R. and Barbara Ehrenreich, 2003, *Global Women: nannies, maids, and sex workers in the new economy*. Granta Books.

# おわりに

　本書では、国際結婚の主要な受け入れ社会である日本、韓国、台湾における質問紙調査と聞き取り調査が重要な位置を占めている。しかも質問紙調査では共通の調査項目の質問票を使用することによって、日韓台の国際結婚の相互比較が可能になるように設計されている。このような質問紙調査の試みは、これまでの国際結婚研究において内外ともに皆無だといってよかろう。それだけに、この新しい試みを実現するためには多くの困難もあったが、多大の協力・支援を得ることによって、ほぼ目標どおり実施することができた。

　日韓台の現地では、従前より様々な協力関係にあった研究協力者らの尽力を得ることができた。日本の調査ではNPO法人「にほんご豊岡あいうえお」の河本美代子理事長と岸田尚子氏、韓国の調査では忠清南道女性政策開発院のキム・ヨンジュ（金榮珠）博士、台湾の調査では国立金門大学の黄嘉琪助理教授に特別にお世話になった。これら内外の協力者なしには、本研究は決して実現できなかった点を強調しておきたい。

　また質問紙調査に使用する多言語の調査票の作成、そして回収した調査票の電子データ化や集計も大変に手間のかかる作業であったが、本書の執筆にも加わっている連興檳氏と胡源源氏がこれらを中心になって担った。博士後期院生だった胡氏は前者を、ポスドク研究員であった連氏は後者を主に担当した。両氏とも現在は中国で職を得て帰国し、連氏は深圳大学、胡氏は山東大学の新米教員となっている。両氏からの支援を直接受けられなくなったことは大きな痛手だが、それぞれが研究者として新しいステージに立つことができたことは大きな喜びである。

　ところで本書は、私たち国際結婚研究グループの成果にとどまらず、神戸大学大学院人文学研究科の社会学研究室を拠点とする東アジアの実証的研究の成果の一環をなす。神戸大学の研究室はこの間、東アジアに焦点を当てた研究を行い、とりわけタイ研究の専門家であった北原淳先生（故人）、そして中国研

究の専門家である佐々木衞先生の指導のもとで、若手研究者や大学院生の積極的な参加を募りながら共同研究を行い、その成果を継続的に上梓してきた。書籍として出版された主なものには、北原淳編『東アジアの家族・地域・エスニシティ——基層と動態』（東信堂、2005年）、佐々木衞編『越境する移動とコミュニティの再構築』（東方書店、2007年）、藤井勝・高井康弘・小林和美編『東アジア「地方的世界」の社会学』（晃洋書房、2013年）がある。こうした研究の流れに本書を位置づけるなら、第四の書籍となる。

　第一の書は、社会学的研究の基本的なテーマとなる家族、地域社会、エスニシティを取り上げ、第二の書は現代の人の移動、とりわけグローバル化を背景とする、国境を越える移動や移住という切り口から社会分析を行い、第三の書では、基礎的な定住社会である地方社会に焦点を置いて東アジアの社会変動の特質や多様な展開を解明した。これに対して、第四の書である本書は、越境する移動・移住（第二の書）と地方社会の変容（第三の書）という２つの主題を、結婚（第一の書のなかの家族に対応）、とくに国際結婚という社会現象と結びつけて考察したものである。これらの書を通じて、現代の東アジアに対する認識が深まることを期待したい。

　本書を終える前にもうひとつ触れたいことがある。台湾の共同研究者であった黄嘉琪助理教授が、2016年５月に病気のために急逝されたことである。それまで体調を崩していることはまったく聞かされていなかったので、私たち一同はただ驚くばかりだった。台湾での質問紙調査が終わった後、その報告と今後の研究の打合せのため2015年11月に神戸大学に来学され、私たちと会合をもち、ささやかな懇親の場を共にしたのが、最後にお目にかかる機会となった。本書でもご執筆いただく予定であったが、実現できなかった。大変残念である。代わりとして、以前、科研報告書に執筆していただいた英文原稿の一部を翻訳して、本書の「コラム」として掲載させていただいた。

　先生は、神戸大学人文学研究科博士後期課程を修了して博士号を取得し、日本学術振興会海外特別研究員などを務められた後に、国立金門大学助理教授に就任された。神戸大学大学院在学中から社会学研究室内外の様々な研究やイベントに積極的に関わってこられた。この間の国際結婚の研究でも、最初の科研の頃から積極的に関わってくださった。とくに二番目の科研からは台湾調査の

コーディネーター役を務め、高雄市で実施したワークショップや現地調査では八面六臂の活躍をしていただいた。もちろん質問紙調査の実施でも、すでに述べたとおりの貢献をしてくださった。その明るく、人懐こい人柄、そして適度に茶目っ気のある言動によって、周りの人々にとってはありがたい潤滑油の役をいつも担ってくださった。それだけに、本当は細やかな気遣いのある、繊細な心の持ち主だったと推察している。

　藤井の方は、いつか台湾もタイも対象となるような調査研究を企画し、今度はタイ調査のコーディネーター役となって、先生のタイ調査の案内役を務めたいと願っていたが、叶えることができなかった。一方、平井の方は、20世紀の台日関係を、黄先生の本職であるライフヒストリー研究を軸に展開できればいいなあと、20年後を見据えたプランを練っていたが、こちらは始めることもできなかった。先生のご冥福を心よりお祈りしたい。

　最後になったが、出版事情の厳しいなかで本書の出版をお引き受けいただいた昭和堂、また本書の編集のためにご尽力いただいた松井久見子氏に心より感謝を申し上げるものである。

　　2018年10月

藤井　　勝

平井　晶子

# 付　録

## 調　査　票
### （豊岡地域用・日本語版）

　日本では本調査票（日本語版）および、その翻訳版を使用した。韓国と台湾でも、調査地に合わせて前書きや地域名を変更するなどした上で、本調査票（翻訳版および日本語版）を使用した。調査票の言語別一覧は、以下の表のとおりである。なお韓国の中国語版調査票については、中国朝鮮族妻の言語文化等が一般の中国人妻とは異なるため、その点を考慮した中国朝鮮族用の調査票を別途用意した。

| | | 調査地 | | |
| --- | --- | :---: | :---: | :---: |
| | | 日本 | 韓国 | 台湾 |
| 調査票の言語別種類 | 日本語 | ○ | ○ | ○ |
| | 英語 | ○ | ○ | ○ |
| | 中国語 | ○ | ○一般用<br>○中国朝鮮族用 | ○ |
| | 韓国語 | ○ | ○ | ○ |
| | タガログ語 | ○ | ○ | ○ |
| | ベトナム語 | ○ | ○ | ○ |
| | タイ語 | ○ | ○ | ○ |
| | インドネシア語 | | | ○ |

注）該当者がいないなどの理由で、実際には使用されなかった調査票も含む。

# 国際結婚調査・質問票

**（お願い）**

　私たちは、日本の文部科学省の助成をうけて、東アジアの国際結婚の研究を行っています。そして、その研究の一環として、日本・韓国・台湾で国際結婚をしている女性を対象として、アンケート調査を行っています。日本では、兵庫県豊岡市およびその周辺地域に住んでいる国際結婚女性を対象として、アンケート調査を実施しています。

　このアンケート調査は学術的な目的でなされます。調査結果はすべて統計的に処理され、調査に協力していただいた方々のプライバシーや個人情報も厳格に保護されます。何卒ご協力下さるようお願いします。

　<u>なお、この質問票には、国際結婚のために日本に住むようになった女性（外国出身の女性）がお答え下さい。</u>

2014年11月

実施者：神戸大学大学院人文学研究科社会学研究室

（代表：藤井　勝）

電話：○○○-○○○-○○○○

## （Ⅰ）あなたのことについて教えて下さい。

1-1　あなたは現在どこに住んでいますか。

　　1．豊岡市　　　2．香美町　　　3．養父市　　　4．朝来市

　　5．その他（具体的に：　　　　　　　）


1-2　あなたの出身国は、どこですか。

　　1．中国　　2．韓国　　3．台湾　　4．フィリピン　　5．タイ

　　6．ベトナム　　7．インドネシア　　8．カンボジア

　　9．その他（具体的に：　　　　　　　）


1-3　あなたの出身地は、出身国のどの地方ですか。

　　（例）「○○県△△市」　　　　　　　　　　　　　


1-4　あなたの出身地は、どのような特徴がありますか。

　　1．大都市　　　2．地方都市　　　3．田舎町　　　4．農村や漁村

　　5．その他（具体的に：　　　　　　　　　　）

1-5　あなたの生年、続柄、学歴などについて教えて下さい。

　　(A)　生年　　　西暦　　　　年

　　(B)　何人きょうだいの何番目ですか。　　（　　）人きょうだいの（　　）番目

　　(C)　兄弟姉妹の構成を教えてください。

　　　　　1．一人っ子である　　　　2．兄弟だけいる　　　　3．姉妹だけいる

　　　　　4．兄弟も姉妹もいる　　　5．その他（具体的に：　　　　　　　）

　　(D)　最後に卒業した学校はどこですか。

　　　　　1．小学校　2．中学校　3．高等学校　4．短期大学や専門学校

　　　　　5．大学　6．大学院　7．その他（具体的に：　　　　　　）


1-6　あなたは国際結婚をする前、おもにどのような職業に就いていましたか。

　　　　1．工場で働く　2．商店や食堂で働く　　3．会社や団体の事務や営業

　　　　4．農業や漁業　5．専門職（教員・エンジニアなど）

　　　　6．無職（家事手伝いを含む）　7．学生　8．その他（具体的に：　　　　　）


1-7　国際結婚のために日本に来て、最初に職業に就くのに何年かかりましたか。

　　　　1．1年未満　　　2．1〜3年　　　3．4〜7年　　　4．8〜10年

　　　　5．10年以上　　　6．職業に就いたことがない


1-8　その時に、どのような職業に就きましたか。

　　　　1．工場で働く　2．商店や食堂で働く　3．会社や団体の事務や営業

　　　　4．農業や漁業　5．専門職（教員・エンジニアなど）

　　　　6．職業に就いたことがない　7．その他（具体的に：　　　　　）


1-9　現在、あなたは主にどのような職業に就いていますか。

　　　　1．工場で働く　2．商店や食堂で働く　3．会社や団体の事務や営業

　　　　4．農業や漁業　5．専門職（教員・エンジニアなど）

　　　　6．職業に就いていない　7．その他（具体的に：　　　　　）


1-10　あなたは、夫の国の言葉（日本語）をどの程度修得していますか。

　　　（会話）　　　1．十分できる　2．ある程度できる　3．ほとんどできない

　　　（読み書き）1．十分できる　　2．ある程度できる　3．ほとんどできない

1－11　あなたの出身家族は、現在どのような構成ですか。

　　1．両親のみ　　　2．片親のみ　　　3．親と未婚の兄弟姉妹

　　4．親と既婚の兄弟姉妹　　　5．実家はない

　　6．その他（具体的に：　　　　　　　）


1－12　あなたは、出身家族のもとにどのくらいの頻度で帰りますか。

　　1．毎年　　　2．2～3年に一度　　　3．4～5年に一度

　　4．ほとんど帰らない


1－13　出身家族のもとに帰る時、あなたはどの程度の期間滞在しますか。

　　1．1週間未満　　　2．1週間～1ヶ月　　　3．1ヶ月～半年

　　4．半年以上　　　5．ほとんど帰らない


1－14　あなたは、出身家族に対して、以下のような支援をしていすか。<u>当てはまる
　　ものをすべて選んで下さい。</u>

　　1．お金を定期的に送る（ここ数年で、平均して毎年 ［　　　　　］円）

　　2．家の新築や改築の資金を出す　　　3．兄弟や親族の学資を出す

　　4．土地や農地を買う　　　5．自動車や機械の購入の資金を出す

　　6．その他（具体的に：　　　　　　　）　　　7．支援をしていない


1－15　あなたは出身の地域社会に対して、以下のような寄付をしていますか。<u>当て
　　はまるものをすべて選んで下さい。</u>

　　1．宗教施設に寄付　　　2．学校に寄付　　　3．一族に寄付

　　4．行事や祭礼に寄付　　　5．行政機関に寄付

　　6．その他（具体的に：　　　　　　　）　　　7．寄付をしていない


1－16　あなたは、帰国時に自身の結婚について地域社会の人々に話をしますか。

　　1．よく話す　　2．ある程度話す　　3．あまり話さない　　4．話さない


1－17　あなたの出身の地域社会では、国際結婚は増加していると思いますか。

　　1．大変増加　　　2．ある程度増加　　　3．あまり増加せず

　　4．むしろ減少　　　5．大いに減少

（3）

1-18 あなたの国籍は、どのようになっていますか。

　　　1．母国の国籍　2．夫の国（日本）の国籍　3．その他（具体的に：　　　　）

（Ⅱ）あなたの現在の結婚について教えて下さい。

2-1　現在の夫とはどこで最初に知り合いになりましたか。

　　　1．自分の母国　　　2．夫の出身国（日本）　　　3．それ以外の国

　　　4．インターネットのなか　　　5．その他（具体的に：　　　　　）

2-2　どのような契機で知り合いましたか。

　　　1．旅行や行楽での出会い　　　2．学校や職場での出会い

　　　3．友人や親族の紹介　　　　4．斡旋会社（そのHP）の仲介

　　　5．その他（具体的に：　　　）

2-3　結婚したのはいつですか。　　西暦　　　年

2-4　結婚式は、どこで行いましたか。

　　　1．自分の国　2．夫の国（日本）　3．両方の国　4．それ以外の国

　　　5．式はしていない　6．その他（具体的に：　　　　　）

2-5　結婚と来日の関係はどのようになっていますか。

　　　1．結婚前から日本に居住　　　2．結婚と同時または直後に来日

　　　3．結婚後、数年経ってから来日→結婚（　　　　　）年後に来日

　　　4．その他（具体的に：　　　　）

2-6　現在の夫と結婚する前に、結婚歴がありますか。よろしければお教え下さい。

　　　1．初婚　　　2．結婚経験あり　　　3．結婚経験があり、子供もいる

　　　4．その他（具体的に：　　　）

2-7　現在の夫について教えて下さい。

　　　(A)　生年　　西暦　　　年

　　　(B)　主な職業は何ですか。

（4）

1．工場や現場で働く　　　　2．商店や食堂で働く

　　　3．会社や団体の事務や営業　　4．農業や漁業

　　　5．工場や事業所の自営　　　　6．専門職（教員・エンジニアなど）

　　　7．停年退職　　　8．無職　　　9．その他（具体的に：　　　　　）

　(C)　何人きょうだいの何番目ですか。　　（　　）人きょうだいの（　　）番目

　(D)　兄弟姉妹はいますか。

　　　1．一人っ子である　　　2．兄弟だけ　　　3．姉妹だけ

　　　4．兄弟も姉妹も　　　　5．その他（具体的に：　　　　　　）

　(E)　あなたとの結婚は、初婚ですか。

　　　1．初婚　　　2．結婚経験があるが、子供はいない

　　　3．結婚経験があり、子供もいる　4．その他（具体的に：　　　　　）


2−8　現在のあなたの家族には、あなたの夫婦以外にどのような人がいますか。<u>当
てはまる人をすべて選んで下さい。</u>

　　　1．自分たちの子供　　　2．自分の連れ子　　　3．夫の連れ子　　　4．夫の父

　　　5．夫の母　　　　　　　6．夫の兄弟姉妹　　　7．夫の兄弟姉妹の配偶者

　　　8．夫の兄弟姉妹の子供　9．夫の祖父母　10．その他（具体的に：　　　　　）


2−9　現在のあなたの家族の暮らし向きは、どのような状態ですか。

　　　1．十分に良い　　2．ある程度良い　　3．あまり良くない　　4．悪い


2−10　あなたの夫は、あなたとの結婚生活を大切にしていると思いますか。

　　　1．十分にしている　　　2．ある程度している　　　3．あまりしていない

　　　4．まったくしていない


2−11　あなたの夫は、以下のようなことをどの程度しますか。

　(A)　家事や育児への参加（子供がいない場合は、チェック→　□）

　　　1．よくする　2．ある程度する　3．あまりしない　4．しない

　(B)　あなたの実家の訪問（実家がない場合は、チェック→　□）

　　　1．よくする　2．ある程度する　3．あまりしない　4．しない

　(C)　あなたの実家への経済的な支援（実家がない場合は、チェック→　□）

　　　1．よくする　2．ある程度する　3．あまりしない　4．しない

（5）

(D) あなたの母国の文化・習慣の理解

    1．よくする　　2．ある程度する　　3．あまりしない　　4．しない


2－12　あなたの作る食事で、あなたの夫が一番好きなメニューは何ですか。

    1．日本料理　　　2．あなた（妻）の国の料理　　　3．欧風料理

    4．その他（具体的に：　　　　　　　　） 5．食事はほとんど作らない


2－13　あなたは、夫との離婚を考えたことがありますか。

    <u>1．しばしば考えている</u>　　　　<u>2．時々考えることがある</u>

    3．あまり考えたことがない　　　4．まったく考えたことがない


<u>（「1．しばしば考えている」や「2．時々考えることがある」を選んだ場合）</u>

そのように考えるようになった主な理由を、1つだけ選んで下さい。

    1．夫と性格が合わない　　　　　　　2．夫の態度や考え方に不満がある

    3．夫に経済的能力がない　　　　　　4．夫の家族・親族に不満がある

    5．今住んでいる地域に不満がある　　6．この国（日本）が嫌いである

    7．夫などが自分の実家のことを理解してくれない

    8．その他（具体的に：　　　　　　　）


**（Ⅲ）子育てについて教えて下さい。**

3－1　現在の夫との間に、子供は何人いますか。→　　（　　　　　）人
　　　　　　　　　　　　　　　　　　　　　　　　　　（子供がない→「0」）

〈その内訳〉

第1子　年齢（　　歳）性（男・女）　国籍（　　　　）

第2子　年齢（　　歳）性（男・女）　国籍（　　　　）

第3子　年齢（　　歳）性（男・女）　国籍（　　　　）

第4子　年齢（　　歳）性（男・女）　国籍（　　　　）

1．自分（妻）の母国の国籍　2．夫の国の国籍　3．二重国籍

〈上記の質問「3－1」で、子供のいる方　→次の質問「3－2」へ進んで下さい〉

※子供のいない方　→　(Ⅳ) 夫の家族・親族の質問「4－1」から答えて下さい。

3－2　あなたは、これらのお子さんの子育てをどのように感じていますか。あなた
　　　の感じ方に一番近いものを1つ選んで下さい。

　　　　1．子育てはどこでやっても大変だ　　2．とくに日本での子育ては大変だ

　　　　3．国際結婚での子育ては大変だ　　　4．子育ては大変だとは思わない

　　　　5．子育ては楽しい　6．その他（具体的に：　　　　　　　）


3－3　これらのお子さんの子育てにおいて最も困難に感じることは何ですか？あ
　　　なたの感じ方に一番近いものを1つ選んで下さい。

　　　　1．子どもの養育の仕方について夫（またはその家族）と葛藤がある

　　　　2．日本語を教えにくい　　　　　3．子供の世話をする人や施設が少ない

　　　　4．養育費や教育費の支出が多い　　5．子供の健康や行動に問題がある

　　　　6．子供が学校生活に適応できない　7．その他（具体的に：　　　　　）

　　　　8．困難がない


3－4　現在、これらのお子さんの教育について重要なことは何だと思いますか。と
　　　くに当てはまるものを 2つ 選んで下さい。

　　　　1．日本語能力を高める　　　2．学業の成績を高める　　　3．学歴を高める

　　　　4．家庭内の人間関係を円滑にする　　　5．家庭外の人間関係を円滑にする

　　　　6．自分（母親）の母国の言葉や文化を身につけること

　　　　7．その他（具体的に：　　　　　　　）


3－5　これらのお子さんに、あなたの母国語をどの程度教えたいですか。

　　　　1．あいさつ程度　　2．日常会話程度　　3．読み書きができるまで

　　　　4．何も教える気はない　　5．その他（具体的に：　　　　　　　）


3－6　（小学生以上のお子さんについて）これらのお子さんの学校外での学習は、
　　　おもにだれが見ていますか。1つだけ選んで下さい。

　　　　1．あなた自身　　2．子供の父親　3．父母以外の家族や親族

　　　　4．塾や家庭教師　5．NGO などの支援センター　6．だれも見ていない

　　　　7．その他（具体的に：　　　　　）　8．該当する子供がいない

（7）

4－1　あなたは、夫の親や親族とどの程度会っていますか。

　　(A)　夫の親に会う頻度

　　　　1．ほぼ毎日　2．週1回以上　3．月1回以上　4．半年に1回以上

　　　　5．ほとんど会うことはない　　6．すでに他界している

　　(B)　夫の親以外の親族に会う頻度

　　　　1．ほぼ毎日　2．週1回以上　3．月1回以上　4．半年に1回以上

　　　　5．ほとんど会うことはない　　6．すでに他界している


4－2　あなたは夫の家族・親族の宗教的行事にどのように関わっていますか。

　　　　1．いつも中心的役割を担う　2．時々は中心的役割を担う

　　　　3．手伝いをする程度　　　　4．ただ参加するだけで手伝いなどはしない

　　　　5．宗教的行事はあるが参加はしない　　6．宗教的行事を行っていない

　　　　7．その他（具体的に：　　　　　　　）


4－3　あなた方夫婦は、夫の親とはどのような居住関係にありますか。

　　　　1．同居して家計も同じ　　2．同居しているが、家計は別

　　　　3．同じ屋敷内で別居　　　4．隣家に別居　　5．同じ地域内に別居

　　　　6．別の地域に別居　　　　7．親はすでに他界している


〈上記の質問「4－3」で、「1」〜「5」を選んだ方　→次の質問「4－4」に進んで下さい〉

※「6.別の地域に別居」「7.親はすでに他界している」を選んだ方　→（Ⅴ）社会との結びつきの質問「5－1」から答えて下さい。


4－4　あなたの夫の親の体調はどのような状態ですか。なお夫婦で健在の場合は、健康状態のよくない側の親についてお答え下さい。

　　　　1．だいたい自分のことはできる　　2．時々手助けが必要

　　　　3．日常的に手助けが必要　　　　　4．半ば寝たきりの状態

　　　　5．まったく寝たきりの状態　　　　6．病院や介護施設に入院中

　　　　7．その他（具体的に：　　　　　　　）

4-5　あなたは、夫の親に対して、以下のことをどの程度していますか。

    (A)　料理　　　　　　1．度々　　2．時々　　3．ほとんどしない

    (B)　洗濯や掃除　　　1．度々　　2．時々　　3．ほとんどしない

    (C)　買い物　　　　　1．度々　　2．時々　　3．ほとんどしない

    (D)　病院への送迎　　1．度々　　2．時々　　3．ほとんどしない

    (E)　入浴の手伝い　　1．度々　　2．時々　　3．ほとんどしない

4-6　あなたは、夫の親との関係は円満だと思いますか。

    1．円満　　2．ある程度円満　　3．あまり円満でない　　4．不和

---

**(V) あなたと社会との結びつきについて教えて下さい。**

5-1　地域の日本語教室などで日本語を勉強し始めたのは、結婚後何年頃からですか。

    1．1年未満　2．1～3年　3．それ以上　4．勉強したことがない

5-2　隣人（同国人以外）と付き合うようになったのは、結婚後何年頃からですか。

    1．1年未満　2．1～3年　3．それ以上　4．付き合わない

5-3　あなたの友人関係について教えて下さい。

    (A)　同国人の友だちは、現在どの程度いますか。

     1．10人以上　　2．5～9人　3．5人未満　　4．いない

      ↳　来日後何年頃から、その友だちはでき始めましたか。

        1．1年未満　2．1～3年　3．それ以上

    (B)　日本人の友だちは、現在どの程度いますか。

     1．10人以上　　2．5～9人　3．5人未満　　4．いない

      ↳　来日後何年頃から、その友だちはでき始めましたか。

        1．1年未満　2．1～3年　3．それ以上

    (C)　その他の国出身の国際結婚女性の友だちは、現在どの程度いますか。

     1．10人以上　　2．5～9人　3．5人未満　　4．いない

      ↳　来日後何年頃から、その友だちはでき始めましたか。

１．１年未満　２．１～３年　３．それ以上

5-4　あなたは、以下の交流活動にどの程度参加していますか。
　　　(A)　子供の学校などの交流会への参加　（子供がいない場合は、チェック→　□）
　　　　　１．よくする　２．ある程度する　３．あまりしない　４．しない
　　　(B)　地域の祭りや行事への参加　（祭りや行事がない場合は、チェック→　□）
　　　　　１．よくする　２．ある程度する　３．あまりしない　４．しない
　　　(C)　支援団体などの交流会への参加（支援団体がない場合は、チェック→　□）
　　　　　１．よくする　２．ある程度する　３．あまりしない　４．しない
　　　(D)　職場の交流会への参加（働いていない場合は、チェック→　□）
　　　　　１．よくする　２．ある程度する　３．あまりしない　４．しない


5-5　あなたにとって、友だちを一番作りやすい場はどこでしょうか。おもなもの
　　　を 2つまで 選んで下さい。
　　　　１．子供の学校　　２．地域　　３．支援団体　　４．職場
　　　　５．同国人のつながり　　　６．国際結婚カップルのつながり
　　　　７．教会・寺院などでのつながり　　８．その他（具体的に：　　　　　　）


5-6　あなたは悩みがある時には、どのような人（家族以外）に相談しますか。お
　　　もな人を 2つまで 選んで下さい。
　　　　１．職場の日本人　　２．職場の同国人　　　３．国際結婚の同国人
　　　　４．その他の国際結婚カップルのつながり　　５．近所の日本人
　　　　６．子供の学校等の親仲間　　７．支援団体の関係者
　　　　８．その他（具体的に：　　　　　　）


5-7　あなたは、今後どのようにして社会と関わりたいですか。おもなものを
　　　2つまで 選んで下さい。
　　　　１．職場で働く　　２．自分で起業　　３．国際結婚女性などを支援
　　　　４．地域振興のために活動　　　　５．母国文化を紹介する活動
　　　　６．その他（具体的に：　　　　　　）　７．とくに関わりたくない

(10)

5 - 8　あなたは、現在、自分の将来をどのように考えていますか。

　　　１．このまま一生、この地域で生活し続ける

　　　２．この地域とは限らないが、一生、日本で生活し続ける

　　　３．子供の独立後や老後には、ひとりで母国に帰る

　　　４．子供の独立後や老後には、夫と共に母国に帰る

　　　５．夫に先立たれた時には、母国に帰る

　　　６．その他（具体的に：　　　　　　　　）

※ご協力ありがとうございました。ご意見などありましたら、以下に自由にご記入下さい。またインタビューに応じていただける方は、名前と連絡先をお教え下さい。

(11)

# 索　引

■執筆者・翻訳者紹介（執筆順）

藤井　勝　　　　　　　　　　　　　　　　　　　　はじめに、序章、第11章、おわりに
　　＊編者紹介参照。

白鳥義彦（しらとり よしひこ）　　　　　　　　　　　　　　　　　　　　　　　第 1 章
　　神戸大学大学院人文学研究科教授。専門は社会学。おもな著作は『大学界改造要綱』（共著、
　　藤原書店、2003）、『東アジア「地方的世界」の社会学』（分担執筆、晃洋書房、2013）など。

梅村麦生（うめむら むぎお）　　　　　　　　　　　　　　　　　　　　　　　　第 2 章
　　日本学術振興会／京都大学大学院文学研究科特別研究員（PD）。専門は理論社会学、社会
　　学説史。おもな著作は「A・シュッツの同時性論」（『社会学評論』67（ 2 ）、2016）、「F・
　　ハイダーの帰属概念」（『社会学史研究』40、2018）など。

胡　源源（こ げんげん）　　　　　　　　　　　　　　　　　　　　　　第 3 章、第12章
　　中国・山東大学哲学・社会発達学部助理教授。専門は家族社会学、移民社会学。おもな著
　　作は「中日国際結婚とトランスナショナルな親族関係」（『日中社会学研究』23、2015）、「中
　　国における国際結婚移民の受容と家族維持戦略——東北地区の H 県を事例として」（『21世
　　紀東アジア社会学』 8 、2016）など。

連　興檳（れん きょうひん）　　　　　　　　　　　　　　　　　　　　　　　　第 4 章
　　中国・深圳大学外国語学院助理教授、深圳大学移民文化研究所兼任研究員。専門は都市社
　　会学、地域研究。おもな著作は「現代中国における都市移住と商業ネットワーク——深圳
　　の潮州系自営業者を事例として」（『ソシオロジ』61（ 1 ）、2016）、「中国における都市化と『城
　　中村』の再開発——深圳の都心部を中心として」（『海港都市研究』11、2016）など。

河本美代子（こうもと みよこ）　　　　　　　　　　　　　　　　　　　　　　コラム 1
　　NPO 法人にほんご豊岡あいうえお理事長。おもな活動は外国にルーツを持つひとのため
　　の居場所づくり、日本語学習支援、生活相談など。

キム　ヨンジュ（Kim Young Joo）　　　　　　　　　　　　　　　　　　　　　第 5 章
　　韓国・忠清南道女性政策開発院首席研究委員。専門は社会学。おもな著作は『女性・ジェ
　　ンダー・社会』（共著、韓国・共同体、2014）、『家族とジェンダー』（共著、韓国・創知社、
　　2011）など。

多田哲久（ただ のりひさ）　　　　　　　　　　　　　　　　　第 5 章（翻訳）、第 6 章
　　小山工業高等専門学校非常勤講師。専門は社会学、日韓社会文化研究。おもな著作は『家
　　と共同性』（分担執筆、日本経済評論社、2016）、『東アジア「地方的世界」の社会学』（分
　　担執筆、晃洋書房、2013）など。

佐々木祐（ささき たすく）　　　　　　　　　　　　　　　　　　　　　　　　　第 7 章
　　神戸大学大学院人文学研究科准教授。専門は地域社会学、ラテンアメリカ社会研究。おも
　　な著作は『ポスト・ユートピアの人類学』（分担執筆、人文書院、2008）、『ニカラグアを
　　知るための55章』（分担執筆、明石書店、2016）など。

平井晶子　　　　　　　　　　　　　　第8章、第9章、終章、おわりに
　＊編者紹介参照。

黄　嘉琪（こう かき）　　　　　　　　　　　　　　　　　　コラム2
　台湾・国立金門大学人文社会学院助理教授（元）。専門は家族社会学、移民研究。おもな著作
　は『台湾「帝国臣民」の移動と定住の生活史分析』（博士論文〔神戸大学〕、2009）、「日本統
　治時代における『内台共婚』の構造と展開」（『比較家族史研究』27、2013）など。

桑木理紗子（くわぎ りさこ）　　　　　　　　　　　　　　　コラム2（翻訳）
　神戸大学大学院人文学研究科博士課程前期課程。専門は地域社会学。

長坂　格（ながさか いたる）　　　　　　　　　　　　　　　第10章
　広島大学大学院総合科学研究科准教授。専門は文化人類学、フィリピン地域研究。おもな著
　作は『国境を越えるフィリピン村人の民族誌──トランスナショナリズムの人類学』（明石書店、
　2009）、*Mobile Childhoods in Filipino Transnational Families: Migrant Children with Similar
　Roots in Different Routes*（Palgrave Macmillan, 2015, 共編）など。

ポーンシリ　モンチャイ（Phongsiri, Monchai）　　　　　　　第11章
　フリーランス。タイ・コーンケーン大学人文社会科学部非常勤講師など。専門は社会学、社
　会開発論。おもな著作は、*Impacts of Urbanization on the Hinterlands and Local Responses in the
　Mekong Region: A Study of Khon Kaen, Thailand and Vang Vieng, Lao PDR*（Khon Kaen
　University, 2013, 共著）、"More Farmers, Less Farming? Understanding the Truncated Agra-
　rian Transition in Thailand"（*World Development* 107, 2018, 共著）など。

チャン　ティ　ミン　ティ（Tran Thi Minh Thi）　　　　　　コラム3
　ベトナム社会科学院家族ジェンダー研究所副所長。専門は家族社会学。おもな著作に *Model
　of Divorce in Contemporary Vietnam: A socio-economic and structural analysis of divorce in
　the Red River Delta in 2000s*（Social Sciences Publishing House, Hanoi, 2014）、*Rural Fami-
　lies in Transitional Vietnam*（Social Sciences Publishing House, Hanoi, 2008, 分担執筆）など。

徳宮俊貴（とくみや としき）　　　　　　　　　　　　　　　コラム3（翻訳）
　神戸大学大学院人文学研究科博士課程前期課程。専門は理論社会学。おもな著作は「メタ・ユー
　トピアとしての社会構想論──〈望ましき社会〉像に関する社会科学は可能か」（『21世紀倫
　理創成研究』11、2018）、「〈社会構想の社会学〉の可能性──見田宗介の所論を中心に」（『社
　会学雑誌』34、2018）など。

■編者紹介

藤井　勝（ふじい　まさる）
　神戸大学理事・副学長、同大学院人文学研究科教授。専門は経験社会学、地域研究。おもな
　著作は『家と同族の歴史社会学』(刀水書房、1997、中国語訳：商務印書館〔北京〕、2005)、「タ
　イ東北部村落社会の《家‐村》論的考察──《バーン‐ムー・バーン》を中心として」(『年
　報・村落社会研究』44、農山漁村文化協会、2009)、『東アジア「地方的世界」の社会学』（共
　編、晃洋書房、2013) など。

平井晶子（ひらい　しょうこ）
　神戸大学大学院人文学研究科准教授。専門は家族社会学、歴史人口学。おもな著作は『日本
　の家族とライフコース──「家」生成の歴史社会学』(ミネルヴァ書房、2008)、『徳川日本の
　家族と地域性──歴史人口学との対話』(分担執筆、ミネルヴァ書房、2015)、『出会いと結婚』
　(共編、日本経済評論社、2017) など。

地域研究ライブラリ5
外国人移住者と「地方的世界」
東アジアにみる国際結婚の構造と機能

2019年3月15日　初版第1刷発行

編　　者　藤　井　　　勝
　　　　　平　井　晶　子

発　行　者　杉　田　啓　三

〒607-8494　京都市山科区日ノ岡堤谷町 3-1
発行所　株式会社　昭和堂
振替口座　01060-5-9347
TEL（075）502-7500／FAX（075）502-7501
ホームページ　http://www.showado-kyoto.jp

© 藤井勝・平井晶子他 2019　　　　　　　　　印刷　亜細亜印刷

ISBN978-4-8122-1801-3
＊乱丁・落丁本はお取り替えいたします。
Printed in Japan

小林和美 著

早期留学の社会学

国境を越える韓国の子どもたち

本体3000円

金太宇 著

中国ごみ問題の環境社会学

〈政策の論理〉と〈生活の論理〉の拮抗

本体3500円

長谷川公一
品田知美 編

気候変動政策の社会学

日本は変われるのか

本体2500円

昭和堂
（表示価格は税別）

中川　真　著

サウンドアートのトポス

アートマネジメントの記録から

本体2600円


宮本結佳　著

アートと地域づくりの社会学

直島・大島・越後妻有にみる記憶と創造

本体4200円


小松正史　著

サウンドスケープのトビラ

音育・音学・音創のすすめ

本体2800円


昭　和　堂
（表示価格は税別）

植田今日子 著

**存続の岐路に立つむら**
ダム・災害・限界集落の先に

本体4500円

---

川橋範子
小松加代子 編

**宗教とジェンダーのポリティクス**
フェミニスト人類学のまなざし

本体2700円

---

大越愛子
倉橋耕平 編

**ジェンダーとセクシュアリティ**
現代社会に育つまなざし

本体2400円

---

昭和堂
（表示価格は税別）

福西征子 著

ハンセン病療養所に生きた女たち

本体2200円

福西征子 著

ハンセン病家族の絆
隔離の壁に引き裂かれても

本体2300円

福西征子 著

語り継がれた偏見と差別
歴史のなかのハンセン病

本体6000円

昭和堂
（表示価格は税別）

昭和堂 地域研究ライブラリ
（表示価格は税別）